国際政治・
日本外交叢書
⑳

# コンゴ動乱と国際連合の危機

三須拓也著

米国と国連の協働介入史、
1960～1963年

ミネルヴァ書房

# コンゴ動乱と国際連合の危機——米国と国連の協働介入史、一九六〇～一九六三年　目次

## 第Ⅱ部　コンゴ動乱の勃発と国連の危機……69

# 略語一覧

ABAKO : Alliance des Bakongo
AFL-CIO : American Federation of Labor and Congress of Industrial Organizations
BALUBAKAT : Association de Baluba du Katanga
BTM : The Belgian Technical Mission
CFEP : Councel on Foreign Economic Policy
CIA : Central Intelligence Agency
COCOM : Coordinating Committee for Multilateral Export Controls
CONAKAT : Confédération des Associations Tribales du Katanga
FAO : Food and Agriculture Organization
FBI : Federal Bureau of Investigation
FRUS : Foreign Relations of the United States
ICFTU : International Confederation of Free Trade Unions
IMF : International Monetary Fund
LAMCO : The Liberian-American Swedish Minerals Company
MNC : Mouvement National Congolais
NAC : North Atlantic Council
NATO : North Atlantic Treaty Organization
NIEO : New International Economic Order
OAS : Organisation de L'Armée Secréte
OAU : Organisation of African Unity
OEEC : Organization for European Economic Cooperation
OPEX : Operation and Executive Personnel Program
PSA : Parti Solidaire Africain
PNP : Parti Ntional du Progrés
UNESCO : United Nations Educational, Scientific and Cultural Organization
USIA : United States Information Agency
WHO : World Health Organization

# 序章　コンゴ動乱と国際連合の危機

植民地統治を行った側は、国際世論に対して自らが作り上げた反植民地の物語を訴えることができる。これに対して植民地統治を行われた側は、言葉を奪われたままなのである。(1)

——パトリス・ルムンバ

## 1　コンゴ動乱史の修正

歴史は、時代の変化とともに書き換えられる。現代史でも同じであろう。冷戦終結からすでに三〇年近くの時が過ぎ、過去の出来事の評価も変わった。修正の試みは、国際連合（以下、国連と表記）の歴史研究にも及んでいる。なぜ国連の歴史は修正されねばならないのか。それは、従来の国連史が国連組織にとって忌諱されるべき事実を隠してきたからである。国連の公式資料には、実は国連組織に都合の悪い事実、とくに大国が関わった事実が、ほとんど記載されない。それゆえ公式資料に基づく国連研究は、この宿痾から逃れることが難しかった。しかし加盟各国の資料の機密解除に伴って、忌諱されるべき事実の所在が明らかになりつつある。

一九六〇年から六三年まで続いた第一次コンゴ動乱にも、同じ特徴がある（以下、コンゴ動乱と表記）。各国政府史料からは、事件をめぐり米国、ベルギー、英国など西側の大国が、秘密裏に直接関与したことが明らかである。たとえば植民地利権を有するベルギーや英国は、国連の植民地問題への介入を妨害し、また国連軍最大の支援国たる米国は、コンゴで秘密工作を展開し国連軍をこれに協力させた。しかし国連の公式資料が、これら大国の動向を充分に記載することはなかった。

最も歪められたのが、コンゴ国連軍（United Nations Operation in the Congo）の評価である。法的、制度論的観点が主流の国連研究は、国連事務局の自律性を自明の前提とし、国連平和維持活動を国連の独立した事業と性格づける。歴史家マーク・マゾワーは、国連組織を研究する歴史家が「聖人伝」を書きがちであり、たとえばコンゴ国連軍を指揮したダグ・ハマーショルド国連事務総長を、「人類の救世主」として描くと指摘する(2)。そしてこれら主流の研究はコンゴ国連軍を、公正中立を志向する国連事務局の指導で展開した国連の事業と描き出してきた。

この評価が、加盟国による国連事務局への影響力行使の問題についての適切な分析を経ているのであれば問題はない。たとえば国連事務局が強い指導力を発揮した事実、彼らが力を持ちえた理由、加盟国が彼らの指導に従った背景、などについての充分な答えが提供されるならば、コンゴ国連軍を国連の事業と評価できる。しかし奇妙なことに既存の研究は、この問題意識に乏しい。同情的に評価するならば、彼らの関心は、国連上級職員の政治的理想や構想の解明にあるからであろう。

しかし筆者は、こうした評価は実態に即していないと考える。なぜなら様々な史料には、国連事務局が大国、とくに米国の意向に振り回されていた事実を確認できるからである。そして実際に当時の米英の政策決定者が評したように、コンゴ動乱に武力介入した国連軍は、公正中立な存在などではなく、「米国の事業」と呼ぶべき存在だったのである(3)。

ではなぜ、各国史料に記された事実が国連の公式史の叙述で回避されたのか。後に詳述するが、その理由として国連軍固有の事情を指摘できるだろう。この危機の処理には、ハマーショルド、ウ・タントの二人の事務総長が関わったが、彼らを悩ませたのが最大時二万人規模の国連軍をいかに維持し、文民支援活動を成功させるのか、という問題であった。とくに活動には、人材、資金、軍事技術、諜報活動の面での米国の協力が不可欠で、この事情が、親米コンゴを作ろうとする米国に国連軍への「構造的権力」を与えた(4)。コンゴ駐在米国大使が述懐したように、米国は「きわめて常軌を逸した支配」を国連に行使した(5)。つまり米国は、親米コンゴの樹立に向けた秘密工作に国連を協力させることができたのである。

また、国連組織を取り巻く歴史的背景も、関係しただろう。そもそも国連は第二次世界大戦の戦勝国である連合国を基礎とし、米国の国益追求の「道具」としての性格を埋め込まれた組織であった。この事情は、その利用を積極的に構想したのが大戦の英雄ドワイト・アイゼンハワー大統領であったこと、また国連事務局の人事面において、コンゴ政策の指揮を担ったのが、大戦中の米国の諜報活動経験者ばかりであったことからも伺い知ることができる。

さらに、国際的な時代背景として、六〇年代の国連の対応には二〇世紀後半に現れた帝国主義的国際秩序の変容に伴う矛盾が凝縮されていたことも、国連の公式史が触れられない事実を多数孕ませることになった。すなわち、戦後国際政治史の展開のなかで、ヨーロッパの帝国は解体され、アジア・アフリカに新独立国が大量に誕生したが、この五〇年代後半の国際的な秩序変動と権力情勢の変化が、政治的批判に脆弱な特質をもつ国連組織の公式資料の内容にも影響を与えたのである。

もとよりコンゴ動乱は、五〇年代後半の脱植民地化の欺瞞が投影された出来事であった。旧宗主国ベルギーは、独立を名ばかりのものにとどめ、経済権益を維持しようとした。これに対して新独立諸国は、この欺瞞を糾すべく植民地問題への国連の積極的介入を求めた。しかし、微妙な舵取りを必要とする紛争の処理に際し、国連には積極的介入を可能とする人材、財源などの資源がなかった。端的に言って、国連にはこの紛争を自力で解決する実力がなかったのである。その結果、資源の面で米国に過度に依存せざるをえなかった国連は、秘密工作への協力という形で「米国の道具」への道を歩み始めた(6)。

本書は、こうした事実と過程を描き出すものである。とくに本書は、国連事務局の人的繋がりと平和維持活動をめぐる資金、軍事力といった「介入資源の確保」の問題に着目し、コンゴに親米政権を作ろうとする米国の動向がコンゴ国連軍に与えた影響を考察する。これは、コンゴ動乱及び国連軍の活動の実態をコンゴの現地情勢の変遷との関係で叙述してきた、既存の国連平和維持活動研究とは異なる接近方法である。そして一連の分析を通じて、コンゴ動乱をめぐる既存の著作には歴史実証的に受け入れがたい点が多々あること、またコンゴ動乱における国連の中立性の言説、とくに「聖人伝」的なハマーショルドの指導力を声高に唱える国連関係者の公式説明が事実とは異なるもので、実際上国連軍はコンゴ内政に決定的影響を与えた干渉者に他ならないことを明らかにする。

なお、本書執筆の動機と問題意識は、多岐にわたる。第二次世界大戦後の米国は、なぜ、どのように国連を利用しようと考えたのか。またコンゴ民主共和国の建国の歴史とその影響を受けた国連平和維持活動の制度化の歴史的交錯はいかなるものだったのか。くわえて、かつて理想の植民地とされたコンゴが[7]、なぜ後に破綻国家の代表と言われるまでになったのか。他方で、コンゴ国連軍をほぼ唯一の例外として、これ以降冷戦期の国連平和維持軍は小規模化し、「戦わざる軍隊」の特質を強めるが、なぜこのような道を歩むに至ったのか。さらに「米国の暴君」と後に呼ばれることになる、ジョセフ・モブツ（後にモブツ・セセ・セコと改名）の独裁体制は、なぜ生まれたのか。その成立に国連軍の活動の影響はなかったのか。これらの問いの手がかりを検討したいと考えたのである。

## 2　先行研究の特徴

後に「アフリカの年」と呼ばれる一九六〇年の六月三〇日、ベルギー領コンゴが独立を果たした。世界中の多くの外交官がコンゴの首都レオポルドヴィル（現・キンシャサ）に集まり、コンゴ人への権力委譲を見届けた。独立式典には、アジア・アフリカ諸国からの大使と並んで、米国や国連を代表する人々の姿もあった。米国からは元ベルギー大使で駐日大使も務めたロバート・マーフィー国務次官と現職のクレア・ティンバーレイク大使が参加し、国連事務局からはラルフ・バンチ国連事務次長が出席した。比較的高位な人々の姿があったことからも分かるように、世界の人々がコンゴの独立に注目していた。だがその目には、独立への希望というよりも、むしろ将来への漠然とした不安の色が映っていた。

事実、独立は混乱の始まりであった。七月四日、独立から一週間もしないうちに、公安軍兵士が待遇の改善を求めて暴動を起こした。さらに一週間後、天然資源の宝庫であったコンゴ東南部のカタンガ州が分離独立を宣言した。

これに対してベルギー政府は、ベルギー人の生命と財産の保護を名目にベルギー軍の介入を決断した。他方この措置に怒り狂ったコンゴ政府は、国連に対してベルギーの侵略から独立したばかりのこの国を守るよう要請した。この流れのなかで国連安全保障理事会（安保理）は、平和維持軍派遣を決議した。それが、冷戦期最大となるコンゴ国連軍であった(8)。

しかし最大時で約二万人規模にまで膨れあがり、史上最も経費を要することになる国連軍の介入にもかかわらず、コンゴの混乱は収束しなかった。内戦は激化し、クーデターが相次いだ。コンゴの初代首相となった民族主義者ルムンバは、ベルギーのみならず米国と国連事務局からも疎まれ、わずか三カ月足らずで失脚し、後に暗殺された。ハマーショルド事務総長も謎の墜落事故死を遂げた。独立したカタンガの再統合の目処は立たず、コンゴ経済は常に崩壊の瀬戸際にあった。国連も財政破綻の危機に晒され続けた。米国、ヨーロッパ各国、ソ連、アジア・アフリカ諸国は、国連軍のあり方をめぐって衝突した。結局カタンガの分離独立状態が終結し、コンゴに再統合されたのは、動乱勃発から二年半が過ぎた六三年一月であった。その間コンゴ国連軍は、カタンガに対して三度武力を行使することになった。

従来コンゴ動乱の歴史は、どのように叙述されてきたのか。今日では、この事件が大国の秘密干渉に彩られたことが知られている。各国政府の機密史料の公開が進んだ結果、米国、英国、ベルギー政府が、ルムンバ首相の失脚・暗殺を企図し、その後の権力構築に深く関わったことが明らかとなった(9)。また国連の公式見解は、従来、ハマーショルドの死因を搭乗機の墜落としてきたが、二〇一五年、国連は新史料に元づき、それが事故ではなく、何者かによる謀殺である可能性を認めた(10)。

しかし初期のコンゴ動乱研究は、事件をコンゴの国内紛争として描き出した。コンゴの独立はなぜただちに混乱に転じたのか。初期の研究は、この原因をベルギーの植民地統治の問題やコンゴの国内統治能力の低さに求めた。

こうした研究は、一九六〇年代に登場したものに多い。ウィスコンシン大学のクロフォード・ヤングの『コンゴの政治』は、ベルギーの植民地諸制度が独立コンゴの政治状況に与えた影響や、国内の複雑な部族対立状況を分析した[11]。またブルッキングス研究所のアーネスト・レフィーバーの『コンゴ危機』は、国内紛争処理における国連軍の役割と米国の貢献を解明した[12]。これら初期研究は、総じて言えば一つの共通の特徴を持っていた。それは外部勢力の影響を過小評価したコンゴ政治の描写であった。混乱発生の原因は主としてコンゴ政府の統治能力の低さに求められ、コンゴ人政治家を主アクターとする政治史が記された。そして国連事務局や米国政府がコンゴへの干渉の事実を否定していたこともあり、その影響は充分に顧みられることはなかった[13]。

もちろんソ連や親社会主義的なアジア諸国が、西側諸国による干渉の疑念をあらわにしたように、こうした混乱の原因をコンゴ国内に求めることへの批判は当時でもみられた[14]。しかし、このような疑念は充分な考察の対象とならなかった。動乱終結後の一〇年間だけでも、アイゼンハワー米国大統領、マーフィー米国国務次官、ティンバーレイク在コンゴ米国大使、ハロルド・マクミラン英国首相、ガーナ部隊付英国人軍事顧問ヘンリー・アレキサンダー、ベルギー副首相ポール＝アンリ・スパークらが回顧録を公刊したが（肩書きは、コンゴ動乱当時）、いずれも西側諸国による干渉の事実への言及を避けるか、それを陰謀論だとして一蹴した[15]。

しかし、八〇年代以降、動乱の国際的文脈を重視する研究が相次いで登場した[16]。重要な転機は、ベトナム戦争後の七五年に実施された米国議会上院による中央情報局（ＣＩＡ）の海外活動に関する調査であった。議会特別委員会（通称、フランク・チャーチ委員会）が、コンゴ、キューバ、ドミニカ、南ベトナム、チリにおける秘密工作の実態調査に乗り出した。そして、その報告書『外国指導者を含む暗殺計画』は、それまでジャーナリスティックな議論で囁かれてきた米国の秘密工作の存在を史料的に裏付け、ルムンバを含む五人の外国人政治家が暗殺を含む工作の対象であったことを明らかにした[17]。

これを受けてコンゴ動乱を国際的文脈から再検討したのが、コロンビア大学で博士号を取得したマデレイネ・カルブの『コンゴ電報』であった。本書においてカルブは、米国情報自由法や『プラウダ』等の公開情報を駆使し、「古典的な冷戦対立」としてのコンゴ動乱を描き出した[18]。またジョン・F・ケネディ政権のガーナ大使ウィリアム・マホーニーの実子で、ケネディ大統領図書館の館長を務めたこともあるリチャード・マホーニーも、同じ時期に『ＪＦＫ・アフリカの試練』を公刊し、反共主義に規定された米国のコンゴ政策の実態を論じた[19]。この二つの著作は、米ソ対立を軸とした冷戦の一コマとしてコンゴ動乱を位置づける本格的実証研究の先駆けとなった[20]。

以来、今日に至るまで、米ソ対立を軸とした冷戦の一コマとしてコンゴ動乱を位置づける潮流は根強い[21]。二〇一三年公刊の、ルイジアナ州立大学のリセ・ナミカスの『アフリカの戦場』は、「冷戦において最も見落とされてきた危機」と主張し、旧ソ連史料に基づきコンゴをめぐる米ソ対立を描き出した[22]。また、二〇一〇年公刊のロシア人歴史家セルゲイ・マゾフの『冷戦における遠方前線』も同様の立場である[23]。

他方でこの事件を、植民地経済権益をめぐる米欧対立として描き出すべきだとする異論もある。一九九一年、アリゾナ大学のデイヴィッド・ギブスは、『第三世界介入の政治経済学――コンゴ危機における鉱業、資金、および米国の政策』を刊行し、植民地権益をめぐるグローバルな企業間対立の構図を描き出した。また二〇一〇年刊行のロンドン・スクール・オブ・エコノミクスのジョン・ケントの『米国、国連そして脱植民地化――コンゴにおける冷戦紛争』も、独立コンゴの社会経済システムの変革をめぐる米欧対立に焦点をあてた[24]。ただし両者の研究は、米ソ対立が動乱に与えた影響を完全に無視しているわけではない[25]。

## 3　国連事務局の指導力の評価

以上述べたように力点の違いはあるものの、今日では、コンゴ動乱は外部勢力による干渉紛争であったとされる点では軌を一にしている。それでは、外部勢力の動向は、国連軍を指揮した国連事務局の指導力にどのような影響を与えたのか。実は、既存のコンゴ動乱史研究は、この論点をめぐる評価が対立している。

第一のものは、外部勢力の影響を過小評価するものである。この立場は、コンゴ動乱を国内紛争と性格づけたうえで、国連事務局が公正中立な立場で紛争処理に臨んだ点を強調する。たとえば、ハマーショルドの伝記を記したブリティッシュ・コロンビア大学のマーク・ザッハーは、彼が「真の国際的な国際公務員」であって、「言葉の上だけでなく、行為においても、全ての国家圧力や影響力から自由な存在」であろうとした点に注目する。[26]また国連関係者の回顧録なども、国連事務局は、意図としては極力内政に干渉せず、中立を保とうとした点を強調する。[27]さらに叙述の枠組みについても、比較的最近のものでは、ペーター・ヘラーやマリア・ステラ・ロニョーニの研究[28]に見られるが、それは国連事務局が、コンゴの現地情勢の変化にいかに対応したのか、という物語を組み立てる。

これに対して、外部勢力の影響を重視するものもある。それは、国連事務局が西側陣営の利益のために奉仕したという議論である。たとえば、コンゴ国連軍エリザベスヴィル代表を務めたコナー・クルーズ・オブライアンの回顧録『カタンガとの往復書簡』は、国連の活動の党派制を強く主張した。[29]また『コンゴの裏切り』の著者ナイロビ大学のカテテ・オラワや『ルムンバの暗殺』の著者で、ベルギー人歴史家リュド・ド・ウィットは、より踏み込んで国連事務局、とくにハマーショルドは中立な仲裁者ではなく、「国連は自ら望んで西側諸国による干渉の道具であろうとした」とする。[30]つまりこれらの議論は、大国の国連事務局の影響、とくに米国の動向によって国連事務局の対応が左右されたことを強調したのである。ただし彼ら三人の著作は、分析対象の期間が主に危機勃発後の約一年に限定され、また史料的な制約もあって動乱全体を描き出すものではなかった。

このように、コンゴ国連軍に関する評価は、その活動のコンゴ政治への干渉のありようをめぐって対立してきた。国連関係者には、今もなお第二の立場の議論を陰謀論として退ける傾向がある。[31]しかし第一の立場に属するエヴァン・ルアードや、アンソニー・パーソンズの著作、あるいは国連の平和維持活動の歴史をまとめた『ブルーヘルメット』の叙述のように、国連事務局が内戦たるコンゴ動乱に対して中立的、仲裁的な立場で臨み、紛争解決に指導力を発揮した姿を描き出すことに歴史的妥当性はあるのだろうか。[32]また、仮に国連事務局が強い自律性を持ちえたとして、公式説明に見られる以下の評価は、可能なのだろうか。

…その目的を果たすために、国連の作戦は、議論と交渉によって、相違点を克服し、そして平和的解決方法を絶えず模索してきた。また国連は国内政治問題におけるいかなる干渉も回避するとの原則を守り続けた。[33]

こうした国連の公式説明がコンゴ動乱史研究に与えた影響は大きい。最新研究のクリストファー・オセン、ウォルター・ドーンの著作ですら、国連の公式説明と符合する議論を展開する。[34]しかし、この立場の議論は実態とは異なるものである。なぜなら、本書が詳細に検証するように、各国政府の内部史料や国連事務局職員の私文書からは、国連事務局が大国の影響を強く受けていたとする第二の立場の議論を裏付ける諸事実を確認できるからである。すなわち一九六〇年からの約三年間、国連の対応は、現地のコンゴ情勢の変化に基づいてなされたというよりも、むしろ米国との関係を主軸とする国際政治の力学によって左右されたのである。またこの結果して、国連は、コンゴ政治に外部から干渉した担い手となったのである。

かつて、アリゾナ大学のギブスは、米国国務省の公式資料集『合衆国の対外関係（FRUS）』には、CIAの秘密工作の事実が意図的に隠蔽される傾向があることを指摘し、論争を呼んだ。[35]しかし同様の問題は米国政府史料にとどまらず、CIAと協力関係にあった国連事務局の公式説明にも、語られるべき事実が欠如する傾向がある。[36]事実、二〇一四年のナミカスの著作の合評会において、ウィルフリッド・ローリエ大学のケヴィン・スプーナーが指摘したように、最新の研究でも、コンゴ動乱における国連の役割について、より詳細な研究が求められる学問状況が続いている。[37]なぜ国連は干渉者たる立場に陥ったのか。また国連事務局の自律性が危機に陥ったことは、コンゴ動乱の展開にどのような影響を与え、また国連平和維持活動をどのように変質させたのか。結論を先取りすれば、国連がコンゴ動乱の干渉者に陥った根本原因は、国連軍が冷戦期最大かつ最も複雑を極め、最も経費のかかった活動であったことに求められる。そしてこの結果、国連は米国への過度の依存を余儀なくされたのである。そこで本書は、第二の立場の問題意識を引き継ぎつつ、近年の機密解除を経て、より史料実証的研究が可能になったこの問題を考察する。

## 4　本書の分析視角

以上のような先行研究の特徴を捉えたうえで、本書は、米国と国連の関係を主軸としてコンゴ動乱史を描き出すことを主課題とする。もちろん、このテーマを検証する場合、コンゴの国内政治により焦点をあてた分析、ベルギー、英国、フランス、ソ連といった大国、あるいはカナダ、インド、ガーナといった中小国とコンゴ関係に焦点をあてた分析などが可能であろう。しかし、本書は、この点に焦点をあてることで、後の腐敗した親米コンゴ誕生に対する米国と国連の介入の影響を浮き彫りにしたいと考えている。なぜなら国連関係者の言説には、今なお、腐敗した親米コンゴ成立に対する国連の責任を認めようとしない傾向がみられるからである(38)。その際、次の三つの視角を分析枠組みとして設定し、国連の対米依存の深化と国連の組織防衛の論理の交錯を軸としたコンゴ動乱史を描くことにしたい。なぜなら、これこそが、米国と国連によるコンゴ協働介入の実態と理由を浮き彫りにできると考えるからである。

### 「防止外交」という野心的希望

まず設定するのは、「防止外交（Preventive Diplomacy）」という野心的希望の視角である。これは、当時の国連事務局が、国連平和維持活動の成功とその制度化に、精力をあげて取り組んだことと関係する。

周知のように、第二次世界大戦の最中に誕生した国連は、力の均衡に代わる新たな安全保障システムの構築を期待された組織であった。しかし、戦後ほどなくして生じた東西冷戦の形をとった大国間対立に直面した国連は、この構築に失敗した。そして、一九五〇年六月に勃発した朝鮮戦争で国連は、西側寄りの姿勢で北朝鮮に対する軍事的強制行動に踏み切り、世界組織としての中立性を毀損した。

五三年、ハマーショルドが第二代国連事務総長に就任したが、彼は国連の信頼性の回復を重要課題とした。五〇年代半ば、冷戦状況に変化が現れており、これがハマーショルドの組織立て直しを後押しした。米ソの軍拡競争の結果生じた相互抑止の作用によって、米ソ間に若干の緊張緩和が訪れた。またアジア・アフリカでは新興の独立国家が続々と誕生し、五五年のバンドン会議に象徴されるいわゆる第三勢力の形成が、こうした機運を促進した。ハマーショルドは、東西の大国間の協調の可能性が芽生えたところに、国連が独自政策を打ち出す余地を見出したのであった。

これが、ハマーショルドが唱えた「防止外交」誕生の背景であった。「防止外交」とは、国際組織研究者イニス・クロードの理解によれば、「対立する東西陣営の外側にある地域に生じた紛争や危険な情勢に対して国連がいち早く介入して、それによって大国間の力の真空を埋め、いずれの側からも手出しのできないようにし、国際緊張を緩和する国連の積極政策」である。(39) そして、この構想をもとにハマーショルドは、「イデオロギーや、世界への影響力をめぐる大国間闘争において中立」な国連ならば、地域紛争を局地化し、大国間の抗争へ発展するのを抑止することができると公言した。(40)

後に平和維持活動と呼称される制度の深化と、この野心的希望は不可分であった。もともと国連憲章に平和維持活動の規定はなかったが、それは慣行の積み重ねによって制度化が進んだものである。その端緒は、ハマーショルドが五六年のスエズ戦争の際に組織した国連緊急軍であった。そしてスエズ、レバノンでの活動に自信を深め、「ダグに任せろ」のかけ声のもと、国際的名声を博したハマーショルドは、六〇年にコンゴ動乱に際してこの野心的希望をさらに推し進めた。(41) これが、介入主義的な平和維持活動、コンゴ国連軍の誕生である。彼は、コンゴ国連軍の派遣に際して次のように語った。

コンゴ作戦は、全ての方向性において、スエズの物語を遙かに超えたものとなるでしょう。もし我々が成功し、また安保理が、昨日私が報告書で展開した路線と哲学を受け入れるならば、おそらくそれは、発展途上国の歴史において、新しく、また決定的に重要な扉を開けることを意味するでしょう。…私は希望します、我々がこれに

失敗することがないことを。(42)

このハマーショルドの野心的希望の物語は、彼の伝記などでよく知られているものである。(43)他方で、最近の論考では彼は、「計算高く、親西側で、そして時にマキャベリ的性格の人物」であったと評される。(44)では、誕生したばかりの平和維持活動の成功とその制度化を願う国連事務局の野心的希望は、コンゴ動乱の展開にどのような影響を与えたのか。おそらくその失敗は、国連組織そのものの信頼性を傷つけかねなかった。本書は、この点を第一の視角としたい。

## 「介入資源の確保」の問題

他方、「防止外交」という野心的希望を抱く国連事務局の障害となったのは、紛争地への「介入資源の確保」の問題であった。

そもそも国連憲章に定めがなく慣行の積み重ねで作られた国連平和維持活動は、その「介入資源の確保」が政治問題化しがちであった。国連は、国際的権威はあるものの、通貨発行権や徴税権もなければ、独自の軍事力もないという意味で、主権国家が持つような独自の権力的な源泉に乏しい組織である。それゆえ、国連事務局は、活動の内容や規模に応じて、加盟国に絶えず協力を仰がねばならなかった。また、その委託任務の履行が義務的であり、かつその内容が国連事務局に人的、技術的、財政的に負荷をかける場合、この問題は国連事務局に重くのしかかった。

たとえば、国連事務局は、平和維持活動の黎明期から財源確保に苦労し続けた。一九五六年にハマーショルドがスエズへの国連緊急軍を組織した際、理論的にはその経費は、通常予算の分担率で加盟国に割り当てられるべきであった。しかし現実にはソ連など東欧諸国は、国連を西側寄りの組織と考え、その支払いを拒否したため、国連は、慢性的な財源不足に悩まされた。また部隊の維持、展開でも平和維持の任務に適した兵員の確保も容易でなく、国連事務局は、介入先の政治情勢に応じて、人種問題などに配慮した部隊展開をせねばならなかった。さらに国連事務局は、コンゴ国連軍の場合、現地の諜報活動、部隊の輸送、通信手段の確保などの技術面で、しばしば大国の支援を仰がねばならなかった。しかし同時に大国への依存は、国際組織の中立性の体裁を保つべき彼らに、活動の正統性の問題を突きつけた。

くわえて五〇年代の脱植民地化の進展によって、国連組織が性格を変えつつあることも国連事務局への政治的負荷となった。六〇年だけでアジア・アフリカの一七カ国が国連に加盟し[45]、国連は新興独立国の声がこれまで以上に反映されやすくなっていた。新興独立国は、国連総会を舞台として植民地問題への国連の積極的介入を求め、他方植民地利権の維持を望む旧宗主国は、国連の介入に反対した。そして新興独立国のこのような声は、総じて言えば、国連が必要とする資金、軍事力の質的量的増大を導く一方で、国連事務局は、国連の介入には消極的だが実際に財源などの資源を提供することができる大国からの支持をえるのに苦慮し続けた。たとえば六〇年一一月、国連総会行財政小委員会（第五委員会）においてハマーショルドは、次のように発言した。

国連事務局はきわめて難しい立場に陥っています。一方で、事務局は総会や安全保障理事会が決定した政策を「精力的」に遂行せねばなりません。その一方で、事務局は、組織が直面する現状において、これら決定に伴う財政上の問題に、継続的に取り組まなくてはなりません。もちろん、この組織は、二つの方向性の間で引き裂かれるわけにはいかないのです[46]。

要するに国連事務局は、コンゴ動乱をめぐり、為すべきことと為しうることの間のジレンマに直面していたのである。では国連の「介入資源の確保」の問題は、コンゴ動乱の展開にどのような影響を与えたのか。この問題もまた、国連組織の存続可能性を揺るがす効果をもったはずである。たとえば、コンゴの活動のために、国連が深刻な財政危機に直面したことは比較的よく知られている[47]。しかもそれは、第三代国連事務総長ウ・タントによれば、

「まさしくその存亡がかかった、この組織の歴史上最も深刻な内部紛争」であった[48]。しかし奇妙なことに、「聖人伝」的な国連事務総長に関する伝記はもとより、史料実証的なコンゴ動乱研究ですら、この問題が与えた動乱の個別局面への影響に対しては考察が深められない傾向があった[49]。そこで本書は、「防止外交」の野心的希望を実現する上で実質的限界を設定したと考えられるこの点に焦点をあて、第二の視角とする。

### 米国という「構造的権力」の問題

さらに重要な視角は、「介入資源の確保」に苦しむ国連事務局にとって、大国としてほぼ唯一の支援国となった米国の「構造的権力」の問題である。この場合の「構造的権力」とは、米国が様々な経路を通じて国連事務局とコンゴ双方の情勢に強い影響力を行使し、親米コンゴの形成に向けて、国連軍の活動を管理するパワーを意味する[50]。

この点で強調すべきは、米国の国連への権力関係は、歴史的に構築されたものだということである。たとえば、国連は第二次世界大戦の連合国を母体とする組織であり、この経緯から、一九六〇年当時の米国は、安全保障理事会において拒否権を持つことはもとより、五常任理事国の四カ国、六非常任理事国の三カ国を親西側勢力で占めることができた。また総会でも、一一二カ国の支持を得るだけで、全議席の三分の二を親西側勢力で固めることができた。さらに米国は西側同盟国とともに、国連事務局の一〇〇のトップポジションのうち、ほぼ半数を押さえた。くわえて財政面でも米国は、国連通常予算のみならず、平和維持活動予算の半分近くを一国で拠出した。しかも米国だけがコンゴ国連軍の部隊の維持、展開に必要な物資や輸送サービスを大規模に提供できた[51]。つまり、こうした事情のもと米国は、他の加盟国にはない国連事務局に対する優位性を持ったのである。

しかも米国は、コンゴでは資金規模でCIA史上最大で成功例の一つと評された秘密工作を展開した[52]。この点は、本書との関係では、平和維持活動の行動準則たる同意原則に関わって重要である。よく知られるように平和維持軍は、受入国からの要請と同意に基づいて当該国に駐留できる。そしてハマーショルドも、この原則を公言し、法的にはコンゴ政府の要請と同意に基づき、国連軍を駐留させた。これに対して秘密工作を通じて現地の政治情勢に強い影響力を行使できた米国は、コンゴ側の要請や同意形成に重要な役割を果たした。なぜなら米国は、クーデター支援や現地政治家の買収といった秘密工作を通じて、国連軍の撤退を望む政治家の権力掌握を阻止し続けたからである。

これが米国の「構造的権力」の内実であった。後に詳細に議論するが、米国は財政危機下の国連に対して、資金提供等を通じて国連事務局の人事に直接影響を与え、同時にコンゴの政治情勢を操作し、間接的に国連事務局の動きを規定した。この結果国連事務局には、米国が望む親米コンゴ樹立への協力以外の現実的選択肢はなかった。また国連に対して米国が「構造的権力」を有したために、政府と議会の対立といったワシントンの政治が国連の活動を直接左右した。

もちろん、国連事務局が米国と常に一体的に行動したわけではない。ではどのような場合、彼らの自律性は担保されたのか。また「介入資源の確保」に苦しむ国連の対米依存が深まるにつれて、活動の正統性が損なわれる問題も発生した。この対米依存の深化は、正統性をめぐる国際組織の防衛という別の問題を生じさせたが、この問題は国連軍の活動にどのような影響を与えたのか。本書はこれらの点を踏まえつつ、米国が国連事務局の指導力に与えた影響を考察する。とくに国連事務局のコンゴ内政への干渉、そして秘密工作への協力の問題については、英国人の元国連事務次長ブライアン・アークハートなどの国連関係者が、その事実を否定してきた経緯もあり(53)、詳細な実証が必要である。これが第三の視角である。

## 5　構成と各章の課題

本書は、以上述べた三つの視角から、米国と国連の協働介入史としてのコンゴ動乱とそれが国連平和維持活動の制度化に与えた余波を描き出す。その際先行研究との関係で強調されることの一つは、東西冷戦が与えた影響の相対化である。本書はコンゴ動乱を、国際面で言えば、二つの複合危機であったと位置づける。一つは、コンゴの中央政府をめぐる民族主義路線と親米路線の対立である。今ひとつが、カタンガ州の分離独立問題をめぐる国際紛争である。前者においては、確かに冷戦の影響がはっきりと見て取れる。ルムンバ首相はソ連からの支援を求め、米国はコンゴが共産主義陣営に取り込まれてしまう可能性を懸念し、コンゴに親米政権を樹立すべく介入することになったからである。また米国の政策決定者の多くが冷戦思考にとらわれていたことは間違いない。だが後者のカタンガ分離問題の文脈においては、東西冷戦の影響は部分的なものであった。とりわけ本書は、カタンガ分離独立問題をめぐる国際紛争がコンゴ動乱のより本質的な部分であったとみなし、この事件の発生、展開、終結の過程では、国連という組織が持つ独自の力学こそが、紛争の展開に決定的影響を与えたことを強調したい。

すなわち、この事件には、「防止外交」の野心的構想を端緒とし、国連事務局の「介入資源の確保」の問題を背景とした米国への過度の依存、そして国連軍の活動を失敗させられないという国連の組織防衛の論理が、一貫した影響を与えていたのである。言い換えると、干渉者たる国連の実態を一次史料に基づいて実証し、その事実の発生の政治的理由を考察し、くわえて国連事務局の自律性の揺らぎが動乱の展開に与えた影響を分析するのが本書の目的である。以下、構成と各章の課題を設定する。

まずコンゴ動乱は、ベルギーの植民地統治の負の遺産と不可分の紛争であった。そこで第I部の第1章から第3章は、主に二次文献に依拠し、コンゴ動乱の前史を論じる。第1章では、読者にはややなじみが薄いであろうベルギーによる植民地統治の実態を概観し、後の展開を規定した植民地をめぐる莫大な富の問題とコンゴ民族主義の勃興の過程を描く。第2章では、動乱勃発時の展開を、ベルギーの対応に焦点をあてて分析する。ここでは、カタンガの分離独立を核とする動乱の勃発が、協力者獲得の失敗のなかで、なおかつ植民地利権を維持しようとするベルギーの政策と不可分であったことが論じられる。第3章では、一九五〇年代の米国アイゼンハワー政権の、ベルギー領コンゴ政策の特質を考察する。ここでは、新興独立国において権威主義的体制の樹立を好む傾向を持っていた米国が、なぜコンゴでは国連軍の介入を支持したのか、その国連利用の起源を論じる。

本書の中心部分を為す第4章から第8章は、国連軍が、米国の秘密工作と一体化しつつ、コンゴに親米政権を樹立、維持する活動を行い続けたことを実証する。全章を通じて描き出されるのは、前記の三つの視座の交錯と、米国への依存を深めながらも、活動を失敗させられないとする国連の組織防衛の論理である。まず第Ⅱ部の第4章から第6章は、主にコンゴの中央政府をめぐる民族主義路線と親米路線の対立が扱われる。この三章が扱うのは、ソ連のコンゴ介入の問題が、米国政府高官及び国連事務局の上級職員に比較的深刻に受け止められた、一九六〇年六月から六一年七月までの時期である。

第4章では、国連が反ルムンバ秘密工作を積極的に支援した事実を論じる。一九六〇年六月の独立後、当初ルムンバ首相は、ベルギーに対抗するため国連の支援を期待した。しかしそれが失望に変わると、ルムンバはソ連の武器提供とルムンバの国連軍撤退要請を模索し始める。そして米国とベルギーは反ルムンバ秘密工作を開始し、ハマーショルドを含む国連事務局上層部もそれを手助けすることになるのである。とりわけこの章では、国連軍の指揮を担った国連事務局職員の多くが、米国政府の諜報活動の経歴を持つ者であったこと、また反ルムンバ・クーデターをめぐる国連事務局の中立性の言説が、当初から偽りに満ちていたことを、史料的に明らかにする。なかでも先行研究との関係で重要な指摘は、国連安保理の委託任務の履行が、ルムンバ失脚をめぐる米・ベルギー間の密約に担保されていたことである。

第5章では、ニューヨークを舞台にした権力政治の展開が、失脚後のルムンバを死に至らしめた過程を実証する。ここでは、ハマーショルドが、ソ連のプロパガンダ攻勢に晒され、「介入資源の確保」に苦しみながらも、国連の中立性の体裁を保とうと試みた点に焦点があてられる。しかし本章では、この試みですら国連への財政支援を梃子とした米英の圧力によって封じられたこと、さらに両国との摩擦が、ルムンバ暗殺の条件を整えたことを明らかにする。なかでも国連関係者は、この時期に米英が財政問題を梃子に国連事務局に圧力を加えたことについて、これまで意識的に議論を回避してきた。そこで、この事実を米英の史料から実証する。

第6章では、アイゼンハワーの後を継いだケネディ政権が、再度国連事務局と協働しつつ、ルムンバ後のコンゴに、親米政権を樹立した過程を明らかにする。その際米国にとって不都合な人物が国連軍の活動から排除され、後任に秘密工作に協力する人物が据えられたことを実証する。これも、国連の公式説明において今日でも否定される事実である。そしてここまでの叙述において、国連事務局のコンゴ政策は、国連関係者の言説に見られるようなハマーショルドの高い指導力の帰結ではなく、むしろ、親米政権の樹立を目指す米国の動向に引きずられたものであることが明らかにされる。

続く第Ⅲ部の第7章と第8章は、カタンガ分離独立問題をめぐる国際紛争について、六一年八月から六三年一月までを扱う。ソ連介入の問題が後退し、むしろ「米国の事業としてのコンゴ国連軍」をめぐる米欧対立や、中印国境紛争といった東西冷戦とは文脈を異にする問題が危機の動向に影響を与えた時期であり、国連と米国が協働で作り上げた親米政権の生き残りをかけて、両者がカタンガの分離独立状態の終結に動き出す過程を論じる。この時期、米国と国連事務局の秘密工作が功を奏し、ソ連の介入の可能性が低まった。しかし他方で、「米国の事業」としての性格を強める国連軍をめぐって、米欧諸国は激しく対立する。そこではソ連ではなく、植民地利権を有するベルギー、英国、フランスなどのヨーロッパの同盟国が影響力の低下を恐れ、米国の影をうかがわせる国連の植民地問題への介入に強く反発し、それが国連の「介入資源の確保」の大きな障害になるのである。そこで第7章では、カタンガに対して軍事的、経済的に圧力をかける試みが、なぜ繰り返し挫折させられたのかとの問いを、「介入資源の確保」の問題から考察する。

第8章では、さらに踏み込んで、コンゴ動乱末期の国連事務局が、財源確保に加えて、派遣部隊確保や法的正当性といった別の「介入資源の確保」の問題に苦しんだこと、この結果、キューバ危機や中印国境紛争といったコンゴ問題とは本来直接結び付かないこれらの事件が、米国の動向と並んで、カタンガ分離終結に向けた国連事務局の指導力のあり方に強い影響を与えたことを明らかにする。そして第4章から第8章までの叙述を通じて、コンゴ動乱史は、現地情勢をめぐる国連軍の対応や冷戦という枠組みだけでは捉えきれないことを実証する。

くわえて、補論的な第9章では、コンゴ動乱がもたらした帰結を、国連史の文脈で再検討する。とくに「介入資源の確保」の問題のうちの財源確保の問題が、後の国連平和維持活動のあり方に決定的影響を与えたことを明らかにする。国連の財政危機は、カタンガのコンゴへの再統合後も一層深刻化したが、米国はその問題を国連平和維持活動の恒久財源化によって解決することを目指した。しかしその政策は、経費未払い国のソ連ではなく、むしろ新興独立国の大量加盟によって生じた国連の質的変化に直面し挫折する。本章は、コンゴでは親米政権の樹立を成功させた米国が、その後の国連外交では敗北する過程を描くことになる。

最後に、本書が利用した史料、および表記について述べておきたい。近年、各国政府史料の解禁を受けて、コンゴ動乱に関する研究書や論文の刊行が相次いでおり、問題意識の点で異なるものの、本書もそれら研究の恩恵に浴している。詳細な史料、文献一覧は、本書の末尾に付す。また筆者は執筆にあたり、二〇〇〇年の米国留学以来、アイゼンハワー、ケネディ、リンドン・B・ジョンソンの各大統領図書館、米国国立公文書記録管理局、米国議会図書館、国際連合資料館、カルフォルニア大学ロサンゼルス校、コロンビア大学、ジョージ・ワシントン大学、スタンフォード大学フーバー研究所の各図書館、英国の国立公文書館などで史料収集を行った。これらの史料に加えて、アリゾナ大学のギブス、ノースキャロライナ州立大学のキャロライン・プルーデン、ベルギー人歴史家ド・ウィットといった先生方からも数々の史料を譲り受けた。なおコンゴの地名は、これまでたびたび変わったが（たとえば、独立時の国名はコンゴ共和国、一九六七年からは七一年までは、コンゴ民主共和国、七一年から九七年まではザイール共和国、九七年以降は再びコンゴ民主共和国）、本書は、独立当時の名称を使用し、また日付は、米国、英国、コンゴ等の時差を踏まえて、可能な限り米国東部標準時で揃えた。

# 第Ⅰ部　コンゴ動乱前史

# 第1章　コンゴ動乱の史的背景

## 1　理想の植民地コンゴ

コンゴ動乱は、一九六〇年六月にベルギー領コンゴがコンゴ共和国としてベルギーから独立した後、ベルギーがカタンガ州の分離独立を工作し発生した内乱である。この紛争は、六三年のコンゴ国連軍の武力行使によるカタンガの分離独立状態の終結で幕を閉じる。だがこの間、激しい部族対立、旧宗主国の介入を伴った利権紛争、そして東西冷戦が投影され事態は深刻化した。また、ベルギー政府は独立を認めたにもかかわらず、自国民の生命と財産の保護を理由に、コンゴに軍事介入した。このベルギーが保護すべき自国民の財産とは何だったのか。本章は一九世紀に遡るベルギーの植民地支配の実態を振り返り、コンゴに投下された資本と開発の問題を考えつつ、コンゴがベルギーから独立するまでの過程を概観する。とりわけ、植民地コンゴが宗主国ベルギーに莫大な富をもたらした理想の植民地であり、同時に苛烈な支配に対するコンゴ民族主義の勃興こそが、後の動乱を引き起こした要因であったことを論じる。

## 2　ベルギー領コンゴ以前

### 「闇の奥」コンゴとコンゴ独立国

今日のコンゴ民主共和国と呼ばれる地域を、歴史的に特徴づけてきたのはその社会的多様性である。とくに移動

**レオポルド２世**
出典：Adam Hochchild, *King Leopold's Ghost* (London : Macmillan, 1998).

通信手段が限定的であった時代、西ヨーロッパの面積に匹敵するこの地には、統一的な政治経済システムは存在しなかった。この地域に生まれた多くの政体は、地理的特性に基礎づけられた王制の形を取ったが[1]、おそらく最も有名なのはコンゴ王国であろう。一五世紀から一六世紀の間、コンゴ河の周辺に存在したコンゴ王国は、現在のコンゴとアンゴラに及ぶ大西洋沿岸を支配した[2]。この地域は、決して「未開の地」などではなかった。

しかし地域社会は、その後ヨーロッパ人がもたらしたキリスト教と奴隷貿易によって荒廃させられた。一五世紀、世界的な奴隷需要を背景として、主にヨーロッパ人による奴隷売買が活発化した[3]。一説によると、奴隷貿易を通じて約一三二五万人がコンゴ盆地地域から連れ出されたという[4]。とくに奴隷貿易は、現地人にとって容易に資金を得る手段になったため、時にキリスト教宣教師が直接関わりながら、奴隷をめぐる戦争や暴力が起こった。

ただしこの当時、ヨーロッパ人は、奴隷という人的資源にもっぱら関心を向けており、沿岸地帯の奥地に足を踏み入れることはなかった。その結果、コンゴ河流域周辺より奥地は、彼らにとって未知の地である「闇の奥」となった。

この流れを変えたのが、一八世紀に英国で始まった産業革命である。産業革命は奴隷労働者の需要を低下させ、人々の関心をアフリカの天然資源に向けさせた。そしてヨーロッパ列強も資源獲得のために「闇の奥」にも関心を示し、互いに勢力圏を確立すべく競い合った。いわゆるアフリカ分割競争である。このようななか、列強の対立を巧みに利用したのが、ベルギー国王レオポルド二世であった。彼は当時「無主地」とされた中央アフリカを植民地化し、コンゴ独立国と名付けた。ただし独立国とは名ばかりで、実態は国王の私有財産であった。

私有財産であるがゆえに、コンゴ独立国は奇妙な国であった。制度的には、総督、内務相、外務相、財務相などを戴く植民地政府があった。しかしそれは名ばかりで、統治に必要な官僚は不足した。また支配者のヨーロッパ人が居住したのは、一部の都市を除くと、コンゴ河沿いに互いに数百キロも離れて点在する駐在所だけであった。それゆえ彼は、国王所有の私企業や国王が特権を与えた私企業に開発を託した(5)。

ただし植民地支配は一筋縄ではいかず、現地では実力者による反乱が相次いだ(6)。このため軍事、警察部門も肥大化し、治安維持コストは莫大であった(7)。しかも植民地政府は、しばらくの間、ベルギー議会からの支援を期待できず、関税自主権もなかったため、慢性的な財源不足に悩まされた(8)。それゆえ彼は、財源を補うために原住民を徹底的に搾取した。また彼は、植民地開発に外国を含めた民間資本を導入し、利権協定から利益を得ることにも余念がなかった(9)。

一九世紀のコンゴの主産業は、象牙、天然ゴムの採取であった(10)。しかし、世紀が変わり世界的な工業化が進むなかで、レオポルドは、南東部のカタンガ州への関心を強めた。カタンガは、金や銅など鉱物資源の宝庫であった。そこで彼は、この地の支配者でベイェケ族のムウェンガ・ムシリ・ンゲレンガ・シタンビの王国を滅ぼした後、ベルギーの巨大金融資本ソシエテ・ジェネラル・ド・ベルジック（以下、ソシエテ・ジェネラルと表記）に支援を仰ぎ、英国との共同開発に乗り出した(11)。

この時に作られたのが、一九〇六年設立のユニオン・ミニエール・デュ・オー・カタンガ（以下、ユニオン・ミニエールと表記）であった(12)。そして同社は、ソシエテ・ジェネラルの子会社のコミテ・スペシャル・ドゥ・カタンガと英国資本のタンガニーカ・コンセッションズとの合弁事業として、莫大な富をカタンガから生み出すとともに、後のコンゴ動乱で重要な役割を果たすことになる(13)。

### 人口減少と「赤いゴム」事件

レオポルドの直接統治は後に自らの行為によって終止符を打つことになる。彼の支配のもとで現地人は苛烈な搾取に晒された。原因の一つは、公安軍にあった。公安軍兵士は、天然ゴム採取のノルマを与えられ、しばしば蛮行におよんだ。彼らは、原住民集落を襲撃し、残忍な手法で人々に強制労働を課した。強制労働は、女や子供などに

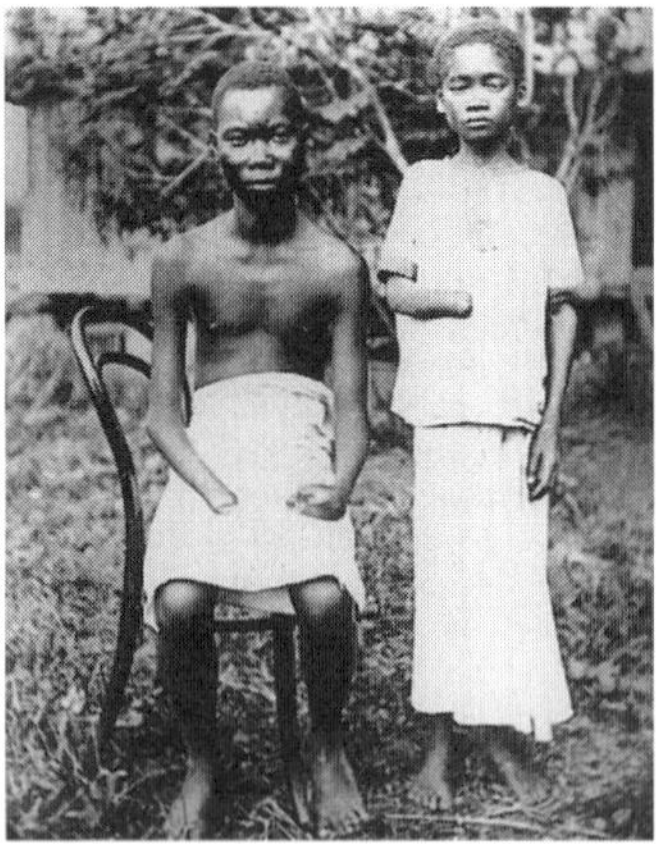
手首を切り落とされたコンゴ人
出典：Hochchild, *King Leopold's Ghost.*

も及び、抵抗する者には拷問も容赦なかった。また働きの悪い労働者の手首を切り落とすことすら行われた[14]。同様のことは、レオポルドが特権を与えた企業でも繰り返された。この結果、天然痘、眠り病、結核、性病、黄熱といった疫病の影響もあり、一九一九年には人口は半分にまで減った[15]。

このようななか、主に英国を舞台として、コンゴ人の非人道的扱いへの国際的抗議が起こった。いわゆる「赤いゴム」事件である。ジャーナリストのエドモンド・モレルは、一九〇〇年から『コンゴ・スキャンダル』と題する論考を続々と発表し、レオポルドの圧政の実態を糾弾した[16]。そしてモレルが作ったコンゴ改革協会とその運動は、英国のみならず、フランス、ドイツ、米国にも広がり、また英国のアーサー・コナン・ドイルや米国のマーク・トウェインなどの著名人も加わったことから、一般の関心も集めた[17]。

レオポルドは、改革運動を封じようとしたが、試みはうまくいかなかった。しかも、〇六年から〇八年にかけて、天然ゴムの国際価格が急落した。基幹商品である天然ゴムは、〇六年に輸出量においてピークを迎え、価格は、その後二年間で二五％以上下落した[18]。企業は採算割れをきたし、レオポルドも大損失を抱えた。結局彼は、死去する前年、ベルギー政府にコンゴ株式を譲渡した。譲渡額は、一億二〇〇〇万ベルギー・フラン（約四二四七万ドル）であった[19]。

## 3　ベルギー領コンゴ

### ベルギー領コンゴ誕生と行政的・社会的変化

こうして一九〇八年一〇月一八日、国際的圧力のなかでベルギー領コンゴが誕生した。それゆえその国際的承認は遅れ、たとえば英国の承認は一三年であった。ただし第一次世界大戦が翌年に勃発し、英国とベルギーが同盟関係に入ると、英国からの圧力は弱まった。そして戦勝国となったベルギーは、戦後、旧独領ルアンダ＝ウルンディも、国際連盟の委任統治領として支配下に置いた[20]。

ベルギー政府は、現地社会の回復と天然資源開発を植民地政策の基本とした。レオポルドの統治で現地社会は荒廃しきっていたからである。ただし本国の財政負担の軽減を望むベルギーは、行政機能のアウトソース化を進めた。そしてその一部を、キリスト教教会や植民地企業といった私的集団に託した。

ベルギーの統治下では様々な変化がもたらされた。第一は、植民地政府の整備である。植民地憲章が、〇八年一〇月一八日に公布され、かつての無政府状態に終止符を打った。フランス植民地をモデルとして、植民地政府は、本国政府や議会のチェックを受けることになった。公安軍も再編され、専門行政官僚が育成された。この結果、国民一人あたりの官僚数で、コンゴは、一四年の段階で、ダホメやモーリタニアを別とすると、アフリカで最も多い国になった[21]。また二三年に、海岸沿いのボマから首都が移転され、後にアフリカで最も洗練された近代都市と評された、レオポルドヴィル（現在のキンシャサ）に、新首都が作られた[22]。

第二の変化は、交通網の改善である。一一年から五九年までの間で、首都レオポルドヴィルと、港町マタディを繋ぐ鉄道が敷設され、最終的に鉄道網は五つ以上も増え、道路も整備された。とくに資源開発が活発なカタンガでは陸上交通網が発展し、カタンガの州都エリザベスヴィルと、ポルトガル領アンゴラやローデシアなどの南部アフリカの主要都市とが結ばれた。そしてローデシア側の国境を越えたところにある、ケープタウンに至るアスファルトで舗装された道路では、大量の物資が行き交うようになった[23]。

第三の変化は、行政機能の向上と輸送手段の改善に比例して、鉱物資源開発が活発化したことである。第一次大戦の影響を受けて資源需要が高まり、カタンガでは鉱山開発が進んだ。銅は二〇年代までに重要な輸出産品となり、コンゴを世界有数の銅輸出国とした[24]。またカサイでは米国とベルギーの合弁企業フォルミニエールのもとで、ダイヤモンド鉱山の開発が進み、コンゴ東部のキロモト鉱山でも金の採掘が始まった[25]。さらに農業生産力も高まった。大規模プランテーションのもとで、椰子の木や綿花の栽培が盛んになり、パーム油や綿花が輸出産品に加わった[26]。これらは天然ゴムや象牙に徐々に取って代わり、コンゴの主要輸出品になった。

最後に、コンゴ人を取り巻く社会サービスに変化があった。まずは、教育面での改善があった。植民地政府は、経済効率の向上を企図して、カソリック系教会に学校運営を託し、識字率の向上を実現した[27]。次いで、保健衛生サービスも改善した。教会と植民地政府との協力のもとで、医者の数が〇八年の三〇人から二六年には一三二人に増大した。この結果、長らく風土病として人々を苦しめてきた眠り病の問題も徐々に改善された[28]。

### レオポルドの時代との連続性

ただしコンゴに変化をもたらしたこれらの措置は、慈善的なものではなかった。開発効率化を狙う一連の政策によって、多くの人々が酷い労働状況下にあった。レオポルド時代の蛮行は減ったが、コンゴ人は植民地政府によって作られた以下のような制度によって、事実上の強制的な労働を強いられた。たとえば一九一〇年初頭、植民地政府はコンゴ人に納税の義務を課した。しかし当時のコンゴには、非貨幣経済社会が残存し、現金収入のない者は入植者が経営する農場や鉱山などで働かなければならなかった[29]。また強制労働の慣行も一部で残った。コンゴ人は、道路や橋などインフラ整備のため年六〇日間労働を義務づけられていた[30]。

さらに彼らは、なかば強制的な移住計画にも苦しめられた。過去の急激な人口減少が原因で、特定地域では深刻な労働力不足が生じていた。このため植民地政府は、カタンガなどの鉱山の労働需要を満たすために、労働者の移住を促進した。労働力の「リクルート」と呼称された移住計画は、植民地政府や「労働取引所」と呼ばれる民間組織を介して行われ、コンゴ人に不利な契約が取り交わされることが頻発した。[31]

移住はしばしば自発的と説明された。しかし、実態は異なった。この点は、過酷な労働環境で命を落とす労働者や、職場から脱走するものが多々いたことからも分かる。この傾向は、遠く離れた居住地から「リクルート」された労働者に顕著であった。[32] 交通手段も乏しいなかで、住み慣れた場所や家族から切り離され、税金を払うために一年のうち数カ月を費やさねばならず、孤立し自暴自棄になるものが続出した。ベルギー人は、コンゴ人は生来怠け者であり、警察を通じて厳しく取り締まるべきと考えていた。[33]

農民も酷い扱いを受けた。基本的に植民地政府は、ベルギー人の入植を厳しく制限した。一方で、いったん入植が認められたものが行う土地取引は、それが詐欺まがいの取得であってもそれを許していた。もちろん法律上は土地の強制的収奪は禁じられていたものの、実際の取引では、内容をほとんど理解できない部族長と交わされた外国語の契約書が有効とされた。また、植民地政府が農民の土地を取り上げ、企業に貸し付けることすらあった。[34] くわえて農民は、不本意ながらも低価格で作物を提供せねばならなかった。植民地政府が換金用作物の栽培を推奨したからであった。たとえば、二二年にカサイ州の企業は、人口が急増する首都レオポルドヴィルやカタンガ州での食料需要をまかなうための特別な利権協定を、植民地政府と交わした。[35]

### 世界経済とベルギー領コンゴ

輸出依存型経済のベルギー領コンゴは、世界経済の動向の影響を受けやすかった。たとえば、一九二〇年代の世界的好景気にあっても、その恩恵がコンゴ人へ還元されることはほとんどなかった。逆に三〇年代の世界恐慌は、コンゴを不況のまっただなかに叩き込んだ。パーム油、コーパル、綿など商品作物の国際価格は急落し、農民の収入を激減させた。また植民地企業の収益も悪化した。企業株価は、二八年から三一年の三年間で八五%も下落し、輸出額も三〇年から三三年までの間で約三分の二に減少した。[36]

植民地企業は、経営環境の悪化に伴う損失をコンゴ人労働者に負担させたため、労働環境も悪化した。賃金は引き下げられ解雇が相次いだ。かろうじて解雇を免れた場合でも、彼らは厳しい管理下に置かれた。許可なく労働者キャンプから出ることはできず、故郷に戻ることもままならなかった。また不況の影響は、農村部にも及び、農村部では都市部労働者に低価格の食料を提供するために、換金用作物の栽培が強いられた。他方植民地企業は、これらの措置を通じて、経営コストを削減して収益を維持した(37)。

経済状況を好転させたのは、第二次世界大戦とその後の冷戦の始まりであった。三〇年代後半になると、世界各地で軍備増強が行われた影響で、国際的な鉱物資源価格が回復した。銅の価格は、三七年までに恐慌前の二八年の水準を上回った(38)。また戦時中のベルギー領コンゴは、ジャワやマレーシアが陥落した後の連合国にとって、天然ゴムなどの重要な資源供給地となった(39)。また戦後も五〇年から五三年に朝鮮戦争が勃発した影響で、銅価格は二六％上昇するなど、国際的な卑金属の価格は高止まった。亜鉛、コバルト、マンガン、ウラニウムなどの鉱物資源輸出も好調で、朝鮮戦争終結後も東西冷戦の状況を背景として、これら戦略的商品の需要は維持された(40)。

その恩恵を受け、コンゴ経済は急成長を遂げた。空前の好景気を受けて、国内総生産は、三九年の三億五〇〇〇万ドルから五一年には七億五〇〇〇万ドルへと増大した(41)。産業生産は四七年から五五年で三倍になり、エネルギー生産量は四倍、総輸出額も四倍近くになった(42)。四九年、ベルギー政府は「コンゴ開発一〇カ年計画」を発表した(43)。これは、コンゴを原料の輸出依存国から、均衡経済国へと発展的に脱皮させる計画だった。多額の資金が空港整備等の公共事業に投じられ、対コンゴ投資の平均収益率の驚異的高さに惹かれて海外から投資が殺到した(44)。この結果、国内では輸入代替産業が発達し、人々の日常品などが国内生産できるようになった(45)。

空前の好景気は植民地企業のみならず、コンゴ人にも恩恵をもたらした。四九年には最低賃金法が施行され、一部職種で賃金が上昇した。彼らにも昇進の道が開けた。人によっては、鉱業や鉄道産業で、熟練、準熟練の労働者として雇われるものが出た。公共サービス、とくに初等教育分野のサービスが向上し、五九年までに彼らの七〇％が、何らかの初等教育を受けていた。この数字は、アフリカ最高水準であった。ベルギー領コンゴについての特集記事を掲載した五二年の『フォーチュン』誌は、次のようにコンゴ人の豊かさを報じた。

…大都市の数千ものバンツー人は、白人の制度が設定した住宅抵当を完済している。数万のバンツー人が、巨大な産業企業の熟練労働者として、賃金上昇を経験している。そして数一〇万のバンツー人が改善された小企業の換金作物の価格の上昇の恩恵を受けている。これらバンツー人は、帽子をかぶるだけでなく、良質の織物を着て、また靴を履きさえする。彼らが持つミシン、写真機、自転車の数は増える一方である…。彼らの子供達はますます学校に行くようになり、そして彼らの妻は、妊娠時に白人の薬を得たいと望むのである。(46)

## 4　コンゴ人の政治的覚醒

### 初期抵抗運動の限界

コンゴ人を取り巻く物質的環境は改善傾向にあった。しかし、政治的な変化は限定的なままであった。なぜなら植民地政府は、彼らの政治的覚醒を阻止し続けたからであった。一九〇八年の植民地継承以来、政府は、コンゴ人の結社や言論の自由を制限した。また後に結社の権利を認めた後も政府は、結社の解散権限を維持し、政党の発達を妨害した。(47)政府は部族長制度を通じてコンゴ人を監視下に置き、海外自由渡航のみならず、州間の自由移動も禁じた。(48)

植民地企業もコンゴ人の政治的覚醒を阻止する企てに一役買った。企業も植民地政府の労働政策作成に協力し、労働組合の動きを監視した。その際に有効だったのが、労働「安定化」政策であった。この政策は二八年にユニオン・ミニエールが始めたもので、企業側が労働者との間で低賃金の長期雇用契約を交わし、老齢者年金支給、保健衛生サービス提供等を保証する代わりに、労働組合への非加入を促すことを内容とした。狙いは、組合活動の拡大阻止であった。この結果コンゴの賃金労働者数はアフリカ最大となる一方で、組合加入率はアフリカ最低水準となった(49)。

ただしコンゴ人の政治的覚醒を、完全に封じることができたわけではない。政治的抗議や反乱は定期的に発生した(50)。たとえば第二次世界大戦中の四四年には、ルルアボルグの兵士が反乱を起こした。引き金は、ヨーロッパ戦線においてベルギー軍がドイツ軍にあっけなく敗北し、また北アフリカ、ビルマ戦線に投入されたベルギー軍のコンゴ人部隊が活躍したことにあった(51)。しかしこれら抵抗は組織だったものとならず、植民地支配が揺らぐことはなかった(52)。

総じて言えばベルギー領コンゴの展望は、五〇年末まで楽観的に語られていた。同じ頃、フランス領、英領アフリカでは、民族主義の嵐が吹き荒れたが、それと比べればコンゴは平穏だとされた。

ベルギー領コンゴにおけるビッグニュースは、現在もまた問題ないということである。これは、エジプト、モロッコ、南アフリカ、黄金海岸、ケニア、あるいはその他の暗黒大陸の場所からのニュースとは、異なる…。不満は軽微であり、治安部隊は小さく、そして何もすることがない。白人は、日夜遠く離れた草むらから狙ってくるバンツーからの危険を、感じることがない(53)。

この事情から米国政府高官は、一九五八年の時点で、ベルギー政府高官が「その〔植民地：筆者〕政策は成功を収めており、またコンゴの人民は政治的に扱いやすい」と自信を深める様子を記録している(54)。コンゴが独立する日など、遠い先のように考えられていた。

**政治意識の覚醒**

しかし実際には植民地統治には揺らぎが生じていた。この流れを形成したのは、第二次世界大戦後の高度経済成長と都市化の進展であった。一九五〇年代の好景気の影響を受けて、人々が仕事を求めて地方から都市部へ移動した。都市化によって、これまで政治運動の組織化を妨げてきた弱点が、克服され始めた。すなわち、都市部では政治的な組織も作られ始め、政治意見を表明することが従来と比べて容易となったのである。他方、物乞いや日雇い、軽犯罪などで生活の糧を得る失業中の若者も多数存在し、彼らは、後にデモや暴動を行う予備軍になった[55]。

こうしたなかで都市部では、新たな社会階層が生まれた。それが開化民と呼ばれるコンゴ人エリートであった。彼らは、伝統的生活と決別し、西洋化したコンゴ人であった。開化民の多くは、事務職員や看護師等の熟練労働者であり、戦後の好景気の産物でもあった。開化民になるには、大学卒である必要はなかったが、豊富なフランス語の知識や、キリスト教徒であること、そして中等教育を受ける必要があった。そのようにして生まれた開化民は、比較的高い収入を得て、他のコンゴ人にはない特権を享受した[56]。

ただし開化民の特権は、ヨーロッパ人のそれと比較して限定的であった。開化民でも多くの場合は大学へ入学できず、植民地政府の権限ある地位にも就けず、依然として人種的に差別され続けた[57]。他方で五九年の段階で約一万人いたヨーロッパ人入植者は、開化民以上の特権を持った。豊かな土地を持ち、高賃金の仕事に就いたのは、彼らであった[58]。

植民地政府は、開化民が他のコンゴ人と入植者の架け橋になることを期待した。しかしこれは無理な話であった。五〇年代なかばまでに、数千人のコンゴ人が開化民の資格を取得したが、入植者達はこれをコンゴ人への譲歩として受け止め、自らの特権が脅かされることを懸念して、逆に人種差別意識を剥き出しにした[59]。

人種差別意識に晒され続けた開化民が、民族主義に向かうことも少なくなかった。四〇年代後半頃から開化民クラブと呼ばれる集団が作られ、そのような民族主義感情の受け皿になった。当初開化民クラブは、文化的、社会的集団として始まったが、時の経過とともに増加し、穏健な政治的主張をするものを含むようになった[60]。さらに開化民クラブには、特定の地域や部族に基礎づけられた政党へ発展するものもあった。このうちで最も重要なものは、バ・コンゴ族（ベルギー領、フランス領コンゴ、アンゴラに居住し、ニジェール・コンゴ語族バントゥー諸語に属する部族）を代表するバ・コンゴ族同盟（ＡＢＡＫＯ）である。五〇年に文化団体として設立されたＡＢＡＫＯは、五四

ジョセフ・カサブブ
出典：Leo Zeilig, *Patrice Lumunba : Africa's Lost Leader* (London : Haus Publishing, 2008)

年に元カソリック司祭のジョセフ・カサブブが指導し始めると、首都レオポルドヴィルの周辺で、即時独立を主張する急進的政党として知られるようになった。(61)

また、コンゴ人の政治的覚醒は農村部でも始まった。戦後の好景気の恩恵は都市部に限定され、農村部は貧しいままであった。植民地政府は商品作物の低価格政策を維持したため、農民の実質的な生活水準は、インフレを受けて低下した。都市部への人口流出が続き、しかもベルギー政府の土地政策の影響で、地方の人々には鬱屈した都市部と農村部との間で経済格差が広がった。感情が蓄積されていた。(62)

もとより入植者に豊かな土地を奪われ、低収入に喘ぐコンゴ人農民の間では、土地をめぐる対立が絶えなかった。この対立は、しばしば部族対立の形をとった。たとえばカタンガでは、カサイ・バ・ルバ族が、植民地政府の土地政策への不満を背景として、入植者と協力的なバ・ルンダ族と衝突した。そして両部族間の緊張は、第2章で検討するように、五九年までに地域全体を覆い、後のカタンガ分離問題に影響を与えた。(63)

## 国際的な出来事の影響

国際的な出来事も、政治意識の覚醒に影響を与えた。第一は世界的な植民地独立の動きである。アフリカでは一九五六年までに英埃領スーダンの独立が承認され、五七年には英領のガーナが独立した。またケニアでは、キクユ族主体のマウマウ団の乱が起こった。なかでも重要だったのは、フランス領アフリカの動向であった。モロッコとチュニジアが五六年に独立し、同じ頃アルジェリアでも独立闘争が展開した。そして五八年八月二三日、シャルル・ド・ゴール大統領が残りの植民地の独立に言及したことは、コンゴにも影響を与えた。この演説の二日後、開化民達は独立の日程を設定するよう植民地総督に請願した。(64) また開化民には、他のアフリカ民族主義者と接触を図るものも現れた。後に初代首相となるパトリス・ルムンバは、五八年一二月にギニアで開催された第一回全アフリカ人民会議に参加し、ガーナのクワメ・ンクルマなど多くのアフリカ人指導者と交流し、基本的権利としての独立を主張した。(65)

第二に五八年にブリュッセルで開催された万国博覧会（エキスポ五八）も、コンゴ人の政治意識に影響を与えた。彼らの海外渡航は長い間制限されたが、この時多くの人々が万博のパビリオンで働いた。そして彼らは視野を広げる機会を得た。たとえば彼らは、白人給仕の姿を生まれて初めて見て、大きな衝撃を受けたという。コンゴでは黒人給仕が当然だったからである。(66)

第三の影響は国際的な経済状況の変化であった。東西冷戦の「雪解け」期でもある五七年からの世界的な景気後退は、銅の国際価格を急落させた。五七年の価格は、前年比で三〇％も下落し、翌五八年にはさらに同一四％下落した。(67)この状況は、現地経済を大きく揺さぶった。企業の収益は悪化し、人々の生活水準も低下した。失業者数も増大し、首都レオポルドヴィルでは、人口の約二五％が五九年初頭までに失業者となった。(68)こうして不満を蓄積した人々の間で、政治的な変革を求める雰囲気が醸成された。

## 5　コンゴ独立へ

### レオポルドヴィル暴動

コンゴ人の政治的覚醒は、一九五〇年代末には明らかであった。新政党が続々と誕生し、コンゴ人の手によるフランス語やその他の言語の出版物の数も増え続け、五九年初頭にはその数は二五〇を超えた。都市部では多くの群衆が自発的に組織を作り、大衆デモを展開した。(69)しかしベルギー政府高官は、植民地統治が順調だとの考えにとらわれるあまり、事態を楽観視した。たとえば五八年一〇月にピエール・ウィニー外務大臣は、「コンゴ人達はベルギーの事業に満足し続けてきたし、またコンゴには政治的扇動などまったくない」と米国のジョン・フォスター・

ダレス国務長官に語った[70]。

しかしベルギー政府の見通しは、裏切られた。五九年一月四日、深刻な失業問題を背景として、レオポルドヴィルで暴動が起こった。暴動は、政治集会の開催をめぐる現地当局とＡＢＡＫＯの摩擦がきっかけだった。集会の開催を妨害されたコンゴ人群衆は、激しく反発し、ヨーロッパ人を襲撃した。暴動に関わったコンゴ人は五万人とも言われる[71]。これに対して公安軍は、暴力的に対応した。公式発表では死者数四二名とされたが、実際には数百名を超えるコンゴ人が殺害された。また前年一一月発足のガストン・エイスケンス首相率いるベルギー政府は、暴動の責任をＡＢＡＫＯの指導者カサブブに負わせ、短期間ではあったが彼を拘束した[72]。

予想外の事態にベルギー政府は、飴と鞭の対応を取った。一月一三日、ボードゥアン国王は植民地政策について異例の声明を発し、具体的日程を語らなかったものの、将来の独立の可能性に言及した。同日ベルギー政府も、地方議会選挙の実施などの計画を発表し、議会調査委員会も植民地における人種差別の蔓延や入植者の横暴な態度が暴動の原因であることを認めた。一方で植民地政府は、暴動に関わったとされる約三〇〇名を逮捕し、一部を都市部から農村部に返すことで、運動勢力の分断を図ろうとした[73]。

しかし政治活動は活発化するばかりであった。農村部に返されたコンゴ人は、今度はそこで支援者を集めた。こうして都市部だけでなく、農村部でも即時独立を求める声が強まっていった。この動きは強固な権力中枢をもつものではなく、分散的でかつ部族主義的な形態をとり、植民地政府が「事実上コントロールできないほどの電撃的な政治化」へと発展した[74]。

農村部に政治運動が拡大するなかで、運動の中心に変化が生じたことは特筆に値する。これまで独立運動を主導してきたＡＢＡＫＯが勢いを失う一方で、後に首相となるルムンバ率いるコンゴ民族運動（ＭＮＣ）が力をつけたのである。すでに指摘したが、バ・コンゴの部族政党たるＡＢＡＫＯは、いにしえのコンゴ王国の復活を希求するという意味で、支持の広がりに限界があるうえ、この頃内部に深刻な対立を抱えていた[75]。これに対してＭＮＣは、部族主義的、地域主義的主張を避け、ほぼ唯一の民族主義政党として、特定の部族を超えて都市部や農村部を問わずコンゴ人の幅広い支持を集めた[76]。

### 円卓会議と即時独立の決定

独立を求める声がコンゴ各地で強まっていた。しかしブリュッセルでは、一九五八年成立のキリスト教社会党と自由党の連立政府の対応が、後手に回りがちであった。ベルギー政府は、右派からは植民地行政機構の急激な変革への反対論と、野党ベルギー社会党からは踏み込んだ改革の必要性の主張に引き裂かれた。五九年秋に政府が打ち出した改革案は、コンゴ側の満足を得るものとはならなかった[77]。

改革案は、コンゴに元老・代議両院を設置し、四年以内に完全独立する可能性に言及した[78]。しかし、MNCやABAKOを含む多くの政党は、五九年一二月予定の地方選挙のボイコットを訴えた。さらに一〇月下旬から一一月上旬にかけて、東部州のスタンレーヴィルやその他の州でも暴動が起こり、コンゴ人二四名の死者が出た[79]。入植者達のなかには、情勢に不安を覚え、カタンガの分離独立の可能性を議論し始めるものもいた。

植民地政府は、スタンレーヴィルの暴動の責任をルムンバに帰して、彼を逮捕したが、これ以上の踏み込んだ措置を執れなかった。ベルギー国内では、野党社会党が、ベルギー軍の介入は問題を「アルジェリア化」させかねないと主張し、コンゴ人指導者達と独立に向けた円卓会議を早急に開くべきと主張した[80]。このようななか、一二月の地方選挙は、完全な失敗に終わった。実際に投票を行った人はわずかで、レオポルドヴィルでは、有権者全体の三分の一以下であった[81]。ベルギーに残された選択肢は限られていた。一一月二六日、ベルギー政府は、独立を討議する円卓会議開催の予定を発表した[82]。

六〇年一月二〇日から、ブリュッセルで円卓会議が開催された。ベルギー政府は、この会議で、六四年に独立を予定する移行計画を話し合うつもりであった[83]。しかし三週間にわたる会議で、共同戦線を張るコンゴ代表団は、ベルギー代表を圧倒し続けた。コンゴ代表団は、拘束中のルムンバの釈放を求め、一月二五日に急遽釈放されたルムンバもコンゴ代表団に加わった。最終的に即時独立を求めるコンゴ側の要求が通り、二月一九日、円卓会議はコンゴの将来を形作る幾つかの決定を下した。

まず新しい憲法である基本法が提案された。そして同法のもとで、独立コンゴには上下両院からなる立法府、首相、儀礼的な立場の大統領、準自治的な地方制度が置かれることが決まった(84)。また前年一二月の選挙は無効とされ、改めて総選挙が六〇年五月に予定された。しかも最も重要なこととして、完全独立の予定日は、円卓会議からわずか半年後の六〇年六月三〇日となった(85)。ベルギー側は、年齢的に若く政治的にも未熟なコンゴ人に、あえて早期の独立を認めることで、彼らがベルギーに再び頼ってくることを期待した。コンゴ人達はこの決定を喜んだ。しかし独立への準備不足は、誰の目にも明らかであった。

# 第2章　コンゴ動乱の始まり

## 1　性急な独立

コンゴ独立を決めた一九六〇年一月の円卓会議の結論は、当初の予定とは抜本的に異なる脱植民地化計画であった。[1]ベルギー側は六四年の独立を念頭にテーブルの席に着いたものの、結果として六〇年六月三〇日を完全独立の日とした。この性急な決定は、コンゴ側の要求であったとはいえ、後の混乱の始まりとなった。実際コンゴは、独立から一週間も経たずしてコンゴ国軍の反乱と暴動に直面した。さらに混乱の最中、カタンガ州の分離独立も起こった。

一連の混乱の一端が、独立の準備不足にあるのは誰の目にも明らかだった。ただし混乱に拍車をかけたのは、ベルギー政府がこれを政治的に利用したからである。コンゴの首都レオポルドヴィル駐在の英国大使アイアン・スコットが後に記したように、ベルギー人は「金融、財政、商業上の重要な地位をできる限り維持するとの希望のもとで、コンゴから政治的に退出する」方法を模索した。[2]しかし、ベルギー人が作り上げた植民地時代の遺産を可能な限り排除したいと望むコンゴ民族主義者たちが権力を掌握したことでベルギー政府の思惑は外れ、強硬手段に訴えたベルギーの行動がコンゴの動乱の炎に油を注いだのである。

そこで本章は、動乱の始まりを描く。まずベルギーの対応と意図を分析し、次いで民族主義者ルムンバが首相に就任したことで、ベルギーはコンゴ中央政府における協力者獲得に失敗する過程を論じる。さらに反ルムンバ政策としてのカタンガ分離の支援の開始、そしてその帰結としてのベルギーの国際的孤立という問題を論じる。

## 2　経済権益の防衛と民族主義

### ベルギーの対応

ベルギー政府が植民地独立をめぐり危惧したのが、経済的混乱の発生であった。与党キリスト教社会党は、ソシエテ・ジェネラルなどの金融界と関係が深かったことから、植民地コンゴの独立という問題を「コンゴの金融利益」という観点から捉え、「植民地入植者のメンタリティ」と同じであったと、在ブリュッセル米国大使は見ていた。[3]なかでも彼らが懸念した問題は、いかに植民地投資を保護するかであった。一九五五年から五八年の間の統計で、ベルギーの対コンゴ所得収支は、株式の配当金収益などで年間一億八六〇〇万ドルの黒字であった。[4]しかし独立の直前、この権益が失われることへの不安から、国際金融市場は動揺した。円卓会議を前後して、ブリュッセルの株式市場では株価が大暴落し、五九年から六〇年にかけて多額の外国資金がコンゴから逃避していた。[5]

このためベルギー政府は、資本逃避を押しとどめ、逆にコンゴへの環流を促す措置を打たねばならなかった。たとえば彼らは、米国政府の協力を得て、破綻寸前の植民地政府に緊急融資を行い、世界銀行や金融家グループからの借款をまとめ、[6]ベルギー企業にコンゴへの資金環流を要請した。

しかしこれらの措置では、株価は弱冠もち直したものの、[7]投資家の不安を消し去ることは出来なかった。根本理由は、独立後の経済的見通しが不確かなためであった。独立の決定や国政選挙の実施などの大枠に合意した六〇年一月の円卓会議の後、四月と五月にも重要な経済問題に関する議論をする経済円卓会議が開かれた。しかし会議には、カサブブやルムンバといった主要政治家が出席を拒否し、投資保護に関する重要な合意を形成できなかった。[8]

独立後の植民地経済の展望について人々が不安を覚えるなか、ベルギー政府は、混乱回避のための努力を続けざるをえなかった。彼らは、社会秩序を維持し投資環境を維持するために、軍事プレゼンスの維持と行政機能の安定化を図った。エイスケンス首相は、五月以降、北部カタンガのカミナ、低地コンゴのキトナの二つの軍事基地に歩兵三個中隊を増員し、六月二九日、新コンゴ政府との間で、独立後もベルギー軍を駐留し続けることを認める、コンゴ・ベルギー友好条約をまとめた[9]。またベルギーは、新行政機構にベルギー人行政官が残れるようにも配慮した[10]。さらにベルギーは、約二万人の公安軍改革を名称変更にとどめ（後に「コンゴ国軍」と変更）、実質的な指揮命令系統の変更を予定しなかった[11]。

またベルギー政府は、投資家保護のための法整備を急いだ。突然の独立決定で、コンゴでは、独立後の商取引に関する法律が未整備であった。そこでベルギーは、ベルギー国内法に基づいて、外国企業がコンゴで操業できる法律を作った。また六月二七日発効のコミテ・スペシャル・ドゥ・カタンガの解散令でも、同社の解散が極力市場の混乱に繋がらないように配慮した[12]。このような措置を通じてベルギーは、国際金融市場に向けて平静さを取り戻すよう訴え、独立が経済環境の急激な変化を意味しないことを保証しようとした。

### コンゴ民族主義

しかしベルギーの努力は、根本から揺さぶられようとしていた。コンゴでは、独立の果実を求める民族主義勢力が、急速に力をつけていたのである。なかでも突出した政治家が、独立運動の中心人物パトリス・ルムンバであった。

ルムンバは、一九二五年に南部の小さな村で生まれ、ほぼ唯一の民族主義政党、コンゴ民族運動（ＭＮＣ）を創った人物である[13]。コンゴ独立時で年齢三四歳、カソリックとプロテスタントの宣教師から教育を受けた開化民であり、当時の観察者から「きわめて柔軟な姿勢」を持ち、「強い野心と知性」を持つと評された彼は[14]、政治的自由主義の観点から激しい植民地主義批判を展開した[15]。彼の類いまれな演説の能力のおかげで、ＭＮＣは洗練された国民政党となり[16]、その綱領で、中央集権的な政府のもとでの行政の漸進的なアフリカ人化、政府主導の経済開発、中立主義外交を掲

**パトリス・ルムンバ**
出典：Zeilig, *Patrice Lumunba.*

げた[17]。
対してベルギーの財界人は、ＭＮＣの構想を敵視した。彼らは、多額の負債を押しつけられて独立したコンゴにおいて、ルムンバが独立後三年以内に外国企業社員の八〇％をアフリカ人化し、最終的にベルギー資本の国有化に踏み切るだろうと噂した[18]。米国国務省は、次のように当時の様子を記した。

コンゴにベルギーが押しつけた巨大な公的負債は…、独立達成と同時に、経済危機が起こることを予見させるものであった。ベルギーのコンゴ投資は、約三五億ドル規模であったが、公的インフラ整備は、概して外国の金融市場で売買される浮動公債によって、ファイナンスされていた…。新コンゴ政府は、その負債を拒否し、紙幣を刷り、経済的苦境の埋め合わせに、ベルギー資産を接収する可能性があった[19]。

このような悪夢が現実になることを恐れたベルギー政府は、コンゴ独立後の新政府を決める選挙でＭＮＣが勝利するのを阻止しようとした。選挙は六〇年五月一一日から二五日にかけて行われたが、その際ベルギーは、モイーズ・チョンベ率いるカタンガのコナカ党（ＣＯＮＡＫＡＴ）や、国民進歩党（ＰＮＰ）といった連邦制国家やベルギーとの協力を強く志向する政党を支援した[20]。しかしベルギーの干渉にもかかわらず、選挙結果は彼らの期待を裏切った。結果はＭＮＣが相対多数で勝利したのである。ＭＮＣは、議会上院の総議席のうち一九議席を獲得し、代議院（下院）でも総議席一三七のうち四一議席を獲得し、両院で最大勢力になった。一方でベルギーが最も勝利を期待したＰＮＰは、下院で一五議席、上院ではわずか三議席を獲得するにとどまった[21]。

### 独立、暴動、混乱とベルギー軍の介入

ベルギーは独立後のコンゴにおける協力者の獲得に失敗した。その後ベルギーは、ルムンバの首相就任の阻止を試みたが[22]、これにも失敗した。六月二三日、ルムンバが新首相兼国防大臣になり、彼のつなぎ役との期待から、Ａ

BAKOのカサブブが大統領に就任した[23]。しかしこの期待も裏切られた。カサブブは、当時四三歳でルムンバより年上なものの、助言者の意見を容易に受け入れる傾向があり[24]、ルムンバの「暴走」を抑止できる力を欠いた[25]。

六月三〇日の独立式典は、象徴的出来事であった。この時ルムンバは、予定になかったにもかかわらず、突如として壇上に登り、演説を行った。出席した在ギニア米国大使ジョン・モローが述懐するように、彼の演説予定は意図的に回避され[26]、式典は事前の根回しのうえで、ボードゥアン国王とカサブブが文明化の偉業を称える演説を行い、穏当に終わるはずだった。しかしルムンバは、世界中から多くの要人が参列した式典で、国王を公然と攻撃した。

植民地の八〇年にわたる運命を通じて、私たちの傷口はあまりに生々しく、あまりに苦悩に満ちていて、これを即座に記憶からおいだすわけにはいきません…。私たちの土地は、合法的と称しながら、実は強者の権利を認めるだけの条文によって奪い去られてきました…。私たちは、政治的意見あるいは宗教的信念による流刑囚の残酷な苦悩を知っています…。そして、最後にあれほど多くの兄弟たちが銃撃戦に倒れたこと、迫害と搾取の上に存立する政権に服従しようとしない人々が残忍にも投げ込まれた牢屋を、誰が忘れることができましょうか[27]。

演説は参列者に衝撃を与えた。あまりの驚きに、二九歳のベルギー国王は、式典の途中で退席しようとすらした[28]。しかも第二次世界大戦中のナチスへの王室の協力問題など、国内に分裂要因を数多く抱える王室にとって、ルムンバの演説はその権威への挑戦と受け止められた。一方で演説はラジオで放送され、会場のコンゴ人聴衆は万雷の拍手で応えた[29]。

常識外れの行動と評されたが、ルムンバとしては、国内に広がる反植民地主義感情を代弁しただけであった。しかしそうであるがゆえに、事は深刻であった。各地で独立の果実を求める声があがり、人種差別を凝縮した公安軍内部でも、コンゴ人兵士が軍の変革を要求し始めた。直接の原因は、一般公務員が独立の翌日に昇給を経験したのに対して、兵士の待遇には何も変化がないことであった。七月五日の晩、レオポルドヴィル近郊のシスヴィル・キャンプのコンゴ人兵士がストライキを起こした。彼らはベルギー人将校の「エミール・ヤンセン将軍とルムンバに反発し[30]」、レオポルドヴィルへの行軍命令を拒否し、賃金の上昇、より良い食事や住宅の提供、全てのベルギー人将校の解任を要求した[31]。そして混乱に巻き込まれたバンチ国連事務次長も、宿泊先のスタンレー・ホテルで兵士に銃口を突きつけられ、死を覚悟する経験をした[32]。

もちろんルムンバは、混乱の沈静化に努力を続けていた。彼は、七月八日、全コンゴ人兵士を一階級昇進し、全ベルギー人将校を解任し、公安軍の名称をコンゴ国軍に変更した。さらに彼は、ヤンセンの後任として、総司令官に第二次世界大戦のベテラン兵で、彼の叔父でもある、コンゴ人のヴィクトル・ルンドゥラを就任させ、参謀本部長に後に独裁者になるジョセフ・モブツ大佐を任命した。

ただしコンゴ国軍のアフリカ人化の措置で、全体としてどの程度平穏さが取り戻されたのかは明確ではない[33]。ルムンバの側近の一人は、「大臣になれたことに舞い上がっている」閣僚達が、無駄な議論に時間を費やしてばかりであったと回顧した[34]。しかしベルギーが、ルムンバへの敵意を強めたことだけは明らかであった。なぜならルムンバの措置は、非常時には公安軍を動かすつもりであった彼らの計画を、台なしにしたからであった。

彼らは、彼らが共産主義に関与していると考えているルムンバ政府の転覆を支援するための絶好のタイミングを待っている。情報提供者によると、ヤンセンは、ルムンバが独裁体制の確立に動きだし、また権力を固めるように動きを見せるならば、ルムンバに敵対するように、公安軍を動かす準備をしていたという[35]。

ベルギー政府にとって、公安軍は経済秩序の安定に不可欠であった。それゆえこれを失ったベルギーは、七月一〇日、コンゴ政府と充分な協議をすることなく、軍の介入を決断した。彼らは、ベルギー、コンゴの双方が未批准のコンゴ・ベルギー友好条約を法的根拠として主張した。コンゴ人によるヨーロッパ人への強盗や強姦の報が相次ぐなか、同盟国の米国、英国、フランスも自国民の保護を求めた[36]。二日後、ベルギー軍パラシュート部隊が「ベルギー人の生命と財産の保護」を掲げ、レオポルドヴィルなどの重要拠点を軍事占領した[37]。ただし穏当に見える「ベルギー人の生命と財産の保護」という表向きの主張とは異なり、ベルギー軍の対応は過剰なものであった。たとえば一一日、ベルギー海軍は、港湾設備の確保のために、ベルギー人の被害報告がないにもかかわらず、介入先のマタディ港を爆撃し、一二人のコンゴ兵を殺害した。また一三日にもベルギーは、レオポルドヴィルのヌジリ空港へパラシュート部隊を投下し、コンゴ国軍と衝突した。そして幾つかのケースにおいて、ベルギー軍兵士は、「完全に分別をわきまえず、多くの例において、最もひどいコンゴ人よりも悪逆に振る舞った」のである[38]。

ベルギー軍の介入は、報復の連鎖をもたらした。ルムンバ政府の情報大臣アニセット・カシャムラは、これを「独立に反対するベルギーとファシストの陰謀」であるとラジオで演説した[39]。コンゴ国軍は、ベルギー人への反感から、一般人に乱暴狼藉を働く暴徒の集団となった。暴行や略奪などの報告が相次ぐなか[40]、暴動発生から一〇日余りの間でコンゴを脱出したベルギー人は、五万人以上にのぼった[41]。これは、独立時に約八万人いたベルギー人の六割強の数であった。また大量のベルギー人医師も国外に逃れたため、コンゴ人の外科医、内科医がわずか四人しかいない現地の医療システムは崩壊した[42]。さらに新政府において行政機能を担うはずであったベルギー人行政官も大量に国外に脱出し、現地金融機関は、混乱発生を理由として閉鎖に追い込まれた[43]。対コンゴ融資の取りやめで、コンゴの行政機能も麻痺した。八月以降の公務員給与の遅配、欠配が予見されるなか[44]、ベルギー人は国庫の金塊を本国へ持ち帰ったとさえ言われた[45]。かくして大学卒の人材が一六名しかいなかったコンゴにおいて、新政府の財政は二カ月ももたず、必要な人材も維持できないのではないかとの見方が急速に広まっていった[46]。

## 3　カタンガ分離

### 政策としての分離

独立から数週間のうちに起こった出来事によって、経済的混乱を避け植民地投資を保護するためにも親ベルギー政権をコンゴに樹立するというベルギー政府の思惑は台なしになった。独立を境として、ヨーロッパの株式市場では、植民地関連銘柄の大暴落が起こった[47]。このため経済権益の維持に不安を抱いたベルギーは、より急進的な政策に着手した。すなわち、カタンガ州を、分離独立させることにしたのである。コンゴ南端に位置する同州は、スペインとほぼ同じ広さを持ち、人口一七〇万人を擁する、銅、コバルト、ウラン、亜鉛、マンガン、石炭、鉄鉱石、金、銀、ゲルマニウム、ラジウムなどの宝庫であり、コンゴ経済の要であった[48]。

ただしカタンガ分離問題は、コンゴ独立後に急浮上したわけではない。海外からの投資が集中したカタンガの分離問題は、第二次世界大戦以前に遡る根深いものであった。第1章で論じたように、二〇世紀初頭、レオポルド二世が開発に英国資本を導入した関係で、現地経済は南部アフリカの鉱物資源地域経済と共に発展した。カタンガの基幹道路は、ローデシアや南アフリカ連邦向けに作られ、英領南部アフリカから大量の白人入植者が流入した。このことを背景として、一九〇八年にベルギー領になってからも、カタンガは、三三年まで特別の自治権を認められた。そしてカタンガには、本国から分離独立し、ルアンダ＝ウルンディと共に、英領植民地への統合を希求する入植者が多々いた[49]。後にベルギー外務大臣になるポール＝アンリ・スパークが述べたように、「歴史的に言って、コンゴは統一された、単一の政治的実態だったことはなく、統一は幾分ベルギーの行政上の人工的創作だった[50]」のである。

独立前のカタンガの政治は、この入植者の動向の影響を受けた。たとえば五八年に結成されたバ・ルンダやベイェケ族の政党ＣＯＮＡＫＡＴは、六〇年当時、バ・ルンダ族出身で、四〇歳の党首モイーズ・チョンベの指導のもとで、入植者との協調を謳った。同党は「外国人を郷土へ」のスローガンを掲げ、カサイなどから流入する他部族出身労働者の帰還と、「真正なカタンガ人」たる彼らによるカタンガの富の独占を訴えた。[51] これに対してバ・ルバ族主体のライバル政党カタンガ・バ・ルバ連合（ＢＡＬＵＢＡＫＡＴ）は、ＣＯＮＡＫＡＴを「ヨーロッパ人顧問に操られ、そして企業および他の入植者によって買収された…、『白人政党』」に他ならないと断じ、地域主義を拒否し、ＭＮＣの中央集権的な政府を支持した。[52]

両者の対立のなかで、入植者はチョンベの権力掌握を支援した。後に国連職員から「冷徹な、現実主義者」と評された彼[53]は、外国人投資家の保護を訴えることで、権力基盤を固めようとした。[54] おそらくこの背景には、彼が比較的裕福な家庭に生まれながらも、実業家時代の破産で多額の借金を抱えたことが関係していた。[55] 他方で入植者は、五月の州選挙の際、ローデシアやタンガニーカの支援者とともに、ＣＯＮＡＫＡＴに多額の資金提供を行い、同党が州議会の六〇議席のうち二五議席を獲得することを助けた。[56] また彼らは、独立の直前になって、植民地憲法たる基本法の改正をベルギー議会に求め、チョンベの州知事就任へ法的道筋をつけた。[57]

**モイーズ・チョンベ**
出典：Ian Colvin, *The Rise and Fall of Moise Tshombe : A Biography* (London: Frewin, 1968).

いまやベルギーにとって、このチョンベが切り札になった。ブリュッセルでは、過去二度にわたってカタンガ分離の試みが阻止されたが、[58] ベルギー政府は政策を転換した。七月九日、国王ボードゥアンとソシエテ・ジェネラル重役の意見交換を経て、ベルギー政府はカタンガへの軍の介入を決定した。[59] 七月一一日、チョンベは、ベルギー軍、入植者、現地領事官の支援を得て、カタンガの分離を宣言した。[60] 彼は、独立後の暴動の原因をルムンバの共産主義独裁にあると断じ、「技術、財政、そして軍事支援を継続する」よう、ベルギー政府に要請した。[61] この要請に対して、政府内には慎重論もあったが、[62] エイスケンス首相は「無政府状態よりは、チョンベのほうが好ましい」と判断した。[63] ベルギー政府は、ハロルド・アスプリモンド・リンデンを団長とする、カタンガ技術委員（ＢＴＭ）を派遣した。リンデンは、第二次世界大戦中のナチスに協力した前国王に忠誠を誓った人物で、ベルギー王室や金融資本と深い繋がりがあり、ルムンバ排除の強硬論者であった(64)。後に在カタンガのベルギー人技術者は七〇〇人になったが(65)、米国ＣＩＡは狙いを次のように観察した。

彼らは、コンゴの領土的一体性は保持されなくてはならないとの、公式の立場を維持しているが、…実際のところ、ベルギー人は、コンゴで最も裕福な州に対する彼らの投資を守るための最良の手段として分離を好んでいる(66)。

またカタンガの州都エリザベスヴィルにある米国領事館も、チョンベの顧問から次の情報を得ていた。

ヨーロッパ人の指導者達は、チョンベの同意を得て、コンゴ人からなる閣議の装いのもとで、カタンガを運営する白人政府機構を作りたいと望んでいる(67)。

カタンガの統治に実態を与えたのはベルギーであった(68)。ルムンバは、マタディ港での虐殺やカタンガ分離の報を受けて、ベルギーが混乱に乗じて再支配を狙っていると確信した(69)。また彼は、チョンベとの交渉に向かう過程で様々な妨害や屈辱的扱いを受けた(70)。それゆえルムンバは、ベルギー軍の撤退を要求するとともに、七月一四日には、外交関係を断絶し(71)、自らの言葉でもって、この「侵略」を終わらせる支援を国連に訴えた。

宗主国ベルギー軍のコンゴ派遣は、六月二九日調印の〔コンゴ・ベルギー：筆者〕友好条約の違反である。条約の規定によれば、ベルギー軍は、コンゴ政府の明示的な要請に基づいてのみ、介入することが認められる…。我々は、我が国を保有し続けたいとの願望のもとに、ベルギー政府が、カタンガの分離を入念に準備していたことを糾弾する…。要求される軍事支援の本質的目的は、国際的平和への脅威である現在の外国からの侵略から、コンゴの国土を防衛することにある(72)。

そして、この要請を一つの背景として、後に国連安全保障理事会は、ベルギー軍の撤退と国連軍のコンゴへの派遣を決めるのであった。

### ベルギー人の帰還停滞と分離の固定化

いまやベルギーとコンゴは、完全な対立状態に入った。ルムンバは、七月一五日、ラジオ放送で、「コンゴはベルギーと戦争状態にある」と宣言した[73]。この後の約一カ月間、彼は、ベルギーの侵略行為や植民地主義的謀略を非難し、他方西側諸国はこれを愚かなレトリックだとした[74]。このようななか、ベルギーの実際の動きは、ルムンバの主張を裏付けうるものであった[75]。七月一五日、ベルギー外務大臣ピエール・ウィニーは、在ブリュッセルの米、英、フランス大使との会談において、西側諸国の協調のもとでのルムンバの除去を提案した。

とくにウィニーは、〔以下のことを：筆者〕提案している…。(B)直接的、あるいは国連の代表に対する影響力行使を通じて、ルムンバの掘り崩し、そして彼の交代へと道を開く可能性ある活動を行うこと[76]。

ベルギーはこの後、非ルムンバ政府の樹立、ベルギー人の帰還の動きを加速させた。そして第4章で分析するように、この動きは九月のベルギー・米国・国連事務局協働の秘密工作、反ルムンバ・クーデターに結実する。このクーデターの後、ベルギー政府はベルギー人の帰還について、それをコンゴ政府の要請に基づくものであり、またベルギー人の自由意志と権利によると説明し[77]、コンゴ政府内の重要ポストへのベルギー人の帰還を進めた[78]。彼らの狙いは、行政経験の乏しいコンゴ人政治家に影響力を行使することであった。それゆえベルギー政府は、ハマーショルド国連事務総長の言葉を借りれば、この「クーデターのお膳立て」を伴った、「レオポルドヴィルへのベルギー人の計画的帰還」を後押ししたのである[79]。

しかし彼らは、目論見を完遂できなかった。なぜなら、七月にベルギー軍の撤退と国連軍の派遣を求める国連安

**カタンガ国旗**

出典：Kennedy and Magennis, *Ireland, the United Nations and the Congo.*

保理決議が採択され、それに基づき八月末頃には、米国政府の支持を得て、コンゴ国連軍が、機能不全に陥ったコンゴ政府の一部機能を肩代わりする文民支援活動を開始していたからである。その支援業務は、農業、食糧、通信、教育、金融、経済、貿易、公衆衛生など多岐にわたり、数にして最大時一一〇〇名程度の国連派遣の職員が活躍した(80)。他方ベルギー政府高官は、国連による統治機構の構築は不充分で、コンゴ経済の崩壊を食い止めることができないと考えたが(81)、国際世論の状況に鑑みてこれを甘受せざるをえなかった。

結局ベルギー政府は、信頼できる協力者を獲得できず、軍事介入に対しても国際的批判に晒されるなか、カタンガの分離維持を選択肢として残さざるをえなかった。そして国連のカタンガ代表オブライアンが観察したように、ベルギー政府は、カタンガに「コンゴ中央政府から独立して活動できる枠組み」を提供した(82)。米国領事館からの電報は次のように記した。

> 八〇年にわたる近視眼的な植民地統治が混乱と共に終わったにもかかわらず、特定のベルギーの私的あるいはその他の利害関係者は、カタンガ独立の最初の六カ月間で、チョンベを雁字搦めにし、彼らの助言や影響から抵抗することができないように、彼から権力を奪ったのである(83)。

在ブリュッセル米国大使ウィリアム・バーデンが、カタンガ指導部はベルギー人に「買収されている」と報告したように(84)、ベルギー政府の容認のもとで、事実上ベルギー人がカタンガ政府を作り上げた。エリザベスヴィルのホテルのロビーに、下襟にカタンガ国旗のピンバッジをつけたベルギー人が溢れるなか、リエージュとゲントのベルギー人がカタンガ憲法を起草し、また彼らが、カタンガ憲兵隊、国家情報サービス、カタンガ国立銀行、カタンガ航空など、政府の主要制度を運営した。[85] ただしベルギー政府は、国際的批判に晒されたため、表向きはコンゴの領土保全を尊重する立場を取った。すなわちベルギー政府は、分離独立宣言をしたカタンガの国家承認はしないまま、「ベルギーの軍隊に支えられた事実上のカタンガの自治を密かに支持する」というのである。[86]

このようななか、カタンガの事実上の独立に重要な役割を担ったのが、ソシエテ・ジェネラル傘下の民間企業ユニオン・ミニエールであった。[87] 同社は、七億五〇〇〇万ドルとも言われた資産を守ろうと躍起になった。[88] CIAのアフリカ局長ブロンソン・トウィーディが記したように、「分離を支持するヨーロッパ人とアフリカ人からなる地域政党」CONAKATを支配したのが、同社であった。[89] 同社は、本来ならばコンゴ政府に支払うべき税金をカタンガ政府へ収めることで、経済的、財政的破綻の瀬戸際にあったコンゴ政府を苦しめた。[90] 納税額は年約八〇〇〇万ドルと言われ、[91] これは国連の年間通常予算額に匹敵する額であった。

ユニオン・ミニエールからの資金は、主にカタンガ憲兵隊の強化に用いられた。土着住民の支持を欠くカタンガ政府は、憲兵隊の中核に傭兵を据えた。憲兵隊兵員の多くは、現地人であったが、[92] 八月のベルギー軍の公式の撤退表明の後、カタンガ政府は、ベルギー人将校の協力を得つつ、一九六一年初頭までに南アフリカ、ローデシア、アンゴラなどから兵を雇った。[93] その給与は、階級によって異なり、特別報酬を除いて一カ月あたり四〇〇ドルから八〇〇ドルとされ、なかにはフランス領インドシナやアルジェリアでの戦闘経験を持つ人物や、元ナチスの親衛隊、イタリアのファシストの残党までも含まれた。[94]

次のことは、数多くの情報源から報告されている…。すなわち、カタンガ軍への爆弾やその他の兵器は、ユニオン・ミニエール内の工場で作られ、文民の乗り物は、軍用のために、そこで武装されている。傭兵は、ユニオン・ミニエールによってリクルートされ…、そして、住居をあてがわれ、世話をされ、おそらくユニオン・ミニエールから給料を得ている。[95]

一九六〇年から六三年の危機の間、カタンガを独立国家として承認する国はなかった。しかしカタンガは、傭兵を用いて独立を維持した。なかでも傭兵は、反政府ゲリラの鎮圧に活躍した。反政府ゲリラとは、カタンガの人口の半分を占めながらも、平和的に政治意見を表明する手段を封じられた、バ・ルバ族であった。バ・ルバ族のゲリラ活動は、六〇年一一月、ユニオン・ミニエールが、バ・ルバ族労働者を雇い止めし、バ・ルンダ族に切り替えることを決めた頃から激化した[96]。いにしえのカタンガの支配者ムシリの孫で、チョンベの側近ゴデフロイド・ムノンゴは、これを徹底的に弾圧し、独立からわずか半年の間で約七〇〇〇人の命を奪った[97]。現地の国連職員は、カタンガの体制について、「コンゴの他の地域のなかでも、最も流血の惨事があり、そして最もテロリスト的」だと評した[98]。また傭兵は、後の章で検討するように、コンゴ国軍や国連軍の度重なる攻撃を撃退した。

傭兵に支えられたカタンガで、ユニオン・ミニエールの経営は安定した。コンゴ独立前の同社は、銅やコバルトの輸出などで約七億ドルの年間収益をあげたが、独立後もカタンガからの輸出額はまったく変化がなかった。独立後も他の地域の混乱をよそに、カタンガ産の鉱物資源は、アンゴラ行きのベンゲラ鉄道経由で国際市場に輸出され続けた[99]。このこともあって、独立直後コンゴ全体で約八万人いたベルギー人は、その後一カ月の混乱で三万人にまで減ったものの、そのうち二万人はカタンガに残り続けた[100]。

しかもカタンガは、潤沢な資金を背景として、国際的な情報戦でも強さを見せた。六〇年一〇月、カタンガは、事実上の大使館機能を持たせた「カタンガ情報サービス」をニューヨークに設立し、国際的支援を募った。後にケネディ政権の国務次官補になるジョージ・ボールが回顧録に記したように、ベルギーの金融資本の資金提供を得た「カタンガ情報サービス」は[101]、頻発する武装蜂起を、実態としてはベルギー人の植民地支配に対するコンゴ民族主義の抵抗であったにもかかわらず[102]、バ・ルンダ族とバ・ルバ族間の部族対立として描き喧伝した[103]。

「カタンガ情報サービス」によるプロパガンダ活動の中心にあったのが、後にアメリカン大学教授となるマイケル・ストルゥーレンスであった。弱冠三二歳、ベルギー国籍の元植民地官僚の彼は、在留資格としては外国人ジャーナリストとして米国に入り込み、「カタンガの大義」を一般に広めるべく活躍した。彼は、少なくとも年間一四万ドルを用いたと言われ、分離とはカタンガ人の自決権の行使に他ならないとする「彼のコンゴの物語を説明するために、プロパガンダを拡散し、番組放送に介入し、そして新聞発表をばらまいた」のであった(104)。

## ベルギーの国際的孤立と国連

このようにベルギー政府は、カタンガの分離独立を非公式に支援した。しかしその政治的代償は、ベルギーの国際的孤立であった。これは国連の場で顕著であった。

そもそもベルギーを含めた植民地領有国は、一九四五年にサンフランシスコで誕生したこの国際組織に、ある種の居心地の悪さを感じていた。新興独立諸国や東側陣営諸国は、国連を舞台として反植民地主義の議論を展開しており、英国、フランス、ベルギーなどの植民地領有国は、この問題で常に守勢に立たされた。そしてこれらの国々は、信託統治領の統治について説明責任を負うと同時に、国連の介入の可能性に晒され続けた。

国連憲章第七三条は、「人民がまだ完全に自治を行うに至っていない地域の施政を行う責任を有し、又は引き受ける国際連合加盟国は、この地域の住民の利益が至上のものであるという原則を承認する…」と規定しており、植民地領有国は、これら領域の統治に関する情報を国連事務総長に届けることを義務づけられた(105)。この規定は、四六年に、国連総会が信託統治地域の情報を検証するためのアドホック委員会を発足させ、その後、五二年には、情報委員会の名称を与えられるに至り、国連の正式の制度の一部となった。

しかし四〇年代末から五〇年代にかけてベルギーは、この国連の制度に非協力的であった。ベルギーは、植民地統治の反対者が国連を利用して変革を迫り、植民地帝国が内部崩壊することを恐れた。このため政府内には、国連からの脱退論が常に存在し、たとえば後にエイスケンス政権において外務大臣となる、キリスト教社会党の植民地委員会議長ピエール・ウィニーは、次のように主張して憚らなかった。

もし、彼らが、我々の意見を聞かないのであれば、我々が次に考えなくてはならないことは、〔国連からの〕筆者」脱退である。[106]

要するにベルギーは、国連について、「コンゴに対する我々の主権に対する真の脅威である、後見人システムに近いもの」とみなしていた。[107]

それゆえベルギーは、国連の介入を避けるために、植民地統治を無謬のモデルケースと描き出そうとした。またベルギーは、英国、フランスと定期的に協議を重ね、植民地領有国の関係を緊密化するための協力協定を締結した。五〇年代初頭、ベルギーの国連代表は、コンゴ人民の生活水準が、ブラジルやインドといった独立国の人民よりも、恵まれているとの論陣を張った。しかし概して言えば、ベルギーの主張が受け入れられたとは言い難く、国際的な孤立は続いた。[108]

しかもコンゴ動乱の勃発でベルギーは、さらに孤立を深めた。七月一四日、コンゴ政府の求めに応じて開催された国連安保理は、ベルギー軍のコンゴ撤退を求めた。また二二日に採択された決議も同じ内容を確認した。このため第4章で論じるように、ベルギーは、米国との若干の摩擦を経験しつつ、コンゴからの軍の完全撤退を余儀なくされた。カタンガ分離独立についても国連安保理は、六一年二月二一日、ベルギー及び他の国からのコンゴにおける軍事的、準軍事的関与を終わらせるよう求め、国連はカタンガ技術委員を問題視し続けた。この結果ベルギーの国連代表団は、ニューヨークの国連本部のロビーで、まるで不可触民のような扱いを受けた。[109]

カタンガへの技術支援についてベルギーは、コンゴ全体を混乱に陥らせないための合法的措置だと主張し続けた。しかしこの主張が国際的に受け入れられることはなかった。[110] 東側陣営や新興独立諸国の中には、ベルギーが新植民地主義的政策を執っているとの主張が存在した。しかもベルギーは、北大西洋条約機構（ＮＡＴＯ）の同盟国、とくに米国が充分な支持を与えない時があることに戸惑っていた。[111]

大国のなかで、英国だけが例外的にベルギーに同情的であった。後の章で論じるように、六一年秋、国連がカタンガ問題に直接介入し始めて以降、英国も、ベルギーの介入でカタンガの混乱は防止され、共産主義の伸張という最悪の事態が回避されていると主張した。英国もカタンガ権益のステイクホルダーであった。しかし同時に英国は、米国との同盟というグローバルな戦略にも囚われていた。そのため英国は、国連の介入を支持する米国の外交に振り回された。[112] 総じて言えば、英国は、国連安保理決議の履行過程では反対の態度を執ることがあったが、決議案そのものに拒否権を行使することは一度もなかった。

結局のところベルギー政府は、コンゴ問題をめぐり同盟国から疎遠にされがちであった。[113] そして基本的にその孤立は、西側同盟国との協調を掲げるポール＝アンリ・スパークが、六一年春、副首相兼外務大臣に就任する時まで続くのであった。

ベルギーの悪い点は、六月三〇日よりも前に植民地政策に関してＮＡＴＯの同盟国と協議してこなかったことである。いまやベルギーは、その立場を後悔している。しかし、もし仮にベルギーが同盟国とアフリカ政策をめぐって適切に議論していれば、事態はまったく異なったのかもしれない。しかしベルギー政府はそうせずに、コンゴについて、独自路線を進むことを選んでしまった。[114]

# 第3章　ベルギー領コンゴと米国

## 1　秘密工作と国連軍の協働

第1章で論じたように、ベルギー政府は、コンゴ人の政治的覚醒を恐れ、一九〇八年の植民地継承以後もコンゴを国際的に孤立させた。この結果コンゴ人指導者達は、外部世界と接触できず、他の諸国もベルギーへの配慮からコンゴへの関与を制限した。この点は米国も同じであった。米国は、五〇年代前半まで、コンゴをベルギーの勢力圏とみなし続けた。しかし米国の態度は、五〇年代後半以降、わずかに変化した。この頃、英領およびフランス領アフリカでは、民族主義勢力が力をつけ始めており、米国は、政治的独立が現実味を帯び始めると、コンゴ問題への対応を迫られたのである。

この変化の内実はいかなるものであったか。本章は、視点を米国に移し、五〇年代の米国のアフリカ政策とその意図を考察する。そして次の二つの点を明らかにする。第一に、新路線においても米国は、ベルギー政府の懸念に配慮し続けたこと。第二に、しかしそうであるがゆえに、五〇年代後半には対コンゴ援助における国際協力が重要であり、秩序安定のための権威主義的体制を維持することも必要悪であると米国が強く意識したことである。

第4章以下で検討するように、米国はコンゴ動乱が勃発するや、秘密工作と国連軍を協働させ、民主的に選出されたコンゴ政府の破壊を進めることになる。本章では、この政策をもたらした中長期的背景を明らかにする。

## 2　伝統的対応から多国間援助へ

### 伝統的対応

歴史的にみて、米国の政策決定者にとって、コンゴはベルギーの勢力圏であった。彼らは、ベルギー領コンゴの実情に無知で、アフリカと聞けば、ジャングル、部族、野獣などが存在する「原始的で野蛮な暗黒大陸」を思い描いた。[1] しかもベルギー政府は、コンゴに関して、私的、公的領域どちらにおいても外国の関与を制限したため、偏見が改まる契機にも乏しかった。

実際のところ、米国独自のコンゴ政策などというものはなかった。コンゴは、第二次世界大戦を経た後も、ベルギー政策の付随物であった。一九五〇年代、ハリー・トルーマン政権とアイゼンハワー政権は、同盟国が植民地問題に第一義的責任を負うべきとした。もちろんソ連とのグローバルな冷戦対立を背景として、天然資源には戦略上の関心が払われた。たとえば第二次世界大戦の原爆開発のマンハッタン計画の原料は、カタンガのシンコロブエ鉱山産のウラニウムであり、四〇年代末まで国務省は、ベルギー領コンゴの天然資源、とくにウラニウムに「最高位の重要性」を与えていた。[2] しかしこの影響も限定的であった。なぜなら戦後カナダではウラニウムの増産が続き、コンゴ産資源の重要性は相対的に低下していったからである。[3]

しかもベルギーの政策決定者は、米国が反植民地主義的な見地から帝国解体を望んでいると疑い続けたため、[4] この傾向は強まるばかりであった。米国は、同盟国の懸念を強く意識し、たとえば五五年の国務省近東南アジア・アフリカ局のフレッド・ハドセル作成の報告書は、同盟国への「『追随的（me too）』態度」を極力回避すべきとしつつも、ヨーロッパ資本が外部からの植民地統治批判に敏感なことに鑑みて、米国としては同盟諸国との関係悪化を極力回避する必要性を論じた。[5] それゆえ同盟国への依存傾向は、五〇年代半ば頃まで続き、五七年になっても国務省は、アフリカ系米国人のコンゴへの渡航を禁止する一方で、在ブリュッセルの米国大使館が新興国の援助計画を

策定した。(6)

## リベラル派と保守派の論争

政治的風向きが変わったのは、一九五〇年代半ばである。画期は、五七年の英領ガーナの独立であった。これを受けて米国国内では、まずアカデミズムを中心に、政策論争が起こった。そしてリベラル派と保守派が、産業化、都市化、民主化といった、アフリカ近代化の展望と評価をめぐり対立した。

口火を切ったのは、リベラル派であった。彼らは、アイゼンハワー政権の漸進主義的な政策に批判的であった。代表的論客でノースウェスタン大学のメルビル・ハースコヴィッツは、アフリカの伝統的習慣は、国家建設の障害になるのであって、米国は、民主化を通じた国家建設を推進し、伝統的価値観と新しい価値を融合する役割を担うべきと主張した。なぜなら近代化とは普遍的な現象であり、脱植民地化も近代化を伴うべきだからであった。(7)これに対してルパート・エマーソン、ウォルター・ゴールドシュミット、ヴェルノン・マッカイらの保守派は、伝統や習慣はアフリカ社会の安定に必要であって、近代化のために安定性が損なわれるならば、共産主義者が社会的混乱につけ込むだろうと警告した。彼らは、米国は、アフリカ人が求める即時独立や民主化よりも、現地の秩序維持、すなわち親西側的で反共産主義的である体制の確立を優先させるべきとの立場を取った。(8)

政界でも同様の論争が繰り広げられた。とくに野党の民主党には、リベラル派の主張に基づいて政権を批判するものがいた。たとえば若き上院議員ジョン・F・ケネディは、アイゼンハワーのアフリカ政策を従属地域に対する配慮を欠くものだと批判し、米国政府は「アフリカ人の心や友好を勝ち取るため」、米国独立の精神をアフリカ人にも広めるべきだと説いた。後にケネディ政権で要職に就く民主党の重鎮アドレイ・スティーブンソンやチェスター・ボールズも、アフリカ人の自決権を認めるべきと主張した。(9)

これら論争と並行して、政府内でも既存政策の再検討を求める動きが生じた。(10)これは一部財界の意見でもあった。財界では、五〇年代のベルギー領コンゴの好景気を受けて、ロックフェラーやグッゲンハイムらが、対コンゴ投資を拡大しつつあった[11]。それゆえたとえば、インランド・スティール社の前社長で、アフリカ問題について豊富な知識を持つ、海外経済政策委員会（ＣＦＥＰ）議長クラーレンス・ランダルは、米国独自のアフリカ政策の策定を強く求めた。なぜなら彼の考えでは、政府内にアフリカについての知識を有した者が少なく、米国とアフリカとの直接的繋がりが少ないことは、「深刻で不必要なハンディキャップである」と考えられたからである[12]。

### 新政策の追求

一九五七年、米国政府は史上初めて独自のアフリカ政策を作った。それが、この年の四月に策定されたＮＳＣ五七一九／一であった。同文書は、「停滞し抑圧的な」ヨーロッパの宗主国からのアフリカの植民地独立の可能性を論じ、次のように政策上の希望を記した。

米国は、サハラ以南アフリカが、現在この大陸の大部分を支配するヨーロッパ諸国との協調を通じて、自治と独立に向けて発展することに関心を抱いている。（中略）それゆえ米国は、一般的に言えば、ヨーロッパ諸国とアフリカとが植民地時代が終わった後も、緊密で相互に互恵的な経済関係を維持し続けることを望ましいと信じる。

その上で同文書は、米国としては、現地の「建設的なナショナリズム」を支持、推奨し、彼らが東西の権力闘争に関わることなく、その経済的、政治的、文化的目標を達成できるよう援助すべきことに言及した[13]。

このように同文書は、長期的には米国のアフリカ援助増大の必要性を訴える内容を含んでいた。これは、既存の方針がわずかだが修正されたことを意味した。ただし同時に意識されたのは、米国からの援助予算がアフリカへの発展の欲求で枯渇することへの懸念であった。なかでもアイゼンハワー大統領は、財政保守主義の立場からこの点を憂慮した。それゆえベルギー領コンゴ援助を含む具体的方策は、ランダルを議長とし財界人からなるＣＦＥＰが検討した。

五八年五月、ＣＦＥＰは、ベルギー領コンゴの将来展望を評価した。会議では、伝統的対応と新政策との間での揺らぎを示す、性格の異なる報告書が検討された。まず領事官ジェームズ・グリーンが作成した報告書は、ベルギーは今後十数年の間コンゴをめぐる混乱を経験するが、うまく乗り切るだろうとした[14]。これに対して彼の側近ルース・トランスの担当分は、ベルギーの過去の政策がコンゴ人の間に不満を募らせており、共産主義勢力がこの不満につけいる可能性を指摘し、米国はベルギーの漸進的改革を後押しすべきとした[15]。

このようななか、五八年三月、四月とアフリカ諸国を歴訪したランダルは、トランスの立場に近い長期経済援助計画を好んだ[16]。ランダルは、米国は極端な独自政策を追求すべきではないものの、何かしらの援助をコンゴに与えるべきと考えていた。彼は、国家安全保障会議の席上、「我々が一方でＮＡＴＯに与するか、それとも自由で非共産主義のアフリカ諸国に与するのかという進退窮まる事態にある」との前提のうえで、米国には「植民地主義に反対する確固たる立場を固める時が迫っている」と主張した[17]。

ランダルの主張がコンゴ政策の基調となった。五八年八月開催の国家安全保障会議では、ヨーロッパ諸国の懸念を慮って、米国はアフリカの問題への直接関与をなるべく抑制すべき、との留保が語られた。しかしアイゼンハワーも、新興アフリカ諸国における共産主義の浸透を阻止する必要性を認め、新興独立国の動向を注視するランダルの意見に同意した[18]。

五六年から五九年にかけて、国務省の組織改編が進んだことも、新政策追求の可能性を高めた。専門ポストの創設を推奨したハドセル提案から一年もたたないうちに、国務省内でアフリカ関係の新部局とポストが創設された。五七年には、アフリカ八カ国を訪問した副大統領リチャード・ニクソンの積極的な働きかけをうけて、国務省内に専任の国務次官補を有するアフリカ局が新設された[19]。初代国務次官補に就任したのは、セイロン大使を務めたジョセフ・Ｃ・サタースウェイトであった[20]。ただし彼は、どちらかと言えば伝統的政策の継承者であった。彼は用心深い職業外交官で、「燃えさかるアフリカ民族主義の大義の擁護者などではない」と評された[21]。要するに彼の任用から明らかになったことは、アイゼンハワー政権のアフリカ政策は、基本的に政治主導というよりはむしろ官僚主導で、かつ漸進主義的な性格なものとしてスタートしたことであった。

## ギニア外交のジレンマと多国間援助

アフリカ政策を制度的に追求するようになった米国では、以降、対アフリカ直接借款及び無償供与額が増大した[22]。しかし、アフリカとヨーロッパの協調を希望するNSC五七一九／一の路線には、深刻な問題があった。それは、米ソ冷戦が影を落とすなかで、植民地が宗主国と対立する形で独立を達成し、新独立国が旧宗主国からの援助を拒否した際の対応である。すなわちそれは、旧宗主国に代わって新独立国を援助するか、それとも旧宗主国との関係を重視するかという問題であった。しかしNSC五七一九／一は、一九五八年に若干の修正を加えられて、NSC五八一八となったが、新文書も対応策について曖昧さを残した[23]。

実際に、フランス領ギニアの独立をめぐり、この問題が顕在化した。一九五八年一〇月二日、ギニアがフランスから独立した。しかし同国は、他の旧フランス領諸国とは異なり、フランス共同体への不参加を表明した。他方このことで米国は、援助方針をめぐり、新独立国ギニアと同盟国フランスとの間で板挟みに陥った。

ことのあらましは以下の通りである。米国は、フランスからの支援を望まないギニア大統領セク・トゥーレから、国家建設のための経済援助を要請された。同時に米国は、フランス大統領ド・ゴールからも、もし米国がギニアを援助すればフランスはNATOから脱退する用意があると伝えられた[24]。このような状況に米国は、同盟関係に亀裂が入ることへの懸念から、ギニアの国家承認を独立から一カ月後に遅らせ、大使館すら直ぐには開設しなかった[25]。しかし、従来の政策方針に沿うこの態度は、新たな問題を引き起こした。米国に失望し、深刻な財政危機下にあったギニアは、ソ連およびチェコスロバキアからの援助を受け始めたのである[26]。六〇年春、ソ連から三五〇〇万ドルの資金援助を受けたギニアは[27]、その後、一五〇〇人以上のソ連、東欧諸国の技術者が存在する、「共産主義のショーケース」となった[28]。

ギニアの経験は、米国にとって一つのトラウマとなった。サタースウェイト国務次官補は、ギニアの状況にアフリカ問題が「凝縮されている」と評したが、これは、米国の政策いかんによって、非共産主義国であったはずの新興国を東側陣営に走らせた先例となった。それゆえ、国務次官ダグラス・ディロンが主張したように、仮に「ヨーロッパ諸国が〔アフリカ諸国の：筆者〕要求に答えることができない、あるいはもしアフリカ地域が、旧宗主国からの援助を受け入れる意志を持たない、さらにはもし追加的な援助が必要であるならば」、米国が、「そのギャップを埋める」措置を執る必要性が強く認識された。[29]

突きつけられたのは、ソ連との冷戦状況に鑑みて、米国には新興国を援助する必要があるが、それは西側の同盟関係に悪影響を与えてはならない、というジレンマであった。では、このジレンマを解く鍵をどこに求めるのか。手がかりは、アフリカの民族主義者に柔軟な対応をすることであった。なぜなら新興国の指導者は、共産主義者というよりは、民族主義者なのであって、彼らの失望は米国の硬直した伝統的対応に向けられていたからであった。

このようななか、現実的政策として浮上したのが、国際組織の利用であった。国際組織を介した援助ならば、ギニアのような旧宗主国と対立的な独立国に対して、同盟国の米国への猜疑心を避けつつ、同時にアフリカ諸国に必要な援助を提供しうるとされた。かつてCFEP議長ランダルが主張したような、「多国間の枠組みによって、援助が提供されるのであれば、植民地への援助は〔植民地本国に対して：筆者〕、より攻撃的でなくなるだろうし、そうすれば、それは相互努力のように見えるだろう」というのが基本発想であった。[30]多国間枠組みには、経済援助の観点では、国際通貨基金や世界銀行などが想定されたが、国際機構局のフランシス・ウィルコックス国務次官補が「国連はアフリカにユニークな影響力を行使する立場にある」と主張したように、国際連合も含まれていた。[31]この政策は、対アフリカ支援を西側の特定国が一国で担うのではなく、多国間協調の枠組みで行うつもりであったアイゼンハワーの考え方とも合致した。[32]

六〇年春、ワシントンでは、アフリカへの多国間援助を政策的に検討する動きが加速した。これは、五九年末の国連事務総長ハマーショルド[33]の「国連プレゼンス」構想の発表と連動した。これは、国連をアフリカの経済発展と技術支援に役立てるべく、米ソの資金協力のもとで、約一億ドルを目標とする基金を作る計画であった。[34]時系列的に見ると、六〇年三月、国務省国際機構局内でアフリカへの多国間援助の有用性をめぐる基礎研究が行われた(35)。また一月下旬から二月中旬にかけてアフリカ諸国を歴訪したウィルコックス国務次官補が、三月二五日、アフリカ情勢についての講演をケンタッキー大学で行い、アフリカにおける国連活動の拡大や、アフリカへの多国間援助の重要性を語った(36)。さらに四月七日、国務省では、対アフリカ援助問題を討議する部局横断的な会合が行われ、多国間援助の有用性について討議された(37)。そして四月九日、米国の対西アフリカ政策の基本文書NSC六〇〇五／一は、国連を介した援助についての項目を、次のように盛り込んだ。

米国と宗主国の間で深刻な誤解が起こりかねないような、この地域〔西アフリカ：筆者〕に直接関係する、あるいはこの地域での活動を避ける…。この地域における国際連合の活動の拡大、およびこれらの国々の建設的な政治経済的発展に資するような、そしてこの地域における米国の目的実現のための米国の活動を補完するような、〔国連による：筆者〕新興国への〔開発金融以上の：筆者〕援助を、後押しする(38)。

こうしてコンゴ動乱勃発のわずか二カ月前、旧フランス植民地が多く含まれる西アフリカ地域に対する多国間援助の基本計画が作られた(39)。

## 3　多国間援助の限界と権威主義的体制の構築

### 権威主義的体制の構築

ただし多国間枠組みであっても、ギニア大統領トゥーレのように旧宗主国と対立する指導者への支援には不安が残った。たとえば、仮に国連を対外支援の経路にするにしても、新興国の大量加盟で、国連の性格が変わりつつある点は懸念材料であった(40)。一九五五年独立のカンボジア、ラオス、リビアを含む一六カ国の加盟を皮切りに、今後、大量の新独立国が国連に加盟することで、総会が反植民地主義的言説で充ちることが予想された。またこれら諸国が、東西対立において、非同盟と中立主義を表明しがちなことも、ダレス国務長官のような冷戦の闘士からは、非道徳的と忌み嫌われた。それゆえこのような民族主義者への支援は、一時的にすべきで、中長期的には、旧宗主国と協調志向の実力者のもとで、新独立国は、明確に西側陣営に加わるべきとの考えが残った。

かかる事情を背景として、別の路線も検討された。五九年五月、国務省は、「アジア・アフリカの軍事的奪取の政治的含意」と題する報告書をまとめた。その基本発想として同報告書は、新興国の政治的安定性確保の方策を模索したが、新興国では「議会あるいは組織化された野党による説明責任の若干の形態を持つような、あるいは広汎な人民の支持を得た寛大で経験ある文民政治家」の登場が好ましいとしながらも、それが不可能な場合には、米国は理念を現実にあわせなければならないとした。すなわち米国は、右翼的独裁的な権威主義的体制への援助を追求すべきというのである(41)。

同文書で、国務省は、軍事的な権力奪取は「若干の短期的利点」を提供するとの判断を示した。なぜなら権威主義的体制ならば、まず共産主義勢力の圧力に抗しうると考えられたからである。またこの報告書は、ラテン・アメリカ諸国を例として、「権威主義が社会経済的な革命を通じて後発的社会を発展させてきた」とも評した。そのうえで米国は、このような権威主義的体制を通じて、他の途上国でも同様の開発、近代化を進めるべきとした(42)。ただし同報告書は、二つの基本的ジレンマも認めていた。第一のジレンマは、権威主義的体制を援助することで、長期的には米国の政治的権威が傷つく可能性であった。

冷戦において、発展途上国の安定性を促進することは、不可欠である…。発展途上国では不安定性が共産主義を招きかねないからである。新しい権威主義的体制は、それ以前の体制よりもより「民主主義的」ではないかもしれないが、安定性を提供するかもしれないし、また「民主主義」にしっかりと基礎づけられた究極的な基礎を作り出すかもしれない…。他方、権威主義的体制やその政策と同一視されることは、我々を反体制プロパガンダのターゲットとして晒しかねない…。そしてその国の内外において、我々が我々の自己利益を満足させられるのであれば、権威主義や抑圧を承認するのだとの印象を作り出しかねない。

また第二のジレンマは、権威主義的体制が必ずしも当該国の社会経済的発展に寄与するとは限らないことであった。しかしそれらの危険性よりも、「冷戦の二極世界において、軍事的あるいは権威主義的体制を我々が拒否することは…、その体制がソ連ブロックとの友好関係を結ぶことに繋がる」ことの危険性の対処のほうに、重要性が与えられた(43)。

### アイゼンハワーの選好

提案の重要な点は実は言外にあった。すなわち、一つは、米国が権威主義的権威体制を支援する場合、その支援は米国の権威を傷つけないよう秘密裏に追求すべきことである。さらに、この体制下での社会経済的停滞については、基本的に放置する可能性があるということであった。そして、この特徴が後のコンゴ政策に大きく表れることになる。

アイゼンハワーは、一九五九年六月一八日の国家安全保障会議において、支援提案を承認した。彼は同報告書を「最も素晴らしい」と褒め称え、「アジア・アフリカの発展途上国における軍事的奪取の傾向は、ほぼ確実に継続するであろう」との想定のもとで、「我々はそれらの国の潜在的な軍事的指導者が親共産主義の傾向ではなく、親西側の方向へ向かうよう最善を尽くさなくてはならない」と語った。興味深いことに彼は、多くの非西側諸国の人民は、能力的に民主的な政府を持ちえないとの理由から、民主主義の展望への疑念を吐露していた。たとえば彼は、「もし諸君が、アラブの国のどこかへ行き住むようなことがあれば、諸君は、彼らが我々の理解する自由だとか人間の尊厳といった概念を理解できないことが分かるだろう…。彼らは、次から次へと代わる独裁者のもとで長年生活したのである。どうして彼らが、自由な政府をうまく運営できると、我々が期待できようか」と語り、その体制は、親西側の軍事独裁と共産主義の軍事独裁のいずれかの選択になるとの考えを披露した[44]。次の言葉が示すように、これは彼の持論でもあった。

米国は、アフリカにおける闘争が、共産主義と西側スタイルの民主主義との間で繰り広げられる、との想定を抱いてはならない。我々は、このことを公然と語ることはできないけれども、我々は、アフリカでは我々の側にたつ〔軍事的：筆者〕実力者を必要としている[45]。

アイゼンハワーの側近もおおむね同意見であった。国防長官ニール・マクロイは、「軍事独裁は基本的に新興独立国社会における保守的な勢力を代表している」のであって、「若干の事例において、軍事体制は問題を引き起こしうるが、遅れた地域においては、軍事体制を通じて保守的なシステムを安定化させるよう推奨するのは望ましい」と主張した。国務次官ディロンの意見は若干異なったが、しかし最終的にアイゼンハワーの主張に同意した[46]。

### 独立へ向かうベルギー領コンゴと米国

このように米国の政策決定者達は、反共、親米政権であることを優先させ、新興国の民主主義体制を尊重する意思を欠いていた。そのような彼らが、ギニアの経験を重ね合わせたのが、独立に向かうコンゴであった。彼らは、コンゴでも急進的な民族主義者が現れ、ベルギーと対立し、「ソ連ブロックと友好関係を結ぶ」可能性を懸念した。それゆえ米国は、独立の二カ月前、対コンゴ経済援助の増大をベルギーに働きかけ、急激な資本流出が懸念される独立コンゴが、ベルギーと協調できる可能性を模索した。しかしこの働きかけは、奏功しなかった。米国の思惑とは裏腹に、ベルギーはコンゴへの援助を渋り、逆に米国に追加援助を要請するありさまであった[47]。

アイゼンハワー政権内部では、一九五九年一月に起きたレオポルドヴィル暴動を経て、ベルギーの統治能力に疑問を投げかける声が現れていた。たとえば六〇年春にNSC五七一九／一の路線を再検討する動きが政権内で活発化した際、副大統領ニクソン、国務長官クリスチャン・ハーター（ダレスは前年四月辞任、五月死去）、国務次官ディロン、海軍作戦部長アーレイ・バークに代表されたペンタゴンは、アフリカ新政策に米国独自の経済援助の可能性を盛り込むべきと主張した。しかし政権内には異論もあった。財務長官ロバート・B・アンダーソンや、予算局長モーリス・スタンスを代表論者として、それは援助の拡大に慎重であるべきこと、そして公式の援助ではなく、民間資本による投資のほうが望ましいとの主張であった。両者の対立のなかで、財政保守主義を好むアイゼンハワー大統領は、後者の立場を支持した。最終的にサハラ以南アフリカに関する新政策提案NSC六〇〇一は、米国は危機の発生に応じて、「柔軟」にアフリカの問題に対処するとした[48]。

一方、六〇年一月にブリュッセルで開催されたコンゴの独立についての円卓会議の帰結は、より一層の関与の必要性を米国に迫った。第1章でも論じたが、この円卓会議においてコンゴ独立は、わずか半年後という短期間で実施されることが決められたからである。この時、コンゴ人政治家と接触した在ブリュッセル米国大使バーデンは、性急な独立によってギニア問題の再来を恐れた。彼は「フランスが去った後の真空に、ソ連陣営が入り込んで来たギニアの経験を繰り返さない」ために、領事官を増員するよう訴えた[49]。しかしホワイトハウスは、バーデンの提案に応える準備が出来ておらず、既存の政策路線に囚われていた。たとえば六〇年一月の国務次官ディロン署名の国務省文書は、一般論では独自支援の必要性が認められるものの、個別政策では、ベルギーとの協調が唯一ではないにしても最善であるとした。なぜなら、「コンゴでの米国の精力的な活動が、ヨーロッパやアフリカでの反響を呼び起こす」からであった。すなわち米国の積極的関与は、ベルギーの憤慨を引き起こすであろうし、また実体を伴った援助計画は、内容がいかなるものであれ、他のアフリカ諸国からも際限のない援助要請を突きつけられるというのであった[50]。

実際のところ米国の対応は後手に回った。五月にコンゴを訪問したバーデン大使は、資本流出の問題について、米国がコンゴ援助を拡大するよう再度求めた。円卓会議の後、ベルギー政府の必死の努力もむなしく、コンゴからの資本流出は激しさを増しており、ベルギーの試算では、一億二五〇〇から一億三〇〇〇万ドルの規模の援助がなければ、独立後のコンゴの混乱は確実であった。[51] それゆえバーデンは、ルムンバ政府が財源不足からデフォルトに陥り、ベルギー人行政官の大量解雇に踏み切ることを回避するためには、米国の緊急資金提供が必要であると主張した。[52] しかしホワイトハウスが具体的対応をすることはなかった。独立前の段階で具体的援助案が固まりきることはなく、大使人事についても、ソ連が比較的大規模な代表団を送るとの情報を受けて、六月三〇日の独立式典のわずか二日前に慌てて送るという有様であった。そしてその初代大使に就任したのが、前ドイツ大使館職員で、五二歳のクレア・ティンバーレイクであった。彼は第二次世界大戦時にアフリカ問題に従事した経験を持ち、「共産主義問題で比較的強硬派である」と評された人物である。[53]

かくしてコンゴ情勢は米国の関与の必要性を突きつけるものであった。しかし米国は独自対応の準備ができているとは言えなかった。そしてこの事情こそが、この後、「道具としての国連」の利用を、米国のコンゴ政策の現実的選択肢として浮上させるのであった。

# 第Ⅱ部　コンゴ動乱の勃発と国連の危機

# 第4章　米国と国連の協働介入と反ルムンバ・クーデター

## 1　アイゼンハワー政権の対応

第2章で論じたように、独立後コンゴはただちに混乱へと転落した。カタンガ分離を支援すべく軍事介入したベルギー政府と、民族主義者のルムンバ首相は激しく対立した。この独立コンゴの将来をめぐる対立において、米国と国連事務局はどのように対応したのか。結論から言うと、米国は東西冷戦対立を激化させかねないこの危機への直接関与を避け、国連の介入を望んだ。またベルギーとコンゴの対立では、米国はベルギーへ理解を示し、ベルギーと共にルムンバの政治的失脚、暗殺へと舵を切った。他方国連事務局も、公式説明では事実とは異なることを表明しつつ、米国に積極的に協力した。なぜ両者はこの決断に至ったのか。本章では、動乱の個別局面が政策決定に与えた影響を分析することで、この理由を探る。そして、「防止外交」の成就を渇望する国連事務局と米国との協働のもとで、反ルムンバ・クーデターが遂行された過程を描き出す。

## 2　国連軍の大規模化と米国

### 想定外の大規模化

一九六〇年七月に勃発したコンゴ動乱は、アイゼンハワー政権にとって悩ましいものであった。独立後の経済的困難はともかくとして、国務省は、コンゴ国軍兵士が暴徒化し、治安機能が崩壊すると予見しておらず、治安回復が急務であると考えていた。[1] しかしベルギー政府が軍を介入させたことによって、ベルギーはコンゴを再支配しようとしているという疑念が国際的に生じていた。[2] それゆえ米国は、ベルギーを支持すれば自らが植民地主義という非難を受けかねないことに躊躇していた。[3] また同時に支援のあり方が問題であった。それは、仮に米国がコンゴを支援するならば同盟関係に亀裂が入る可能性があり、逆に支援をしないならば新生コンゴが東側陣営へ向かう可能性であった。[4] これは、ギニア問題の再燃を想起させる事態であった。

この時米国は、ギニア問題の時とは異なる対応をした。コンゴへの直接支援は同盟国ベルギーとの摩擦を招きかねないことから、米国は、治安維持を目的とした二〇〇〇人規模の兵員派遣を求めるコンゴ政府の要請を断り、代わりに国連を介した補助提供を勧めたのである（コンゴは七月七日に国連加盟）。[5]

これが米国と国連事務局の協調の始まりであった。七月一〇日、在コンゴ米国大使ティンバーレイクは、首都レオポルドヴィルのバンチ国連事務次長を通じて、国連に支援を要請するようコンゴ政府に提案した。[6] 同日バンチが、ルムンバやカサブブを含むコンゴ政府閣僚と会談し、四時間にわたって国連が行いうる支援内容を説明した。そして軍事顧問、技術者等の派遣を要請する内容の文書が、バンチによって下書きされ、それがコンゴ政府からの要請文として、ニューヨークに届けられた。[7] 七月一三日、米国政府も次の声明を発し、この動きを裏書きした。

現在、国連は、コンゴ政府からの公式な支援要請を受け取ったところであり、そして米国は、コンゴ政府に対するいかなる支援も国連を通じて行われるべきであって、米国を含む特定の国が一国的な活動を行ってはならないと信じます…。またこれに付け加えることは、米国大統領および国務長官の考えでは、そのような軍事支援は、もし米国や他の西側の大国から行われないのであれば、より望ましいということです。[8]

かくして国連事務局は、国連軍派遣の検討に入った。ただし注意すべきは、国連事務局は、この時、警察や国軍の再訓練といった「治安行政領域」の比較的小規模な支援を想定したことであった。[9] 史料によって内容は異なるが、国連事務局は、当初、手続き的には安保理事会や総会の承認を必要とせず、規模も最小のものでは、フランス語を話す非ベルギー人将校数名程度の派遣を予定しただけであった[10]。また別の史料でも、国連緊急軍の経験に鑑みて、国連事務局は、規模はせいぜい一五〇〇人から三〇〇〇人で、七月一五日から一〇月一五日までの経費も、最大で一九五万ドルだとしただけであった[11]。

しかし実際の活動は、遙かに大規模化する運命にあった。直接の原因は、時を同じくして、カタンガ分離が起こったからであった。七月一三日、ベルギーとの「戦争状態」を宣言したルムンバは[12]、カタンガの分離独立を背後で支援するベルギーの侵略行為を非難し、カサブブとの連名で、バンチと協議することなく、分離を終結させるための軍事的支援をハマーショルド国連事務総長に直訴した[13]。この電報は、バンチが下書きした先の要請文とは内容が大きく変わっており、コンゴ政府は、国連からの支援がない場合、「バンドン勢力」からの支援を受け入れるとすら記した[14]。

外部勢力の介入の可能性すらほのめかす、この脅しともとれる内容は、現地情勢に関するバンチの心証の悪さも加わって[15]、ニューヨークの雰囲気を緊迫したものとした。七月一四日、国連安保理特別会合が招集された。この会合は、ハマーショルドが「国際の平和及び安全の維持を脅かすと認める事項について、安全保障理事会の注意を促すことができる」ことを定めた国連憲章第九九条に基づいたとの意味で、手続き的にも異例であった[16]。

なぜハマーショルドはこのような行動に至ったのか。背景には、早急に国連軍を派遣しないならば、コンゴをめぐる紛争が東西対立へと転化しかねない、との危機感があった[17]。また当時、国連事務局にはこの類いの支援を行うための資金が充分ではなかった。それゆえハマーショルドは自ら、資金確保のために、安保理決議を求めたという事情があったのである。米国の史料は、こう記している。

国連事務総長は、そのような手続き〔安保理の招集：筆者〕は、対コンゴ支援にある種の「政治的カバー」を彼に与えうるのであって、そして彼が資金を使うための法的根拠をもたらす手助けになるだろう、と感じている[18]。

ハマーショルドはさらに、拒否権を持つ安保理常任理事国、とくにソ連を過度に刺激しないようにも振る舞った。安保理決議の採択には全常任理事国の同意が必要だったからである[19]。そのため彼は、ルムンバの直筆の電報ではなく、バンチからの電報を「コンゴのオリジナルな要請書」とし、会合の冒頭、派遣されるべき国連軍の行動準則を、次のように公表した。

想定されることは、国連軍は自衛を超えた活動を認められないであろうことです。また想定されることは、国連軍がこの国の国内問題の特定の党派を利する行動を行わないであろうということです。最後に人員の選定は、用いられる国籍の複雑さによって生じる混乱を避けるために…、第一義的にはアフリカ諸国からの支援を除外するのではなく…、安全保障理事会の常任メンバーからの軍隊への依頼を除外します[20]。

このように彼は、自衛方針の堅持、国内問題の干渉性の排除、そして国連軍への大国参加の回避といった準則を自ら設定したが、後に自らが設定した準則をめぐるジレンマに直面することになる[21]。

ハマーショルドのこのような振る舞いもあって、国連軍の派遣そのものには、常任、非常任理事国を問わず、多くの安保理構成国に異論がなかった。ソ連が賛成した背景には、おそらくスエズ戦争の際の国連緊急軍成功の記憶が残っていたことや、また地政学的配慮もあった[22]。ただしソ連は、ベルギーの介入の侵略性を認定するように要求していたことから、米国と国連事務局は非常任理事国のチュニジア、セイロン代表のイニシアティブを演出した[23]。そしてベルギーの侵略性の認定回避を基礎としつつ、ハマーショルドが下書きした両国提案の決議案が採択された（チュニジア・セイロン共同決議案、米国、ソ連賛成、中国、フランス、英国は棄権）。

ベルギー政府に対し、コンゴ共和国の領土からその軍隊を撤退させることを求める…、国際連合の軍事援助を受けるコンゴ政府の努力によって、コンゴ公安軍が、充分その任務を遂行できるようになったとの見解を同政府が示すまでの期間、コンゴ共和国政府と協議の上で、必要な軍事支援を同政府に提供するために必要な措置をとる権限を事務総長に与える。(24)

こうしてコンゴ国連軍の派遣が決まった。この後ハマーショルドは、大国の関与を極力限定し、アフリカ諸国に部隊提供を依頼しつつも、国連軍により国際的な装いを施すため、スカンジナビア諸国や、アイルランドの参加を要請した。そして彼は、異なる言語、人種差別、治安維持業務に不慣れな部隊、複雑な給与体系、派遣国政府との調整など、国連軍の組織化をめぐる複雑な業務を、短期間でまとめ上げ、その点では見事な指導力を発揮した。(25)

ただし国連事務局にとって想定外だったのは、この決議が、ベルギー軍のコンゴ領土からの撤退を求めたことで、国連軍の大規模化を余儀なくされたことであった。国連は、約一万五〇〇〇から二万人規模のベルギー軍の穴埋めをせねばならず、最大時で約二万人の兵員を派遣せざるをえなくなった。(26)参加国は、最終的に三四カ国にのぼり、そのうち一七カ国が、言語的な差異など、様々な事情を抱えるアフリカ諸国から派遣されたため、運用は複雑さを極めた。しかも国連軍は、最終的にその文民支援活動を通じて、国外に脱出したベルギー人行政官に代わって、コンゴ政府の一部機能を担うことにもなった。(27)

これは、国連がかつて植民地公安軍と植民地政府が担った機能を引き受けることを意味した。活動の規模と複雑さについて、正直なところ国連事務局も一抹の不安を抱かざるをえなかった。ハマーショルドは表向き、活動に対して精力的かつ楽天的な態度を示したが、本音ではこれを「歴史上、最も狂った作戦だ」と語っていた。(28)国連の準備不足は明らかであった。(29)なかでも活動経費の問題は深刻で、当初予定の月額約五〇万ドルは、約一〇〇〇万ドルへと跳ね上がり、これは国連事務局に割りあてられていた、平和維持活動のための当座資金が一カ月で枯渇することを意味した。(30)そのためハマーショルドも、活動の端緒から、国連全体予算が六〇年度予算の四三〇万ドルから六一年度には一五倍の約六七四五万ドルになることへの不安を口にせざるをえなかった。(31)こうして、「国連の平和と安全保障作戦をめぐる財政危機は、コンゴ作戦の開始以来、益々厳しいもの」になっていき、国連事務局を苦しめていくことになるのである。[32]

興味深いことに米国は、国連軍が派遣されたばかりの頃、その「下請け」的立場に徹したいと国連事務局に伝えていた。[33] そして国連軍の派遣が決定されると、米国は、さっそく国連軍の活動資金の捻出のために、国内調整に乗り出した。[34] おそらく、コンゴ問題が米国の手を煩わせることなく、望ましい方向に展開すれば、「ダグに任せろ」という状態が続いたのかもしれない。

しかしその関係は、早晩、国連こそが米国の「下請け」的立場になる運命にあった。なぜなら、後に詳述するように、米国は実際の動乱の展開に関与を強める必要性を痛感し、この結果、親米コンゴ樹立の方向で国連軍を使う傾向を強めたからである。その際、決定的だったのが、国連軍が必要とする軍事技術面、資金面などの「筋力と支援」を米国だけが提供できたことであった。[35]

## 「米国の事業」としてのコンゴ国連軍

まず技術面で、米国の存在感は際だっていた。ナイジェリアの三倍の広さの国土を持つものの、人口はわずか一四〇〇万人程度にすぎず、道路等のインフラが未整備のコンゴにおいて、[36] 米国だけが、通信手段及び部隊空輸サービスを国防総省予算から無償提供できた。そのことにハマーショルドは、後に「猛烈に感謝」することになる。[37] くわえて資金面での存在感も圧倒的であった。国連事務局は、活動開始時から資金繰りの目処がたたず、[38] ハマーショルドは、当座は国連の基金で凌ぎ、その後、加盟国に対する経費割り当てを検討するつもりであった。[39] しかし後の章でも論じるが、ソ連、フランス、ベルギー、ポルトガル、南アフリカなどが経費支払いを拒否し続けるなか、資金を提供した大国は、米国と英国だけであった。この結果米国一国だけが、約四年間の平和維持活動経費の四八四〇〇万ドル、および国連の技術支援計画経費の一四四〇万ドルの四二％を提供し、食料等の支援も無償で提供する事態が生じた。[40] しかも決済の九七・五％が、米ドルであった。[41]

さらに米国は、国連事務局の人事でも強みがあった。事務総長のハマーショルドは、スウェーデン人であったが、彼の側近は、西側諸国から選ばれ、コンゴ問題担当の重要ポストは、米国政府の諜報部門と繋がりのある人物が独占した。国連軍の初代代表に就任したバンチ国連事務次長は、米国籍の黒人として初めてノーベル平和賞を受賞した人物で、CIAの前身である戦略情報局（OSS）勤務の経歴があった[42]。当時五七歳のバンチは、第二次世界大戦時にはベルギー領コンゴの調査報告書をまとめ、原爆開発計画に必要なカタンガ産ウラニウムの確保に貢献した人物であったが[43]、在レオポルドヴィル米国大使館の通信手段を利用してニューヨークとの連絡を行い、時に国務省の指示を仰ぎつつ、米国大使と連携しながら行動した[44]。またバンチは、米国籍の職員や米国と協力的な国連職員を国連軍の要職に配置する立場にあったことから、カタンガの州都エリザベスヴィルの米国領事官からは、「事態の展開にハマーショルド以上に影響力を持つ」人物だと評された[45]。くわえてハマーショルドの側近アンドリュー・コーディアーも、国務省勤務の経歴を持つ米国人であった。年齢五九歳の彼は、屈強な反共主義者で、バンチが八月に国連本部に帰任した後、彼の任務を引き継いだ人物であった[46]。彼は、米国大使と対談する時、しばしば自らを「我々の側」と称し、後に見るように米国大使と緊密に連絡し業務を遂行した。コーディアーも米国人であるがゆえに、実際のところ国連事務局内でハマーショルドよりも強い力を持っていたと、アイルランド人で国連エリザベスヴィル代表部代表を務めたオブライアンは回顧している[47]。さらに国連事務局アフリカ問題担当官ハインリッヒ・ウィシコフも、OSSでバンチと共に勤務した経歴のある米国人であった。当時五四歳の彼は、翌年九月、ハマーショルドと共に謎の墜落事故で死亡するが、コンゴからの電報等に直接接し、現地情勢をハマーショルドに報告する立場にあった[48]。

ラルフ・バンチ
（1963年1月9日，UN Photo）

この結果、国連事務局の主体性は、かなりの制約を受けた。公式説明では、国連のコンゴ政策検討組織は、派遣国の代表からなる「コンゴ諮問委員会」とされたが[49]、実際の決定には限られた数名だけが関わった。ニューヨークの国連本部ビル三八階には、「コンゴ・クラブ」と呼ばれるインナー・サークルが作られ、バンチ、コーディアー、ウィシコフといった冷戦の闘士がハマーショルドに助言を与えた[50]。そしてオブライアンが観察したように、「東側陣営諸国は、概してその活動から排除され」、また「共産主義諸国の国籍を持つ事務局職員がコンゴの電報を見ることが出来ないよう注意が払われる」といったことが横行した[51]。

米国と国連事務局の活動の一体化の流れは、必然であった。米国の動向を意識し続けざるをえない国連事務局は、スタッフを「米国のライン」に沿って揃えた。しかもハマーショルドは、「ソ連の排除に必要なこと」として、彼やバンチなどの一部側近だけが接近できる「極秘報告」をしばしば米国大使に見せ[52]、また国連軍のサービスに従事する将校の能力や経歴の情報を米国国防総省に問い合わせた[53]。そもそも国連軍は、設立当初、独自の諜報部門を持たず[54]、国防総省からもその情報収集能力を低く評価されていた[55]。このため米国の諜報活動に依存することが発生した。要するに、後に国連事務次長となる英国人ブライアン・アークハートが、「大きな声では言えない」ながらも認めたように、実情は「明らかにコンゴにおける作戦のような場合、国連は大国の支援を必要としていた」のである[56]。

技術、資金、情報、人事面での対米依存の結果、コンゴ国連軍は、ケネディ政権の国務次官アヴェレル・ハリマンが記したように、「受け入れられた国連の計画を、米国が支援するというのではなく、米国が行う事業」となった[57]。そして米国の最も親しい同盟国である英国のマクミラン首相の次の言葉は、米英の外交サークルの常識となった。

国連がどのような決議を採択したとしても、ここ〔英国：筆者〕の人々が感じているのは、この組織自体が米国の財政的支援に依存し、そしてその作戦は米国の兵站支援、とくに空軍支援なしには不可能であるということなのです[58]。

## 3　委託任務履行をめぐる密約

### ベルギー軍撤退問題と協力者の模索

米国が国連を支持する一方で、ベルギーとの関係は悪化していった。ベルギー政府高官は、ベルギー軍の撤退を求める安保理決議の内容に落胆していた。たしかに彼らは、安保理決議によって「侵略国」のレッテルを貼られる事態は避けられ、また同盟国の英国、フランスが七月一四日の決議案に棄権票を投じたことには安堵した。しかし、米国の国連への積極的な協力姿勢に不満を抱いた。(59)

ベルギー政府の不満には、もっともな面があった。なぜなら当時の米国や国連事務局には、ベルギーへの配慮を欠く面があったからである。米国と国連事務局の関心は、もっぱらソ連の介入阻止にあり、ベルギーではなかった。(60)とくにニューヨークでは、アジア・アフリカ諸国が「全ベルギー軍部隊の撤退は、平和と秩序と安定性の維持に不可欠」と主張しており、(61)米国や国連事務局としても、国連安保理でのソ連の拒否権行使を回避するためには、彼らに配慮せざるをえなかった。

七月二二日、(62)国連安保理が、ソ連の賛成票を含む満場一致で、七月一四日決議の迅速な履行を求める決議を採択したことを受けて、国連事務局はベルギー軍の撤退実現に向けて動き出した。その際ハマーショルドは、米、英、フランス政府に、ベルギー政府の撤退協力を取り付けるよう依頼した。(63)その実現は活動財源の確保の点でも喫緊の課題であったが、(64)しかしこの交渉は難航した。一四日の決議に棄権票を投じた英国、フランスの反応は芳しくなく、(65)また米国は協力的であったものの、米国は、国連の動向に「非常に、この上なく落胆させられた」ベルギーとの交渉をうまく進められずにいた。(66)

交渉の最大の障害は、コンゴの基地問題であった。この時ベルギーは、コンゴ・ベルギー友好条約が認めたコンゴ国内の三つの基地の維持を目論み、(67)安保理決議の求める「撤退」の意味を、国連軍の基地進駐に伴う、ベルギー軍のコンゴ国外撤退ではなく、コンゴ国内基地への退去と解釈しようとした[68]。ベルギーは、これまで基地の建設に七〇〇〇万ドルを費やしており、幾分根拠に乏しかったが、これらは「NATOの基地」であると主張し、その維持にこだわった[69]。在ブリュッセルのバーデン大使が感じ取っていたように、ベルギーは事の本質を金融問題として捉えており[70]、ベルギー政府にとってコンゴにおけるベルギー軍のプレゼンスは、経済金融秩序の安定に不可欠であった。

これに対してワシントンは、国連軍の活動を軌道に載せるには、ベルギー軍の国外撤退を早急に実現すべきと考えていた。なぜなら、アーレイ・バーク海軍作戦部長の懸念のように、ベルギー軍の撤退と国連軍進駐が遅れれば、ソ連の介入を招き寄せる結果になりかねず[71]、米国としても、国外撤退という「安保理決議受諾の見通しの利く証拠」を欲する事情があったからである[72]。それゆえコンゴの混乱を共産主義の脅威の観点から印象づけたがるベルギーの姿勢は[73]、かえって米国にベルギー軍撤退を急がせる結果になった。

ただしベルギーと米国の関係は、北大西洋理事会（NAC）ベルギー代表をして、「NATOへの支持継続を撤回し、中立主義政策をとらざるをえない」と言わしめるほど、悪化していた[74]。ウィニー外務大臣は、米国がコンゴ問題でベルギーに充分な支持を与えないことに不満を伝え[75]、またベルギー国民も、七月下旬に米国訪問中のルムンバが「歓待」を受けたことに酷く傷ついていた。このため米国は、ベルギーがこだわる基地の維持問題を「ベルギーの絶対必要な利益と感受性」を考慮しつつ処理せねばならなかった[76]。

このようななか、両国の交渉の妥協点として浮上したのが、ルムンバ失脚案であった[77]。八月二日、交渉の基本線としてハーター国務長官は、基地を除くベルギーの権益を保障することに理解を示した。すなわち米国が「コンゴにおけるベルギーの長期的な利益とは、ベルギーの経済的プレゼンスの復帰と維持であろう」と想定し、「基地問題は経済問題よりも下位に位置づけられるべき」だというのである。そして特筆すべき三つの重要提案をした。

(1)その補償として、国連軍が両基地を利用し、国内の治安を維持する。

(2)ベルギー人が将来的にコンゴに復帰し、専門官としてコンゴで影響力を行使する道筋を付けること、とくに国連軍駐留後、ベルギー人専門官を可能な限り維持し、復帰させるようにハマーショルドに働きかける。

そして何よりも重要な点として、

(3)ベルギーが懸念する協力者の問題について、米国は、ルムンバに代わる「より信用のおける勢力」を継続して探し続ける。[78]

これは、基地問題での譲歩をベルギーから引き出す代わりに、ベルギーの権益を米国が保障するという提案であった。また七月一五日にベルギー側が提案したルムンバ失脚案を、米国が受け入れる密約でもあった。[79] この密約を境にして、米国とベルギーの関係は、「日常ベースで、隠し立てない、そして親密な」ものへと改善していった。[80] そしてこの後ベルギー軍は、一部地域を除いてコンゴ撤退を開始し、[81] その一部は隣接するルアンダ＝ウルンディへ向かった。

カタンガ分離問題の「国内問題化」

かくして、ベルギー軍が撤退し、国連軍との交代が始まった。しかし、国連軍駐留の見通しが立たない地域があった。それがカタンガである。第2章で論じたように、ベルギー政府は、分離の既成事実化を望み、再統合に繋がる措置に断固反対するつもりであった。それゆえカタンガ技術委員団長アスプリモンド・リンデン、白人入植者、カタンガの政治家達は、国連軍進駐への反対運動を展開した。他方で国連の現地職員は、カタンガに蔓延する国連に対する並々ならぬ敵意を報告せざるをえず、この報を受けたハマーショルドは、八月八日、五日前に命じたカタンガへの国連軍進駐令を、いったん撤回せざるをえなかった。[82]

しかし事態は、八月九日、国連安保理で新決議が採択されたことで打開された。新決議は、「ベルギー政府に対し、事務総長によって決定された迅速な方法にしたがい、同国軍をただちにカタンガ州から撤退させ、あらゆる可能な方法で安保理の諸決議の利用を援助する」よう求めた。[83]こうしてカタンガ州のベルギー軍と国連軍部隊とを交代させる法的権限を与えられたハマーショルドは、八月一二日、国連軍の進駐を開始した。

しかしなぜハマーショルドは、カタンガ側の敵意を処理できたのか。それは、ハマーショルドが、決議の政治的含意をカタンガ側に有利なように解釈したからであった。同決議の第四項は「コンゴ国連軍は、憲法上の紛争であろうと、いかなる国内紛争についても、当事者とならず、またはいかなる方法によっても干渉せず、もしくはその結果に対して影響を与えるために使用されることもない」ことを謳った。これでカタンガ側は、事態を「国内問題」として描き出しさえすれば、分離を継続できる契機を得たのである。

ハマーショルドも、国内問題への非干渉原則を前提にして、カタンガ問題とは中央政府と地方政府というコンゴの「国内問題」であると解釈した。そして彼は、公式のベルギー軍の存在だけを問題とし、ベルギーが国内の分離勢力を介して隠然と軍を駐留させたとしても、国連は手出しができないとした。[84]他方ベルギーも、実際は軍服を植民地軍時代のものに代えて、数百人規模の将校をカタンガ憲兵隊付けとして駐留させ続けたにもかかわらず、八月末以降、表向きは軍の撤退は完了したと公言した。[85]その際ベルギーは、カタンガにいるベルギー人は、カタンガ政府や地元私企業からの要請で残ったとする論陣を張った。[86]

ちなみに後に国連は、カタンガ分離問題はコンゴの国内問題であるとの認識が誤りであったことを認め、カタンガへの外国勢力の介入を問題視する。一九六一年一一月二四日、国連安保理は、カタンガの外国勢力を排除するために国連軍が武力行使を含む積極的行動をとることを決議した。[87]その時採用された論理とは、六〇年八月の時点でハマーショルドが行った「国内問題」の定義は、誤解に基づいていたというものであった。[88]

ではなぜハマーショルドは誤ったのか。従来この根拠は、国連事務局の情報不足に求められてきた。後に国連事務次長になるアークハートは、著書『ハマーショルド』のなかで、カタンガの内実を彼は「まだ充分に知らされていなかった」と主張する。(89) しかし歴史家ド・ウィットが明らかにしたように、史料からは彼が内実について報告を受けていた事実を確認できる。八月六日、ハマーショルドはバンチから次の電報を受けた。

〔チョンベは：筆者〕ベルギー人に操られた傀儡である。彼は、ベルギー人の指示なくしてはいかなる決定も行わない。またいかなる公式の会合もベルギー人の出席なくしては開かれることはない。そしてベルギー人がいなくては、彼は決して権力の座につくことはなかっただろう。(90)

別の国連内部の電報も同様の内容を伝えた。

…ベルギー人達は、我々〔国連職員：筆者〕にチョンベの立場の強さを信じ込ませようとしているが、実際にはそれほどまで強固ではない。…それどころか、彼に対する強烈な反対がカタンガ全体に存在しており、そして彼の強さは、ユニオン・ミニエールから支払われた資金に主に由来している。(91)

このようにハマーショルドは、間違いなくカタンガの傀儡性を知っていた。しかも彼は意識的に偽りを語っていた。八月七日、米国大使との会談の際にハマーショルドは、カタンガにおけるベルギー軍の存在が「現実問題」であることを認めながらも、報告書上ではその事実を「違ったように描き出す決定をした」と吐露した。(92)

次節で論じるように、国連がカタンガ問題に干渉しないとしたことで、国連の役割に期待をしていたルムンバとハマーショルドの関係は決定的に悪化することになる。では、なぜハマーショルドはカタンガ問題を「国内問題」であると解釈しようとしたのか。答えは、独自の権力資源に乏しい国連事務局が、様々なステイクホルダーに配慮して事を進めねばならなかったことにある。

まずはハマーショルド自身が、国連軍のカタンガ進駐の際にコンゴ、カタンガの双方との摩擦を避けたいと考えていた。そもそも国連軍には、軍事強制的にカタンガに進駐する権限がなかった。さらに懸念されたのは、ルムンバの動向であった。この時期にルムンバは、国連が迅速にベルギー軍を撤退させ、カタンガに国連軍を進駐させることが出来ないのであれば、コンゴ政府は国連軍撤退の要請を行うという意志をハマーショルドに伝えていた。ルムンバは、国連軍の部隊構成などを巡り、国連事務局が充分な協議を行ってこなかったことに不満を募らせていた。[93]それゆえバンチも、ルムンバの要請にただちに応えないならば「国連軍はコンゴにとどまることが出来ないだろう」と報告した。[94]他方で国連事務局は、進駐をカタンガと友好的に進められたわけでもなかった。ハマーショルドに先んじてカタンガを訪問したバンチは、次の報告を行った。

国連軍部隊の到着が噂されるなかで、それを阻止するために、『数多くのブルドーザー、ジープ、石油のドラム缶、そしてその他諸々の品物が、道路に置かれていた』……。〔そして彼は：筆者〕レオポルドヴィルに戻るために、それら全部を取り除かねばならないという、実に厄介な仕事をせねばならなかった。[95]

国連は進駐をめぐって、カタンガ側から抵抗や嫌がらせに遭っていたのである。また、国連が中立性を掲げること自体がルムンバの権力掌握に資する、との解釈が広まるエリザベスヴィルでは、ヨーロッパ人の大量脱出が起こっていた。[96]ハマーショルドはあらゆる手段を講じてカタンガ経済を崩壊させてはならないと信じていた。[97]そこで彼は、混乱や流血の惨事を避けつつ国連軍を進駐させるために、カタンガ側に保障を与えることにした。

また、ハマーショルドがカタンガ問題を「国内問題」とした理由には、国際的文脈もあった。当時ハマーショルドは、いかなる西側諸国からも圧力を受けていないとうそぶいたが、[98]実際はそうではなかった。程度の違いこそあれ、分離継続に政治的経済的利点を見出す米国、英国、フランス、ベルギーは、彼に国連軍駐留が分離独立状態の終結に繋がらないよう求めていた。

この見解を最も強く表明したのは、ベルギー王室と同政府であった。ボードゥアン国王は、七月二三日、「我々のコンゴでの偉業が…完全に失われてはならない」との声明を発し[99]、二八日、国連軍のカタンガ駐留によって、コンゴの主権がカタンガにおよばないようにしてほしいとする秘密書簡をハマーショルドに送った[100]。またベルギー政府高官も、カタンガ問題とはコンゴの「国内問題」であると公言する一方で[101]、国連軍をカタンガに進駐させようとするハマーショルドに、「怒り心頭」であり[102]、安保理決議によって国連軍に与えられた委託任務が「法と秩序の維持」である以上、国連軍は法と秩序が安定するカタンガの状況に影響を与えてはならないと主張した[103]。英国やフランスも、分離維持に政治的、経済的な利益を有しており、ベルギーと同じ立場であった[104]。

米国政府も分離を黙認するつもりであった。米国の場合、カタンガにおける経済的利益は、ベルギーや英国のように直接的ではなかったが[105]、国務省高官は、カタンガへの投資保護の重要性を強調するフランス政府高官の発言に、ほぼ同意することを伝えた。

仮にヨーロッパの支援のもとで、特定の州がコンゴの残りから分離するというのであれば、この地域における採鉱投資の価値下落を阻止しうるかもしれず、それは我々の観点から言っても望ましい目的であるに違いない[106]。

また米国政府内では、政治的観点でも、コンゴ全体が共産主義の支配に陥るよりはよいとされた。たとえばサタースウェイト国務次官補は、反共的立場を掲げる「カタンガが西側にとっての救済となる可能性の観点から、〔カタンガの：筆者〕承認は拒否するが、〔カタンガへの：筆者〕扉を完全に閉じない」ことこそが「正しい道筋」であると論じた[107]。それゆえ国務省は、カタンガの公式承認は避けつつも[108]、ベルギーの政治的、軍事的プレゼンスが維持されることを期待した[109]。これは、ルムンバやその勢力がコンゴ政府の権力を握りかねない事態に対するバックアップ策であった。具体策としてCIAは、六一年一月、フロント企業セブン・シー航空を介して、カタンガに航空機を譲渡し、フーガ・マジステール攻撃機用のフランス人パイロットの輸送を手配した[110]。

このように西側諸国は、表向きの姿勢とは異なり、国連軍の駐留が分離独立状況に影響を与えないことを希望した。その一方でハマーショルドは、西側諸国のみならず「アジア・アフリカ陣営からの厳しい圧力」にも晒されていた。[111] たとえばルムンバに同情的な急進派のガーナやギニアは、「ベルギー軍が維持する傀儡国家」がアフリカ中央部に存在することは容認できないとした。[112] また西側に協調姿勢の穏健派のチュニジアの国連代表ですら、「カタンガ軍は充分に武装されているようであり、そしてそれは、その多くが警察に所属するベルギー人将校に指揮されている」と主張した。[113] これら諸国は、カタンガ政府の実態を問題にしていた。

興味深いことに当初ハマーショルドは、「カタンガ政府は存在しない」との見解を示していた。[114] しかしその後公言はしなかったものの、彼は一定領域を実効支配する政府を持つ独立国家のようにカタンガを扱った。たとえば、八月一二日、エリザベスヴィル入りした際、彼は訪問予定をルムンバに相談せず、カタンガを支配するチョンベと直接交渉した。そして彼は、国際的な承認を受けていないカタンガ国旗の前でチョンベと共に写真に映り、「事実上の承認」を得たと解したチョンベの「完全な信用」を得たのであった。[115]

国連エリザベスヴィル代表部代表オブライアンが回顧録で指摘したように、この出来事に西側諸国の影響を見出すのは、間違いではあるまい。[116] とくに看過できないのは、この頃彼がコンゴ復興計画の資金確保に奔走し、米国からの一億ドルの拠出を確保しようと躍起になっていたことである。[117] しかも彼のもとには、OSS出身の側近ウィシコフから、「[チョンベは：筆者] ルムンバの極端主義へのカウンターウェイトとなりうる…、潜在的に重要な保守派」とする評価が届けられていた。[118] この評価は、米国の評価と同じであり、ジェラルド・エマニュエルとブルース・ククリックの研究によると、彼はこの助言に従ったのである。[119] また米国との緊密さを示す証拠として、この頃彼は、米国のヘンリー・カボット・ロッジ国連大使にいくつかの安保理声明の作成を手伝って貰っていた。[120] ロッジの関与の程度は不明だが、これはこの頃のハマーショルドの行動の背後に米国の存在があったことを伺わせるエピソードである。

## ソ連介入、国連軍撤退の危機と反ルムンバ・クーデターの承認

カタンガの分離独立問題をコンゴの「国内問題」としたハマーショルドの措置は、ルムンバとハマーショルドの対立を決定的にした。そして、コンゴの一体性を願い、国連の支援を期待していたルムンバを、ソ連からの支援に依存する方向へと追いやった。

ベルギーは「国内問題」の議論を背景にして、カタンガと同様にコンゴの他の地域の分離も推し進めた。買収工作を通じた赤道州の分離は失敗したが[121]、八月六日、ベルギー企業フォルミニエールの助力で、ダイヤモンドの産出で世界的に有名な南カサイ地方も分離独立した[122]。カタンガと南カサイの分離は、コンゴの経済運営にとって死活問題であった。両地方からの税収は、中央政府財政の三分の二以上を占めており、その分離でコンゴ財政の破綻、ひいては経済全体の破綻は目前に迫っていた。

ルムンバは、コンゴの分裂状況の一刻も早い終結を望み、そのために必要な措置を採るよう何度もハマーショルドに要請していた。七月下旬に米国を訪れた彼は、ハーター国務長官やディロン国務次官にも支援を直談判した[123]。しかし国連や米国に対する期待は、全て裏切られた。八月一四日、チョンベとの会談の後、レオポルドヴィルに立ち寄ることなくニューヨークに戻ったハマーショルドの行動に憤ったルムンバは、翌日、「売国奴チョンベと直接向き合った」ハマーショルドへの信用を失ったと宣言した[124]。

コンゴ独立前のルムンバは共産主義陣営に接近しつつも、西側と両天秤にかけるような態度を取っていた[125]。しかしこの頃までにルムンバは、ソ連からの軍事支援を受け入れることを決断した。ハマーショルドは、八月二九日までに軍を撤退するようベルギーに圧力をかけており、ルムンバの行動は、ベルギー軍の撤退による軍事バランスの変化を見越した、合理的戦術であった。他方ソ連のニキータ・フルシチョフもルムンバに支援を与えた。八月一一日、ソ連のイリューシン一四輸送機が、ルムンバへの個人的贈り物として届けられたのを皮切りに、八月二八日には、一〇機のイリューシン一四輸送機がモスクワからアテネ経由でレオポルドヴィルへと飛び立ち、食糧支援を届けた。その四日後、武器、弾薬を積んだ五機のＡＮ輸送機がモスクワからギニアの首都コナクリ経由で、コンゴへ

と送られた[126]。

これらのソ連からの支援は、まもなく米国の知るところとなった[127]。しかしソ連の支援を受けたルムンバは、八月二七日、コンゴ国軍による南カサイ侵攻作戦を開始した[128]。ルムンバの最終的な狙いは、カタンガ攻略であった。支援は小規模だったが、ソ連が勢力圏を越え、国境線から数千マイル離れた地域紛争に軍事的に介入することは、冷戦の開始以来初めてであった[129]。コンゴに「冷戦がやってきた」のである[130]。

ルムンバの親友で、コンゴ政府初代国連大使を務めたトーマス・カンザが、後に回顧したように、この対南カサイ、カタンガ作戦が、「ルムンバの政治的失脚を最終的に確定した」[131]。なぜなら、既に多くの政敵を抱えていたルムンバは、多くの犠牲者を出したこの作戦で、白人、黒人を問わず、さらに多くの人々の恨みを買い、また米国の信用を完全に失ったからであった。

そもそも独立以前の段階で、米国政府高官が抱いたルムンバ評は、彼に不信感を抱きつつも、政治的実力を認めるという微妙なものであった[132]。ワシントンには、指導力あるルムンバ抜きで安定政府が作ることができないとの報告が届けられ[133]、国務長官ハーターが、「問題がコンゴをめぐる米ソ紛争のモーメントであるのかどうか疑わしい」とベルギー大使に伝えたように、国務省内には、ベルギーやルムンバのライバルが語る、「ルムンバはソ連の助言のもとで活動している」との言説への疑念もあった[134]。コンゴにおける冷戦は、多分にレトリック的だったのである。それゆえ米国は、当初はベルギー人によるルムンバの首相就任阻止運動の存在を知りながらも、その議論に与しなかった[135]。

ただし彼がベルギーとの外交関係断絶に至ってからは、ルムンバの排除は現実的な選択肢であり続けた[136]。七月下旬、統合参謀本部は、国連軍が撤退した場合に備えて、米国による一方的介入計画を検討した[137]。そして、ルムンバがソ連の支援を引き出し、国連軍の撤退を主張するようになった時、彼に対する米国の敵意は結晶化した。在レオポルドヴィルＣＩＡ支局長は次のように打電した。

ルムンバが共産主義者なのか、もしくは自己権力強化のために単に共産主義者のゲームを弄んでいるのかどうかわからないにしても、コンゴにおいて反西側勢力の力は増大しており、新たなキューバ、あるいはギニアを回避するために行動する時間はほとんど残されていないようである(138)。

八月一八日、アイゼンハワー大統領は秘密工作の実行案を承認し(139)、以後CIAは、すでに秘密工作に着手していたベルギーと協働して、多くの資金を注ぎ込んでいった(140)。米国国連代表部が、「コンゴにおける国連の活動を妨げるような一国的な活動は、いかなるものであれ認められるべきではない」とニューヨークで公言する一方で(141)、在レオポルドヴィルCIA支局は、アレン・ダレス長官の承認のもとで八月だけでも一〇万ドルを使い(142)、ルムンバに敵対する親米派コンゴ人政治家グループを組織した(143)。秘密工作の選択肢には、彼の暗殺すら含まれた。暗殺が政策手段として浮上したのは、彼がコンゴ政界において唯一無二の実力政治家であったことが関係したと考えられる(144)。八月二五日の国家安全保障会議の特別グループ会合では、様々な「ルムンバの排除」に関する政策が検討され、アイゼンハワー大統領自身が「直裁な行動」を望んだこともあって、「ルムンバの除去に繋がるようなあらゆる種類の活動の可能性を考えることを妨げないこと」が承認された(145)。

## 4　米国、国連事務局の陰謀

### 米国の敵意

序章でも指摘したが、コンゴ動乱史は、従来、米ソ冷戦の一コマとして描かれがちであった。たしかにソ連の支援は、米国の政策決定者に驚きを持って受け止められ、彼らのルムンバへの敵意を強めさせた。しかし史料からは、ルムンバの脅威とは、ソ連介入の脅威をただちに意味したわけではないことを確認できる。この時のソ連の支援の内容は、ごく少量のトラックや輸送機にすぎず、しかもその介入能力が限定的なことは、多くの政策決定者が認めていた[146]。コンゴは、ソ連領やその衛星国から地理的に離れすぎており、介入の本格的継続は不可能であった。しかも国務省は、ルムンバは「機会主義者ではあるが、共産主義者ではない」とする回覧電報を各国大使館に配信しており、「ソ連の道具たるルムンバ」のイメージは、秘密工作を進めるうえで米国が意図的に広めたものですらあった[147]。またバンチやガーナ部隊付英国人軍事顧問アレキサンダーらの国連関係者は、ルムンバを「理性を失った」人物と評したが[148]、彼と直接会談したロッジ国連大使は、「ルムンバは実に理性的」であるとまったく逆の印象を受けていた[149]。

要するに、ソ連介入の継続性には疑問が就き、またルムンバも必ずしも共産主義者とは見做されていなかったのである。しかも国務省文書も記したように、ルムンバはしばしばベルギーの「帝国主義」や「植民地主義」に厳しい態度を取ったものの、米国への批判を公言することはなかった[150]。ではいったい何がルムンバの脅威だったのか。答えは、「共産主義者の影響力が増している」なかで、「きわめて強固な独裁制へと着実に向かう」、「卓越したアフリカ民族主義者」ルムンバが、穏健派勢力を排除し、軍事的実力者になりかねなかった点に求められる[151]。

なかでも米国の政策決定者を驚かせたのが、壊滅したはずのコンゴ国軍をルムンバが掌握しつつあることであった。ソ連の支援がまだ始まっていなかった八月六日、在レオポルドヴィル大使館は、「ルムンバが、公安軍を首相に個人的忠誠を誓う政治組織の一部へと再組織化しつつある…」との驚きを国務省に伝え[152]、それゆえ国軍兵士の忠誠心を、ルムンバから引き離す必要性を強く訴えた[153]。しかもルムンバは、ナチスの突撃隊のような独自の武装部隊を持ち[154]、敵対勢力から幾度もクーデターや暗殺の危険に晒されたにもかかわらず、逆に実力を増しているかのようであった[155]。

さらにやっかいなことに、ルムンバは国連軍撤退の可能性を主張していた。原則論的観点では、国連軍は、コンゴ側の同意を失えば、退去せざるをえないと考えられ[156]、軍事的実力を強めつつあるルムンバが、この行動をとる可能性があった。しかもこの頃、ガーナのンクルマ大統領は、盟友ルムンバとともに、「アフリカ独立諸国連邦」構想（一九六一年に、ガーナ、ギニア、マリからなるアフリカ独立諸国連合構想となる）を発表し、国連の枠外でガーナ軍の介入を仄めかしていた[157]。

米国の政策決定者は、国連軍の撤退が要請される可能性を問題視した。八月一八日の国家安全保障会議の席上、ディロン国務次官は、「ハマーショルドとルムンバの不和は深刻な状況を生み出している…」のであり、「もしルムンバが国連軍を追い出すという脅迫を実行するのなら、その段階でどんな国の援助でも受け入れることになるだろう。国連軍の撤退は不幸な結果をもたらすことになる」と主張した。事の深刻さを共有するアイゼンハワーも、「国連軍が強制的に撤退させられる可能性など思いもよらないことだ…。我々はそのためにたとえヨーロッパ諸国の軍隊の力を借りなければならないとしても、国連軍のコンゴ駐留を維持せねばならない」と語った[158]。八月二四日に大統領の承認を得た活動計画は、以下のように記した。

…国連軍を追い出そうとするソ連陣営の支援を得たルムンバの活動にもかかわらず、国連のプレゼンスは、自由世界と国連の利益の双方において、コンゴに維持されるべきである[159]。

また九月上旬、国連軍「崩壊」という非常事態を想定した基礎研究を行った国務省は、次のように、ルムンバの問題を捉えた。

我々が懸念したのは…、ルムンバによる国連軍のみならず、…国連の文民人員の撤退要求であった。それゆえ我々は、コンゴ政府の意志に反してでも、国連のプレゼンスをコンゴに維持できるようにする様々な措置を考察せねばならない…[160]。

このように、軍事的実力を増しつつあるルムンバが、彼にとってカタンガ攻撃の障害たる国連軍を撤退させかねない事態、これが米国にとっての脅威であった。

## 国連事務局の敵意

ルムンバの脅威とは、国連軍撤退の脅威と同義であったことで、ハマーショルドら国連事務局職員も彼に敵意を抱いた。ハマーショルドや側近コーディアーは、七月下旬から八月上旬にかけてニューヨーク訪問中のルムンバから、国連がベルギー人をコンゴから追い出さないのであれば、コンゴ政府が国連軍撤退を求めるであろうとの考えを直接聞かされていた(161)。バンチ国連事務次長は「彼〔ルムンバ：筆者〕は、私が今まで遭ったなかで、最低の人間である(162)。私は、〔コンゴ政府の副首相アントニー・：筆者〕ギゼンガを軽蔑するが、ルムンバには憎しみを覚える」と語っていた。国連事務局職員は、加盟国間の調整役を担わざるをえないというその難しい立場を理解しない、ルムンバに憤っていた。ルムンバは「我々の作戦を台なしにする」人間に他ならなかったのである(163)。それゆえ彼らは、国際官僚として国連という組織を守るべく、西側諸国の反ルムンバ秘密工作に手を貸す決意を固めた。

この事実は国連の公式資料には記されない。しかし国連事務局職員の私文書からは、裏付けをとることができる。たとえばハマーショルドの側近コーディアーは、八月一八日、私的な手紙のなかで、ルムンバを「無責任で、その性格は狂人の類」であると評したうえで、彼らが抱く敵意を明確に記した。

唯一の現実的な問題解決方法は、政治指導者を変えてしまうことである。しかしながら、ルムンバを首相の座から排除することは、簡単なことではないだろう。さらに、政治指導者を交代させる上で我々が出来うることには限界がある。我々は、コンゴ国内で〔ルムンバに対する：筆者〕政治的圧力を強めさせるように、国際環境において、そのような状況を作りだすことができるだろう。しかしながら、国連憲章のもとで、我々はコンゴ国内における政治指導力のバランスに影響を与えるような政治的意味合いの直接的な活動をすることを禁じられている。国連事務総長は、穏健派政治家に対して様々な方法で〔そのような活動を：筆者〕推奨している。そしてそれら穏健派は、他の強力な筋からの力添えを受けている(164)。

この手紙は、ハマーショルドやコーディアーがルムンバの政治的失脚を望んでいたこと、様々な制約があるものの、国連職員がルムンバの失脚に繋がる活動を推奨していたこと、さらに、国連事務局は「他の強力な筋」からの穏健派政治家への働きかけの事実を知っており、これを肯定的に捉えていたということを示している。もちろん「他の強力な筋」とは、他ならぬ米国およびベルギー政府であった。

またハマーショルドが、ルムンバの失脚を望んだ事実は、他の史料からも確認できる。八月二八日、米国国連大使ロッジは、次のような電報を国務省に発した。

彼〔ハマーショルド：筆者〕は、ルムンバが処分されるまではコンゴ情勢は改善されないだろうとの電報の中心内容に同意している…。国連事務総長は、コンゴ問題はまもなく危機的状況に陥るのであり、そしてルムンバは『破壊』されねばならない（must be "broken"）と考えている。彼は、明らかに、ルムンバと国連との間に新しい危機が起こると予想している。そして彼は、この危機において国連は勝利をおさめるであろうし、コンゴにおけるルムンバの政治権力は崩され、そしてカサブブもしくはイレオが実効的支配を行うことができるだろうと考えている。(165)

このように国連事務局は、米国やベルギーが進める秘密工作を後押しする意志を固めていた。ただし七月二二日の安保理決議は、「全ての国家に対して、法と秩序の回復とコンゴ政府による権限行使を妨害するおそれのあるあらゆる行動を差し控え、またコンゴ共和国の領土保全と政治的独立を損なうようなあらゆる行動を差し控えるよう」求めていた。(166)このため彼らは、陰謀が表沙汰にならないように細心の注意を払い、国連軍が内政問題への中立、非干渉原則を堅持しているとのスタンスを殊更強調した。九月一日、バンチは次のような記者会見を行った。

…皆様に想起していただきたいことは…、〔二年前のレバノンのケースと：筆者〕原則は同じだということです。

すなわち〔国連による：筆者〕この国の国内政治問題、あるいは国内的な政治闘争への関与はいかなるものであれ、回避されるということです。[167]

## 5　二つのクーデター

### 一度目の反ルムンバ・クーデター

表向きの中立・非干渉の表明にもかかわらず、いまやルムンバは、国連事務局の紛う方なき敵であった。なぜなら彼は、主権国家たるコンゴの要請に基づいて国連軍が派遣されてきた以上、コンゴ政府が求めるならば、国連軍は撤退せざるをえないことを仄めかしたからであった。これに対してハマーショルドの側近コーディアーは、「理性を欠いた」ルムンバが「一方的支援競争のゲームに興じ、そしてコンゴにソ連の影響力浸透の扉を開こうとする」ものと評し[168]、また「彼の権力を、よりいっそう制約することが出来ないのであれば、いかなる安定的な解決法も構想できない」と感じていたハマーショルドも[169]、ルムンバとの「対決を渇望」した。[170]

そのルムンバを引きずり下ろすため、一九六〇年九月、二度のクーデターがコンゴで起こった。一つはカサブブ大統領によるものであり、これは失敗に終わる。もう一つはコンゴ国軍のモブツによるものであり、ルムンバは逮捕される。そのどちらの背後にも、ベルギーと米国の手引きがあり、さらに国連事務局の支援があった。

九月五日、最初の反ルムンバ秘密工作が始動した。この日、カサブブ大統領はラジオ放送を通じて、ルムンバを含む他の六人の大臣を解任し、後任首相として、元ジャーナリストの上院議長ジョセフ・イレオを指名すると発表した。[171] このルムンバの解任劇は、憲法である基本法の手続きを充分に踏まえておらず、英国外務省が評したように、「文民クーデター」と呼ぶべきものであった。[172]

ところでこの解任劇の部分的要因として、部族対立を背景とする国内権力闘争の側面を見て取ることは可能である。バ・コンゴ族の利益を代弁する連邦制を主張するカサブブと特定の部族利益に囚われない中央集権制を主張するルムンバの関係は、独立以前から緊張を伴う微妙なものであったからである。[173] しかしこのクーデターを国内対立の文脈からのみで捉えることは出来ない。[174] なぜならこのクーデターは、外部の支援なしに成功できなかったからである。

カサブブ大統領にルムンバ失脚の手段を教唆したのは、ベルギーであった。そもそもカサブブは単独で「クーデター」を起こすことができる器量を持った政治家ではなかった。[175] 彼の指導力の弱さは、ディロン国務次官の言葉を借りれば、「〔軟弱な：筆者〕スパゲッティ」と評されるほどであった。[176] 彼は、ルムンバのように決断力や実行力を備えた政治家ではなく、「暗愚で、動きの鈍い」人物であった。[177] また教育を充分に受けていなかった彼には、顧問からの「助言」を素直に受け入る傾向があった。それゆえベルギーのエイスケンス首相は、顧問を通じてルムンバの解任を提案し、またウィニー外務大臣も、必要な法的助言をカサブブに与えた。[178] カサブブの政治顧問を担ったのは、コンゴ初の大学でカソリック系のロバニウム大学教授ブノワ・ヴァーヘーゲンである。[179] そして国務省文書が記したように、この頃「ベルギー人達は、ルムンバを失脚させるために、資金と工作員を送り込んだ」のであった。[180] 米国も同様であった。八月九日には米国の現地職員は、カサブブに首相解任権限があることを「助言」し、[181] 法的手段を通じてルムンバを除去する可能性を探った。当時の在レオポルドヴィルCIA支局長ローレンス・デブリンは二〇〇七年公刊の回顧録に、次のように記した。

> 我々は、カサブブがこの行動を起こすに違いないとの情報を得たので…、我々は〔彼のために：筆者〕ルムンバを解任するために行うべき行動の一つ一つを指し示し…、また解任後に行うべきことを記した、『手引き書』を書いたのである。[182]

外部からの支援という点では、国連事務局職員も連動していた。国連事務総

アンドリュー・コーディアー（CUL）

長付軍事顧問インダル・ジット・リクーエは、「コンゴ人政治家たちの国内権力闘争に関する政策決定について、ハマーショルドは賢明にも介入しなかった」と後に公言したが[183]、これは真実ではない。それどころか彼らこそが、クーデターの中心にあった。九月一日から七日の間、糖尿病の持病を抱えて、ニューヨークに戻っていたバンチに代わって、一時的にコンゴ現地の最高責任者の立場にあったのが、米国人のコーディアーであった。彼は、五回にわたってカサブブと会談し、ルムンバ解任の可能性を議論した[184]。その際コーディアーは、「国家の緊急事態の場合には、国連軍の役割には限界があるということを含めて、詳細に国連軍活動の範囲を説明した[185]。」またクーデターの数時間前にも解任実施の情報を知らされていた彼は、カサブブに護衛を提供するなどの「予防措置」をとることによって「完全にカサブブの背後にあった[186]。」彼は、ルムンバを「最も危険な排外主義者」と評するカサブブのベルギー人顧問ヴァン・ヴィルセンを通じて[187]、クーデターに踏み切った際のカサブブの警護の保証とともに、以下のようなメッセージを届けた。

国連軍代表が、国内問題に干渉することは出来ない。しかし、もし大統領が主導権を維持し続けるのであれば、国連や駐留する『ブルーベレー』は、彼〔カサブブ：筆者〕の有利なように活動することが出来るだろう[188]。

このような事情からコーディアーは、ルムンバの解任が宣言された直後、イレオをルムンバの後継首相とするようカサブブに推奨した。また彼は、空港とラジオ局を封鎖したが、公式説明としては、これを内戦という流血の惨事の回避を目的とした、政治的に中立な活動であるとした[189]。しかし実際には、ルムンバに不利に働くことを狙って、「現地のコンゴ国連軍の最上級レベルで調整されてきた」ものであった[190]。ティンバーレイク米国大使が「我々はコーディアーに働きかけていた」と認めるように[191]、これらの措置は、国連、米国との摺り合わせの帰結であった[192]。

国連が行ったのは、「コンゴにカサブブ大統領の権力を確立すべく努力し、ルムンバを権力の座から取り除こうとする最初の試みのお膳立て」であった[193]。ルムンバは、これらの措置の結果、首都における政情を国民に訴える手段を奪われた。一方でカサブブは、同じバ・コンゴ族出身で、義理の兄弟でもある隣国ブラザヴィル・コンゴのアッベ・フルベール・ユールー大統領の許可を得て、この国のラジオ局を利用し、レオポルドヴィルの支持者に演説することができた(194)。また国連軍の不徹底で恣意的な空港封鎖措置で、ルムンバの支持者の乗った航空機の着陸は認められない一方で、九トンの武器を積んだサベナ航空機は、エリザベスヴィルの空港に着陸した(195)。

なお国連関係者やそれに基づく研究には、上述の二つの措置をとるに当たり、コーディアーが現地の米国大使と緊密に協調する一方で、ハマーショルドとはあまり協議を行わなかったとするものがある(196)。当時、国連の現地職員は、流動的な現地情勢に柔軟に対応するための裁量を認められており(197)、それゆえ後に国連事務次長となったアークハートは、ハマーショルドが、コーディアーによる空港封鎖措置の情報を受けて、「びっくり仰天した」と述べる(198)。しかしハマーショルドがクーデターをめぐる国連軍活動の予定をまったく知らず、コーディアーが、空港封鎖等の措置を独断で行ったという解釈は、正しくない。なぜなら国連軍がこれらの措置を取る可能性を、ハマーショルドが事前に想定していたことは明らかだからである。

たとえば、八月中旬、米国政府内では統合参謀本部が、ソ連の介入の可能性を想定して国連軍によるカミナ基地の空港封鎖措置を強く求めていた(199)。また八月二六日にも、ロッジ国連大使が、二八日にはティンバーレイク大使が、この政策執行の可能性をハマーショルドと話し合い、これら会合においてハマーショルドは「全ての必要な措置を取る」と米国大使に伝えた(200)。しかもジェラードとククリックの研究によると、九月三日の段階で、コーディアーと話し合いをしたハマーショルドは、カサブブによるルムンバの解任によって、「法と秩序の維持に関する国連の行動の自由は拡大する」との解釈を示し、カサブブへの支援に向かうコーディアーに「幸運を祈る」と伝えたという(201)。

ただし史料からは、カサブブの行動が、当初の計画通りではなかったことも明らかである。九月七日、国家安全保障会議の席上、CIA長官ダレスは、カサブブのクーデターが充分な計画を欠いたまま、予定の二日前に実行されたと述べている(202)。また後にコーディアーが国務省職員に語ったように、ハマーショルドは、彼が行った特定の政治家に対する買収工作について、詳細を知らなかった節がある(203)。なぜなら後日ハマーショルドは、米国国連代表部に対して、米国によるコンゴ人政治家への「袖の下」の提供に、やや苦言を呈しているからである[204]。したがって、ハマーショルドがカサブブのクーデターをめぐるコーディアーの措置に驚いたのが事実としても、彼はその全般的内容ではなく、計画のタイミングや細部についてであったと考えられる。

いずれにせよ、カサブブのクーデターそのものは、まさにハマーショルドが望んだことであった。それゆえ彼は、「私は、複雑な憲法の分析や、複雑な憲法状況の分析を行いたいとは思わない。しかしコンゴ憲法によると、大統領には首相を解任する権利があるという規定を見出す」と、カサブブの行動の正統性を論じる書簡を公開した[205]。この解釈は、法的に疑問が残るものであったが[206]、「真の問題は法律問題ではなく、政治問題である」と考える彼には、基本法やコンゴ議会の意思を尊重するつもりがなかった[207]。

ハマーショルドが解任行為を「超憲法的」と認識していたことは、他の史料でも裏付けられる。たとえば、カサブブの権限についての解釈を表明する二日前の九月七日、彼は、米国国務省国際機構局のウッドルフ・ウォルナー国務次官補に対し、「試みようとしているのは、超憲法的な活動を通じて、国連やカサブブ自身の立場を危うくすることなく、ルムンバを取り除くことである」とし、「ルムンバとの闘争においてカサブブを承認し、彼と手を結び、そして暗に彼を強力に支持する」と語った[208]。

ただしハマーショルドの基本姿勢は、「国連の活動は、カサブブを贔屓にし、またカサブブに有利に働くよう計画されている一方で、厳密に公正であるものとして描き出す」ことであった[209]。当時、国連の措置に不満を抱く、アラブ連合などの急進派アジア・アフリカ諸国は、その抗議としてコンゴ国連軍からの部隊の引き揚げを仄めかしており[210]、このような事情から彼は、国連の措置が西側諸国の政策と一体視されないようにも注意せざるをえなかった。ベルギー大使と会談した際、ウィルコックス国務次官補が語ったように、「彼〔国連事務総長：筆者〕は、レオポルドヴィルの権力闘争の結果に影響を与えようとしていることへの公的な証拠を残さないよう、きわめて慎重であった」のである[211]。そのため国連軍は、国連が一方に肩入れしているとみなされかねないため、ルムンバ派兵士が議会へ接近することを阻止するなどの措置を控えた。だが米国政府高官は、このような国連の対応をもどかしく感じていた[212]。

## 二度目の反ルムンバ・クーデター

しかし、西側諸国の秘密工作やカサブブに対する国連軍のてこ入れにもかかわらず、ルムンバは、カサブブを圧倒する政治力を示した。九月七日、ルムンバはコンゴ議会下院に登場し、カサブブによる解任を無効であると宣言し、国連軍の干渉を批判した。さらに彼は、「ベルギーがチョンベに航空機を提供し、国連と米国が輸送機の提供において自分を見捨てた後に、初めてロシアに航空機を求めた」のだと、ソ連への支援要請の事情を説明した[213]。九月八日、下院は圧倒的多数でルムンバの復権に賛成した。その翌日、上院も下院決議にしたがった。そしてルムンバは、ついに米国と国連事務局が恐れていた国連軍の撤退要求を公表した[214]。

米国の目から見ても、「ルムンバのコンゴ人に対する影響力は、カサブブのそれよりも際立っていた[215]」。ベルギー外務大臣ウィニーは、「魔術師たるルムンバは物事をひっくり返してしまう」と嘆いた[216]。カサブブのクーデターが失敗し、「事態がルムンバの方向へと動きつつある」ことはいまや明らかであった[217]。

クーデター失敗の原因は、米国や国連事務局が、カサブブら穏健派政治家の実力を過大評価した点にあった[218]。実際のところ、当時、混乱を極める現地情報を正確に把握することは、相当難しかった。ラジオや新聞のメディアには、親ベルギーの反政府プロパガンダ情報が溢れかえり、親西側政治家達から米国や国連事務局に届けられる情報は、それら政治家に都合のよいものばかりであった。しかし西側諸国や国連事務局が、ルムンバの排除をあきらめたわけではなかった。ベルギー政府は、秘密活動の再調整に着手した。米国もルムンバに敵対する政治家達への働きかけを強め、ティンバーレイク大使も、ハマーショルドに対して、国連軍を用いてジャスティン・ボンボコらの親米派政治家の警護を強めるよう要求した[219]。ルムンバによる国連軍の撤退要求を受けいれるつもりがないハマーショルドも、この動きに同調した[220]。九月一〇日、米国大統領選挙に副大統領候補として出馬したロッジに代わり、米国国連大使に就任したジェームズ・ウォズワースは、次のようにハマーショルドに伝えた。

米国政府は…、ルムンバを追放しようとするカサブブの活動を支援する貴殿を支持し続けるであろうし、彼の立場を強化するために貴殿がさらなる措置を執りうると希望する。(221)

これに対してウォズワースと私的な友人でもあったハマーショルド(222)は、「依然としてルムンバを破壊できると信じている」と応えた(223)。しかも興味深いことに、彼の態度の背景には、米国からの資金提供が影響を与えているようであった。この頃ハマーショルドはコンゴ支援のため一億ドルの援助を求めていたが、そのうち米国が四〇％を負担したことは、国連に対して多大な影響を与えているとアイゼンハワー大統領に提出された国務省文書は記していた(224)。

ジョセフ・モブツ
（米国国務省 HP）

次なる反ルムンバ闘争のために白羽の矢が立てられたのは、ＣＩＡのプロファイルで「強力な反共主義者」とされた、国軍参謀本部長ジョセフ・モブツであった(225)。すでに指摘したようにルムンバの強さは、カサブブがアベレル・ハリマン特使に語ったように、「彼が軍及び警察の主要部署を支配している」からであり(226)、ゆえに彼を失脚させるには、彼から軍の支配権を奪い取る必要があった。それゆえＣＩＡレオポルド支局長デブリンやティンバーレイク大使は、国軍総司令官のルンドゥラ将軍を「お飾り」とし、彼をコントロールできる人物として、貧民層出身で、頭脳明晰だが政治、軍務経験に乏しい、新聞記者あがりの二九歳の男に期待した(227)。かくして、モブツが政府を乗っ取る計画が始まったのである。

九月一三日、ティンバーレイクが同席した非公式会合で、デブリンからモブツに資金提供がなされた(228)。翌日モブツは、ラジオ放送でカサブブとルムンバの双方を「中立化」させると同時に、議会の停止を声明した。これは新たなクーデターであった。モブツは、コンゴ国軍には政府を引き継ぐ意志はなく、代わりに学生や技術者による「委員会」によって、一二月三一日まで統治が行われると宣言した。彼は、国連との協働の意志を語るとともに、ソ連およびチェコスロバキアの技術者に四八時間以内の国外退去を要求し、またコンゴ国軍カタンガ部隊への停戦命令を発した[229]。一方、九月一五日、身の危険を感じたルムンバは、国連軍のガーナ部隊に保護を求めた。そして一七日、ソ連とチェコ大使館がコンゴから引揚げ始めた後、モブツはコンゴ国軍の攻撃作戦の中止を正式に宣言した。翌月、国連軍は、国軍、バ・ルバ族とカタンガ憲兵隊の衝突を回避する目的で、カタンガ北部に緩衝地帯を設定した[230]。戦闘が停止し、かくしてカタンガは、今しばらく分離独立状態を維持することができるようになった。

モブツのクーデターでも国連軍は重要な役割を果たした。ただしそれは、国連側にとっては、いささか意図せざる結果であった。議会でのルムンバの勝利が明白となった九月一〇日、コーディアーは賃金未払い状態にあったコンゴ兵士への給与として、一〇〇万ドルの資金をハマーショルドに求めた[231]。この資金は国連の財源からではなく、米国から提供されたが[232]、同じ日に行われた式典の場で、モブツを介してコンゴ兵士に渡された。狙いは、カタンガ攻撃に参加することなく首都に残った国軍兵士がルムンバに動員されることの阻止にあった[233]。ハマーショルドは「賃金がなければ彼らは反乱軍だが、賃金を得れば安定化の源となる」と考えており[234]、乱暴狼藉を働くコンゴ国軍兵士の規律引き締めのために、国軍への資金提供を不可欠としていた。その際に国軍の分断工作を担ったのが、首都レオポルドヴィルにおいて国連軍モロッコ部隊を率いたモロッコ人のベン・ケッタニ将軍であった[235]。彼は、約二週間後にコンゴを離れることになるが[236]、経験豊富な軍人として、素人同然のモブツに軍の運営のあり方を助言し、また彼に資金を提供した。それゆえにモブツや彼の取り巻きは、ケッタニに最大の賛辞を送った[237]。

もちろんモブツのクーデターにも、国連軍のみならず、米、ベルギーの秘密工作が深く関わっていた。モブツがCIAによって「見つけ出された」のは、六〇年一月のブリュッセルの円卓会議の時であった。後に在レオポルドヴィルCIA支局長となるデブリンは、この時ルムンバの秘書であったモブツに出会った[238]。以来デブリンは、モブツの顧問となり、CIAから支給された資金をモブツに提供する役割を担った。そしてモブツはこれを自らの兵士の給与として使い、他方このような資金によって、モブツの部下は「アフリカにおける最も裕福な兵士」となった[239]。高給を得た兵士は数百名程度だったが、彼らはモブツに直接忠誠を誓う唯一組織された部隊を構成した[240]。またベルギーも、モブツの軍隊のために二〇〇〇万ベルギー・フランを準備した[241]。コンゴ人政治家の給与水準の低さゆえに[242]、おそらく彼らの買収は簡単だっただろう。

ただしモブツによるクーデターに関して、米国やベルギーの秘密工作と国連軍の活動の間でどの程度の連絡や調整が行われていたのか、全体像は不明である。しかし明らかなことは、米国、ベルギー政府高官が、二つのクーデターをめぐる国連軍の措置に満足していたことである。たとえば一〇月一一日、ベルギー外務大臣ウィニーと国務次官ディロンとの間でルムンバの解任劇が話題となった。この会談においてディロンは、「以前にも増してベルギーとより緊密に協働」できていることへの喜びをウィニーに伝え、「ハマーショルド氏はコンゴにおいて素晴らしい仕事をやっている」との評価で彼と一致した。[243]そして、この二度目のクーデター以降ルムンバが公式の権力を取り戻すことはなかった。

# 第5章　ニューヨークにおける権力政治とルムンバの暗殺

## 1　国連をめぐる権力政治のコンゴ動乱への影響

ルムンバは、国連事務局の協力を得た米国とベルギーの秘密工作で失脚した。しかし彼は、その後も西側諸国の脅威であり続け、最終的に暗殺される運命にあった。ただし暗殺に至る過程は、単線的なものではなかった。ルムンバを失脚させたクーデターの際の国連軍の措置をめぐって、東側諸国のみならずアジア・アフリカ諸国も、国内問題への非干渉原則を掲げたはずのハマーショルド国連事務総長を批判した。そのためルムンバと決裂し彼を敵視するようになっていたハマーショルドは、国連の中立性の体裁を保つためにルムンバ支持のアジア・アフリカ諸国の意向を無視することができなくなり、このことがルムンバの運命を左右することになった。

とりわけ重要な契機になったのが、国連史上最も論争的と評された、一九六〇年九月開催の第一五回国連総会である(1)。この総会には、アイゼンハワー、マクミラン、ンクルマ、ジャワハルラール・ネルー、フィデル・カストロなど、ヨーロッパやアジア・アフリカ各国の首相が列席したが、ソ連のニキータ・フルシチョフ首相は、西側寄りの国連の改革と、国連事務総長の辞任を要求した。一方、国連軍の活動の正統性の維持に苦しむハマーショルドは、ルムンバの復権を望むアジア・アフリカ諸国の支持を得つつ、ソ連の攻勢を凌がねばならず、いったんはルムンバ存続に傾いた。しかし今度は、このことで米国との摩擦を生むことになった。

米国と国連事務局の摩擦が、動乱の展開に与えた影響は大きかった。見方を変えると、この摩擦は、ハマーショルドの抱いていた「防止外交」の野心的希望の成就と、「介入資源の確保」をめぐる、国連事務局と米国との衝突であった。この顚末はいかなるものだったのか。結論から言うと、米国は英国と共に、財政支援を利用してハマーショルドに圧力を加え、国連を今一度、米国の路線に従わせたのである。そしてこれこそが、ルムンバの暗殺を可能とする国際環境を整えたのであった。

## 2　中立性の模索

### ハマーショルドとコンゴ政策

国連事務総長職に就任する前、ダグ・ハマーショルドは華々しいキャリアを積んだ政治家であり官僚であった。一九〇五年に彼は、スウェーデンのイェンシェーピンにて、元首相ヤルマル・ハマーショルドの四男として生まれた。彼は、敬虔なクリスチャンで、ウプサラ大学で法律学、ストックホルム大学院で経済学を学んだ後、スウェーデン政府の財務官僚として、キャリアをスタートした。その後、第二次世界大戦を経て、外交の世界でも活躍するようになった彼は、四〇年代後半、「マーシャル・プラン」を討議したパリ会議や欧州経済協力機構（ＯＥＥＣ）に、スウェーデン代表として参加し、スウェーデン政府の大臣職にあった五二年、第二代国連事務総長に選出された。四七歳であった。

ハマーショルドが、国連事務総長として第一に取り組んだことは、国連の権威を回復させることであった。国連の権威は、ノルウェー人の前任者トリグブ・リーのもとで、五〇年に朝鮮戦争に西側寄りの形で関与したために、酷く傷ついていた(2)。それゆえ彼は、米国やソ連と良好な関係の維持を模索しつつも、同時に国連を大国にできるだけ従属させないことを目指した。

とくにハマーショルドがこだわったのが、脱植民地化問題への国連の関与であった。第二次世界大戦後、独立の機運が高まるアジア・アフリカの植民地では、紛争の可能性が高まっていた。そこで彼は、後に彼が法的基礎を整えることになる国連平和維持活動を通じて、これら紛争を処理しようとした。彼は、五六年のスエズ戦争の時にカナダのレスター・ピアソン外務大臣と共に国連緊急軍を組織し、エジプトと英国との対立を仲裁した。そして彼は、この経験を踏まえて、五八年、同意原則や国内紛争への非介入などの国連平和維持活動の基本原則を定めた『研究摘要』を公表した。[3]

なかでもハマーショルドは、アフリカの動向に強い関心を抱いた。「国連は、多くのアフリカ諸国において、〔いかがわしい：筆者〕過去がないので、彼らの将来に対して、特別な役割を果たしうる」と彼は信じた。[4] 五〇年代後半のフランス領ギニアでの混乱を目の当たりにした彼には、とくにベルギー領コンゴが気がかりな地域であった。五九年末、アフリカ諸国の歴訪を開始した彼は、コンゴにも数日間滞在し、準備不足の性急な独立が混乱を引き起こしかねないと感じていた。そこで彼は、六〇年五月にバンチ国連事務次長を派遣し、情勢を監視させ、同時に主要政治家に助言を与えさせた。[5] またハマーショルドは、六月にも知人のスウェーデン人のステュレ・リネーを派遣し、技術支援の業務にあたらせた。なお、次章で論じるように、リネーはコンゴにおける親米政権樹立に国連職員として重要な役割を果たすことになる。

しかしハマーショルドの懸念は現実のものとなった。ベルギーから多額の負債を負わされ、国庫の深刻な資金不足に直面したコンゴでは、将来の政情不安から、独立前から急激な人的、資本的流出が起こりつつあった。[6] しかも混乱は、独立後のコンゴ国軍の暴動やカタンガ分離独立を契機として、ヒトやカネの領域に限らず、モノやサービスの領域にも及んだ。第2章で論じたように、大量のベルギー技術者の本国帰還、コンゴの行政機能の麻痺、交通インフラの麻痺、急激なインフレを伴う燃料、食料等の物資の不足、大量の失業者とストライキの発生などが相次いだ。[7] ハマーショルドは、インドのネルー首相に、ベルギー人達は「この国〔コンゴ：筆者〕をほとんど廃墟のようにしていった」と語り、ベルギーを非難した。[8] だが彼は、国連が提供しうる技術的支援を通じて、混乱を沈静化しようとした。

ダグ・ハマーショルド
（1960年８月14日，UN Photo）

彼の関心には「防止外交」として知られる野心的希望が関わった。[9] 国連がいち早く介入してプレゼンスを示すことで、「より先鋭化しつつある冷戦をアフリカから排除」しようとしたのである[10]。それが可能だったのは、スエズ戦争以降の「ダグに任せろ」のかけ声のもと、彼には多くの加盟国から決議解釈をめぐる幅広い裁量を認められたからであった。先述の国連緊急軍は、まさにハマーショルドによる国連決議の画期的解釈から生まれたものであり、コンゴ動乱勃発時には、国連事務総長としての彼の信頼度は非常に高かった。しかしコンゴ問題では、その野心的希望の追求は、当初から困難に逢着した。なぜならそれは、カタンガ分離に具体化された、ベルギーによるコンゴ再支配政策と、新興国コンゴの国家主権原則に関わる問題を提起したからであった。端的に言ってコンゴ問題は、国連事務局の手には負いかねる内実を孕んでいた。

大きな障害の一つは、ハマーショルドが国連安保理からの授権の範囲内で行いうることでは、コンゴ政府の願望を完全に満たせないことにあった。ルムンバは、ベルギーの支配終結の手段としての国連の関与を望んだが、国連が提供できる援助は、行政上の助言をはじめとする技術的性質のものであった。しかも第4章で論じたように国連安保理は、米国を含む西側諸国の主張を反映して、ベルギーの侵略性の認定を回避したため、ハマーショルドは、ベルギーのカタンガ支援問題に、曖昧な態度をとらざるをえなかった。また国連軍の委託任務遂行能力も心許ないものであった。財源確保の見通しが不確かななかで、警察的任務を主とする彼らの装備は、概して言えば貧弱で、派遣国のなかには任務遂行に必要な訓練を欠く兵員を送り込むこともあった。このような事情から彼は、ルムンバの国連への不信感を処理しつつ、委託任務を履行せねばならなかった。

微妙な舵取りを迫る問題の処理にあたって、ハマーショルドが拠り所としたのは、手続き的原則であった。ただし国連関係者の言説には、彼が国連憲章を尊重したことを強調するきらいがあるが[11]、実際のところ彼は特段遵法的であったわけではない。彼は、国連職員からしても「曖昧な委託任務」と捉えられた国連安保理決議の文言について[12]、各加盟国の妥協点を意識した、いささかご都合主義的な解釈を施す人物だった。彼は、英国大使から「自らの越権行為のリスクを冒そうとする状況にあまり自覚がなく、そしてあまり良い法律家ではない」と評されていた[13]。

実際にもこの傾向は、自らが掲げた非干渉原則や同意原則の適用をめぐって表出した。たとえば第4章で論じたように、カタンガ問題への非干渉原則の適用はそうであった。国連安保理は、七月一四日、七月二二日、八月九日に、コンゴ問題に関する三つの決議を採択したが[14]、最初の決議は、コンゴ政府に「軍事的支援」を与えることを国連事務総長に求めた。これに対してルムンバは、この「軍事的支援」とはカタンガ再統合のための支援を意味すると主張したため、ハマーショルドはこの解釈を拒否するために、国内問題への非干渉原則をことさら強調した。そして彼は、分離を黙認する西側諸国の意向を忖度して、あえて分離問題を国内問題と解釈した[15]。言い換えると彼は、大国の支持と協力の確保というニューヨークの論理をコンゴの論理に優先させる過程で、この原則を用いたのであった。

また同意原則でもハマーショルドはそれに厳格に従ったわけではなかった。かつて彼自身が定義したように、「関係国の同意なくしては、加盟国の領土内に国連軍を駐留せしめることはできない」というのがこの原則であった。しかしルムンバは、今度はこの原則を利用し、分離問題に非干渉の態度を取る国連軍の撤退を求めるようになっていた。これに対して国連事務局は、米国の助力を得つつ、法的に国連軍を強制的に駐留させる可能性を探った。たとえば米国国連代表部が好んだ「平和のための結集決議」[17]を用いた総会決議に基づく駐留のあり方や[16]、安保理招集後に国連憲章第四二条の規定を援用する方法がそうであった。しかしいずれの方策も実現可能性が低かったため[18]、最終的にハマーショルドが選んだのは、ルムンバとの対決という政治的解決であった。

要するに彼の原則へのこだわりとは、主として、「防止外交」が実際に実行に移されるならば、加盟国からの様々な批判や非難を招き、国連組織に過度の政治的負荷をかけかねないことへの警戒に由来しただけであった。それゆえ第4章で論じたように彼は、「ルムンバは破壊されねばならない」との信念のもと、非干渉原則をルムンバに不利なように、またルムンバの政敵に有利なように適用したのであり、九月に起こった二度の反ルムンバ・クーデターを支援することに何ら躊躇することはなかった。

## 強まるハマーショルド批判と信託統治構想

しかし反ルムンバ・クーデターは、国連を危機的状況に陥れた。それは活動の正統性の危機であった。ニューヨークではハマーショルドの一連の措置をめぐって、ソ連やその同盟国やアジア・アフリカ諸国が不満を噴出させ始めていた。

彼らが問題視した点は、主に二つあった。一つは国連軍の非中立性であった。ソ連やアジア・アフリカ諸国の目には、ハマーショルドが自ら掲げた原則から逸脱していると写った。たとえば、船舶バルティカ号でニューヨークに向かう途中であったフルシチョフ首相も、コンゴでのクーデターの情報が届くと激怒し[19]、ロンドンの『デイリーエキスプレス』からの無線での質問で、ハマーショルドは植民地主義諸国の代弁者だと非難した[20]。

コンゴでの出来事と、部分的には国連安保理の重要な決議の実施における国連代表の行動は、国連組織の中立性についての深刻な試練である。すなわち、やや乱暴なことを言わねばならないとすれば、この組織の上級官僚、すなわち国連事務総長は、中立性が求められる状況において、彼が為さねばならない最低限の中立性を示すことに失敗しているのだ[21]。

また秘密工作の進展とともに、現地権力へのベルギー人の再浸透が進んだことも問題視された。ベルギー政府が非協力的であったため、国連はコンゴの政策決定レベルへのベルギー人顧問や軍関係者が再び関与するのを、阻止できなかった[22]。このためハマーショルドが非干渉や中立性の原則を強調すればするほど、「国連はベルギー人の帰還を覆い隠す」ものではないかという疑念が生じていた[23]。

いずれの論点も、国連事務局への信頼性を損なう可能性があった。それゆえハマーショルドは、疑念を打ち消そうと躍起になった。第一の国連の非中立性の論点について彼は、国軍がカサイのバ・ルバ族に対する虐殺行為を働いていたこと、空港封鎖等の措置は委託任務の求める法と秩序の維持に必要であったこと、またカサブブにはルムンバを解任する法的根拠があることを強調した。[24] また第二のベルギーの再浸透の点にも彼は、ベルギー政府への抗議を行ったことのアピールに余念がなかった。[25] ただしこの時彼は、意図的に特定の情報への言及を避けつつ、国連の執った措置の正統性を強調した。しかしこの主張の根拠は不充分と言わざるをえず、[26] 逆に議論のすり替えや不正確な釈明の結果、九月九日から一六日の国連安保理、翌一七日の緊急特別総会では、彼への非難が声高に叫ばれた。攻撃の急先鋒がソ連であった。フルシチョフは、九月二〇日からの国連総会に臨み、次のように語った。

あのろくでなしのハム〔ハマーショルドのこと：筆者〕は、関係もないくせに大事な話に首を突っ込んでくる…。自分を何様だと思っているのだ、思い知らせてやる。何としてでも彼を取り除かなければならない。こっぴどくやっつけなくてはならない。[27]

興味深いことに、ソ連は、これ以前は、アジア・アフリカ諸国提案の安保理決議案に賛成してきた。[28] しかしソ連は、九月一七日、セイロン・チュニジアの共同提案を拒否権行使で葬り去るほど、敵意を強めていた。[29] なぜソ連は、対決姿勢を強めたのか。その理由は、対決の舞台が安保理から国連総会へと移ることに伴う、フルシチョフなりの外交的勝算があったからであると考えられる。

勝算とは、国連総会において、アジア・アフリカ諸国の支持を得つつ、国連の財政的弱点を攻めることでハマーショルドを追い詰めることができるという計算である。当時ハマーショルドは、コンゴにおける国連の活動の資金を集めるため、加盟国の自発的拠出に基づく「コンゴ基金」の設立を国連総会に求めていた。[30] 基金は、一億五〇〇〇万から二億ドルの規模を予定し、[31] 文民支援活動を含め大規模化した国連軍の活動に不可欠であった。一方で国連総会の雰囲気は、この年のアジア・アフリカ諸国の大量加盟で一変していた。西側諸国ではなく、アジア・アフリカ諸国の意向を、総会に反映させる機運が生まれていた。

実際、この年の一二月、アジア・アフリカ諸国が中心となって、国連総会は「植民地独立付与宣言」を採択している。その際、彼らが当時最も気にかけていたのが、国連がコンゴを「信託統治」下に置こうとしている、との疑念であった。そこでソ連の国連代表は、次のように主張し、彼らの不満を取り込もうとした。

セイロン代表と後にチュニジア代表は、我々の手で〔コンゴ：筆者〕政府の軍事支援の権利を奪うことはできないと、自らの口で語りました。彼らはまた、そのような支援は、その提案するところによれば、国連のチャンネルを通じて排他的に提供されるべきだとも語っています。しかしこのことは、まさに国連の基本原則、すなわち全ての国家の主権原則からの逸脱なのです。このことは、コンゴ共和国に対して国連の信託統治を強制することを意味するのです(32)。

この指摘は、ハマーショルドの政治的弱点を突くものになりかねなかった。なぜなら彼は、実際に「事実上のコンゴの信託統治」に近い考えを抱いていたからであった(33)。彼は、英国大使に対して、国連軍によるコンゴ統治の可能性に言及していた。

…コンゴ人の責任という外観を維持する一方で、国連が事実上より多くの領域においてさらなるイニシアティブを握る必要があるでしょう(34)。

ハマーショルドが、「事実上のコンゴの信託統治」を考えたのは、それが「防止外交」の一環であると位置づけていたからであった。彼は、充分な訓練を受けたコンゴ人行政官の数が圧倒的に足りないコンゴには、事実上「政府は存在しない」と解釈していた(35)。そのうえで彼は、国連の文民支援活動等の技術支援を通じて、無政府状態の終止符を打ち、東西冷戦のコンゴへの波及を食い止めようとした。その際彼は、ルムンバの政府を破壊した自らの責任について省みることなく、次のような本音すら英国大使に語っていた。

コンゴに強力な中央政府を作ることを語る人々は、現実の状況をまったく理解していないのです。全ての〔コンゴ人：筆者〕指導者は、三流の地方政治家であり、そして望みうる最善のことは、国連に依存する脆弱な政府を確立することなのです。[36]

これがハマーショルドの考えるコンゴ統治の内実であった。彼は「原始的なアフリカの状況に一人一票のような民主主義を導入することは誤りである」と語り[37]、「コンゴ人はこの国を運営する能力がないのであり、国連が事実上これを引き受けなくてはならない」と確信していた[38]。この認識はアイゼンハワー大統領の認識と似通ったものであった[39]。そしてハマーショルドが、ルムンバの失脚を強く望んだのも、国連と協力的な政治指導者のもとでならば、コンゴの再建が可能だとする自信からであった[40]。

ただし「防止外交」の実現には、不確かな部分があった。まず彼が直面したのは財源の問題である。彼は、コンゴ政府を財政破綻から救うための「コンゴ基金」を作るために、大国、とくに米国から多額の資金協力を仰がねばならなかった[41]。同時に彼は、このような大国の協力で、国連の権威が低下しないように配慮もせねばならなかった。懸念されたのは、「コンゴ基金」構想が新植民地主義的と解釈され、それに「多くのアフリカ諸国の指導者達が全力で反対するに違いない」可能性であった[42]。フルシチョフ首相は、「国連事務総長のハマーショルド氏は、植民地主義者の側にたって安保理の決定を実行している」と言って憚らなかった[43]。この財源と正統性確保のジレンマ状況を克服するために、第一五回総会においてアジア・アフリカ諸国の支持を今一度獲得することが、ハマーショルドの至上命題となった。

### 「トロイカ提案」とハマーショルドの指導力

一九六〇年九月二〇日、国連通常総会が始まった。これは、フルシチョフの発案で開かれた、二三カ国の国家元首、一七カ国外務大臣が列席した異例のサミット総会であった[44]。この総会で圧倒的な衆目を集めたのも、フルシチ

ニキータ・フルシチョフ
（1960年10月11日，UN Photo）

ヨフである。(45) フルシチョフは、九月二三日および一〇月三日の演説で、コンゴの委託任務における深刻な違法行為をあげつらい、ハマーショルドは勇気を持って辞任すべきだと主張した。また一〇月一三日には、フルシチョフは靴で演台を叩くパフォーマンスを行ったとされ、これはこの総会を象徴する出来事になった。(46) しかし世界の指導者の関心を最も引きつけたのは、彼が掲げた「トロイカ提案」であった。なぜならこの提案は、新興国の大量誕生という国連をめぐる権力情勢の変化を、国連事務局改革へ取り込もうとするものであり、後の国連改革の端緒となる歴史的な意義を有したからである。

ハマーショルド攻撃の秘策たる「トロイカ提案」は、重要なポイントとして、東側陣営、西側陣営、中立主義陣営の三陣営の代表者が、国連事務総長を選出し、彼らが全会一致で物事を決めることを求めた。根拠として彼は、各陣営は数億人の人民を抱えていることから、事務総長は平等であるべきこと、また米国人、ヨーロッパ人、カナダ人が多くを占める現在の国連事務局の人的構成も、国連憲章の平等原則に則って改められるべきだと主張した。(47)

この提案は、歴史的に反ソを本質とする国連を変革する、ソ連の国益追求の訴えであった。(48)「国連なんてクソくらえ。ありゃあ『我々の』組織なんてものじゃない」と息巻くフルシチョフは、(49) 改革を通じて「米国の道具としての国連」を破壊しようとした。ただし同時に制度運用面での平等を訴えるこの提案は、ソ連の国益を越えた要素を内包し、個別案件はアジア・アフリカ諸国にも魅力的に映った。たとえばインドネシアのスカルノは、国連本部のニューヨークからの移転提案を好意的に捉えていた。(50)

ハマーショルドは、アジア・アフリカ諸国の支持を得かねない「トロイカ提案」に危機感を覚えた。この提案は、既存の国連組織が存続できるかどうかという問題を突きつけたからである。たとえば国連のコンゴ和解委員会の議長で、後に第三代事務総長となるビルマのウ・タントは、当時の情勢を次のように捉えていた。

このたびの国連総会のセッションは…、国連自体の生存がかかっているという意味において、歴史的なものとなるに違いありません。我々を含め、今日、ここに結集した全ての国々は、コンゴに関する我々の決定が…、国連を…、悲劇的な分裂と崩壊への道を切り開くものとなりうることを、想起すべきなのです。(51)

ハマーショルドは「小国」へのアピールで事態の打開を図ろうとした。フルシチョフの狙いは、アジア・アフリカ諸国間にくすぶる国連事務局への不満を顕在化させ、そこに分断線を引くことにあると考えられた。そこで、この分断が国連に「きわめて取り返しのつかない結末」を生み出しかねないと考えた彼は、「大国」と「小国」という対抗軸を設定する外交戦術を取った。彼は、「小国」にとって国連が「大国」からの保護のための唯一の方法である事実に着目し、「大国」ソ連に脅かされる国連という言説をアジア・アフリカ諸国に訴え、「小国」から国連への支持を調達しようとした。一〇月三日、フルシチョフの辞任要求に応えて、彼は次のように演説した。

…ソ連の代表は、勇気について語られました。辞任することは非常に簡単で、辞任せずに留まることは容易ではありません。大国の力に屈することは大変やさしいことですが、それに対抗するとなると、話は変わります。この総会議上の全ての加盟国によく知られておりますように、私は多くの機会に多くの場面で後者を選んで参りました。現在の世界において、国連のなかにこそ砦を見出す国々が望むならば、私は今回もまたとどまる道を選ぶでしょう。(52)

演説と前後して国連事務局は、「小国」の保護者としての国連という言説を広めるべく、加盟国に対して様々な働きかけを行った。この時彼は、二年半にわたるコンゴ動乱全体を通じて、数少ない指導力を発揮した。まず彼は、自らの潔白さをアピールする言説を、西側諸国と摺り合わせることに成功した。国連軍の最大のスポンサーたる米国は、始まったばかりの国連の活動が失敗することを望んでいなかった。そこで「国連は記録のうえでは無謬でなくてはならない」と考えるハマーショルドは、[53]ソ連を論破するために「絶対的にクリーン」である必要性を米国に売り込んだ。[54]そして米英間でも「共同戦線」の調整が進められ、[55]米国もアジア・アフリカ諸国の指導者にこの言説を売り歩いた。[56]

またハマーショルドは、常に分裂の契機を孕む、アジア・アフリカ諸国の政治的脆さにも期待できた。当時アジア・アフリカ諸国は、コンゴの対応をめぐって三勢力に分裂したが、その全てがアフリカにおける冷戦の排除という一点に異論がなかった。[57]穏健派諸国は基本的に国連事務局に協力的であったが、しかも彼に好都合だったのは、最も激しい批判を展開する急進派諸国ですら、国連の活動を好意的に捉えがちなことであった。[58]たとえば九月二〇日、国連総会の冒頭に、ハマーショルドへの事実上の信任を意味する決議案（アジア・アフリカ一六カ国提案）を提出したのは、ガーナ政府であった。[59]おそらくこの背景には、急進派には、仮に国連の枠外での支援が望ましいとしても、この段階では他の手段がなかったことがあった。[60]実際ガーナは、舞台裏では派遣隊の引揚げを仄めかしながらも、表向きはハマーショルドへの信任を語り続けていた。[61]それゆえ、彼らの条件闘争的な態度は、ハマーショルドが彼らの要求の一部を満たしさえすれば、国連への支持を調達できる契機となった。

結果はハマーショルドが望んだものとなった。決議案に「コンゴ共和国の主権を尊重したうえで」との文言が、信託統治の可能性を恐れる国々への配慮として盛り込まれたこともあり、国連総会は、大きなトラブルもなく、加盟国の自発的拠出に基づくコンゴ援助のための「コンゴ基金」の設立を決議した。[62]また上記のフルシチョフの演説の後ハマーショルドは、国連総会の各国代表団から数分間のスタンディングオベーションによる信任表明を得た。これは、国連と多くの加盟国の間で、国連組織の防衛という意味で利害が一致し、調整者としての彼の指導力が発揮された瞬間であった。

結局ソ連の攻勢は失敗に終わった。一〇月一三日、フルシチョフは、コンゴ問題をめぐる決定を見届けることなく、モスクワへの帰路に就いた。彼は、アジア・アフリカ諸国を味方にできなかった。しかしフルシチョフは、国連改革を諦めたわけではなかった。この後ソ連は、国連事務局により非協力的になり、国連平和維持活動の経費の支払いを拒否し、国連を財政破綻の瀬戸際まで追い込もうとする。そして第9章で検討するように、分担金未払い国に対する国連総会投票権剝奪の問題（国連憲章第一九条適用問題）にこだわる米国との対立のなかで、今度はアジア・アフリカ諸国の賛同を期待しつつ、「米国の道具としての国連」の改革に挑戦していくのである。

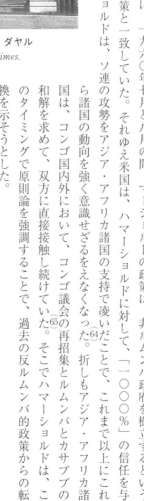

## 3　国連事務局と米国の摩擦

### ハマーショルドの新路線

第4章で論じたように、一九六〇年七月と八月の間、マーショルドの政策は、非ルムンバ政府を樹立するという目標について米国の政策と一致していた。それゆえ米国は、ハマーショルドに対して、「一〇〇〇％」の信任を与えた。[63] しかしハマーショルドは、ソ連の攻勢をアジア・アフリカ諸国の支持で凌いだことで、これまで以上にこれら諸国の動向を強く意識せざるをえなくなった。[64] 折しもアジア・アフリカ諸国は、コンゴ国内外において、コンゴ議会の再招集とルムンバとカサブブの和解を求めて、双方に直接接触し続けていた。[65] そこでハマーショルドは、このタイミングで原則論を強調することで、過去の反ルムンバ的政策からの転換を示そうとした。

ラジェシュワル・ダヤル
出典：Dayal, *A Life of Our Times.*

九月八日、空港とラジオ局の封鎖措置を指揮した米国人のコーディアーに代わり、ラジェシュワル・ダヤルがコンゴ国連軍特別代表に就任した。[66] 当時五一歳、インド人のダヤルの就任は、アジア・アフリカ諸国の中核国インドの動向を睨んでのことであり、バンチ、コーディアーと続いた米国人代表路線の修正であった。[67] 赴任前にインド政府においてパキスタン大使であったダヤルは、反植民地主義的な見解を持ち、ネルーの信任をえたきわめて聡明な人物であった。そしてハマーショルドは、彼と毎日連絡を密に取りつつ[68]、コンゴ議会の再招集とモブツの軍事政府に代わる合法政府の形勢、コンゴ国軍の規律回復と組織化、カタンガ分離問題に代表されるベルギーの再浸透問題に取り組もうとした。

ハマーショルドの新路線は、一一月二日にダヤルがコンゴ情勢に関する報告書（ダヤル報告）を公表したことで明確になった。ダヤルは、コーディアーの空港封鎖措置について、それがコンゴの内政干渉であり、違法行為の可能性があるとの認識を抱く人物であった[69]。その彼のもとで、国連軍とモブツの部隊は、ガーナ部隊付英国人軍事顧問アレキサンダーが一般市民に乱暴狼藉を働くコンゴ国軍の一部を武装解除して以来、たびたび衝突していた[70]。そしてこの報告書は、国連軍とモブツの関係悪化を衆目に晒した。

この報告書で注目すべき点は、モブツを政治権力の強奪者と断じたことであった。そのうえでこれは、モブツの軍隊の存在が「無法を醸成する主原因」となっていること、またそれがベルギー人の組織的な復帰と関係することで、国連軍の活動が障害に直面していると評した。しかもダヤルは、ルムンバには頻発する内戦やジェノサイドの責任があるという主張に疑問を抱き、ジェノサイドの扇動する真の責任者はベルギー人指揮下にあるカタンガ憲兵隊であると主張した。そしてこの報告書は、コンゴ国軍の規律回復と、コンゴ政府の正統性回復のために、議会の再招集を介した和解政府樹立の必要性を論じた[71]。

ハマーショルド自身が報告書の一部を記したことからも分かるように、報告書の結論は彼の考えでもあった[72]。その際ハマーショルドが、議会の再招集と合法的政府の形成、コンゴ国軍の再組織化、そして分離を支えるベルギーの支援といった問題の解決の鍵としたのが、ルムンバの処遇であった。一〇月頃になるとハマーショルドは、「モブツはまったくの役立たずである」と断じ、後任首相のイレオが議会の承認を受けていない以上、「現在のところルムンバを首相であるとみなしている」とすら語った[73]。彼は、「ルムンバはコンゴにおいて充分な支持を得ており、彼のいない解決策は不可能であろう」との見通しのもと、ルムンバの政権運営への関与の可能性を米国の代表に伝えるようになった[74]。

米国国連代表部のウッドルフ・ウォルナーの感触では、ハマーショルドは本音では、ルムンバの完全復帰までは望んでいないようであった[75]。しかし明らかなのは、この新路線が米国の政策とは異なることであった。たとえば、この頃ハマーショルドと会談したウォルナーは、ルムンバの法律上の立場をめぐって、ハマーショルドと米国の見解が「完全な不一致」に陥ったことをワシントンに報告せねばならなかった[76]。また米国国連代理大使ジェームス・バルコ〔ウォズワースに次ぐ国連代表部のナンバー2：筆者〕は[77]、一〇月末、ルムンバの失脚をめぐって、「我々の基本的哲学は異なっておらず、また同じ目標を共有しているはずだ」と主張したが、ハマーショルドは明確にその考えを否定した[78]。

## アイゼンハワー政権の焦り

ティンバーレイク大使は、カサブブはルムンバと和解する意志を持ち合わせていないようだと現地情勢を報告したが[79]、ワシントンの政策決定者達は、ハマーショルドの新路線に危機感を抱いた。国際機構局のチャールズ・ボーレンが論じたように、彼らは「ルムンバの復帰を意識的に計画していないにしても、彼が進める政策の結果、ルムンバが復帰しても仕方がない」ように見えた[80]。しかしこのタイミングでの議会の再招集とコンゴ国軍の再組織化の問題は、米国にとって悪夢であった。なぜなら議会の再招集と国軍の再訓練は、モブツの失脚とルムンバの権力復帰を懸念させたからである。大統領府の報告書は、次のように記した。

現状において最も可能性が高いのは、モブツの軍事政府の後継政府は、どのようなものであろうと、親ルムンバ派によって支配されるであろうことである[81]。

議会の再招集に対する最も強い反対は、ティンバーレイクから出された。彼は、コンゴ人の誰一人として、「民主主義の初歩的な原則の多くすら」理解しておらず、民主主義とは単なる人気取りに過ぎないこと、それゆえに議会の再招集は、ルムンバの復権を意味しかねないと主張した。[82]在レオポルドヴィルCIA支局も、反ルムンバ派では議会多数派を形成できないとの見通しを本部に伝えた。[83]

くわえて不安視されたのが、国軍兵士の規律と忠誠心の問題であった。米国にとっても、一般市民にすら乱暴狼藉を働く国軍兵士の規律の引き締めは、独立直後からの課題であった。[84]たとえば一一月にはキンドゥの町で国軍兵士が銀行を襲撃し、約一〇万ドルを強奪する事件が起こっていた。[85]しかしキーマンのモブツは、米国、ベルギー、国連などから流れ込んだ資金を通じて、国軍の一部を掌握しているにすぎず、影響力に限界があった。[86]国軍兵士のなかには、依然としてルムンバに忠誠を誓うものも少なくなく、モブツはいつ寝首をかかれるかわからなかった。[87]九月末にモブツと会談したティンバーレイクは、次のように報告した。

明らかにモブツは強い圧力に晒されており、そして極度に神経質になっている。彼はクーデター以来食べ物を無理矢理口に流し込まなくてはならなくなり、昔よりも飲む酒の量も増えたと語り、そして政敵が彼に試みる暗殺行為について長々と話した。彼は国軍の九〇％が彼の側にあるとの見解を披露したが、彼から受ける印象は、彼が闇夜で〔強がりの：筆者〕口笛を吹く男であるというものであった。[88]

政界で腐敗が横行し、国軍の規律が乱れた状況は、米国の目からして、コンゴ議会の再招集の可能性を著しく低めていた。国務省内では、和解の行き着く先がルムンバの首相復帰でないとしても、きわめてゆゆしき問題を引き起こすとの声があがっていた。仮にルムンバが首相よりも下位の役職に就いたとしても、その立場を利用して新たなトラブルを引き起こしかねない、というのであった。[89]

しかし米国は、ハマーショルドの考えを根本的に変えることもできなかった。米国は、ルムンバの権力復帰の道を開きかねないダヤルの登用に不満を抱き、[90]彼の離任をハマーショルドに求めた。[91]しかしハマーショルドは、「ダヤルは現状においてコンゴの国連活動へのインドの支持の維持という政治的目的のために有益」と考え、[92]この要求を拒否した。逆に彼は、ダヤルの側近には反ルムンバ的立場で知られる人物が起用されている事実を米国に訴え、[93]同時にコンゴ議会の再開なくして合法政府の実現は不可能であり、現状では暫定的にせよ、ルムンバが合法的な首相であるとの法解釈を示した。他方米国は、この論理を覆すことができず、議会再招集を通じてコンゴ政府の合法性が回復されない限り、国連事務総長の態度の変化を期待できないとの事実を受け入れざるをえなかった。[94]

国務省は、ダヤルの報告書の対応にも苦慮していた。なぜなら報告書の内容は、同盟国および国連との関係に微妙な舵取りを迫ったからであった。同盟国ベルギー高官は、報告書の公表を受けて、国連から脱退するとすら語っており、[95]ダヤル報告への安易な支持表明は、同盟関係を揺るがしかねなかった。同時にこれを受け入れなければ、ハマーショルドと衝突しかねなかった。それゆえハーター国務長官は、「成り行き静観」の態度を取らざるをえなかった。[96]

## 非合法な陰謀

ところで、ルムンバの抹殺を目的とする米国のコンゴ政策には、国連を介した間接的政策とCIAによる直接の秘密工作という二つの経路があった。[97]しかし上記の通り、この時期前者の政策は、行き詰まりを見せていた。その一方でCIAの秘密工作は、「国内問題への一国的な介入を控えてきた」とするアイゼンハワーの表向きの言説とは裏腹に、[98]九月中旬以降ますます質的、量的にも拡大していた。九月二九日の国家安全保障会議では、ルムンバがまだ処分されていないことが懸案事項とされ、[99]CIA長官ダレスは、「あらゆる機会を捉えて政府内の地位に戻ろうとするルムンバを除去するための、あらゆる支援を与える」よう在レオポルドヴィルCIA支局長デブリンに命じた。[100]当時、「除去」には七つの選択肢が考えられたが、デブリンは、ルムンバとの和解を求める「アラブ・アフリカの圧力」で、カサブブ・モブツの体制が弱体化している現状では、彼の暗殺こそが最善策だと考えていた。[101]

CIAは暗殺の実現可能性を探った。真剣に検討されたのが、毒殺である。九月末には技術サービス部門の責任者である、「パリからのジョー」ことジョセフ・シュナイダー博士（別名シドニー・ゴッドリーブ）が、自然死を装うことのできる致死性の毒物を、革製の手袋、マスク、注射器とともに、レオポルドヴィルに持ち込んだ。別の可能性は、ヒットマンによる狙撃および誘拐であった。ＣＩＡは、外国籍の二人の犯罪者（コードネームＱＪ／ＷＩＮとＷＩ／ＲＯＧＵＥ）をリクルートした。[102]ＣＩＡ本部のブロンソン・トゥィーディは、デブリンに次のように打電した。

コマンド・タイプのグループを使い、コンゴ河側から壁をよじ登り、官邸を襲撃し、身柄を押さえるか、あるいはより可能性の高い案として、ルムンバが街に外出するときを狙い、誘拐する案である。意見を聞きたい。[103]

しかし暗殺計画は、まもなく障害に直面した。ルムンバに毒を盛る場合、あるいは彼を狙撃、誘拐によって暗殺する場合、何者かを彼に接近させる必要があったが、ルムンバが居住する首相官邸は、国連軍ガーナ部隊の厳しい警備下に置かれていた。モブツを「子供扱い」する国連事務総長特別代表ダヤルは、仮にルムンバが首相を解任されたと解釈しても、国会議員の身分を保持する彼には「議員不逮捕特権」が認められるとして、モブツによるルムンバの逮捕を認めなかった。[104]この結果、当時その関与が表沙汰にならないよう細心の注意を払っていたＣＩＡは、[105]一〇月中旬頃には首相官邸への接近を諦め、自らの手を汚さない「除去」の可能性も併せて考えざるをえなくなった。この頃ＣＩＡ長官ダレスは、「コンゴ人の手による処理」、すなわちコンゴ人にルムンバを逮捕させ、彼を裁判にかける案を有効な措置としてデブリンに伝えた。[106]しかし同じ頃、ベルギー政府がルムンバ暗殺計画、通称「バラクーダ作戦」を承認したものの、一〇月中旬には断念せざるをえなかったように、いずれも実現可能性が低かった。[107]

しかもこの時期の米国は、ルムンバ暗殺をめぐり、二つの政治的状況に配慮しなければならなかった。一つは、大統領選挙である。当時米国では、共和党の大統領候補ニクソンと民主党候補ケネディが激しい選挙戦を繰り広げており、選挙戦は最終局面を迎えていた。選挙演説のなかでケネディは、アフリカが巨大な共産主義者の攻撃の対象になっていると主張し、アイゼンハワーとニクソンの時代遅れで保守的なアプローチでは、アフリカの変化に対応できないことを批判した。[108]歴史家アーサー・シュレシンガーが数えたところでは、ケネディは選挙演説において合計四七九回もアフリカに言及している[109]。このような状況下で仮にルムンバが暗殺されるようなことがあれば、ケネディがコンゴの混乱を選挙戦に利用しかねなかった[110]。

別の配慮すべきこととして、仮にルムンバが暗殺されるようなことがあれば、アジア・アフリカ諸国のなかに、ルムンバの保護に失敗したハマーショルドの責任を追及し、国連への支持を撤回する国が出てきかねない状況があった。そして仮に国連軍が強制的にコンゴから追い出されるようなことがあれば、米国には直接介入の選択肢しか残されていなかった。この危機感の現れからか、『ニューヨーク・タイムズ』は、米国主導の北大西洋理事会（NAC）が、一九六〇年秋頃、国連が破壊された場合に備えて、代替する国際組織についての研究を進めたと報じた[111]。おそらくこの研究は、八月から九月にかけて国務省内で検討された非常時対応案を下敷きとしたと考えられるが[112]、国連軍の撤退は、問題への直接関与を限定的にとどめたいとする米国のコンゴ政策の根幹を揺るがす事態であり、アイゼンハワーはこのタイミングでそのリスクを負うことはできなかった[113]。

結局のところ、九月下旬から一一月上旬にかけて、米国のコンゴ政策は行き詰まっていた。米国の目からみて、ハマーショルドの新路線は、ルムンバの復帰を意味しかねなかった。他方でその新路線の修正も、また国連軍の厳しい警護のもとでは、ルムンバの暗殺計画も実行できなかった。ハマーショルドの新路線の行き着く先は、国連軍の撤退という悪夢も想起させた。一〇月二〇日の国家安全保障会議の席上、国務長官ハーターは、「ハマーショルドの新路線は、ルムンバの再登場を意味するであろう」と発言し、「ルムンバがもう一度コンゴの首相になるならば、国連の余地はないであろう」というコーディアーの見解を紹介した。それゆえ同席した大統領補佐官ゴードン・グレイは、「我々はハマーショルドの考えを変えるためにできうることをすべき」と主張した[114]。

### 国連財政危機と代表権承認問題

CIAの秘密工作によるルムンバの「除去」も行き詰まった後、「ハマーショルドの考えを変えるためにできうること」のなかで、米国が重視したのが、当時深刻化しつつあった平和維持活動をめぐる国連財政問題であった。

すでに指摘したように、「トロイカ提案」をめぐりアジア・アフリカ諸国の支持を得ることができなかったフルシチョフは、財政問題を梃子にハマーショルドに揺さぶりをかける傾向を強めた。これは一九五〇年代、スエズ戦争の際の国連緊急軍でとった戦術の焼き直しであった。ソ連は、ハマーショルドが委託任務を西側寄りに解釈している以上、経費はカタンガを事実上の占領下におく「侵略国」ベルギーが負担すべきと主張し、国連軍経費の支払いを拒否した。[115]ただし「トロイカ提案」の時とは異なり、この戦術は効果があった。資金が枯渇した場合、国連軍はコンゴから撤退すべきとするソ連の主張に対して、アジア・アフリカ諸国のなかにも同調する国が現れ、また西側諸国でもベルギー、ポルトガル、フランスまでもが公然と支払いを拒否したのである。[116]そのためハマーショルドは、一一月二一日に開かれた国連総会の行財政小委員会（第五委員会）において、国連の資金は「事実上完全に尽きて」おり、一二月三一日までに二〇〇〇万ドルを新たに調達できないならば、国連軍のコンゴ撤退は不可避であろうと報告せざるをえなかった。[117]六〇年一一月から一二月の国連総会は「植民地独立付与宣言」を採択したことでよく知られるが、実は小委員会を舞台とした財政問題も重要な争点であった。[118]国連財政は、カナダ政府高官をして「この組織は朝鮮戦争以来最も過酷な試練に直面している」と言わしめるほど、きわめて深刻な状況にあったのである。[119]

そもそも国連の歴史において、平和維持活動の始まりは、財政危機の始まりでもあった。[120]当初ハマーショルドは、国連軍経費を通常予算枠から支出することを考えたが、[121]コンゴ国連軍の莫大な経費がそれを不可能とした。一カ月あたり約一〇〇〇万ドルが必要な経費のために、国連は六〇年だけでも約五〇〇〇万ドル（このうち空輸費用は含まれず）の経費が回収できなかった。しかも念願の「コンゴ基金」も、目標の一億ドルのうち実際に集まったのは、当初一二五〇万ドルに過ぎず、コンゴ国連軍だけでも年間経費は一億六〇〇〇から二億ドルかかると予想された。[122]つまりコンゴ動乱勃発からわずか三カ月で、国連は年間通常予算約八〇〇〇万ドルと同規模の資金不足に直面していたのである。この様子にチュニジア政府外務省長官タイエブ・サハバーニは、「国連の専門家は、統治や経済活動がうまくいくようコンゴを手助けすることよりも、よりいっそう経費支払いの問題に関心を抱いている」と評した。[123]

一方で米国は、一一月二九日、行財政小委員会で六〇年のコンゴ国連軍のコストの約半分を負担することを公表し、六一年度分の分担金も先払いすることで、国連を財政的に支えようとした。もちろんこの支払いには、苦境下にある国連につなぎ資金を提供することを通じて、発言力を強めるという明確な政治的意図があった。その長期的な狙いは、「米国の道具」としての国連の強化であった。一〇月六日付けの国務省文書は次のように記した。

…国連が直面する困難な問題のうちの一つは、莫大な規模にまで膨らんでいる財政資源の漏洩に対して、いかに国連が対処するかということである。米国は…、国連を、我々の広汎な国家目標を推進するための機能しうる道具とする可能性を精力的に探っている。したがって米国が直面するであろう最重要課題は、コンゴにおける国連の作戦への財政的支援額を増大することにある。(124)

また同時に短期的な狙いは、ハマーショルドの新路線の修正であった。一〇月二五日、在レオポルドヴィル米国大使ティンバーレイクは、次のような極秘電報を国務省に送った。

私は、我々の立場への支持が集まることを希望する一方で、ルムンバを支援しかねない国連の活動の行くつく先が、あえて言うならば、我々が勝利を収めることができないような展開になりかねないことを、強く感じている。手短に言うならば、私は、国連事務総長からのコンゴ国連軍への財政支援要請について、そのような資金が我々の最善の利益に反するような形で用いられない、ということが保証されないのであれば、我々がすでに行ってきた寛大な対応以上のことをすべきではない、と信じる。(125)

ティンバーレイクはこのように述べ、もしハマーショルドが考えを変えないなら、米国は支援を打ち切るべきであると暗に具申した。そしてこの電報の後、米国国連代表部のジョセフ・シスコは、「断固たる」抗議をハマーショルドに伝えた。

とくに共産主義者がコストの分担を拒否していることに鑑みて、もし国連の作戦の結果がルムンバの復活をもたらすのであれば（いまや可能性があるように思われる：元注記）…、米国はその分担の主要部分に応えるつもりはない…。もし国連の政策がルムンバの復帰に繋がるのであれば、米国は…、国連との関係それ自体を再考せねばならないだろう[126]。

このように米国は、国連軍の活動が国益に繋がらないのであれば、支援を行うつもりはなかった。それゆえ一一月一〇日に国務省は、より具体的に、それまで米国空軍が国連に提供した無償サービスに関して、今後の活動において必ずしも繰り返されるわけではないことを、国連代表部に伝えさせた[127]。これは紛れもなく米国からの脅しであった。ハーター国務長官は、ハマーショルドがコンゴ問題から撤退することがあれば、「それは財政問題から生じる危機だけからである」と考えたが[128]、この考えは、状況的に見て、無償供与分を含めるとコンゴ国連軍の経費の八割近くを一国で負担する米国が、活動の生殺与奪の権を握ることを意味した[129]。しかも米国の動きには、英国も同調した[130]。そしてこの後米国は、ことあるごとに英国と共に、財政問題を仄めかしつつハマーショルドと議論していった。

もし、〔アジア・アフリカ諸国やソ連から加えられる圧力に対する：筆者〕対抗圧力が加えられないのであれば、想起されるのは、国連がコンゴにおいて悪い事態から最悪の事態へと落ち込むことであろう…。〔したがって：筆者〕次のような、国連事務総長に対する米英の政策路線が求められる…。我々は、現在のようなコンゴの流転が続くのであれば、国連の活動は失敗に終わり、そして破産する可能性があるとの警告を伝えるべきである…[131]。

もちろん「もし国連が財源確保に失敗すれば、国連事務総長は即時撤退に踏み切らねばならない…」という事態[132]、そして財政問題を梃子に米欧が圧力をかけて来る事態は、ハマーショルドに不快なことであった。このことは、初期のハマーショルドの伝記には、圧力の事実が仄めかされているにもかかわらず、その後の「英雄伝」的な伝記や国連関係者の回顧録には、この圧力がもたらした帰結についての言及がないことからも伺い知ることができる[133]。しかしそうであるがゆえに、米国にとってこれは、彼から自国に有利な妥協点を引き出す契機になった。

ではその妥協点とは何か。それは、ルムンバを復権させかねないコンゴ議会の招集を回避して、カサブブ派の国連代表権を国際的に承認させ、彼らに法的正統性を纏わせることであった[134]。この考えは、一一月のハーターとウィニーの会談の時に、ベルギー側から提案された[135]。すでに指摘したように、コンゴの統治権力に関するハマーショルドの第一の懸念は、現在のカサブブ・モブツの体制が軍事クーデターで成立したがゆえに、国内的な正統性に乏しいことであった。そこで米国は、カサブブ派の国連代表権を承認させることで、コンゴ政府の合法性の回復にこだわるハマーショルドの願望を満たそうとした[136]。

もちろんこれは、ダヤルの言葉を借りれば、民主的選挙を経て首相に選ばれたルムンバを蔑ろにし、「憲法の頭越しに」カサブブにコンゴの外側から正統性を与える行為に他ならなかった[137]。それゆえに米国にとっては、これはルムンバ派が優勢になりかねない流れを逆転させる好機となった。一一月四日、ハーター国務長官は、「資格認証問題は我々に迫った政治的に有効な問題である。もしベルギーへの関心をうまく逸らすことができ、そしてこれをうまく処理することができれば、コンゴにおける我々の政治的目的の実現が近づくのである」と国連代表部に伝えた[138]。

米国は、カサブブ派の代表団をコンゴの正統代表として承認させる準備を進めた。国連代表部では、「カサブブをブーイングに晒さない」というスローガンが掲げられた[139]。まず国務省は、カサブブ派の代表団を変更し、愚鈍な現代表団に代えて、国務省情報調査局の評価では、コンゴ人政治家のなかで「最も有能」な親米派のジャスティン・ボンボコ外務大臣を代表に据える方向で調整した[140]。その上でカサブブの国連総会演説の機会を設定し、国家元首たるカサブブの存在を国際的にアピールすることにした[141]。在レオポルドヴィル米国大使館職員が、「穏やかで繊細な好印象」を聴衆に与えるための立ち回り方を、カサブブに助言する一方で[142]、「共産主義者や反米および反カサブブの報道が、カサブブや彼の側近が米国の手の内にあるとの印象を与えようとする」ことへの懸念から、カサブブは、ワシントンに立ち寄らず、ニューヨークに直行することになった[143]。さらに米国は、ベルギー、英国、フランス、オーストラリア、ノルウェー、イタリアと調整を進めつつ[144]、投票日に向けて外交的圧力を様々な国にかけていった。その働きかけはすさまじく、ダヤルが後に、「投票を変更させるために、加盟国に対して――誘惑をちらつかせつつ――大規模で組織的な脅しと圧力が加えられたことが、最も明白な事例の一つ」と回顧するほどであった[145]。

一一月一八日、国連総会ではカサブブ派の資格認定をめぐる討議が始まった。ガーナ代表は、ルムンバ派の不利な情勢を察知し、投票を遅らせせようとした。しかし結局、各国代表が九月のクーデターをめぐるそれぞれの立場を表明した後、代表権承認に関わる投票に入った。結果は、賛成五三、反対二四、棄権一九票で、カサブブ派の勝利であった[146]。

ハマーショルドの言葉を借りれば、こうして「カサブブは、『国内的』ではなく、いまや国連によって『国際的』にてこ入れされる」ことになった[147]。ハーター国務長官は、この問題を「最高の手際で処理したバルコ〔代理大使：筆者〕に最大限の賛辞を送り[148]」、一一月二三日、次のように楽観的な総括を下した。

国務省は、コンゴの信任投票の結果が成功に終わったことで、コンゴの平和と安定を回復する試みの次なる段階へとしっかりと進むことができると判断する…。総会における投票結果は、カサブブおよびコンゴの穏健派への支持および、コンゴおよび総会における急進派への反対にほかならない。〔そしてハマーショルドはガーナやギニアといった急進派の見解に：筆者〕過度の重きを置くことはないであろうし、それゆえ我々にとって、コンゴにおける国連の活動への支援を継続するうえでの障害はなくなるであろう[149]。

## 4　コンゴ内戦の激化

### ルムンバの逮捕と新たな混乱の始まり

ハマーショルドは、ルムンバの復帰を望んだわけではなかったが、同時に外部干渉が窺いしれる形でカサブブ派が承認されることを望んでもいなかった[150]。彼は、カサブブ訪米の資金源が米国政府からのものであることを知っており[151]、それゆえに、カサブブ派の代表権承認で国連が西側寄りであるとのイメージが今一度広まること、そしてダヤルと対立するカサブブ・モブツの勢力が勢いづくことにより、コンゴ国連軍とカサブブ・モブツ派との衝突が頻発しかねないことを懸念した。しかし財政的圧力をかけつつ政治的譲歩を迫る米英を前に、国連の中立性を維持する彼の自律性は限界に達していた。

ハマーショルドの懸念は、まもなく現実化した。代表権承認を契機としてカサブブ達は、「つけあがった」態度をとるようになった。すでに一九六〇年九月頃より、無法者のモブツの兵士と、彼らを取り締まろうとするダヤル率いる国連軍部隊との衝突が絶えなかったが[152]、この傾向に拍車がかかった。「モブツやイレオやその他の政治家による反国連的な態度」がしばしば確認され、ボンボコ外務大臣に至っては「コンゴは国連と戦争状態にある」という声明を出すありさまであった[153]。彼らの動きには、ベルギー人顧問による「助言」が疑われたが[154]、この結果一一月から一二月に行われたモブツの軍事体制に民主的装いを与えようとする米国の努力は、まったく進展を見せなかった[155]。ハマーショルドは、モブツについて、「彼は、もし国連が存在しなければ、彼がいかなる権力も持ち合わせていない、ということを理解していない」と言い放った[156]。

一方、ルムンバの身には危険が迫っていた。カサブブ派の代表権承認によって、国連軍は公職追放者に特別警護を与える法的根拠を失っており、国連軍がルムンバの警護を停止する可能性があった。そこでルムンバは、支持者達が集う東部州のスタンレーヴィルに向かうことにした。一一月二七日、代表権承認の祝賀会で浮かれ騒ぐカサブブを横目に、ルムンバと彼の側近は首相邸宅を抜け出した[157]。CIAは、脱出の二週間前から「幾つかの活動計画」を準備しつつも、その動向を完全に把握したわけではなかった[158]。しかしモブツらは、可能性ある逃走経路を封鎖し、一二月一日に彼を逮捕した[159]。二日後、ルムンバと側近二人は、レオポルドヴィル近郊のシスヴィルの陸軍基地にある牢獄に移送された。

ルムンバの逮捕には、国連軍も関係した。この時国連軍ガーナ部隊の兵士は、ルムンバ逮捕の現場に居合わせたが、ハマーショルドは国連軍部隊にその逮捕を妨げないよう命じた[160]。おそらくこの事実も、国連関係者にとってあまり触れられたくないことだったのだろう[161]。それゆえハマーショルドは、国連安保理に対して虚偽の報告をし、ルムンバが自らの意志で国連軍の警備を拒否した以上、国連軍は彼の逮捕を阻止する理由はないという論理で、逮捕を正統化したのであった[162]。

では、なぜハマーショルドは、ルムンバの逮捕を妨げなかったのか。第一義的な答えは、ルムンバの勢力がスタンレーヴィルに結集し、ルムンバに有利な形で内戦が起こることを望まなかったからであった。一二月二日、国連代表部のウォズワースと会談した彼は、ルムンバがスタンレーヴィルにおいて三〇〇〇人の兵士を動員できる力を持ち、それはモブツの部隊を圧倒できるほどの実力であるとの懸念を語った[163]。

また第二の答えとして、西側諸国からの要請も影響した。九月のクーデター以降、ハマーショルドは、西側諸国から国連軍によるルムンバの警備を解くよう繰り返し求められていた[164]。ただしハマーショルドは、長らくこの要請を拒否し続けてきた。理由は、彼が、法的理由とは別に、「国連がルムンバを追いだそうとしているとの主張に根拠を与えないように極度に警戒せねばならない」と考えたからであった[165]。しかし上述の通り、一〇月から一二月にかけて、米英からの共同圧力をかけられ続けたハマーショルドは[166]、カサブブ派の国連代表権が認められるや、「国連のコンゴ政策は完全に変更される」と語り始めた。そして米英の求めるルムンバの逮捕を認めたのであった。

ウィシコフ〔ハマーショルドの側近：筆者〕は、我々〔米国国連代表部：筆者〕に対して、国連は、今後ルムンバの

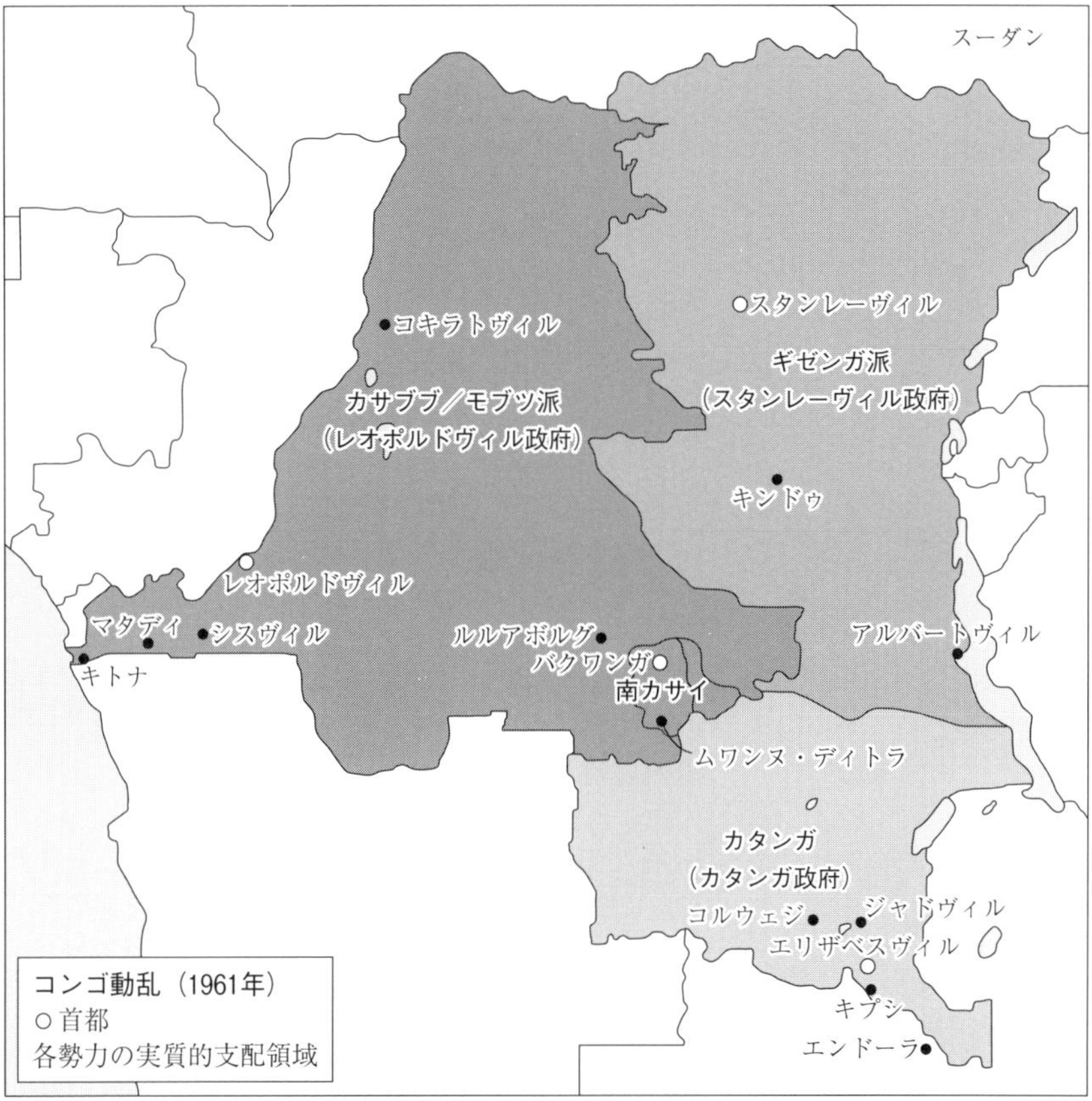


逮捕を妨げることはないだろう…、そしてルムンバが肉体的な危害を受けることを阻止する場合、あるいは公的秩序の維持に必要な場合にのみ介入するだけであろうと語った[167]。

ルムンバの逮捕は、新たな混乱の始まりであった。一二月一二日、ルムンバの盟友であり、アフリカ連帯党（PSA）党首で、ルムンバ政府で副首相であったアントワーヌ・ギゼンガは、コンゴ国軍のルンドゥラ将軍と共に、スタンレーヴィルに支配権を確立し、唯一の合法政府を宣言した。そしてスタンレーヴィル政府は、ソ連、マリ、ユーゴスラビア、中華人民共和国、ガーナ、ギニア、エジプト、モロッコ、イラク、インドネシアからの外交使節団を受け入れ、これらの友好国、とくにソ連に対して軍事支援を含む援助を要請した[168]。

ソ連が直接支援に乗り出した八月の出来事が繰り返されるかに思われた。そこでハマーショルドは、「国連の新政策」として、スタンレーヴィルの「叛徒」を鎮圧するためにコンゴ国軍の空港の自由使用を許可し、また河川の渡航禁止措置を解除した[169]。しかし国連の措置にもかかわらず、スタンレーヴィル政府軍は驚異的な速度で、東部一帯に勢力を拡大していった。国務省、国防総省、CIAの高官が出席した会合で、国務省アフリカ局のサタースウェイト国務次官補が指摘したように、彼らの勢いの背景には、軍事的理由のみならず、ベルギーの支配に対するコンゴ人民の不満、「完全独立に向けた大衆運動」の存在が大きく関わっていた[170]。一二月下旬、スタンレーヴィル政府軍は、現地住民の協力を得て、ルアンダ＝ウルンディ国境近くに展開したベルギー軍部隊を撃破し、この地域の中心都市キブを占拠し、ルムンバ政府の情報大臣アニセット・カシャムラを州知事に据えた[171]。モブツの軍隊は、ベルギーの支援を受けながら、翌年一月一日には、キブの奪還に成功したが、モブツにとってこの代償は大きく、兵士四〇〇名が敵方の捕虜にされた[172]。一月八日には、スタンレーヴィルから九〇〇人の兵士がカタンガ北部に侵入し、現地のバ・ルバ族ゲリラを軍事的に支えた。スタンレーヴィル政府軍のコンゴ国軍への抵抗は激しく、敗北を重ねる無能なモブツに、ベルギー政府高官は、「うんざり」していた[173]。また同じ頃、在レオポルドヴィル米国大使ティンバーレイクは、「モブツが権力の座に留まり続けることは疑わしい」と打電し、レオポルドヴィルにおいてカサブブ・モブツ体制の権威が急速に後退していることを国務省に報告した[174]。

## 国連軍の弱体化と内戦の激化

ルムンバの逮捕・投獄のニュースは、国連に対する怒りと幻滅を国際的に生じさせた。一二月七日から一四日にかけての第六回国連安保理会議では、ソ連やアジア・アフリカ諸国が、ルムンバの逮捕という国内問題には干渉できないとするハマーショルドを激しく批判した[175]。そしてこれら諸国からは、抗議の表明として、派遣部隊の引揚げが相次いだ。一二月一六日の段階で、国連軍は計一万九六〇〇人規模だったが、最大部隊派遣国のモロッコ（三二五〇人）、インドネシア（一一五〇人）、アラブ連合（五〇〇人）、ギニア（七五〇人）、ユーゴスラビア（二一人）、セイロン（九人）が引揚げを表明し、国連軍の規模が三分の二になることで、活動全体に深刻な影響が出る事態が生じつつあった。[176] 各武装勢力が、軍事衝突を繰り返すなかで、国連軍は、内戦防止はおろか、治安維持に必要な力も持ち合わせなくなっていた。[177]

国連への支持の減少に比例して、急進派アジア・アフリカ諸国では、国連の枠外でのコンゴ支援を模索する動きが活発化した。それが、一九六一年一月三日から七日にかけてモロッコのカサブランカで開かれた、カサブランカ会議であった。会議には、モロッコ、アラブ連合、ガーナ、ギニア、マリ、アルジェリアの国家元首とセイロンとリビアの代表といった、国連軍の派遣部隊引揚げを公表した、あるいは検討中の国々が参加した。彼らは、後にカサブランカ・グループと称され、六三年のアフリカ統一機構（ＯＡＵ）結成に重要な役割を果たすが、派遣部隊の撤退の公表で国連事務局に圧力をかけるとともに、コンゴの一体性を確認し、ルムンバが代表する合法政府の存在を再確認し、政治犯の釈放、モブツの軍隊の武装解除、ベルギー軍がルアンダ＝ウルンディの基地を侵略の拠点としないことなどを求めた。[178] さらにガマール・アブドゥル＝ナセルのアラブ連合は、スタンレーヴィル政府に対して、新年のプレゼントとして、おそらく国連軍部隊の引揚げ時に遺した装備を含む、武器や資金を提供した。[179]

ガーナだけが部隊引揚をめぐる態度を曖昧にしていたが、国連軍部隊の引揚げを介して、現地で武器の拡散が起こる可能性もあった。ティンバーレイク大使は、「カサブランカ会談の結果、現地情勢は以前にもまして危機的となった」と感じ、[180] 米国の政策決定者達は、強いレトリックで、激化する内戦への危機感を表現した。たとえばハーター国務長官は、この内戦の将来が「最終的には朝鮮〔戦争：筆者〕の類の紛争」になると捉えた。[181] 他方、コンゴにおける急進派諸国の活動情報を米国から受け取っていたハマーショルドも、[182]「スペイン戦争」のレトリックを用いた。

いかなる理由であれ、仮に国連の作戦がコンゴから強制的に退去させられるのであれば、この帰結は内戦の即時勃発、それも最も抑制の効かない方法で戦われる部族紛争の悪化であると私は確信します。…もしこのようなことが起こったならば…、世界は混乱したスペイン戦争のような状況に直面するでしょう。すなわち、そこでは衰弱したコンゴ全体をめぐって戦闘が繰り広げられるのであり、不透明で相争う目的が追求されるのです。(183)

コンゴ動乱を歴史として捉えうる我々には、これらのレトリックは幾分大仰さを感じるかもしれない。しかし当時確実視されたのは、スタンレーヴィル政府の勢力拡大と彼らへの国際的支援を背景にして、ルムンバ復権の可能性の高まりであった。(184)囚人であるにもかかわらずルムンバは、彼に同情的な刑務所警備の兵士と共に、クリスマス・ディナーを食べ、また六一年一月一三日には、ルムンバが投獄されているシスヴィルで暴動が起こり、エリザベスヴィルとレオポルドヴィルでクーデターの噂が囁かれた。(185)コンゴ国軍兵士の間で離間の兆候が現れており、モブツが軍を完全に掌握できていないことは明らかであった。(186)その情勢悪化は、米国、フランス、ベルギーが、明白な国連安保理決議違反であるにもかかわらず、モブツに資金や武器を提供せざるをえないほどであった。(187)

現地からの情報は、ワシントンの焦りを誘うものばかりであった。ティンバーレイク大使は、「コンゴは最も危機的な分岐点にさしかかっている」と打電し、(188)CIA支局長デブリンは「現在の政府は、数日後に崩壊する。結果はほぼ間違いなく混乱を引き起こし、『ルムンバ』が権力の座に復帰することになる」と報告した。(189)そしてこの頃のCIAの「特別国家情報評価」は、今後の展望について次のような悲観的見通しを示した。

…ルムンバが主導権を握るならば、かなり高い確率で、東西間でくっきりと線引きされた紛争激化の時代がやってくるであろうし、そして現在の国連の立場は著しく傷つけられ、またおそらくは破壊されることになるだろう。(190)

## ルムンバの暗殺

一九六一年一月一七日、カタンガに移送されたルムンバは、エリザベスヴィルから五〇マイル離れた場所で、べルギー将校が見守るなか、側近二人とともに射殺された。土に埋められた彼らの遺体は、二人のベルギー人警察官に掘り起こされた後、ばらばらにされ、硫酸づけにされた。在ワシントン・チュニジア大使アビブ・ブルギーバの言葉を借りれば、彼は「肉体的に流動化」されたのであった(191)。そして彼らの死は、死後三週間にわたって秘密にされ、カタンガは、二月一三日、エリザベスヴィルからの逃走を図ったルムンバ達が、原住民に捉えられ殺害された、と虚偽の物語を公表した(192)。

暗殺の複雑な経緯は、ド・ウィットやエマニュエルとククリックの著作が詳しい。そのうえで指摘すべきは、この移送と暗殺が、米国とベルギーの支援を受けたコンゴ人の手で行われたことである。まずベルギー政府の内部史料を洗い直したド・ウィットによれば、ベルギー政府は一月上旬から、コンゴ人の協力を前提にしたルムンバ暗殺計画を実行していた。そして、シスヴィル暴動後、当初計画では、ルムンバの移送先としてカサイ州のバクワンガを検討したものの、バクワンガ空港が国連軍ガーナ部隊によって警備されていたため、それをカタンガのエリザベスヴィルへと変更したという(193)。ＣＩＡも、移送計画に関わっていた。七五年に公表されたＣＩＡの海外活動に関する米国議会上院報告書は、ルムンバ暗殺に関するＣＩＡの関与を否定した。しかし近年公開された新史料に基づくワイズマンの論文は、ルムンバ移送という「致死の決定」の承認において、デブリンが重要な役割を果たしたこと、そしてルムンバ移送の情報がワシントンへの伝達されるのを意図的に阻止したのは彼であったことを明らかにした(194)。

# 第6章　親米アドーラ政権樹立と「非介入の名の下での介入」

## 1　危機の国連

ルムンバはこの世を去った。かつてアイゼンハワー大統領は、英国のダグラス・ヒューム外務大臣との会話で、「ルムンバがワニで充ち満ちた川へ落ち込んでほしい」と口にしたが、(1)願望は成就された。もし彼が動乱の唯一の問題だったならば、彼の死は問題解決の道を切り開いたはずである。しかし実際、そうはならなかった。それどころか、コンゴ動乱の中心たるカタンガ問題の解決の目処が立たないなか、ルムンバという唯一指導力ある民族主義者を失ったコンゴは、分裂の様相を強めた。

時を同じくして、一九六一年一月に米国では大統領が交代した。選挙期間中にアイゼンハワー政権のアフリカ政策からの刷新を訴えたジョン・F・ケネディが、新大統領になった。四三歳の若き大統領は、ラオス、キューバと並んで、コンゴ問題を途上国に関する最重要課題と位置づけた。幼少の頃からアイルランドの独立物語を聞かされて育った彼は、米国議会上院アフリカ小委員会議長を務めた経歴もあり、アフリカの脱植民地化に強い関心を抱いていた。(2)ただしそうであるがゆえに彼は、コンゴ問題をめぐり、国連が直面する危機にも向き合わねばならなかった。ルムンバの逮捕、暗殺によって国連に失望したアジア・アフリカ諸国の派遣部隊引揚げが相次ぎ、国連軍は治安の回復はおろか治安維持にすら苦労していた。また国連の活動資金は、ついに六〇年末に枯渇し、以降現金赤字化するなかで、(3)各方面からの激しい国連批判のもとで、組織そのものの崩壊が懸念された。新国務長官に就任したディーン・ラスクが、ベルギー大使に語ったように、まさしく「現在の国連の活動は、下り坂を転がり落ちている」状況にあった(4)。

仮に前政権同様、国連を介して途上国問題を処理するならば、国連自体の立て直しが急務であった。それゆえケネディは、「もし国連がコンゴにおいて失敗すれば、我々、国連加盟国も失敗を犯すのであり、それから当然のことながら国連の将来の有益性も損なわれる」と公言した(5)。また民主党の重鎮、新国務次官チェスター・ボールズも、米国の第三世界政策における国連の重要性に鑑みて、「米国の道具としての国連」の重要性を論じた。

国連は、コンゴそれ自体よりも重要である。我々が国連を有効な国際的な道具として維持することは不可欠である。なぜならこれは我々の対外政策の要石だからである。もし国連がコンゴで失敗するようなことがあれば、国連が、将来、混乱が発生する地域に有効に対応することは、非常に難しくなるだろうし、そして国連は、世界からの支援を得ることができなくなるかもしれず、このことは国連を無力化させたいソ連の目的を大きく達成させることとなるのである(6)。

ではケネディは国連の立て直しとコンゴ政策をどのように追求したのか。本章では、まずケネディが前政権よりもリベラルな対コンゴ新政策を採択し、国連安保理決議によって国連軍に武力行使の権限が与えられる過程を検討する。次に新決議の採択によって、ますます米国の「構造的権力」が強化され、コンゴ国連軍が「米国の事業」の性質を強める過程を分析する。同時に、ルムンバの後継者ギゼンガへの外部からの支援が失われ、ギゼンガ派も米国を頼らざるをえなくなったことで、六一年七月にクーデター後のコンゴで初めて議会が再開されることになり、米国と国連の介入もあって、シリル・アドーラを首相とする親米政権が発足するまでを見ることにする。

## 2　ケネディ政権とリベラルなコンゴ政策の模索

### アフリカニスト対ヨーロピアニスト

大統領就任早々、ケネディ政権の対コンゴ政策は、他の第三世界問題、とくにキューバ問題処理の失敗の影響を受けた。一九六一年一月二〇日の大統領就任演説の前日、アイゼンハワーと会ったケネディは、ラオス、キューバ、コンゴ問題について意見交換をした。この会談において前大統領は、様々な危機への対処として強硬策の必要性を論じた。たとえばラオスやキューバについてアイゼンハワーは、一国的な軍事介入の可能性を排除しないよう助言した(7)。その後ケネディは、大統領就任後の数週間において、前政権が遺したキューバ侵攻策を実施した。六一年四月の亡命キューバ人を用いたピッグス湾上陸作戦である。しかし、この一国的介入は、甘い情勢分析のもとで失敗し、ケネディに、多国間枠組みを通じた解決の有用性を再確認させた。

依然として我々は、コンゴに対しては国連による解決策が最善の答えだと信じるのであり、国連を支持する我々の政策を追求し続けることのほうが、コンゴにおいて一国的活動計画に固執するよりも、得られる利点が多い(8)。

ケネディは、大統領就任後、国務長官、各局次官補、CIA長官、統合参謀本部議長等の関係省庁の上級官僚で構成されたコンゴ・タスクフォースを発足させた。狙いは、コンゴ政策の練り直しであった。「想像力の限界を突破せよ」とのラスク国務長官命令のもとで、タスクフォースが取り組んだ最重要課題は、「カサブブ・モブツの時間切れが迫る一方で、〔ルムンバ派の：筆者〕ギゼンガが強力になりつつある」状況の改善であった(9)。ラスクは、仮にこの状況の改善に失敗し、国連の活動も失敗するならば、米国は直接介入というよりコストのかかる措置を執らざるをえないと考えていた(10)。

しかし新政策の策定は、一筋縄ではいかなかった。政権内部では、まったく意見を異にする二つのグループが対立していた。一つは、アフリカニストと呼ばれるグループである。このグループには、ボールズ国務次官、スティーブンソン国連大使、アフリカ局のメンネン・ウィリアムズ国務次官補、ウェイン・フェドリックス同次官補代理、国際機構局のハレン・クリーブランド国務次官補らが含まれた。彼らは、概して言えば、一九三〇年代のルーズベルト革命の洗礼を受けた政治家たちであり、個人的にも国連の活動に深く関与するものが少なくなかった[11]。それゆえ、アイゼンハワーの過去の政策に批判的な彼らは、アフリカにおけるソ連との冷戦対立に勝利するためにも、脱植民地化を積極支援すべきだとし、国連の立て直しには、多数派となりつつあるアジア・アフリカ諸国との協調が必要であると主張した[12]。たとえば、スティーブンソン大使は、次のように国連の現状をめぐる危機感を語った。

国連については――破産、国連事務総長への厳しい攻撃、コンゴの危険な状況に特徴づけられるが――、我々は多数派の立場を失っている。〔アジア・アフリカ諸国は：筆者〕しばしば、無責任で、未熟で、そして非常に生意気だ。そのうえ、西側諸国には懐疑的で、ソ連の行動に強い関心を示している[13]。

これに対するグループが、冷戦対立の主戦場はヨーロッパだと信じる、ヨーロピアニストであった。このグループには、アベェレル・ハリマン無所任大使、ジョン・マクロイ軍縮担当大統領特別顧問、ジョージ・マクギー国務省参事官（後に国務次官）、在ブリュッセルのダグラス・マッカーサー二世大使らが含まれた。彼らは、冷戦での勝利には、核戦略における優位性及びＮＡＴＯの軍事力が最重要であると考え、ヨーロッパ諸国との協調を訴えた。彼らは、コンゴ政策では、ルムンバの復権に繋がるような民族主義勢力との同盟に乗り気ではなく、米国とベルギーとの協調を主張した[14]。また彼らは、国連の権威の政治的効果についても懐疑的で、力のないアジア・アフリカ諸国との協調政策によって、米国が、重要な同盟国である英国やベルギーと疎遠になることを懸念した[15]。

とはいえ新政策策定は、「劇的に新しい方向性」を希求するラスクの意向も働き[16]、アフリカニストが主導的役割を担った。この時重要な役割を果たしたのが、国務省アフリカ局がウィリアムズ国務次官補のために策定した政策文書「コンゴ危機の分析的年表」であった。この文書は、ルムンバの除去を進めていく限り、国連軍はコンゴからの強制退去のリスクを負いかねないこと、それゆえ米国は、国連の権威を高め、国連軍をコンゴに維持することで、ルムンバの意志を継ぐギゼンガ派の武装解除を行い、次いでコンゴ国軍全体を武装解除すべきとした(17)。

一月下旬、両者の間で討議が重ねられた。たとえばヨーロピアニストのポール・ニッツェ国防次官補は、ルムンバ派を含む「全ての主要勢力」を含む政府の成立について、それを「後ろ向きの政策姿勢」として反対した(18)。しかし二月一日、タスクフォースが提出した「米国の対コンゴ新政策提案」には、ウィリアムズらアフリカニストの主張が強く反映された。翌日、新政策提案は、ケネディの承認を受け、以下の三点を目標とした。

(1)カサブブの権威のもとで、コンゴ議会を再開し、カサブブ派のジョセフ・イレオを首班とした中道政府を作り上げる。仮にこの中道政府の樹立が不可能ならば、ルムンバ派を含む連合政府を国連軍の庇護のもとで作り上げる。

(2)国連安保理が新しい委託任務を決定し、国連軍の強化を図る。強化された国連軍は、コンゴ各派の武装勢力を国連軍の管理下に置き、コンゴ国軍に再訓練・組織化を施し、さらに各勢力に対する外部からの支援を阻止する。その際、国連軍には必要ならば武力の使用が認められる。

(3)コンゴの行政機能を国連が担う。国連は、国家元首たるカサブブの要請を受けて、行政運営に必要な人材（基本的にはアフリカの『賢人』グループからの人材）を派遣し、コンゴ行政の主要機関を構成するとともに、国連がこの国を「事実上」運営する(19)。

かくしてケネディは、前政権とは異なる、リベラルなコンゴ政策を世界に示そうとした。

## 戦う国連平和維持軍の誕生

「米国の対コンゴ新政策提案」は、カタンガがルムンバの死を明らかにする約二週間前に公表されたが、国際的な反響は様々であった。ド・ゴールのフランスがケネディ政権の「新政策提案」に公然と反対姿勢を示したのに対して[20]、カタンガを非公式に支援するベルギーは表向きの協力姿勢を示した。しかし同時にベルギーは、水面下ではコンゴ国軍の武装解除を内容とする新政策が、カサブブを弱体化させ、かつモブツの障害になること、またコンゴを「国連の信託統治」下へ置きかねないとの懸念を米国に伝えた[21]。

英国も、新提案の第三項目が、コンゴの事実上の「保護国化」やルムンバの復権を意味しかねないとの書簡を米国に送った[22]。一方でアジア・アフリカ諸国は、提案に政治犯の釈放への言及がないことに不満を抱きつつも、国連軍が強化され、内戦の抑止に繋がることにはおおむね好意的であった。とくに米国が、国連軍の活動の成功に不可欠と考えるナイジェリアとインドは[23]、好意的反応を示した。ハマーショルド国連事務総長も、全面的支持であった。彼は、レオポルドヴィル、スタンレーヴィル、カタンガを問わず、反国連感情がコンゴに広がるなかで、前年末からの国連軍の弱体化を懸念し、新提案が示した方向性で、新たな安保理決議が採択され、国連軍が強化されることを期待した[24]。

一九六一年二月一日、ニューヨークでは国連安保理が開催された。一月下旬より米国との擦り合わせを続けてきたハマーショルドは、会議の冒頭、「新政策提案」と符合する内容の演説を行った。すなわち国連は、コンゴを外部の干渉から隔絶し、各勢力の軍部隊を中立化することを狙いとする「はるかに広範囲な措置」を考慮するつもりであること、一方で政治犯の釈放、議会の再招集を保証する直接的な措置を執ることは、正しい措置とは考えないものの、軍の中立化が効果を収めれば、政治的和解や合法性への復帰が促進するとの見解を披露した[25]。

米国は、ハマーショルドのイニシアティブを裏書きした。米国は、自らが外交的に目立つことを避け、あくまでもハマーショルドが主導し、アジア・アフリカ諸国がそれを自身の政策として公表し始めたものを「米国が支持する」という戦術を執った[26]。これは「小国に国連事務総長を擁護させる」ことを願うハマーショルドと、諮った外交

ルムンバ殺害の報を受けて国連本部前で抗議するアフリカ系アメリカ人
出典：Zeilig, *Patrice Lumunba.*

戦術であった。[27] そして米国国連代表部は、ソ連の拒否権行使の回避を期待して、二月三日だけでも一九カ国の国連代表を説得して回った。[28]

しかし、この戦術は裏目に出た。なぜなら米国国連代表部には、いささか想定外の出来事が起こったからであった。二月一三日、カタンガがルムンバの死を三週間遅れで公表したのである。このニュースの衝撃は凄まじく、世界各地で大規模なデモや暴動が起こった。ニューヨークの情勢も緊迫し、後に国連エリザベスヴィル代表部代表のオブライアンが回顧したように、この時の安保理は「国連史上最も荒れ狂った」ものとなった。[29]『ニューヨーク・タイムズ』によると、安保理の傍聴席で主に黒人六名が騒動を起こし、二四人以上が負傷したという。そして「この世界組織史上…、最も暴力的なデモ」によって、討議も中止を余儀なくされたのであった。[30]

余波は米国外交にも及んだ。再開された二月一五日以降の討議では、踏み込んだ措置を求めるアジア・アフリカ諸国に、米国は想定以上の譲歩をせねばならなくなった。二月一七日、ナイジェリア、インドの各代表、そしてハマーショルドの働きかけの結果、セイロン、リベリア、アラブ連合の三カ国が決議案を提出した。インドは決議案策定を主導し、決議案にルムンバの殺害を非難し、カタンガの軍事顧問のコントロールを要求し、さらに国連軍に内戦を防止するための武力行使権限を認めることを明確化しようとした。これに対してスティーブンソンは、ヨーロッパ諸国が拒否反応を示すなか、国連が全ての平和的手段を尽くした場合にのみ、武力行使が可能になるとの留保を付けようとした。[31] しかしこの修正提案は、アジア・アフリカ諸国の賛同を得ることができず、二月二〇日、ケネディは無修正で決議を受け入れざるをえなかった。[32] 翌日、賛成九票（米国、英国、アラブ連合、トルコ、リベリア、エクアドル、中華民国、チリ、セイロン）、棄権二票（フランス、ソ連）で、安保理は次の内容を決議した。これが、次のような文言を含む二月決議である。

安全保障理事会は…、国際連合が、停戦の取り決め、あらゆる軍事活動の停止、衝突の防止、および必要な場合には、最後の手段としての武力の行使を含む、コンゴにおける内戦の発生を防止するためのあらゆる適切な措置をただちに執ることを促す…。国際連合軍司令部の指揮に服さない全てのベルギーおよびその他の外国の軍事要員、準軍事要員および政治顧問、ならびに傭兵の即時撤退と撤兵のための措置を執ることを促す…。（略）議会を招集し、これとの関連で必要な保護措置を執る。(33)

かくして国連軍は、武力行使権限という「牙」を与えられた。(34) これは、冷戦期唯一の事例となる、戦う国連平和維持軍の誕生を意味した。国連事務局は、この決議を根拠として、コンゴ議会を再開し、また「牙」を持つ国連軍を用いて、分離終結に必要な措置を執ることで、コンゴ国家の再建へと動き出すことになった。

## 3　米国の「構造的権力」の強化

### 国連軍強化の逆説

二月決議の採択は、法的観点では米国の望む文言が盛り込まれたわけではなく、米国の譲歩を対外的に印象づけた。しかし厳密に言えば、これは米国の外交的敗北ではなかった。決議採択直後にラスク国務長官は、「我々の見地からして有益なものに解釈可能」と評したが、(35) 米国は、政治過程の産物たる決議の文言を完全に支配できないことを認めつつも、決議履行過程では、状況を好ましい方向へと導きうる可能性を見出していた。

米国が楽観的でありえたのには、主に二つの理由があった。短期的な理由は、これでコンゴ政府の生存可能性が高まることにあった。(36) 同時に看過できないのは、長期的には、この決議は、親米コンゴを作ろうとする米国の「構造的権力」を強める意味を持ったことである。つまり、国連が「介入資源の確保」を必要とすればするほど米国の立場が強まるという構図が、新決議成立を経て益々際立つことになったのである。その鍵が国連財政問題であった。
前章で論じたように、国連財政は、国連の破綻が囁かれるまで深刻化していた。しかし、加盟国の自発的拠出に頼る「コンゴ基金」の資金調達の目処が立たないなかで、国連軍の強化を求める新決議は、国連にさらなる財政的、技術的負担を求めることを意味した。具体的には、以後、より介入主義的にならざるをえなくなった国連軍は、この後、歴史上初の「国連空軍」を組織し、また諜報活動を担う「軍事情報部門」立ち上げるなどの組織変化を遂げねばならなかった(37)。この状況に、在コンゴ米国大使ティンバーレイクは、次の問題が発生すると論じた。

国連がマンパワーを追加せねばならないことは、すでに非常に厳しい財政状況下にある国連に、さらなるコストの増大をもたらすことになるでしょう(38)。

このようななか、米国のコンゴ国連軍への資金面の貢献は、際立っていた。すでに一月の段階で、前年九月からの国連軍の経費七五〇〇万ドルのうち、米国一国だけが四八五〇万ドルを負担する歪な事態が生じていた(39)。そして新決議が、資金面での対米依存をさらに深めさせる効果を持ったことは、逆に英国とともに国連を「牛耳る」つもりの米国に、またとない好機となった(40)。米国は、一九六〇年末の段階で資金が枯渇し、一〇〇〇万ドルの現金赤字化した国連に対して、四月だけでも七五〇〇万ドルを無償貸与し、また六一年の春だけでも四八年のベルリン空輸に匹敵するほどの物資を国連に提供することで、圧倒的な存在感を示した(41)。
他方ハマーショルドは、米国の支援が活動に不可欠であればあるほど、自律的に振る舞えなくなった。ハマーショルドは、国連はすべての国の利益を代表する機関であり、最も強力な国の人質になってはならない、と国連総会で演説することがあった(42)。だがこれは彼の願望であって、実態ではなかった。もちろんアジア・アフリカ諸国が大国に対抗する力を形成する場合、ハマーショルドは、多少の自律性を持ちえた。たとえば、国連軍の部隊のほとんどはアジア・アフリカ諸国からの提供だったので、ハマーショルドは、部隊の引揚げをちらつかせるそれら諸国の動向を、米国に突きつけることができた[43]。

しかし新決議履行が義務的な状況で、いわば血とカネのバランスが生じた時、彼を最も悩ませたのはカネの問題であった。急進派諸国の部隊が撤退したことの埋め合わせは、インドなどの部隊派遣の協力で目処を付けることができたが[44]、資金の確保は、大国に依存せざるをえなかった。この頃、スティーブンソン国連大使は、ハマーショルドが米国からの資金提供の話になると、「きわめて媚びへつらう態度」をとるとの印象を抱いていた[45]。また、彼の側近の国連事務局アフリカ問題担当官ウィシコフも、「中立諸国の意見は重要ではない。なぜなら彼らは現実的な力を持っていないからだ」と語っていた[46]。米国のむき出しの力に晒される時、国連事務局職員は、対抗する力を持ちえるとは考えていなかったのである。

結局のところ新決議は、後にハリマン国務次官が評したように、以前にも増してコンゴ国連軍を、「米国が行う事業」と化した[47]。そしてこの後、ケネディ政権は、国際機構局のクリーブランド国務次官補の言葉を借りれば、「非介入の名のもとでの介入」という政策を追求した[48]。すなわち、表向きはコンゴ問題に不関与の体裁を保ちつつも、米国は二月公表の「対コンゴ新政策提案」に沿ってコンゴに親米政権を作り出し、それを維持するために国連軍を積極利用することになるのであった。

### 冷戦の緩和――ソ連、アラブ連合からの支援の停止

ところで、米国の外交関係に目を転じた時、ケネディ政権の国連への期待は、主に二つあった。一つはコンゴをめぐる冷戦の排除（しばしばソ連の介入阻止と同義であった）と、もう一つは植民地問題をめぐる同盟国と新興国との間で外交的バランスをとることであった。どちらも前政権との連続性を維持した政策目標であった。

ただし、ケネディ政権内に完全な合意はなかった。第7章以下で検討するが、カタンガ再統合問題をめぐって具体的政策が検討される場合、後者の点についてアフリカニストとヨーロピアニストとの間で論争が起こった。その

一方で前者の点には、冷戦コンセンサスと呼ぶべき状況があった。ケネディのイニシアティブのもと、ヨーロピアニスト、アフリカニストを問わず、彼らに「国連の活動を拡大し、そして強化する」ことを通じて、「コンゴをめぐる直接的な東西対立を排除する」点をめぐる異論はなかった。[49]

米国の観点では、「アフリカからの冷戦の排除」とは、ソ連やその同盟国のコンゴへの直接関与の排除を意味したが、二月決議の採択後、その狙いは徐々に実現した。スタンレーヴィル政府への二大支援国であったアラブ連合とソ連の態度に、変化が現れたのである。アラブ連合は、決議採択の一週間前まではスタンレーヴィルを「合法的な国民政府」だと認めていたが[50]、決議採択後は「親国連」の立場を打ち出し、支援を取りやめていった。[51] ソ連の場合も同様であった。ルムンバの暗殺を知った後、彼の側近ギゼンガやピエール・ムレレは、人道支援はもとより、航空機用の装備を含む追加的軍事支援と長期信用供与を要請した。[52] しかしフルシチョフは、儀礼的態度に終始し、ギゼンガのもとには、「雀の涙ほどの」規模の微々たる支援を送っただけであった。[53]

なぜアラブ連合やソ連は、スタンレーヴィルへの支援を止めたのか。理由の一つは、二月決議がアジア・アフリカ諸国提案の体裁を取ったために、ある種の心理的・道義的拘束力を持ったからであろう。まず重要な点は、両国からの支援は、政治的プロパガンダを目的とした「金融的、外交的」なものであったことである。[54] もともとアラブ連合は、「スエズの試練における国連の成功」の記憶もあって、国連やハマーショルドに親近感を抱いており[55]、これを背景にコンゴ問題でのハマーショルドの指導力に期待したようであった。しかし、同時にルムンバを支持するアラブ連合は、委託任務の履行をめぐって国連批判に乗り出し、自国軍の引揚げ等の「瀬戸際外交」を行った。[56]

これに対してハマーショルドは、アラブ連合の引揚げ分を含む部隊の不足を、インドを中心とした他の加盟国からの部隊で埋め合わせ、アラブ連合の脅しを相殺した。インド部隊による穴埋めは、米英政府の後押しを受けたものでもあったが[57]、この結果アラブ連合は、ハマーショルドに影響を与える手段を失った。そしてアラブ連合は、自国が提案した決議案の成立によって、外交的な体面を保てたことを一つの成果として、決議遵守へと動いたのである。

ソ連もほぼ同様であった。国務省は、ソ連の意図を「コンゴ危機でアフリカにおける反植民地主義の感情や激情を〔政治的に：筆者〕利用する」ことと分析したが、[58]この評価は適切であったと考えられる。それゆえ、ソ連の第一義的な選択肢は、外交的孤立の回避であったことから、二月決議がアジア・アフリカ提案である事実は、ソ連のコンゴ支援を躊躇させる要因になったのである。実際、二月決議の採択は、ソ連の外交上の痛手であった。前章でも論じたように、前年九月の反ルムンバ・クーデター以後、ソ連は、「トロイカ提案」を含む、激しい反国連、反ハマーショルド・キャンペーンを繰り返し、アジア・アフリカ諸国の支持を得ようとした。

またソ連は、ルムンバ暗殺のニュースが公表された直後の二月二三日、ハマーショルドを、もはや国連事務総長とみなしていないとすら主張した。[59]しかし、ガーナのンクルマ大統領が、二月決議の成立を讃え、反ハマーショルド・キャンペーンを諦めるようソ連に伝えたように、[60]急進派のアジア・アフリカ諸国が、ソ連を支持することはなかった。結局、二月決議が成立し、「少数派の立場」を痛感したフルシチョフ首相にとって、公然の決議違反は、現実的選択肢ではなくなったのである。[61]

ただし、スタンレーヴィルへの外部支援の障害となったのは、決議の心理的・道義的拘束力だけではなかった。第二の理由として、二月決議採択と前後して、米国が両国の介入能力に影響を与える具体的措置を採ったことも勘案すべきである。たとえば、前年九月以降、米国は、「オペレーション・ソラント・アミティ」を実施し、空母ワスプ、五〇〇人の海兵隊が載った上陸用船舶を搭載した水陸両用船、二隻の駆逐艦をコンゴ河の河口付近に向かわせ、空路と海路からのソ連の活動を監視した。[62]ワスプの派遣の理由は、表向きは当時一六〇〇人いた、宣教師を含む米国籍民間人の保護とされたが、ソ連の活動を監視し、米軍の存在を誇示する「ショー・オブ・ザ・フラッグ」という政治理由にも動機づけられた。[63]さらに一二月以降、カサブブ達が、スタンレーヴィルへの国内支援経路に対する封鎖措置を執った際、米国もスタンレーヴィルへの国外支援経路であるスーダン国境の警備強化を、スーダン政府に依頼すると同時に、ケネディ政権下では、ボールズ国務次官がナセルの説得にあたった。[64]実際米国は、スーダン政府の協力を得て、首都ハルトゥームにおいてギゼンガ支援を目的としたと思われる、三〇〇万ドル相当の資金を押収した[65]。スーダンを経由して、アラブ連合の工作員が入り込んでいるとの情報がもとであった[66]。

このように新決議が道義的拘束力を持ち、また米国がその実効性を裏書きする措置を執ったことは、両国、とくにソ連のスタンレーヴィルへの支援の意志と能力を削いだのである。そして六四年のCIAの報告書が記したように、「一九六〇年のルムンバの政府に対する軽率な活動が失敗して以来、ソ連はコンゴにおける資源や権威を求めて関与することに慎重であろうとした」のであった[67]。

### スタンレーヴィル政府の苦境

ルムンバ派の拠点スタンレーヴィルは、外部支援を受けられず、「絶望的な経済苦境」に陥っていた[68]。「ギゼンガ体制は、経済的圧力に裏付けられた政治的措置によって、転覆あるいは中立化させうるだろう」とするティンバーレイク大使の予想は的中した[69]。石油の備蓄は、二カ月分しかなく、経済的に豊かとは言えない同地方を押さえていただけのギゼンガは[70]、取り巻きの給与を支払うことが出来なくなった。スタンレーヴィル政府軍において、規律の維持に「驚異的な手腕を発揮」したルンドゥラ将軍も、給料の支払いを求める兵士からの突き上げに遭った。かかる状況下で「ロシアの〔支援の：筆者〕約束が実体化しないことに幻滅」したギゼンガは[71]、「共産主義者との関係を絶つ」準備を始めた[72]。

これはコンゴの現地情勢の展開と相まって、米国の新政策実施の好機であった。一月のチョンベの軍隊によるカタンガ北部のバ・ルバ族の虐殺事件を受けて、スタンレーヴィル政府ではバ・ルバ族支援の方針をめぐって、穏健派と強硬派との間で亀裂が入っていた。そこでCIAは、この機を捉えてスタンレーヴィルの内部分裂を促進した。モブツから二〇〇〇万フランが、穏健路線を主張するルンドゥラ将軍に渡った[73]。この計画は、「特効薬（Silver Bullet）」作戦と呼ばれ、ケネディ自身の承認を得て行われた反ギゼンガ秘密工作の一つだと考えられる[74]。そもそもギゼンガは、「ルムンバの様なカリスマ性がない」人物だったことから[75]、ルンドゥラ切り離し工作は成功した。四月一七日、ルンドゥラは、モブツと協定を結び、モブツを軍の最高司令官として認めた[76]。

経済的苦境と内部分裂の結果、ギゼンガの米国に対する態度にも、変化が現れ始めた。スタンレーヴィルにしばしば出向き、現地の情報収集にあたった米国大使館職員フランク・カルーチは、この点を実感した。当時三一歳、一九八〇年代にロナルド・レーガン政権の国防長官になるカルーチは、この頃のコンゴ工作からキャリアを積みあげた人物である。一九六一年二月中旬にスタンレーヴィルを訪れた時、彼はスパイか何かのような扱いをされた。しかし、三月に再度ギゼンガと会った時、彼は「赤絨毯の扱い」でもてなされ、支援の要請を受けた(77)。

米国は、レオポルドヴィル勢力へのてこ入れを積極化した。二月、コンゴ国立銀行初代総裁に就任したアルバート・ヌデレの要請を受けて(78)、国務省はコンゴ政府に対する様々な予算措置を講じた。たとえば、文民支援活動のための財政支援で月一〇〇〇万ドル、また日常品の輸入援助に一五〇〇万ドル、さらに都市部の治安維持を兼ねた失業者対策として、公法四八〇号に基づく労働者救済計画や食糧支援計画を作った。また長期の支援を賄うために、コンゴ・タスクフォースは、コンゴ政府の安定化計画に、一億ドルの支出を要求した(79)。

ここに米国は、国連を介して弱体化したスタンレーヴィルと強化されたレオポルドヴィル勢力を和解させる機会があると判断した。コンゴ・タスクフォースは、次の政策提言を行った。

この後の展開は、スタンレーヴィルとレオポルドヴィル勢力との和解でなくてはならない…。ソ連がギゼンガに対する物質的支援を行いえない以上、現在の真空を埋めるためにも国連は、徹底的にあらゆる手段を講じるべきである(80)。

六月上旬、ギゼンガと国連職員との間で接触がもたれた。この時スタンレーヴィルへ赴き、仲介的役割を担った国連の現地職員が、四七歳のガーナ人、ロ

ロバート・ガーディナ（左）とラルフ・バンチ
（1962年10月22日，UN Photo）

バート・ガーディナである。彼は、二月決議の採択後、国軍の再訓練と国連軍の指揮下にない外国人顧問の退去に関する交渉のために、レオポルドヴィルに派遣された人物であった。

実は彼の選定に、国連事務局は政治的理由を配慮した。その第一は、彼がガーナ人であることからも分かるように、国連とガーナ政府との協力関係の維持を念頭においてのことであった[81]。ただしその含意は、ガーナ政府の影響が仲介交渉に及ぶことで、交渉の帰結がギゼンガに有利になるのを回避することにあった[82]。当時、ハマーショルドと対談した英国大使が語ったように、「ギゼンガの力は、外部からの、とくにガーナから支援に由来している」と考えられていた[83]。それゆえ国連事務局は、英国式の教育を受けた元植民地官僚で、ジャマイカ人の妻を娶り、米国大使館職員からは、「強力な反共主義者であるだけでなく、有能なやり手の職員」であり[84]、かつ「有能な反ンクルマのガーナ人」という評判の彼を[85]、あえて交渉役に選定したのであった。

六月一三日から一九日にかけて、ギゼンガ派の代表団とカサブブの代表団との間で折衝がもたれた。この間米国は、米国文化情報局（USIA）を用いて、コンゴ国内における国連の権威を高めるための広報活動を行い、交渉を側面から支援した。この措置は、広報チャンネルを充分に持たず、メディアからの様々な形の反国連キャンペーンに晒されていた、ガーディナらの活動をスムーズにするのが狙いであった[86]。最終的にギゼンガは、国連との協力姿勢を示し、再招集された議会にギゼンガ派の議員を参加させることを声明した[87]。かくして国連の仲裁活動は、成功した。

## 4　米国と国連の秘密工作と親米アドーラ政権の誕生

### アドーラとリネー

一九六一年二月にコンゴ・タスクフォースが作成した「米国の対コンゴ新政策提案」はコンゴ議会の再開を求めていた。四月中旬以降その実現の機会を伺っていた米国は、機は熟したと判断した。それは弱体化し、交渉姿勢を示さざるをえないスタンレーヴィル勢力とならば、レオポルドヴィルの親米勢力が優位を保った「和解」を成功させ、親米勢力による新内閣の成立が可能であるとの判断であった。国務長官ラスクは、次のように論じた。

我々は、連合政府にギゼンガ派の人物を含みながらも彼らを少数派の地位におき、また彼らを政治的に微妙な大臣職に就かせることでコントロールすることが危険かどうかを検討したが、この方が、ギゼンガを孤立させ、ソ連陣営へと追いやってしまうことや、スタンレーヴィルの要塞へと彼を閉じこめておくことで、かえって共産主義の浸透に門戸を開いてしまうことよりも危険性が少ない…[88]。

米国は、首相候補の本格的人選に入った。上述の通り、当初「新政策提案」において米国が首相候補としたのは、ジョセフ・イレオという人物であった。イレオは、CIAが組織した親米コンゴ人政治家集団、いわゆるビンザ・グループの一員であり、ルムンバの政府時には上院議長を務め、クーデター後にはカサブブから首相に任命された。しかし彼の政府は、議会の承認を得ることができないばかりか、彼自身もルムンバ暗殺の責任を常に問われ、クーデター後の内戦状態に有効な手だてを打てなかった。このような事情から現地大使は、イレオを「脆弱」で、「最も政治力を増しそうにない」人物と評した[89]。

シリル・アドーラ
出典：Zeilig, *Patrice Lumunba.*

このようななか、米国が白羽の矢を立てたのが、カソリック教会で教育を受け、コンゴ中央銀行にアフリカ人として史上初めて雇用された経歴を持つシリル・アドーラであった[90]。年齢三九歳、CIAの評価では「知的で、そして充分バランスの取れた穏健派」であった彼は、ルムンバとともにコンゴ民族運動（MNC）の設立に尽力した人物で、ルムンバの暗殺事件に関わりが薄かった[91]。さらに彼は、米国労働総同盟産業別組合会議（AFL－CIO）のヨーロッパ支部のアーヴィング・J・ブラウンを介してＣＩＡと繋がりを持ち、反共主義の国際自由労働組合総連盟（ＩＣＦＴＵ）の運動に従事した経歴を有した[92]。この背景から国務省は、彼を安定的な統一コンゴをもたらしうる「残存する唯一の希望」だと評した[93]。

ところでこの案の実現に際して米国は、ハマーショルドに重要な決定をさせた。それは、インド人の国連事務総長特別代表ダヤルの離任であった。これは、国連の公式説明では、彼自身の意思による「辞任」とされたが[94]、事実上は彼の更迭であった。前章でも論じたように、ダヤルは、外部からの干渉がない形での、スタンレーヴィルとレオポルドヴィルの和解を模索したが、彼の路線は、ルムンバ派の復権を絶対に認めない米国にとって障害であった[95]。そこで米国は、彼を離任させるようハマーショルドに水面下で圧力をかけ続け、これを成就したのである。

もちろんこの事実上の更迭の実現は一筋縄ではいかなかった。一九六一年一月の段階で、ダヤルの「可能な限り迅速な離任」は、国務省にとって喫緊の課題であった。

…我々にとって明らかなことは、ルムンバの復帰にダヤルが同情的であることであり、そして、彼の国連作戦の活動は、このバイアスを反映している。我々は、彼の除去が長らく遅れてきたと信じる…[96]。

これに対してハマーショルドは、国連の中立性を象徴する彼の離任を認めず、「感情的になり、怒り狂い」、その要求を退け続けた[97]。彼は、インド政府が国連軍に最大部隊を送ってくる関係上、このタイミングでダヤルの離任を行うならば、国連が西側の圧力に屈したとインドが解釈すると主張し、この圧力に抵抗した[98]。ハマーショルドは、ルムンバの逮捕、暗殺事件以降、多くの国が派遣部隊の引揚げを表明するなか、部隊の維持を約束したネルーに、「大いに勇気づけられていた」からであった[99]。

しかし米国は、ダヤルがカサブブやイレオといったコンゴ人政治家の信用を失っている事実をハマーショルドに突きつけ[100]、同時に彼が切り札とするインド要因を封じるために、問題行動が多かった在レオポルドヴィル米国大使ティンバーレイクの本国召還と引き替えにダヤルに離任を迫るという、米国側に有利な「取引」を持ち出した[101]。さらにこの時期米国は、後にハマーショルドが「飲み込まざるをえない『苦い薬』」と悩み深く語ることになる、コンゴの国内物資不足を補い、コンゴ政府と国連との交渉を促進させるための五〇〇万ドルの緊急貸与を国連に与えるとの提案を伝え、次のメッセージをハマーショルドに届けた。[102]

国務省は、ダヤルの偏向的背景に深刻な懸念を抱いている…。…コンゴ国連軍作戦が、公正中立な国際的性格を有さないとする疑念は、いかなるものであれ、米国の世論へ破壊的な効果を与えうると同時に、おそらく、コンゴ国連軍を支援するという米国の道義上の、そして財政的な支援を躊躇させる効果をもたらすのである。[103]

ハマーショルドにとって、ダヤルの離任の受け入れは、彼の指導力への挑戦にほかならなかった。しかし一方で、彼にはこれに抗う術がほとんどなかった。とくに重要だったのが、現地職員からもコンゴ人政治家の協力が確保できないダヤルが代表を続けるならば、国連軍の活動が「確実に失敗する」可能性を伝えられたことであった。[104]もっともこの動きは、現地政治家の自律的な動きというよりは、ダヤルを辞めさせようとする米国の動きと連動していると疑われた。これまでのいきさつからハマーショルドは、ダヤル離任を求めるカサブブやモブツが米国の強い影響下にあることを充分理解していた。[105]それゆえ彼は「コンゴにおける彼の最重要代理人〔ダヤルのこと：筆者〕の中立性の欠如を、米国が批判する時に、彼のもとに小細工なしにやってくるはずがない」と疑っていたのである。[106]

しかし、ハマーショルドに「取引」を甘受する以外の選択肢はなかった。彼は、ティンバーレイクの帰任の報を受けて、「満面の笑み」を浮かべたとされるが、[107]これが彼の精一杯の抵抗であった。国連事務局は、国務省と共に、ティンバーレイクとダヤルの同時帰任の手筈を整えた。[108]同時に、五月二五日、ダヤルがレオポルドヴィルに戻ることはないこと、そして国連事務総長特別代表のポストを廃止することを公表した。[109]ダヤルは、八年後にインド政府で二番目に高位の勲章パドマビブーシャン賞を貰うことになるが、ハマーショルドの苦渋の決断を、後に次のように記した。

エドムンド・グリオンとケネディ
（1961年8月18日，JFKL）

ステュレ・リネー（1960年12月1日，UN Photo）

私には、彼〔ハマーショルド：筆者〕の表情から、彼が敗北したのだと感じているのだということがわかった。彼を中傷する者たちが、切り札を握っていた。私は、事がすでにニューヨークの政治的圧力の問題ではなくなっており、コンゴ国連軍の物理的生存およびその人員の身の安全への根本的に考えねばならない問題になっている、と語った。[110]

国連事務総長特別代表のポスト自体は廃止されたが、ダヤルの事実上の後任には、スウェーデン人で文民支援活動最高責任者であったステュレ・リネーが就いた。当時四三歳、「見たところ親西側的、親米的」で「我々〔米国：筆者〕ときわめて協力的な」人物であったリネーは、[111] 五五年設立の米国とスウェーデンの合弁企業、リベリアン・アメリカン・スウィーディッシュ・ミネラル（LAMCO）社の元常務取締役で米国に繋がりを持つ人物であった。[112] 米国が、リネーの選出に直接関与したかどうかは不明である。[113] しかし国連事務局では、バンチが無用のトラブルを避けるために、穏健派コンゴ人政治家の信用を得た親米的なリネーを選んだ可能性がある。[114]

他方、ティンバーレイクの後任には、ボールズ国務次官の選定で、ケネディの古くからの友人であるエドムンド・グリオンが指名された。年齢四八歳、彼は、コンゴ動乱終結後の六四年からタフツ大学フレッチャースクール第四代学院長となり、ベトナムやカタンガとのプロパガンダ・バトルの経験をもとに、「パブリック・ディプロマシー」という言葉を作り、その代表的主張者として知られることになる人物である。[115]

ただし、グリオンの正式な着任は九月六日であったため、これまでの間、マクマトリー・ゴッドレイが代理大使となった。そしてリネーは、ゴッドレイときわめて緊密な関係を築いた。リネーは、ゴッドレイと「最低でも一日に一回」は連絡を取り、またハマーショルドとの間で交わされた電報のほとんどを共有し、ハマーショルド宛ての電報作成を彼に手伝って貰った。[116]

リネーの就任は、コンゴ議会の再招集を目指すうえで、重要な画期となった。彼は、米国の得難いカウンターパートとして、アドーラを首相職に据える案の実現に向けて、ハマーショルドを動かしたのである。たしかにハマーショルドは、リネー就任前から、コンゴ権力の再構築を前提として、コンゴ人政治家たちを彼なりに評価した。たとえば、スタンレーヴィルの国連職員が、ギゼンガを「完全な臆病者」と評するなか、[117]ハマーショルドは、「イレオを廃しアドーラを首相にし、またギゼンガを副首相に据える新政府」の可能性を報告した「極秘報告書」を米国大使に見せつつ、それを「実行可能な解決策」と語った。[118]ただし、彼は国連が人選に直接関与することに慎重であろうとしていた。[119]その露見がさらなる国連批判を呼び起こしかねないことを恐れたのであろう。しかしリネーが就任してからは異なった。[120]リネーは、仮にギゼンガが首相に就任するようなことがあれば、別のクーデターが起こる可能性があると報告し、[121]この案をハマーショルドに売り込んだ。そしてアドーラを、「アフリカ人政治家における最善の経歴」を持つ人物で、「将来の首相の器」であるとするハマーショルドは、[122]「穏健な政治的帰結を得るためにカードを切る」と語り、米国大使の前で、自身の考えと米国の考えが同じことを隠そうとすらしなくなった。[123]

国連事務総長は、〔米国国連代表部のチャールズ・ヨストに対して：筆者〕「コンゴの国内問題への非干渉の理論は、とうの昔に時代遅れになったのであり、そしてエリザベスヴィルでもレオポルドヴィルでも国連代表は、議会への可能な限り広範な参加を促すだけではなく、穏健派勢力の結集を実現するための最大限可能な努力をしているのです、と冗談めかして返答した。[124]

## ロバニウム会議

アドーラの首相就任に向けて、米国と国連は動き出した。六月一〇日、国家安全保障担当大統領補佐官マクジョージ・バンディは、「コンゴの穏健派勢力を強化する」ための「二三〇〇〇〇ドルの追加支援」をケネディに求めた[125]。またこの時期、議会再開に向かうハマーショルドの「コンゴで利用可能な資金」の額が増大した[126]。資金は、CIAの工作員が、アドーラの敵対勢力の買収や、反ギゼンガ派の組織化のためのもので、反ギゼンガ派には「まばゆいばかりの米国製自動車」が渡ったという[127]。他方リネー達は、米国大使と緊密に協議しつつ、秘密工作を支えた[128]。七月一七日、カサブブと会談したリネーは、自らの措置が国内問題への干渉に該当することを「自覚」しながらも、「アドーラを首相にするために全力を挙げて全てのことをなすべきである」とカサブブに伝えた[129]。また、ハマーショルドも、リネーの行為が内政干渉にあたることを自覚したうえで、「私が貴君の立場であったならば、同じことをしたでしょう」とのメッセージをリネーに送った[130]。

七月中旬、コンゴ人議員が、各地からレオポルドヴィルの郊外に集まった。再開された議会の会場となったのが、コンゴで初めて作られたカソリック系のロバニウム大学であった（一九五四年開学）。ギゼンガを含む六〇人のルムンバ派議員も、赤道州やキブ州からロバニウム大学に結集し、議員資格を持つ二二一人（下院一三七、上院八四）のうちの約二〇〇人が参加した[131]。七月一九日、議会が再開された。ロバニウム会議である。リネーは国連軍部隊をその近郊へ移動させ、治安維持と議事進行への外部干渉を防ぐために、大学の敷地を封鎖した。壁には通電された銅線が張られ、一カ所だけに限定された入り口は、国連軍兵士が警備し、軍用犬を従えた兵隊とサーチライト塔による監視が徹底された。国連職員は、「コンゴの唯一の民主的な主体から生じる公正で正真正銘の結果を保証するために非常線を張ったのだ」と誇った[132]。

この点に関して国務省情報調査局長ロジャー・ヒルズマンの著書は、この会場封鎖が、「国連の歴史上、類を見ないほどの入念さ」で行われ、「会場内ではいかなる資金、銀行小切手も、酒も武器も女性も持ち込まれることが禁止され、合意が得られるまでは、議員は一人として外部に出ることは許されなかった」と記している[133]。しかしこの叙述は正確ではない。なぜなら、以下に示すように、国連軍が米国を特別扱いしたことは、明らかだからである。

七月二六日、新政府および議会の人事構成を決める討議が進むにつれ、ギゼンガ派（民族主義ブロック）の伸張が明らかになった。ギゼンガ派は、議会関係の一四のポストのうち一三のポストを占め、これに対抗する穏健派（国家民主ブロック）は、上院議長ポストを獲得しただけであった。しかも最も重要な下院の議長職は、ギゼンガ派が押さえていた。米国の政策決定者は、アドーラではなくギゼンガが首相指名されかねない事態に動揺した[134]。ケネディからのメッセージを受けた国務長官ラスクは、代理大使ゴッドレイに対して、ギゼンガの首相就任阻止にあらゆる手段を用いるよう命じた。

ロバニウム会議開催について記者会見するリネー（右）とシーン・マッキーオン将軍（中央）（1961年6月1日，UN Photo）

> ギゼンガが首相に就任することは、アフリカにおける我々の死活的権益に対する問題となるとともに、将来我々が国連を支援する際の問題を提起する…。ギゼンガが政府を支配できないようにすることは、我々の政策の具体的な目標なのであって、貴君は最大の注意を払い、考えられる限りの可能性を考察し、ギゼンガの首相就任阻止に取り組まなくてはならない[135]。

また、次の提案がゴッドレイから国務省に伝えられ、ラスクの承認を得た。

> …我々はリネーと緊密に協働し、活動を継続すべきである。そして彼やアフリカ人顧問〔文民支援活動トップでチュニジア人国連職員のマーモード・…筆者〕ヒアリや〔同じくガーナ人の国連職員：筆者〕ガーディナを用いて我々の考えや議論を広めるべきである…[136]。

米国と国連軍の協働干渉が積極化した。在レオポルドヴィルCIA支局長デブリンとその同僚は、閉鎖されたはずのロバニウムの会議場へ繋がる地下水道をくぐり抜け、重要議員に渡すための資金を運び込んだ(137)。他方国連職員達も、秘密工作に協力した。実際リネーは、コーディアーが国務省職員に次のように語ったように、「強欲的で、日和見的な」コンゴ人政治家達に資金を渡したのであった(138)。

我々は、リネーの素晴らしい働きについて議論した…、そしてコーディアーは、まさしくオフレコであるが…、自信を持って次のように語った…。リネーは、国連事務総長がただちには知らないようなことをおそらくやったのだろう。ちょうどそれは、国連事務総長に報告することなくコンゴにおいて彼（コーディアー：原文）が行ったことと、同じことだろう(139)。

くわえて討議への干渉も行われた。リネーは、議員資格を有さず、本来ならば立ち入り不可能なカサブブやモブツが、「閉鎖された」討議会場に入ることを許可した。このタイミングで彼らが議場に介入する案は、カサブブ、リネーとの摺り合わせのうえで、米国大使館職員が提案し、ラスク国務長官が承認を与えた計画であった(140)。議場内でカサブブは、強力で全国的な政府の成立の必要性を演説し、モブツはコンゴ国軍がギゼンガ派主導の政府の受入を拒否することを語った(141)。それは、仮にギゼンガが首相に就任するならば、米国の支援を受けたモブツが、今一度クーデターを起こすという脅しであった。討議の途中、ギゼンガは、カサブブ達の介入が会議場の封鎖の条件に違反しているとの抗議を行ったが、それは焼け石に水であった。ギゼンガ派が討議の方向性をもはや変えることはできず、譲歩せざるをえないことは明らかであった。彼らは、新政府の幾つかの大臣職と引き替えに、アドーラを首相に指名することを受け入れた(142)。

八月二日、アドーラを首相とし、ギゼンガを副首相とする新政府が誕生した(143)。ワシントンの政策決定者達は、この勝利にわき返った。ラスクは「我々は、我々が確立できた直接的な接触を通じて、また特定の国連職員の努力を通じて、アドーラを首相とすることができたことに大変満足した…」と語り(144)、英国、フランス外務大臣との会談でも「リネーは実にうまくやった」と評した[145]。そして米国政府高官の一人は、リネーは、「一九六一年ノーベル平和賞の天性の候補者の一人」だとすら言った[146]。ニューヨークでは、ハマーショルドもこの結果を喜んだ。国連事務局は、この成功で「国連は非常に強まるであろう」と予想した[147]。

ただし協働干渉の事実は、決して表沙汰になってはならなかった。後日ラスクは、各国大使館に宛てて、「…最も重要なことは、リネーの役割が秘密のままにされることである」と打電し、「その喜びを公表するのを差し控えた」のであった。ラスクは、ハマーショルドとリネーとの間だけでその喜びを「内密に」共有する一方で[148]、後日、米国は、ロバニウム会議の成果を総括し、それをコンゴ人の手による「民主的過程に対する信念に基づく行為であった」と讃えるパンフレットを配り歩いた[149]。他方リネーは、一九九〇年に行われたインタビューのなかで、自らはCIAの秘密工作についてまったく知らないとの弁明を残し[150]、二〇一〇年に他界した。

# 第Ⅲ部　危機の終結とその余波

# 第7章　国連軍の対カタンガ武力行使とワシントンの政治

## 1　米国という「構造的権力」の帰結

一九六一年八月のアドーラ政権の誕生で、米国はつかの間の安堵感を得た。ソ連は、コンゴ動乱への再介入の意思を失い、「ルムンバの逮捕とその後の暗殺によって、レオポルドヴィルの権力闘争は終わった」ようであった。(1)国連事務局も同様であり、リネーにとってそれは「安堵の時の到来」であった。(2)しかしこの後のさらに一年半、カタンガ再統合の目処は立たなかった。六一年の夏から冬にかけて国連軍は、カタンガに二度の武力行使を敢行したが、これらはことごとく失敗した。そして国連事務総長ハマーショルドは、その最中に謎の事故死を遂げた。

なぜ国連軍の武力行使は失敗したのか。根本原因は、米国が国連軍に持った「構造的権力」に由来した。当時ケネディ政権は、カタンガ再統合への積極策を執るにあたって軍事、国内政治、外交の三つの障害に直面していた。そして国連事務局も、米国を介してこれらの事情に翻弄されたのである。国連安保理の二月決議によって国連は、武力行使権限を与えられたが、実際の軍事力はあまりにも脆弱であった。また財政的に脆弱な国連を救済しようとするケネディ政権に対して、対立する米国議会は冷ややかであった。さらに英国、フランス、ベルギーといった同盟国も、国連のカタンガ介入に反対した。

本章は、この軍事、米国国内政治、そして対同盟国外交という三つの要素に注目しつつ、まずハマーショルドがなぜ国連軍単独でカタンガへの武力行使に踏み切ったのかを論じ、その後、国連軍が武力停止を余儀なくされる過程を分析する。そして国連軍の活動が、コンゴの現地情勢の変化よりも、「介入資源の確保」の問題をめぐる、国連のニューヨーク、そして米国政治の中枢ワシントンの情勢に決定的に左右されたことを今一度、明らかにする。次に、国連軍による第一回目の武力行使は失敗に終わり、ハマーショルドが亡くなった後、米国はより積極的に国連軍支援に乗り出す過程を描く。最後に、米国の支援を得た国連軍による二度目のカタンガ攻撃が一定の成果を上げ、ケネディ自らが仲介する形で、一九六一年一二月にコンゴ政府とカタンガ政府がキトナ協定を締結し、法的にはカタンガの分離独立状況が終了するまでを扱う。

## 2　カタンガ分離問題への従事

### レオポルドヴィル、カタンガとケネディ政権

米国と国連事務局が作り上げたアドーラ政権の滑り出しは、上々なように見えた。八月七日、副首相ギゼンガは、スタンレーヴィル政府の解体を宣言し、八月一六日、アドーラは、ルムンバ派の拠点であるこの地を訪問し、現地の人々から歓待された(3)。また新政府代表団は、国連やアラブ連合提供の航空機で、九月上旬にユーゴスラヴィアのベオグラードで開催された第一回非同盟諸国首脳会議に参加し、急進派を含む多くのアジア・アフリカ諸国から承認された(4)。また新政府は、国内経済の立て直しのために、現地通貨建てで米国からの支援を可能とする米国公法四八〇号を利用した経済援助を期待できた(5)。

しかし新政権は、終わりの見えないカタンガ分離問題に苦しんだ。銅、金、スズ、コバルト、ウラニウムといった天然資源の世界的産地カタンガは、独立前の植民地時代、政府税収の四八％、輸出収益の五二％を提供した(6)。しかしコンゴ新政府は、カタンガの分離独立状態が続くなか、この富の恩恵に預かれな

ギゼンガ（中央）と歓談するハマーショルド
（右はヒアリ，1961年９月日付不明，UCLAL）

かった。カタンガを除く地域経済は混乱し、コンゴ政府の財政状況も悪化し続けた。一方カタンガの指導者チョンベは、カタンガ再統合に興味を示さず、国連の年間通常予算額に匹敵する年間八〇〇〇万ドルの収入を得て（そのうち、五〇から六五％がユニオン・ミニエールの納税金）[7]、一九六一年一月にはカタンガ・クロスと呼ばれた独自通貨を発行し[8]、分離状態を固定化させつつあった。

一方ブリュッセルの動向は、カタンガ再統合の機運を後押しした。ベルギー政財界は、分離問題をめぐって、独立カタンガを支持するカタンガ技術委員支持派と、アドーラらの親西側政治家が率いる統一コンゴ支持派との間で分裂していたが、一九六一年春の総選挙で後者が勝利した。五月五日、テオ・レフェーブルが率いる新政権が発足し、副首相兼外務大臣には社会党のポール＝アンリ・スパークが就任した。スパークは、当時六三歳、国連創設会議にベルギー代表として参加し、国連総会の初代議長を務めた経歴を持つ、経験豊富な国際主義者であった。彼は、国連の紛争処理能力にやや疑念を抱いたものの[9]、何よりもカタンガ分離が長引き、ベルギーがフランスのような「アルジェリア的状況」に落ち込むことを恐れた[10]。それゆえ彼は、政権発足直後から、西側同盟諸国との協調を基調としたうえでの、国連との協力姿勢を打ち出した。米国国務省覚書は次のように記した。

ポール＝アンリ・スパーク
（NATO HP）

一九六〇年七月のコンゴ危機の勃発以来、ベルギー国内における、国連に対する厳しい世論にもかかわらず、スパークは、コンゴおよびルアンダ＝ウルンディ問題における国連との完全な協力政策の遂行だけが、ベルギーの権威の改善をもたらしうると確信していた[11]。

そして一九六一年六月にコンゴ現地調査団からカタンガの実態の報告を受けたスパークは、アドーラ政権に具現化された、「西側の利益を尊重する中立コンゴ」の成立に期待した[12]。

こうしてコンゴ再統合に向けて、米国、ベルギー、そして国連の協力が期待されたが、この動きの障害になったのが、国内外の親カタンガ勢力であった。植民地主義の残滓たる彼らは、国際ネットワークを持ち、カタンガの独立を維持する実力があった。彼らの究極的な願望は、カタンガ、キブ、ルアンダ＝ウルンディの経済統合であって、コンゴへの再統合ではなかった。また仮に再統合されるとしても、大幅な自治権の認められたカタンガ主導の連邦制コンゴの誕生が絶対条件であった。それゆえ彼らは、一九六〇年夏の独立から半年間で、一〇〇〇万ドル以上の資金をカタンガに支援した[13]。さらに秘密裏に傭兵を集め、後に見るように、ワシントンやロンドンの政治家に資金を提供してカタンガ・ロビーを結成した。

たとえば、彼らの活動の成果の一つが、一九六一年三月六日から一二日にかけて旧フランス領マダガスカルで開催されたタナナリブ会議であった。カソリックの元司祭で、旧フランス領コンゴのアッベ・フルベール・ユールー大統領が仲介役を担ったこの会議で、親カタンガ勢力は、カサブブとチョンベとの間でカタンガに有利な和解を狙った[14]。ユールーは、カサブブの顧問ヴァン・ヴィルセンが評したような、「準ファシスト」と呼ぶべき[15]、過激派の親植民地主義者を取り巻きとしていた。両者の接近は、分離主義勢力を弱体化させかねない国連の二月決議の副産物でもあったが[16]、この会議では、両者の間で新憲法の制定に動き出すことが合意され、カタンガの主権を容認する連邦国家構想が話し合われた[17]。

ただしこのカタンガ側に有利な和解は失敗に終わった[18]。原因の一つは、協定の内実化をめぐって、レオポルドヴィルとカタンガの相互不信が残ったからであった。くわえて重要なことは、米国と国連事務局が、協定を危険視したことであった。これは「チョンベに企てられたバルカン化」だと捉えられ[19]、国連は「チョンベが提案するようなコンゴの外側での頂上会談の猛烈に反対」した[20]。その意志は固く、最悪の事態に備えて米国は、タナナリブ会議の合意をクーデターで覆す可能性も考察した[21]。そして米国と国連は、前章で検討したように、レオポルドヴィルとスタンレーヴィルとの和解を加速させた。これが六一年七月のロバニウム会議であった。

したがって、ロバニウム会議でアドーラ政権が誕生し、レオポルドヴィルとスタンレーヴィルの和解が実現したことは、親カタンガ勢力にとっては政治的敗北であった。コンゴ中央での権力闘争が終わり、新政権と国連および米国はカタンガ問題に意識を集中させることができるようになったからである。他方、追い込まれた親カタンガ勢力は、なりふり構わず分離継続の可能性を探った。たとえばユニオン・ミニエールは、時にベルギー政府はもとより、ブリュッセルの本社の要請ですら無視し、独自の動きを示した[22]。またチョンベも、コンゴ再統合を容認するベルギーの新政府と距離を置き、外部支援を多角化させた。彼は、ベルギー人顧問の影響力を相対的に稀釈することを目論んで、中央アフリカ連邦、フランス、スイスからも支援を引き入れ[23]、ベルギー資産の破壊という「焦土作戦」の脅しを突きつけることで、穏健派のヨーロッパ人を言わば「人質」に取った[24]。

これが六一年秋の情勢である。コンゴ国内での基盤を固めることはできた一方で、コンゴの外ではカタンガ支援の国際ネットワークが大きくなり、米国と国連事務局が相対する範囲も広がっていた。このため、ケネディは、コンゴ情勢だけに注力できず、ワシントンの内なる敵や、ヨーロッパ、ニューヨークの情勢にも注意を払わねばならなかった。

ただしこの頃コンゴでは、CIAの秘密工作もあって、東側陣営やカサブランカ・グループからの支援の問題は、おおむね解決していた[25]。それゆえケネディは、政策の優先順位を、ヨーロッパとニューヨークに置くことができた。しかし実際に国連事務局が二月決議の履行に向かう時、ケネディは深刻なジレンマに直面した。それは、アジア・アフリカ諸国の影響力の増したニューヨークの論理を尊重すれば、親カタンガ的傾向を示す同盟国や国内の親カタンガ勢力と衝突せざるをえず、他方でこれら勢力との関係を重視するならば、アジア・アフリカ諸国を失望させ、ハマーショルドを孤立させ、これまでの成果が台なしになるというジレンマであった。

### ハマーショルドのギャンブル

これからカタンガで起こることは、前年の出来事の再現であった。ルムンバは、分離を終結させるためにソ連に支援を求め、西側諸国に疎まれ暗殺された。今度はハマーショルドが、カタンガの傭兵排除に取り組まねばならなかった。彼の「防止外交」の野心的希望からすれば、冷戦を招きかねない分離の終結は絶対に必要であり[26]、国際公務員たる彼にとって、安保理の二月決議の履行は義務であった[27]。彼は、前年秋から「チョンベを破壊する」機会を探っていたが[28]、一九六一年春、加盟国の部隊提供、「国連軍で最も実力がある」と評されたインド部隊などの到着を背景として（三月二日）[29]、「コンゴにおける国連の全般的立場が改善された」ことに自信を深めていた[30]。

アジア・アフリカ諸国は、ハマーショルドをさらに後押しした。とくにインドにとって、国連軍への約四七〇〇名の兵員提供は、英国から独立した四七年以降で最大規模の海外派兵であり[31]、同国は、並々ならぬ決意でコンゴ支援にあたっていた。このようななか、四月一五日、国連総会は、アジア・アフリカ諸国が中心となって次の決議を採択し、二月決議の履行を求めた（賛成六一、反対五、棄権三三、内ソ連賛成、ベルギー反対、米国、英国棄権）。

…全てのベルギー人および他の外国の軍人および軍属、国連司令部の管轄下に属しない政治顧問および傭兵を、完全に撤退、そして立ちのかせるよう決定する[32]。

総会決議ゆえに法的拘束力はないものの、国連の積極策を求めるアジア・アフリカ諸国の動向に、ハマーショルドは、二月決議の履行、すなわちカタンガの傭兵排除に動きだす必要性を強く意識せざるをえなかった。ただしハマーショルドは、二月履行をめぐり別の困難に直面していた。それは、米国の同意の獲得であった。米国の持つ「構造的権力」は、受け入れざるをえない現実であった。財政危機下にある国連にとって、米国からの資金や軍事技術サービスは不可欠で、そして何よりも米国は、コンゴの政局に決定的な影響力を持っていた。しかしこれまでも繰り返されたような、「国連に対する米国からの最大限の支持」を獲得し続ける彼の努力は、必ずしも報われなかった[33]。ケネディ政権はコンゴに親米政権を樹立することには熱心で、そのために国連も利用した。しかし同政権内には、ヨーロピアニストを中心として、カタンガ問題への積極策が同盟国ベルギーに与える影響への懸念や、またチョンベを完全に失脚させることへの反対論があり、ハマーショルドの要請への反応は芳しくはなかっ

た。(34)

米国の同意がないにもかかわらず、ハマーショルドは後にカタンガに対する国連軍の武力行使に踏み切ることになる。なぜなら彼には、政治的、財政的、軍事的タイム・リミットが迫っていたからであった。政治的には、九月に開催される第一六回国連総会の場で、ソ連が「トロイカ提案」を持ち出してハマーショルドを再び攻撃する可能性があり、(35)また新聞各紙には国連がカタンガに対する攻勢を強めないならば、ハマーショルドは、アジア・アフリカ諸国からの非難に晒されるとの記事が踊っていた。(36)財政的には、「国連が着実に負債を膨らませている」状況下で、彼は「請求書の大規模削減」に繋がる国連軍の大規模縮小を考えねばならない状況に陥っていた。(37)この頃、「国連緊急軍とコンゴ国連軍の遅延金のために、国連は破産間際」であった。(38)くわえて軍事的にも、四月以降インドからの兵員提供を受けて一時的には兵力数は改善されたものの、(39)国連事務局内には、二カ月後の一一月一日までには、その規模は一万七〇〇〇人から一万四〇〇〇人へと縮小されるとの見通しもあった。(40)しかも、ちょうどこの頃、問題意識を共有するリネーも、次のような提案をハマーショルドに送っていた。

〔コンゴ国連軍は：筆者〕ベルギー人とフランス人の全てを迅速に引揚げさせることで、カタンガでその強さを示し、チョンベの権威を失墜させるべきである…。私には…、このことが政治的に可能かどうかわからないが、しかし残された時間はきわめて短いのであって、そしてこの周辺〔カタンガ：筆者〕で人々が語ることは、強制的な活動についてばかりである。〔軍事部門最高司令官でアイルランド人のシーン・：筆者〕マッキーオンが保証するところでは、私と彼の部隊は、現段階では、比較的短期間でこのことを達成する充分な能力と強さを持っている。(41)

このようにハマーショルドは、積極策に向けた決断を迫られていた。彼が直面したのは、「防止外交」という野心的希望の成就と、「介入資源の確保」の問題の狭間にあって、「構造的権力」の壁の存在を意識せざるをえないトリレンマであった。幸い彼は、二月決議以降、派遣国の代表からなる内部組織である「コンゴ諮問委員会」から

「『国連』とは国連事務総長を意味する」という合意を取り付けていた[42]。これは彼が単なる調整役ではなく、政治決断できる権限を持つことを意味した。彼は独断で物事を進める人間ではなかったが、一方でスパークが評したような「権力欲の強い、危険な」な性格でもあった[43]。それゆえ、彼の側近の一人で、国連エリザベスヴィル代表部代表のオブライアンから「詭弁を弄する、マキャベリアン」とすら評された彼は[44]、最終的に「構造的権力」の壁との衝突の可能性を意識しつつも、「防止外交」の成就を祈念したのであった。

国連にとって、国連の主要な組織が築いたものではない、公然と認められないような政治目的に奉仕するよりも、法と原則に則って米国の支援を失うほうが、よりましなことである…[45]。

また彼は、リネーにも次のように強がりを語った。

私は、仮に東側あるいは西側から圧力を加えられようとも、いかなる圧力にも屈するつもりはない。我々は、沈むか、あるいは泳ぎ切るだろう[46]。

振り返るに、これまでハマーショルドを突き動かしてきたのは、「防止外交」の実現への野心であった。前年秋に米国やベルギーの進めた反ルムンバ秘密工作に協力したのも、この野心的希望からであった。そしてこの時もこの信念に従った。タイム・リミットの迫る中、トリレンマに直面したハマーショルドは、大国ではなく、国連こそが問題を解決する主体となることを示そうと決断した。すなわち、彼は、カタンガに奇襲的な武力行使を行い、その後、交渉で再統合を目指すというギャンブルに出たのである。もちろん、この失敗が米国との衝突を意味することは、彼もわかっていたはずであった。

## 3　カタンガとの闘い（ラウンド・ワン）と国連軍の敗北

### 「オペレーション・ランパンチ」と「オペレーション・モルソー」

流転する現地情勢も、ハマーショルドの背中を押した。カタンガでは、ロバニニウム会議の後、チョンベが好戦的姿勢を強めていた。彼は、同会議の産物でもあり、分離を法的に否定するロバニウム協定を無効にしようと躍起になった。彼は、過激派の側近ゴデフロイド・ムノンゴと共に、国連と協力的と目されたベルギー人顧問やベルギー人領事をカタンガから退去させ、また同協定を支持するバ・ルバ族への弾圧を強めた(47)。一方、一九六一年七月には、カタンガ内部でチョンベの「権威と立場」が不動のものとなりつつあるとの観測が英国領事官によってなされていた(48)。またレオポルドヴィルでも、分離の早期終結を求めるギゼンガ派議員が、アドーラを突き上げていた(49)。しかし秘密工作で成立し、民衆の支持を欠くアドーラには、単独で分離を終結させる軍事的実力はなく、仮に国軍の侵攻作戦を実行し、敗北するようなことがあれば、それはアドーラ政権に致命的ダメージを与える可能性があった(50)。

国連とカタンガとの対決の時は近づいていた。八月末、ハマーショルドは、二月決議の履行の準備を進めた。国連事務局は、放逐すべき白人傭兵をリストアップし、インド部隊を南カタンガへ移動させた(51)。八月二四日、コンゴ政府の要請を受ける形を整えたうえで、国連軍は、カタンガ憲兵隊に属するコンゴ人以外の将校と傭兵の国外退去に乗り出した。指揮は、アイルランド人のコナー・コルーズ・オブライアンと、文民支援活動部門責任者のチュニジア人のマーモード・ヒアリが担った(52)。八月二八日、国連軍は、奇襲攻撃「オペレーション・ランパンチ」を実施した。そして国連軍は、敵味方双方の血を流すことなく、空港、ラジオ局、郵便局などの重要拠点を占拠し、傭兵五〇六名のうち三〇〇名を逮捕、一八五名の国外追放に成功した(53)。

作戦の直後、ハマーショルドは、「現地の国連職員のずば抜けた能力のおかげで、この作戦が大成功に終わった」ことに満足していた(54)。しかし、実際には事態の改善はなかった。この時国連は、ユニオン・ミニエール対策を怠り、(55)

めた。

また傭兵の送還措置をカタンガに委ねるという失策を犯したからである[56]。結果としてカタンガ側の好戦的態度を強めた。

「ランパンチ」に危機感を募らせたローデシアも、英国政府の黙認のもとで、カタンガに支援を続けた[57]。チョンベの側近で過激派のムノンゴは、残存傭兵の退去を求めるオブライアンの要請を拒否し、国連軍への嫌がらせを続けた。ムノンゴは、ナチスの残党、アルジェリアの極右組織の秘密軍事組織（ＯＡＳ）将校、国籍も不明、犯罪歴すらあるゴロツキの傭兵とともに[58]、反国連のデモをカタンガの州都エリザベスヴィルの街頭で組織し、九月一〇日にはオブライアンの代理人の拉致まで画策した[59]。また彼らによるバ・ルバ族の弾圧で、八月下旬からの一カ月弱で、数えきれないほどのバ・ルバ族の若者が殺され、国連に庇護を求める三万人以上の難民が発生した[60]。

国連軍は、今一度攻勢をかける可能性を探らざるをえなかった。九月上旬、オブライアンは、レオポルドヴィルのリネーに対して、国連軍単独では十分な力を確保できないことを背景として、コンゴ国軍と「我々の活動の統合」による対カタンガ作戦を求め続けた[61]。九月七日には、精鋭部隊のインドのグルカ兵団が、エリザベスヴィルに到着した[62]。「ランパンチ」後、カタンガとの断交に至った国連軍は、九月一三日、傭兵掃討作戦の第二弾に踏み切った。ヒンドゥー語で「破壊」を意味する「オペレーション・モルソー」の始まりであった。

「モルソー」は、オブライアンやヒアリを中心として遂行され、狙いは、カタンガ権力基盤の破壊、すなわち、チョンベやムノンゴら閣僚の逮捕にあった。ただし国連関係者の公式説明では、「この作戦は、国連事務総長の承認を得ていなかったし、軍事顧問も相談を受けていない」ということになっている[63]。しかしこの言説も真実ではない。二〇一四年公表のケネディとマゲニスの研究が明らかにしたように、ハマーショルドがかなり詳細なレベルでこの計画を事前に知っていたことは間違いがない[64]。またジェームズの研究も、ハマーショルドがヒアリに対して作戦遂行の指示を与えたことを明らかにしている[65]。ただしハマーショルドは、政治的論争を招きかねないこの作戦をめぐって、いわゆる「否定論拠」（plausible deniability）を用意しておくことを意識していた。それゆえ彼は、米国にこの作戦の詳細を知らせず[66]、また英国大使に「国連がさらなる作戦を計画していることは、事実ではない」との偽りを伝えた[67]。

しかし間もなく明らかになったのは、作戦の失敗であった。後に国連事務局が「カタンガの能力を著しく過小評価した」ことを認めたように[68]、彼ら独自の情報収集能力は低いものであった。たとえば国連側は、カタンガが持つ航空機の正確な数を把握しておらず、「憲兵隊は長時間その規律を保てない」と、誤った事前評価を下していた[69]。しかも国連軍とカタンガ憲兵隊との交戦で露呈したように、警察活動用の装備しかない国連軍部隊には、重火器がなく[70]、また各部隊間の連絡調整も不充分であった。この結果、数時間で作戦は完了するとのあては外れ、国連軍は、この後の数日間、「国連からの解放戦争」の旗印を掲げる傭兵のみならず、銃を携えた過激派のヨーロッパ系民間人の激しい抵抗に直面した[71]。一方で国連側の成果は、たった一人の大臣の逮捕だけで、英国領事館の手助けを得たチョンベの北ローデシアへの逃走も阻止できなかった[72]。

この展開は、タナナリブ会議が行われた三月頃よりカタンガ側が国連軍の攻撃を想定し準備を進めていた事実に鑑みて、予想されるべきであった[73]。しかし甘い見通しが、判断を曇らせていた。結局国連軍は、九月一四日から始まったジャドヴィルでの戦闘でアイルランド部隊兵が投降を余儀なくされたのをはじめ、約七日間の戦闘で十数名の兵士の命を失った[74]。しかもこの衝突で多数のバ・ルバ族の難民が発生した[75]。さらに国連軍は、たった一機のフーガ・マジステール攻撃機（ローン・レンジャーと呼ばれた）に制空権を握られ、輸送トラック、地上待機中の輸送機を破壊され、わずか数日の戦闘で弾薬不足に直面した[76]。

国連にとどめを刺したのは、情報戦であった。チョンベの元には、フランス籍でアルジェリア戦争の際活躍した「きわめて熟達したプロパガンデュスト」が結集しており[77]、彼らが反国連プロパガンダを繰り返した。彼らは、「モルソー」の実施前から、アイルランド部隊を親共産主義的として描き出し、カタンガの苦境を英国支配下のアイルランドの状況になぞらえるパンフレットをばらまいていた[78]。このなかで、国連軍の軍事的敗北やその虐殺行為は、攻撃の格好の材料となった。ユニオン・ミニエールのラジオ施設を利用できたチョンベは、カタンガの勝利と、インド部隊とスウェーデン部隊がラジオ・カタンガと郵便局占拠の際に犠牲者を出したことを声高に言い立て[79]、それに呼応してヨーロッパ諸国の新聞も、国連批判を大々的に記事にした。

他方、エリザベスヴィルで国連側が利用可能なラジオ放送施設は、「技術的に不充分」で、国連軍は歪曲された反国連プロパガンダを修正するだけの力を持たなかった[80]。たとえばアイルランドの首都ダブリンでは、ローン・レンジャーの攻撃で五七名のアイルランド兵が死亡し、残りの者も捕虜となったとの噂が流れた[81]。しかしこれは事実無根の戦争プロパガンダだったが、アイルランド政府の情報収集のチャンネルは限られ、その裏付けを取ることができなかった。この結果、数週間後に総選挙を控え、事態に衝撃を受けたアイルランド首相は、自身のコンゴ訪問と将来の自国部隊の引揚げの可能性を仄めかさざるをえなかった[82]。

## 国際的反響とケネディ政権の対応

ヨーロッパでは、武力行使に踏み切った国連に対し激しい怒号が飛び交っていた。とくにフランス、ベルギー、英国政府高官は、ハマーショルドに激怒した。フランスのド・ゴール大統領は、ハマーショルドは委託任務を越えた措置を執っているとの声明を発した[83]。国内の親カタンガ勢力からの批判に晒されたベルギー政府も、「ベルギー人の生命と財産が危険に晒される」ことは容認ならない旨を国連側に伝えた[84]。スパークの考えでは、再統合は必要だが、それは「暴力あるいは流血なし」に実現すべきであった[85]。さらに、かつてスエズ戦争で国連に煮え湯を飲まされた英国のマクミラン首相も、即時休戦を要求し、国連への支持取り下げの可能性をハマーショルドに伝えた[86]。英国の懸念は、これが国連による帝国への干渉の先例になることにあった[87]。そして英国は、ここでも財政支援の問題を絡め、彼に圧力をかけた。

…アドーラとチョンベの間での公正な解決策の基礎が作られないのであれば、コンゴでの国連活動の継続のための資金を、〔英国：筆者〕議会が承認することは難しいということを、ハマーショルドは自覚すべきである[88]。

**トーマス・ダッド**
（日付不明，UCL）

他方、旧フランス領アフリカを除く、多くのアジア・アフリカ諸国は、国連軍の武力行使の継続を求めた。彼らからすれば、カタンガ人の自決を強調する「カタンガの大義」は、旧宗主国による新植民地主義の謀略に他ならず、チョンべこそが、ルムンバを暗殺し、コンゴ分断の根本原因に他ならなかった(89)。

米国内でも、親カタンガ、反国連の論議が活発化した。親カタンガの国際ネットワークは、米国にも及び、「カタンガ情報サービス」代表のストルゥーレンスが、有力議員のもとに国連の活動への反対を訴える手紙を届けた(90)。ストルゥーレンスは、「カタンガのエージェント」と目され、ハマーショルドが一刻も早い米国国外退去を望んだ人物であった(91)。しかし時はすでに遅く、九月上旬、議会上院では、強烈な反共主義者のトーマス・ダッド議員（民主党・コネティカット州選出）が、激しい国連批判を展開した。彼は、もしコンゴが共産主義陣営に加わるならば、それはソ連の介入のためではなく、モスクワ志向のインド人職員の影響下にあり、一億ドルと見積もられる経費の半分を米国が負担する国連軍の介入のためであると主張した(92)。ダッドは、政治資金の不正使用疑惑で議会上院の調査を受け、後に政界を追われるが(93)、反国連キャンペーンは、ハマーショルドや彼の側近の社会的背景をめぐる中傷にまで及んだ。ヨーロッパの財界には、「国連の活動は〔スウェーデンの利権のための：筆者〕米国の作戦である」との疑惑とともに、国連非難が相次いだ(94)。またロンドンでも、カタンガ・ロビーが反国連を叫んだ(95)。

ケネディ政権は、分裂気味であった。アフリカニストが国連の作戦を歓迎する一方で、ヨーロピアニストは同盟国の動きを支持した。アフリカニストのウィリアムズ国務次官補は、カタンガがコンゴ政府と協議入りしないならば、国連軍は、アドーラによるカタンガへの攻勢を支持せざるをえないと擁護した。他方で欧州局のウィリアム・テイラーや、元駐日大使で在ブリュッセルのダグラス・マッカーサー二世大使は、反対の立場であった(96)。このようななかケネディは、武力行使についてハマーショルドから充分な情報提供がなかったことに「酷く当惑し(97)」、軍事的敗北で「国連が打ちのめされてしまう」事態を深刻に受け止めた(98)。米国には、ベルギーからも苦情が届けられた[99]。

最終的にケネディは、親カタンガ勢力の影響を受けた。国務省は、九月一六日、次のメッセージをハマーショルドに伝えた。

我々は、カタンガから国連が強制的に退出させられ、また敗北することを望んでいない。なぜなら我々は、統一されたコンゴのなかでカタンガが有益で建設的な役割を果たすためには…、カタンガに国連が実効的なプレゼンスを維持することが、不可欠であると強く信じるからである[100]。

何よりも米国の懸念は、「必要な支援を欠いた国連の活動が失敗に終わる可能性」にあった[101]。それゆえカタンガ情勢に強い懸念を伝えてきた英国からの働きかけを受けた米国は[102]、公式には国連の支持を表明しながらも、水面下では同盟国、とくに英国と足並みを揃えた。結局米英両国は、ハマーショルドに対して、国連軍の攻撃停止を求める共同声明を発するとともに、国連事務局側が求める国連軍への輸送機の提供を拒否し、また協働して財政支援引揚げの可能性を伝えることで、国連軍の再攻撃を事実上不可能にした[103]。

### ハマーショルドの死

国連軍の軍事的敗北、そして米英からの圧力を前に、ハマーショルドはギャンブルに負けた。バンチが評したように、いまや明らかとなったのは、「国連には、…この類の反対に対処するために必要な計画も軍事的実力もない」ことであった[104]。ハマーショルドは、この措置で「彼の将来と国連の将来を危険に晒す」問題を起こしたことを悔いた[105]。後に側近コーディアーが「永遠に残り続けるであろう痛恨の極みは、ワシントンとロンドンが、これら決定的に重要な数日間において、我々を充分に支援しなかったことである」と述懐したように[106]、決議履行を可能とする権力源泉は、大国の支持と協力にこそあるとの現実を、彼に痛感させた。

窮地に陥ったハマーショルドは、「モルソー」の内実を隠蔽しようとした。彼は、作戦の真の狙いがカタンガの権力基盤の破壊であり、それが国内問題への「武力による干渉」であることを自覚していたにもかかわらず[107]、公式にはその狙いを、「八月二八日に適用された治安上の予防措置と似通った措置…、すなわち法と秩序の維持に必要と思われる措置」を取ったにすぎないと説明した[108]。そしてその作戦は、指揮を執ったオブライアンをはじめとする現地職員の独断で、遂行されたこととした[109]。これは立場上、組織の防衛を第一とする彼としては、自然な対応であったが、一方で裏切られたオブライアンは、「この声明は、出来事の真実を隠蔽し、国連による積極的な介入を、あたかも防衛的なものとして描き出そうとうまく表現されたものである」と感じていた[110]。

自らが蒔いた種とは言え、危機に瀕する国連組織を守らねばならなかったハマーショルドは、チョンベとの休戦交渉のために、チョンベの逃亡先である北ローデシアのエンドーラへ向かった。オブライアンは交渉に反対であったが、九月一七日、ハマーショルドを載せたアルバティナ号が、エンドーラへ飛んだ。しかし同機が目的地に着くことはなかった。アルバティナ号は、エンドーラの空港から一〇マイルほど離れたところの山の斜面に激突した姿で発見された。一名を除き、ハマーショルドや側近ウィシコフを含む搭乗員一五名が即死であった[111]。

レオポルドヴィルに到着したハマーショルド
（1961年９月13日，UN Photo）

謀殺の可能性が高いこの事件の真相解明は、今なお続いている[112]。真相がいかなるものであれ、彼の死は動乱の展開において一つの転機になった。短期的には事態の沈静化が急がれた。カタンガでは、国連軍の攻撃と相まって蜂起したバ・ルバ族の戦意を鎮めるために、難民キャンプでは、公法四八〇号のもとで、米国提供の粉ミルク、コーンミールなどの食料配給が開始された[113]。また九月一九日、国連側を代表するヒアリとチョンベとの間で暫定的な休戦交渉が始まり、アドーラの反対にもかかわらず、一〇月一三日には公式の休戦協定が結ばれた[114]。この後、米英からオブライアンの辞任を求められ続けた国連事務局は、最終的に彼の離任を認めた(115)。そして一二月、他界したハマーショルドには、ノーベル平和賞が与えられた。

また長期的には、この事件は、カタンガの自決を強調する「カタンガの大義」に対する逆風になった。チョンベやユニオン・ミニエールは、この後ハマーショルド殺しの疑惑に晒され続け、国際的には英国やベルギーの露骨なカタンガ支援を困難にした。それゆえ逆説的だが、ワシントンではコンゴ問題のさらなる国内政治化が進んだ。国連への警戒心を強めた親カタンガ勢力は、国内組織を固めた。いまやケネディ政権批判の急先鋒となったダッド上院議員は、一一月、ストルゥーレンスの助力を得て、保守派の知識人で、アフリカ系米国人のマックス・ヤーガンが主幹を務める、「カタンガ自由戦士支援のための米国委員会」を設立した(116)。彼らは、アフリカにおける反共主義の砦であるカタンガに対して、なぜケネディ政権は敵対的な政策を執るのかと訴えた。同委員会には、様々な保守系の有力者が連なった。たとえば、同委員会の委員には、保守系雑誌『ナショナル・レビュー』のウィリアム・バックリーや第二次世界大戦の英雄で四九年の中国共産化に警鐘を鳴らしたアルバート・ウェデマイヤー、あるいは『ニューヨーク・タイムズ』のアーサー・クロックが入った。また政治家では、元大統領のハーバード・フーバー、共和党のバリー・ゴールドウォーター、共和党全国委員会議長ウィリアム・ミラーなどの大物も名を連ねた(117)。

またニューヨークでは、つかの間ではあったが、米国とアジア・アフリカ諸国との接近の機会になった。ハマーショルドの死は、彼のような有能な人物ですら、一人の事務総長が西側、東側、非同盟諸国の矛盾した要求を処理することは、きわめて難しいとの教訓を残した。翻って見ればソ連が求める「トロイカ提案」実現の可能性が、今一度生まれていた(118)。ただし、西側諸国はもちろんのこと、アジア・アフリカ諸国にも、アフリカが東西に分裂する可能性への懸念があった。パン・アフリカニズムを掲げ、アフリカ諸国の分断を警戒するガーナのンクルマ大統領は、西側諸国との協調で難局を乗り切るべきと考えていた。

私〔ンクルマ：筆者〕の絶対的確信は、この危機がアフリカ諸国と西側諸国との間における協調によって解決されねばならないのであれば、アフリカ諸国と米国、西側諸国との関係に致命的ダメージがもたらされるであろうということです[119]。

既存の国連事務局機構を温存するには、多くの国連加盟国、とくに西側とアジア・アフリカ諸国の架け橋となる、ハマーショルドの後任を誕生させる必要があった。ただし、一つの懸念があった。それは、その人物がソ連の安保理での拒否権行使を回避しうる人物でなければならないことであった。なぜなら国連憲章の手続きは、国連事務総長の任命は総会の議決によるものの、指名は安保理が行うと規定したからであった[120]。この流れのなかで、アイルランド大使フレデリック・ボーランド、フィンランド大使ラルフ・エンケル、チュニジア大使モンギ・スリムなどが候補とされた。しかし最終的に有力候補として浮上したのが、後にアジア初の国連事務総長となる、ビルマ人のウ・タントであった[121]。

## 4　ケネディの路線修正

### ジョージ・ボール登場

国連軍のカタンガ攻撃は、一時停止した。しかしケネディが直面したジレンマの火種は、燻り続けた。それは、国連を通じたカタンガ問題の積極的解決を進めるのか、あるいはヨーロッパ諸国の意見を受け入れて、国連の活動を後退させるのかという問題であった。

この問題は、国務省内では、アフリカニストとヨーロピアニストの対立として現出した。スティーブンソン国連大使、アフリカ問題担当ウィリアムズ国務次官補、国際機構問題担当クリーブランド国務次官補らのアフリカニストは、米国空軍による国連の軍事能力の増強を望んだ。彼らの論理では、カタンガ分離が他の地域の分離を促す結果、内戦が激化し、最終的にアフリカへの共産主義の浸透を引き起こしかねない、というのであった[122]。他方、ヨーロピアニストは、国連軍の武力行使を通じた再統合に反対した。国務省欧州局のテイラーの考えでは、ウィリアム

ジョージ・ボール
（日付不明，LBJL）

ズの主張こそが共産主義への扉を開くものであった。つまり、チョンベ率いる独立カタンガこそが、屈強な反共主義の砦となりうるのであり、国連が親西側のチョンべを排除してはならない、というのである[123]。在ブリュッセル米国大使マッカーサーは、国連軍兵員が、現地司令官ではなく母国政府の命令に従いがちなことを問題視し、指揮命令系統が改善されないならば、米国は国連への支援を再考すべきと考えていた[124]。

一方ケネディは、ハマーショルドを死に追いやったことに責任を感じていた。それゆえ歴史家スーザン・ウィリアムズが記したように、「ダグに対して米国のコンゴ政策を遂行するよう圧力をかけ続けたこと、それもダグが聞き入れざるえない圧力をかけ続けた」ことをリネーに詫びた彼は[125]、アフリカニストの声に耳を傾けた。そしてケネディは、ヨーロッパ諸国の同盟を第一としつつも、アジア・アフリカ諸国の国連への支持を集めることを目指した。

ケネディの路線修正の象徴的出来事は、後に「コンゴ問題の最高司令官」と呼ばれることになるジョージ・ボール国務次官の登用であった[126]。当時、五一歳のボールは、ケネディとラスクが「感謝祭の大殺戮」として知られる国務省の人事異動を通じてリベラル派の重鎮ボールズを閑職に追いやってからは、国務省においてラスクに次ぐナンバー・ツーの立場にあった[127]。政治的なバランス感覚に優れ、スパークを含むヨーロッパの有力政治家とも個人的繋がりを有したボールは、欧州統合問題、ベトナム問題といった、米欧関係のホット・イシューの全てを繋ぐキーパーソンであった。そして彼は、コンゴ問題では、アドーラ政権に対して限定的かつ必要な手当を施し、ヨーロッパとの同盟を安定させる道を探った[128]。

ボールは、第二次世界大戦の時、米国戦略爆撃調査団の一員として、ナチスの補給路分断作戦に従事した経歴を持ち、分離問題においてもチョンベの軍事的、経済的弱点を見出すことを得意とした。彼の狙いは、「チョンベに勝ち目がないと自覚させるポイントまで、国連の戦闘能力を構築する」ことにあった[129]。

一九六一年九月二三日、ボールは新基本戦略案をケネディに提示した。彼と、前コンゴ・デスクの職員スタンレー・クリーブランドが作成した文書は、カタンガ分離とはアドーラにとって死活的問題であること、それゆえに政治的生き残りをかけてアドーラはいずれカタンガ攻撃に踏み切らざるをえないこと、そして内戦激化の結果、ソ連および東欧諸国の介入の可能性が高まることを強調した。そのうえで彼は、カタンガは植民地主義の飛び地に他ならず、「友好な政治的単位として独立カタンガを維持することは長期的には不可能」であること、仮にカタンガの分離を認めるならば、国連はアジア・アフリカ諸国からの信用を失う可能性が高いことから、米国が取りうる唯一の政策は、米国が国連の平和維持活動に責任を負い、分離を終結させることであると訴えた。そして以下の概略の政策と目標を定めた。

(1)米国は右派と左派とを取り込んだ形で、アドーラが連立政権を維持することを目指す。その際米国ではなく、コンゴ人が憲法を作れるように促す。

(2)オペレーション・モルソーの失敗は国連が制空権を握れなかったことが原因であることから、国連の軍事能力、とくに空軍能力を高め、その一方でチョンベに独自の軍事力を持たせなくする。

(3)カタンガ分離を支える、ベルギーやローデシアの外国勢力、とくに採鉱企業〔ユニオン・ミニエール：筆者〕を説得し、チョンベへの資金提供を停止する。[130]

この文書の根底には、ラスク国務長官が英国のヒューム外務大臣に語ったように、「国連の作戦に大国が関わってはならないという考えは、すでに意味をなさない」との考えがあった。[131] ケネディは、国連の「戦闘能力」を構築することによって、「チョンベの軍事的優位に対する自信」を破壊したいとするボールの提案を、その日のうちに承認した。[132]

ただしこの計画の公表には幾つかの政治的障害が予想された。たとえばこれは、国内外の親カタンガ勢力の反発を招く可能性があった[133]。そこでケネディは、ベルギーとの関係の安定化を意識し、スパーク外務大臣の一一月の訪米に向けた準備をマッカーサーに命じた[134]。また国連事務局にも、政治的バランスへの配慮から米国以外の国からの提供を望む事情があった。それゆえこの事情をリネーから知らされた国務省は、史上初の「国連空軍」を組織するため、米国からの四機のグローブマスター輸送機に加えて、エチオピアから四機のF―86、スウェーデンから五機のサーブ・ジェット、インドから六機のキャンベラが提供される段取りを整えた[135]。

### 新政策の拘束要因としての国連財政危機

米国は国連軍の活動に責任を負う方向に動き出した。しかしこの路線に限界点を設定したのが、危機的状況を深める国連財政問題であった。国連軍が軍事的に敗北し、またハマーショルドが死亡したことで、国連の信用は地に落ちていた。このようななか、第5章と第6章でも触れたが、ソ連、フランス、ベルギー、南アフリカ、ラテン・アメリカ諸国などが、平和維持活動経費の支払いを拒否し、財政問題には改善の見通しがたたなかった。一九六一年秋には、国連の抱える経費未回収分が、一億ドル以上も積み上がり、加盟国のうちの半数以上が、スエズの時の国連緊急軍、コンゴ国連軍経費の分担分のどちらか、あるいは双方を払っていなかった。そして、国連の準備資金は、六二年初頭にも枯渇することが予想された[136]。具体的には、六一年末の段階で、国連全体での資金不足は一億一四〇〇万ドルとなり、そのうちコンゴ関連の不足分は七四七〇万ドル、中東関連の不足分が二六四〇万ドルであった[137]。暫定事務総長ウ・タントは、財政問題について加盟国に注意を喚起し続けていた。一方米国は、この時点ですでにコンゴ国連軍の経費の四八％を負担していたが[138]、国務省は、国連のさらなる財政悪化を避けるために、国連の枠外でコンゴ支援の増額を検討していた。クリーブランド国務次官補は、次のようにケネディに伝えた。

我々は用心深く二国間援助を急速に増額しておりますが、それはあくまでも国連のコンゴ作戦の支援あるいはその合意に基づくという原則を保ちつつ行っています…。しかしながら我々は、国連を財政的な死に至らしめてはならないという理由からも、国連を通じた援助の額を減らし、二国間援助の額を増やす可能性についても検討しております。(139)

このような国連の窮状を救うために、一一月一一日、ラスク国務長官は、国連の財政破綻回避のための三段階計画をケネディに提案した。

(1)六二年の前半六カ月については、米国が平和維持活動予算の五〇％を特別措置で支える。
(2)加盟国の支払い遅延に関して、国際司法裁判所に対して平和維持活動経費の支払いに関する司法判断を求める。
(3)米国は、〔翌一二月の国連総会で承認が予定されている：筆者〕総額二億ドルの国連公債の購入について一五から二〇の主要国と交渉を行い、米国はその半分の一億ドルを負担する。(140)

とくに三段階目の国連公債の発行提案は、折しもウ・タントが暫定事務総長に選出されたばかりの、「ハネムーン」期間であれば、国際的には受入可能と考えられた。(141) そして、この二五年ものの公債が発行されれば、年二％の利払いが発生するものの、通常予算と平和維持活動経費の双方に充当できる手元資金が確保され、また不足分経費の当座払いを行いうると考えられた。(142)

しかしこの構想ですら、国内的には、米国議会の動向に鑑みて困難が予想された。なぜなら公債購入の予算枠承認をめぐって、議会内の親カタンガ勢力の抵抗が予想されたからであった。ケネディは、後に自らが語ったように、「米国におけるチョンベの評判は概して好意的である」状況に相対せねばならなかった。(143) この結果、詳細は第9章で論じるが、ケネディが公債購入の予算枠を獲得できたのは、この約一〇カ月後であった。(144)

六一年一二月、米国国連代表部のスティーブンソンとフィリップ・クルッツニックは、公債発行に向けた国連総会での段取りをウ・タントと話し合った。同月二〇日、国連総会は、ソ連、フランス、ベルギーといった国々が反対票を投じるなか、総額二億ドルの公債の発行を決議した（総会決議一七三九号）[145]。翌月ケネディは、公債購入計画案を議会に提出し、議会上院が同年春に、下院は夏と秋に公聴会や審議を行った。この間、ケネディは、カタンガ問題をめぐる批判や非難に晒され続け、予算枠を獲得できたのは、六二年九月であった。そしてその代償として、ケネディは、平和維持活動の経費未払い国に対する国連憲章第一九条の適用（国連総会の投票権の剝奪）を議会に約束した。

このことは、約一〇カ月の間米国政府が議会を過度に刺激せず、穏当な政策を追求せざるをえないことを意味した。同様の展開は、一二〇〇万ドル分を購入予定の英国議会でも起こった[146]。言い換えると、ハマーショルドの死後、国連軍の対米依存がより深化したために、今度はキャピトルヒルの動向が、米国政府の積極支援に枠を嵌めたのであった。

## 5　カタンガとの闘い（ラウンド・ツー）とキトナ協定

### 一一月二四日決議と「オペレーション・ウノカト」

一九六一年一一月三日、国連総会は、死亡したハマーショルドに代わる暫定事務総長職に、ウ・タントを選出した[147]。年齢五二歳、アジア人初の国連事務総長であった。高校教員の経歴を持ち、五五年のバンドン会議に親友のビルマ首相ウ・ヌとともに出席するなど、アジア・アフリカ諸国にその存在が知られていた彼を選出したのは、他ならぬアジア・アフリカ諸国であった[148]。しかしウ・タントの前途は、多難であった。ハマーショルド亡き後の国連事務局は、職員の士気も下がり混乱が続いた。いまや瀕死の状態の国連にとって必要なのは、ハマーショルドのような「積極的な介入主義者」ではなく、中立主義的な立場の彼であった[149]。「防止外交」の野心的希望の実現は彼方へと遠のき、最大の課題は、危機的状況にある国連組織の立て直しであった。そのためウ・タントは、「国連財政問題を第一の優先課題」とし[150]、就任のわずか二日後からほぼ毎日のように、国連の支弁能力の確保に取り組まざるを

**ウ・タント**
（1965年9月1日，UN Photo）

えなかった。他方、突然の大役を担うことになった彼が最も頼りにしたのが、経験豊富な米国人のバンチ事務次長であった[151]。またケネディも、国連へのさらなる支援の必要性を認めていた[152]。

　このようなか、コンゴでは、カタンガ再統合をめぐる動きが再び活発化した。国際的包囲網が狭まりつつあると自覚するカタンガは、国連にこれ以上強硬な措置を執らせるつもりはなかった。この傾向は、スパークの登場後、カタンガとベルギー政府の関係が疎遠になり、強まっていた。スパークは、一〇月一二日、議会上院において、カタンガとレオポルドヴィルのどちらかを選べと問われれば、後者を選ぶと発言した[153]。それゆえカタンガは、友好国、支援国を多角化し[154]、同時にアイルランド部隊兵員を捕虜とした九月の軍事的勝利を宣伝することで、国連の動きを牽制した[155]。他方、レオポルドヴィルでは、アドーラの体制が今一度揺らいでいた。国連軍敗北の影響を受けて、アドーラは、自力で分離を終結させるようギゼンガ派から突き上げられた。しかし彼には分離を終結させる力がなかった。コンゴ国軍の遠征部隊は、カタンガの傭兵に撃退され続けた。しかも一〇月上旬アドーラは、ギゼンガに裏切られた。ギゼンガは副首相の職を辞し、スタンレーヴィルで再度独立体制を作る動きを見せた。幸いこの試みは、側近のルンドゥラ将軍が追随せず[156]、最終的にギゼンガが翌年一月に逮捕、投獄されて失敗した。しかしアドーラは、窮状を米国に直訴するほど追い込まれていた[157]。

　コンゴ国内に充分な支持基盤のないアドーラは、米国の力で権力を保っているに過ぎなかった。一一月、米国は、カタンガ分離独立には法的根拠が乏しく、統一コンゴこそが解決策であるとの公式声明を発した[158]。一方でCIAは、ギゼンガ派の伸張を削ぐために、スタンレーヴィルのルンドゥラ将軍を介した工作を行い続けていた[159]。このようななか、米国は、明確な国連決議違反であることを承知のうえで、秘密裏にキューバ人亡命者のパイロットを派遣した[160]。再統合が実現しない限り、近い将来、アドーラの命脈が尽きるのは、明らかだった。

　コンゴ情勢を動かしたのは、ニューヨークの展開であった。一一月一〇日、国連軍イタリア部隊の兵士が、コンゴ国軍の兵士によってキブ州で殺害される事件（キンドゥの虐殺）が起こった[161]。事件の原因は、正確なところよくわからない[162]。しかし、この事態の影響は明らかであった。ニューヨークでは、アジア・アフリカ諸国の間に穏健派、急進派を問わず、現地の治安の回復に向けて、国連の積極的介入を求める声が強まったのである。

一一月一三日、コンゴ問題に関する国連安保理では、アジア・アフリカ諸国が、カタンガ分離派の活動を強く非難し、国連事務総長に傭兵の排除を完了するために武力を行使する権限を与える決議案を提出した。米国も若干の逡巡の後、この提案に賛成した。この時ラスクが懸念したのは、決議案を拒否すれば、アドーラがソ連の支援要請へと向かいかねない可能性であった[163]。一一月二四日、最終投票が行われ、賛成九票、反対〇票、棄権二票（フランス、英国）で、以下の決議案が採択された。

…事務総長に…、全ての外国の軍人、軍属および国連司令部の管轄下に属しない政治顧問、それに傭兵をただちに逮捕し、裁判にかけるまで拘留し、そして、あるいは追放するために、必要な場合には武力による措置を行使する権限を含む、強力な措置を執ること認可する権限を与える。さらに事務総長に、表面上どのように見せかけようとも、前記分子が出入りするのを阻止し、同時に、前記活動を支援する武器、施設、その他の資材の搬入を阻止するために必要なあらゆる措置を講ずるよう要請する[164]。

この決議は、コンゴ動乱で採択された最後の安保理決議であり、これまでの決議と比較して、とくに新しい要素が盛り込まれたものではなかった。しかし採択後、ウ・タントは、国連は「決意と熱意を持って」[165]、決議履行に臨むことを宣言し、また米国も、新決議をめぐって同盟国との衝突を覚悟しつつも、決議成立が再統合に向けてチョンベに最大限の圧力を加える政治的効果を持つことを期待した[166]。くわえて新決議の存在自体が、チョンベに政治圧力をかける手段となりうるとの考えは、スパークとも共有されており[167]、この意味で、新決議は米国、ベルギーの政治的合意でもあった。

新安保理決議が採択されたことを受けて、ケネディは、チョンベとアドーラの和解交渉の可能性を探った。両者の交渉は、英国も望んでいた(168)。その際ケネディは、チョンベに対する交渉と圧力を織り交ぜた。まずケネディが交渉役としたのは、ケネディ批判の急先鋒でカタンガの代弁者と目されたダッド上院議員であった(169)。政権内には、ストルゥーレンスらを勢いづかせかねないこの措置に対して、アフリカニストの反対の声があったが(170)、しかしケネディは、この反対を押し切った。また米国は、チョンベへの圧力のかけ方について、ベルギーと綿密な調整を続け、ベルギー政府による分離反対表明の公表、カタンガ憲兵隊にいるベルギー人のパスポート没収などの約束を取り付けた(171)。

しかしケネディの目算は外れた。新決議を経て逆に好戦的態度を強めたチョンベに対するダッドの交渉は、期待した成果を生むことはなかった(172)。むしろ新決議成立の持つ政治的副作用のほうが目立った。カタンガは一〇月の休戦協定後、国連軍の次の攻撃に備えて軍備増強に励み、新決議成立をカタンガへの宣戦布告とみなした。そしてチョンベと側近ムノンゴは、エリザベスヴィルの兵員を二〇〇〇から三〇〇〇人規模に維持し、街の至るところに塹壕を作ると共に、侵入者には毒矢で応じるであろうし、また国連軍が武力行使を行うならば、ユニオン・ミニエールの設備を破壊すると脅した(173)。

他方、国連も状況を座視するわけではなかった。ウ・タントは、事務総長選出前に、ビルマ代表として、国連のコンゴ和解委員会の議長を務めており、カタンガの違法性をよく知っていた(174)。それゆえ彼は、先の戦闘における敗因分析に基づき、この頃までに、エチオピア政府の協力などを得た「国連空軍」の結成を進めていた(175)。また彼は、英国には弾薬の提供を(176)、グローブマスター輸送機を提供する米国には、部隊輸送の協力を要請し(177)、カタンガ周辺の兵力を六二〇〇人規模（インド一旅団、アイルランド二旅団、スウェーデン一旅団、エチオピア二旅団）へと増やすなど、「兵員の増強、装備の質的量的改善に自信を深めた(178)」。

緊張感が高まるなか、現地の日付で一一月二八日、両者の最初の衝突が起こった。この日、オブライアンの後任としてカタンガに派遣されていた英国人の国連職員ブライアン・アークハートが拉致され、暴行を受けた後、翌日、解放された[179]。一二月三日、カタンガ側は、一一人の国連軍兵士を拉致し、数名を殺害するとともに、国連軍司令部と空港を結ぶ道路を封鎖した。ここに至って、ウ・タントは、「法と秩序を樹立し、カタンガにおける生命と財産を守るために、強力な措置を執る」権限を現地将校に与えた。そして「エリザベスヴィルの街の周辺部隊の補給経路」を寸断するこの封鎖を解くという「防衛的」措置を認めたことを公表した。一二月四日、インドのグルカ隊が道路封鎖を突破し、激しい戦闘が始まった[180]。

ただし国連の対応は、実際には「防衛的」なものにとどまらなかった。米国国務省文書が記したように、この作戦の重要な狙いは、民間人の犠牲や民間施設の損失を最小限に留めつつ、エリザベスヴィルの街を包囲し、またユニオン・ミニエール本部とその精錬施設を占拠することにあった[181]。リネーは、「カタンガにおける抵抗に終止符を打ち、そしてハマーショルドの死の敵討ちをすべく計画された、武力による作戦の実施を決意していた」のであった[182]。そしてこれを皮切りとして、一四日から二〇日にかけて国連軍は、対カタンガ攻撃のラウンド・ツー、「オペレーション・ウノカト」に乗り出した[183]。

実は「ウノカト」は、先の教訓を踏まえ、国連事務局と米国政府との事実上の合作であった。米国は、「国連の迅速な活動は、部分的には、我々の外交的支援、我々の空輸、そして我々の財政的支援によって可能となる」ことを公言した[184]。それゆえ米国は、ラウンド・ワン以降、ほぼ毎日国連事務局と連絡を取り、国連軍の軍事的活動を監視した[185]。この時米国は、国連軍によるカタンガ統治の可能性まで議論するなど、国連事務局の思惑を超えた、より積極的な措置を考えていた[186]。なぜなら国務省は、国防総省の分析に基づいて、米国の支援を得た国連軍の軍事的優位性を見通していたからであった。

国連軍へのカタンガの軍事的攻撃の後、防衛体勢に入った国連軍は、国連の軍事的優位性を維持し、その後、チョンベとアドーラの間の和解を引き出す諸条件をもたらすであろう[187]。

それゆえ軍事的に追い込まれたカタンガは、国連軍部隊だけでなく、米国関係者を含む、見境のない抵抗や報復を行い始めた。たとえば、在エリザベスヴィルのルイス・ホファッカー米国領事官は、自宅軟禁下におかれた[188]。またカタンガの兵士、傭兵、過激派の入植者達は、国連軍兵士の飲み水の供給を妨げ、わざと民家、工場施設、教会、病院などの施設から迫撃砲を撃った[189]。さらに彼らは、しばしば赤十字のマークで偽装された車両を用いる攻撃を繰り返した[190]。国連事務局に、カタンガが民間人を人間の盾としているとの報告が届くなか、五日から一九日までの戦闘で、二一名の国連軍兵士が命を落とし、四八名が負傷した[191]。そして、北カタンガの難民数は、四万五〇〇〇人にまで膨れあがった[192]。

### 国際的反響とワシントンの政治

カタンガとの闘いのラウンド・ツーにおいては、国連軍の軍事的強さはカタンガを上回り、カタンガ側の「航空優勢」も崩された[193]。アイルランド部隊が重要な役割を果たすなかで、一二月一七日、国連軍はエリザベスヴィルを包囲し、カタンガを守勢に回らせた[194]。しかし政治的な強さでは、国連はカタンガには敵わなかった。なぜなら国連が相対したカタンガは、網の目のように巡らされた親植民地主義の国際ネットワークを持ったからであった。

とくにカタンガの報復で、高い効果をあげたのが、反国連プロパガンダであった。この強さは、「心理戦争」を懸念するウ・タントを[195]、震え上がらせた。国連軍の激しい攻撃で、非戦闘員の死傷や、学校、教会、病院に対する損傷などの被害がでたため、カタンガは、戦闘の規模や犠牲者数を誇張し、国連軍の残虐性を宣伝した。ジャーナリストの大半が滞在したエリザベスヴィルの中心街は、カタンガが掌握しており、彼らは歪曲した事実を流布させることができた[196]。一方で、ラウンド・ワンの時と同様に、国連にはカウンター情報を流す体制が整っておらず、情報戦では常に劣勢であった。

国連軍の残虐行為のニュースは、「スエズ以来最大の反国連感情の表明を西側諸国で引き起こした[197]」。ベルギー政府は、ヨーロッパ系住民一万五〇〇〇人の生命と財産が失われる懸念を米国に伝えた[198]。またユニオン・ミニエール重役のジュール・クーザンは、四六年にトルーマン大統領が同社に送った勲章（第二次世界大戦時の原爆開発のマンハッタン計画への協力を称えたもの）を添えて、「国連に雇われた正真正銘の殺戮者」が「無差別攻撃と無実の市民が負傷するさまを目撃した」と記した手紙をケネディに送りつけた。[199] 英国のダグラス・ヒューム外務大臣は、国連が「自滅の種をまき散らしている」と語り、その怒りを露わにした。

一二月一一日にパリで開催されたNATO外務大臣会談でも、ラスク国務長官は、同盟国からの苦言に晒された。一三日の戦闘開始は、同盟間交渉への影響を懸念するラスクにとって、実に「悪いタイミング」であった。[200] 同盟国は、武力行使をめぐり米国から事前協議がなかったことへの不満を伝えた。休戦を求める英国のヒューム外務大臣は、国連に約束していた爆弾の提供を中止すること、また戦闘継続の場合、英国は国連への支持を取り下げることを伝えた。[201] ソシエテ・ジェネラルやユニオン・ミニエールからの強い働きかけを受けたであろうスパークも、[202] ソ連が拒否権を行使しようとも、休戦を求める安保理決議案を提出すべきと伝えた。またフランスは、コンゴ国連軍の兵士や補給物資を運ぶ航空機の旧フランス領アフリカ上空の飛行を禁止するつもりであった。[203]

米国国内でも、ストルゥーレンスが組織化した親カタンガ勢力が、反国連攻勢を強めていた。たとえば議会上院外交問題委員会では、フランク・J・ラウシュ（民主党・オハイオ州選出）とバーク・B・ヒッケンルーパー（共和党・アイオワ州選出）上院議員が、パリから戻ったばかりのラスクに厳しい言葉を投げつけた。ラウシュは、我々には「いろいろな場所に行って、彼らの国内問題にすべき事柄に口出しする権利はあるのか」と責めたて、ヒッケンルーパーは、偏見をむき出しにして、「ほとんど木から下りたこともないような人々に、カタンガの支配をゆだねる」ことは賢明なのかと訊ねた。[204]

各種メディアでもプロパガンダが展開した。雑誌『ナショナル・レビュー』は、チョンベを鉄の意志を持った反共主義の英雄として描き出した。六一年末にかけて『ナショナル・レビュー』のバックリーの母校イェール大学の保守系学生は、カタンガ支援の国際義勇団を結成すると宣言した。さらに一二月一四日の『ニューヨーク・タイムズ』は、「カタンガは一九六一年のハンガリーだ」と題した「カタンガ自由戦士支援のための米国委員会」による

『タイム』1961年12月22日号

全面広告を掲載した[205]。極めつけはチョンベ自身が、「コンゴのための闘争」のキャッチコピーとともに、一二月二二日号の『タイム』の表紙を飾ったことであった[206]。そしてこれらの広告は、保守派の人々の目にとまり、「米国委員会」は、たったの二週間で、三〇〇〇人の個人から総額二万五〇〇〇ドルを集めた[207]。かくして「ストルゥーレンスとプロパガンダマシンは、人々を取り込むことに成功した」のであった[208]。

国内の親カタンガ勢力が、国務省にカタンガに関する大量の手紙を送りつけるなかで、ケネディの元にも武力行使の停止を求める陳情が届けられた。最も強く訴えたのは英国であった。英国では、「議会の親カタンガ派が、国連部隊の虐殺の側面を印象づけようと躍起になっていることが明確」であった[209]。そしてマクミラン首相は、仮に休戦が不成立ならば英国議会が内閣不信任決議を採択するかもしれない、という窮状をケネディに訴えた。実際には、英国の野党・労働党は国連の作戦に全面的支持を与えており、マクミランの説明は大げさであったが、ラスク国務長官も深刻に受け止め、同様の懸念をケネディに訴えた[210]。

### キトナ協定の締結

ケネディは、各方面からの激しい反応に直面して、「国中の議員から多くの平手打ち」を食らい、「プロパガンダ・バトルに敗北しつつある」と感じていた[211]。この情勢は、米国が立場を再考し、武力行使継続をめぐる態度を明らかにせねばならない契機となった。ベルギーの同意を取り付けた後の一二月一三日、米国は、国連軍の移動の自由が保障されるのであれば、アドーラとチョンベは和解へと進むべきとする声明を発した[212]。今やケネディは、自らのイニシアティブで、休戦へと向かう展開を望んだのであった[213]。

ただしこの条件提示には、かえってカタンガの戦意が維持されるリスクが孕まれていた。そこでケネディは、この点を懸念するアフリカニストの意見を汲み[214]、休戦条件の公表と同時に、国連軍による二、三日間の限定攻撃を受け入れた[215]。

チョンベは素早く反応した。翌一二月一四日、彼は、ケネディに対して、休戦の意志を示し、米国に和解の仲介役を求めるメッセージを送った[216]。アフリカニストの在レオポルドヴィル米国大使エドムンド・グリオンやスティーブンソン国連大使は、チョンベの謀略の可能性を警戒したが、ケネディは交渉の可能性に関心を示した。ケネディは、米国の存在を誇示すべく南アフリカ周辺で展開中の海軍船舶をコンゴに向かわせた[217]。

しかし問題はタイミングであった。チョンベが弱さを自覚しない状態で、交渉に臨む可能性が残った。仮にチョンベが戦意を維持したままの場合、彼が交渉上の主導権を握る可能性があった。さらにアドーラ、ウ・タントの頭越しに、米国がカタンガと直接交渉した場合、米国、コンゴ政府、国連の関係が揺らぐ可能性もあった。したがってケネディの決定は、ギャンブル的であった。

もちろんケネディは、チョンベ主導の交渉を受け入れるつもりはなかった。そこで彼は、交渉の中心に米国がいることを印象づけるべく、チョンベへの伝言役をグリオン大使に担わせ、国連には、四八時間の攻撃停止を手配した[218]。しかし責任を米国だけが負うことへのスティーブンソン国連大使の懸念もあり、ダルエスサラームのタンガニーカ独立式典に出席し、二日前にコンゴに到着したばかりのバンチ国連事務次長も、グリオンと立ち会うことになった[219]。そして、この後ケネディは、大統領特別機コロンバインを送った[220]。

ケネディは、国内外に存在する和平交渉の妨害要因の除去にも取り組んだ。彼は、「ユニオン・ミニエールとソシエテ・ジェネラルの指導者に強い影響力を持つ」元海軍大将アラン・カークを、ユニオン・ミニエールの社長へルマン・ロビリアートに接触させ、彼からチョンベに、「あらゆる手段を通じた圧力」をかける約束を取り付けた[222]。また、国連軍の積極策を望むアジア・アフリカ諸国の動向を念頭において、米国は、ガーナに対する対応を英国と話し合い[223]、また「報復する気に充ち満ちている」インド部隊を管理するために、現地部隊の指揮命令系統に介入しようとした[224]。さらにケネディは、保守系政治家の分断をはかろうともした。ケネディの要請で、CIA長官ジョン・マコーンがアイゼンハワー前大統領に、マクギー国務次官がリチャード・ラッセル（民主党・ジョージア州選出）上院議員とニクソン元副大統領に接近し、アイゼンハワーとラッセルから支持表明を取り付けた[225]。

さらにケネディは、時に手荒なやり方で交渉の手筈を整えた。まずケネディは、チョンベに対して、一二月一六日、数時間以内に交渉の舞台のキトナ基地へと向かうよう促すメッセージを届けると同時に、国連軍の航空機によるチョンベの邸宅前への爆弾の投下を認めた[226]。他方、国連軍の武力行使継続を望むアドーラには[227]、支援引揚げの脅しを突きつけた[228]。ベルギーのスパークも、米国の動きと同調し、チョンベを説得し続けた[229]。一八日朝、グリオン、ゴッドレイらを載せたコロンバインが、チョンベを引き取るためにエンドーラに向かい、同日、アドーラとバンチは直接キトナで落ち合った[230]。翌日、国連軍の攻撃の停止命令が下された[231]。一二月二〇日、国連軍のナイジェリア部隊兵士が警備するなか、キトナ基地にある病院の一室で、チョンベとアドーラの会談が始まった[232]。

キトナ会談（1961年12月21日，UN Photo）

しかし会談はまもなく膠着状態に陥った。グリオン米国大使と国連職員は、もともと国務省が作った三一項目からなる合意草案を、八項目まで減らしたが、チョンベが合意の障害となった。チョンベは、八つの項目の大半に同意した後、突然、交渉権限がないと主張し、会談を流産させようとした。事態の打開のために、グリオンは、怒り狂うアドーラとチョンベに恫喝を行い、また国連側のヒアリとバンチが、文言を控えめなものへと書き換えた[233]。それでも妥結の見通しは立たなかった[234]。そこで、後に国務省が「精力的で有能な政治的ネゴシエーター」と評価したヒアリが[235]、カタンガ議会の批准が必要となる旨を定めた付属文書を認める妥協を提案した結果、一二月二一日の深夜二時半、アドーラとチョンベは、以下の内容を含む八項目の協定に合意した[236]。

(1)一九六〇年五月一九日のコンゴ基本法の受諾
(2)コンゴ共和国の永続的な一体性の承認
(3)国家元首としてのカサブブ大統領の承認

(4)中央政府の権威の全共和国への承認
(5)新憲法制定会議へのカタンガ勢力の参加
(6)カタンガ憲兵隊の共和国軍への統合(237)……

かくして二〇時間以上の交渉を経て、ここに法的な意味でのカタンガ分離は終わった。六二年二月一五日、カタンガ議会は、キトナ協定を受け入れ、カタンガのコンゴへの再統合に向けた議論を進めることを承認した。

# 第8章　カタンガ再統合
## ――「介入資源の確保」と「防止外交」の亡霊――

### 1　カタンガ再統合過程と三つの視座

キトナ協定締結の報に、ホワイトハウスは歓喜に包まれた。アフリカ問題担当ウィリアムズ国務次官補は、「キトナからのニュースは、世界にとって心からの素晴らしいクリスマス・プレゼントである」と評し、仲介役のグリオン大使らの労をねぎらった(1)。国連事務局も同様であった。バンチ国連事務次長は、同協定の締結について「去る八月のアドーラ政府の議会承認以来、コンゴのあらゆる出来事のなかで最も勇気づけられた出来事と評しうる」と語り、これは「国連の勝利」であって、「この組織が治安維持機能以上の平和創造の能力を持つことを示した」ことを誇った(2)。

しかしケネディ達の認識は、楽観的過ぎた。なぜならキトナ協定は、政治力に勝るカタンガが、軍事力に勝る国連を交渉を通じて引き分けに持ち込んだのが実態だからであった。すなわちこの協定は、ステイクホルダー間の微妙な政治的均衡のもとで成立しただけにすぎず、その均衡が崩壊すれば再びカタンガに有利な情勢をもたらす機会を残した。そしてチョンベは、キトナ協定とは書き取らされたものだと主張し、一九六三年一月まで分離状況を引き延ばした。

どうやってチョンベは、分離を維持したのか。この答えの鍵は、米国が国連軍の活動を微に入り細に入り監視することで、親米コンゴを作るという「構造的権力」を有したことにあった(3)。言い換えるとチョンベは、ワシントンの政治を動かしうる権力資源を持つ限りにおいて、国連の動向にも影響を与えることができた。これは、まるで一年前の出来事の繰り返しであった。ただし実際には六三年一月に分離は終結した。なぜか。

　そこで本章は、今一度、「防止外交」の成就、国連の「介入資源の確保」の問題、米国という「構造的権力」の問題に焦点をあてながら、六二年初頭から六三年春までのコンゴ動乱の最終局面を分析する。そしてキューバ危機、中印国境紛争といった、コンゴ問題とはまったく文脈を異にする出来事が、財源確保とは別の「介入資源の確保」の問題を深刻化させることで、再統合過程に影響を与えたことを描き出す。また六三年一月というタイミングで、分離を終結させた要因が、平和維持活動を失敗させられないとする、国連組織防衛の論理にあったことを明らかにする。

## 2　キトナ協定の空文化

### 米欧摩擦

　キトナ協定は、法的にはカタンガ再統合の手続きを定めた。しかし実際には、再統合は展望できなかった。協定締結後もチョンベは戦意を維持し続け、一時的な休戦を利用して軍備増強の機会を探っていた。他方アドーラ首相は政治的に死に体であった。国家財政の約五〇%を占めるはずだったカタンガからの徴税は期待できず、コンゴは経済、財政破綻の瀬戸際にあった(4)。それゆえ彼は、常にギゼンガ派から分離の早期終結を求められ続けた。

　チョンベの態度の背景には、彼が手にした武器と潤沢な資金に加えて(5)、分離をめぐる西側諸国の足並みの乱れがあった(6)。たしかに米国と国連事務局は、前年夏の親米的なアドーラを首相とする新政府の成立を受けて、コンゴ再統合を目指した。しかし第7章で論じたように、再統合を企図して国連軍が武力行使に動き出すと、それに反対したのが米国の同盟国ベルギーと英国であった。カタンガは、親植民地主義の国際ネットワークを両国に有していた。そしてカタンガの納税問題では、ベルギーの場合は能力の面で、英国は意思の面で再統合の障害となった。

　まずベルギー政府が問題であった。既に論じたが、一九六一年春に発足したスパークが副首相兼外務大臣を務める新政権は、前政権と比べて国連に協力的であった。しかし社会主義者のスパークのユニオン・ミニエールに対する影響力は限定的であり、しかも社会党との不安定な連立政権は、「ベルギーの金融サークルに雁字搦めにされていた」(7)。カタンガの納税問題を解決するために、同社経営陣を動かすことが絶対に不可欠であったが、この事情から新政権は、大財閥ソシエテ・ジェネラルの子会社ユニオン・ミニエールのカタンガに対する納税問題の解決に指導力を発揮できなかった。分離を可能ならしめた同社のカタンガ政府への納税行為（六二年だけでも総額三〇〇〇万フランと言われた）は、コンゴの国内法の未整備状況下では非合法とは言い難く(8)、しかも他地域の騒乱から隔離された結果、同社の経営は比較的安定的だった(9)。

米国はこの状況に無策だったわけではない。米国はキトナ協定を裏書きすべく、ユニオン・ミニエールを含むカタンガ利権のステイクホルダーに直接交渉を行い、わずかではあったが成果を得た(10)。米国は、数カ月にわたる交渉で、仮に送金を停止すればチョンベが報復として総額三〇億ドルの設備を破壊し従業員に危害を加えると主張する同社から、若干の送金の自粛を引き出した(11)。しかし米国をしても同社の非合法とは言えない活動を完全に停止できなかった。原爆開発の協力で外国人として初めて米国の功労賞（The Medal for Merit）を貰ったユニオン・ミニエール会長エドガー・センギエールや、六一年一二月にソシエテ・ジェネラル総裁に就任したマックス・ノキンらの親米的経営陣は、長期的にはカタンガ分離独立状態の維持は非現実的と判断したが(12)、他方で同社経営陣のなかには、統一後のコンゴ政府が同社利益を保護するのかどうかに不安を覚え、カタンガとレオポルドヴィルとの和解に反対するものがいた(13)。彼らは、大国がチョンベに経済圧力をかける準備をしていない状態で、私企業がチョンベとの経済戦争に入ることはできないと主張した(14)。しかも米国とベルギー政府の共通理解では、現在のカタンガ駐留の国連軍部隊の実力では、チョンベの報復措置からジャドヴィルとコルウェジの同社施設を守り切れないとの見通しもあった(15)。このような事情から在ブリュッセル米国大使マッカーサーは、「ユニオン・ミニエールとソシエテ・ジェネラルの支配集団は、レオポルドヴィル政府への積極的支援提供をなかなか受け入れようとせず、チョンベへの効果的圧力提供にも乗り気ではない」と報告せざるをえなかった(16)。

いまひとつの障害が英国であった。米国は、英国政府を介して、英国企業のタンガニーカ・コンセッションズにも働きかけて、ユニオン・ミニエールのカタンガ送金を阻止しようとした。同社は、決議権ベースでユニオン・ミニエール株式の一八・九五％を保有する大株主であった[17]。しかし国連事務局のブライアン・アークハートが感じとったように、アフリカに独自の政治経済的権益を持つ英国は非協力的であった[18]。そもそも与党・保守党は、タンガニーカ・コンセッションズから選挙資金を受けており、カタンガ分離に好意的であった[19]。しかも保守党政権の重鎮のヒューム外務大臣などは、キトナ協定に懐疑的で、国連活動そのものを「こんちくしょうの厄介者（dammed nuisance）」と評して憚らなかった[20]。それゆえ、チョンベのことを「カタンガの繁栄維持のうえで最善の希望」と語るマクミラン首相は、国連との協力の体裁を保ちつつも、送金の阻止に動こうとせず、また英連邦構成国のローデシアからカタンガへの武器流入も阻止しなかった[21]。しかも彼らは、事態の展開次第では、六三年以降の国連への財政支援の撤回も検討する一方で[22]、米国が自国の経済権益の問題を理解していないことに戸惑っていた[23]。

この結果、コンゴ問題をめぐる「特殊関係」は空転した。ケネディ大統領の強い要望で開かれた米英ベルギー三カ国会談は、その象徴的出来事であった[24]。六二年五月一五日から一八日までの会談において、ベルギー代表は米英間のギャップを埋めようと努力し、カタンガ技術委員の引き上げの可能性に言及した[25]。しかし最終的に明らかになったのは、英国、ベルギーのどちらもユニオン・ミニエールに充分な圧力をかけるつもりがない、という事実であった[26]。とくに「馬鹿」と評されたロード・ダンディを交渉役に選定し[27]、状況次第では国連へ財政支援の撤回を仄めかす英国について、在ロンドン米国大使デイヴィッド・ブルースは、まったくもってやる気がない、とを報告せざるをえなかった[28]。

### 国連財政問題の影響

カタンガ分離問題をめぐる同盟国間の足並みの乱れは、コンゴでは二つの政治的方向性を生んだ。第一にカタンガには分離継続の好機となった。他方レオポルドヴィルのアドーラ政権は、分離の早期終結を求める左派勢力の圧力に晒されることになった。

米国は、一九六二年になっても相変わらず、アドーラ政権の権威を保つべく支援し続けていた。第6章で論じたように、アドーラは、六一年夏にCIAと国連軍の秘密工作を通じて首相に就任したが、CIAは、その後も彼の支持母体である各種労働組合や青年団体に資金を提供し、軍事的には亡命キューバ人パイロットからなる「即席空軍」を組織した(29)。国務省も、六二年春アドーラの訪米を計画し、米国議会議員および報道陣に好意的印象を与えるのに手を貸した(30)。しかし、これらの措置が充分な効果を持ったとは言い難かった。チョンベの「莫大な資金」が反アドーラ議員に流れ込んでいるとの噂が絶えず、「信じがたいほど議会が腐敗している」状況下で、彼の権威は失墜し続けていた(31)。

他方でカタンガ分離の固定化は進んだ。西側の共同圧力がないことを悟ったチョンベは、時間稼ぎに徹した。キトナ協定は、形式的には二月一五日に、カタンガ議会で批准された。しかし彼は、その後のアドーラとの交渉において、何かしらの合意が得られそうになると、病気を装うか、あるいは全権がないとの主張を繰り返し、六月二六日まで交渉を流産させ続けた。彼は、キトナ協定を受け入れるふりをすることで時間を稼ぎ、潤沢な資金を軍備増強に用いた。彼と側近ムノンゴは、カタンガ憲兵隊のために新しい武器を調達し、ヴァンパイア・ジェットを含む、少なくとも五機の戦闘機を空軍に配備し、また三〇〇〇から五〇〇〇人の傭兵をかき集めた(32)。

八月、アドーラはカタンガへの攻勢を強めると宣言したが(33)、実際のところ、国軍を完全支配できない彼に、外部支援抜きで単独で分離を終結させる力はなかった(34)。ギゼンガ派の拠点スタンレーヴィルでの反政府武装蜂起の噂が絶えず(35)、経済は混乱し、政府財政は破綻しかけていた。レオポルドヴィルでは大量の若者の失業者が溢れ(36)、政府が財政赤字を埋め合わせるために新紙幣の増刷を繰り返したために、レオポルドヴィルでは、激しいインフレが起こっていた(37)。その一方で、ユニオン・ミニエールが中央政府を迂回して多額の外国為替収益を使い、またコーヒーや紅茶等の物資の不法輸出が相次いだために、国際収支の赤字は月額約一六〇〇万ドルにのぼり、外貨準備は尽きかけていた(38)。六二年七月には、コンゴでは外貨準備不足から深刻な石油不足が起こった(39)。カタンガ北部で国軍兵士が、食糧、ビール、輸送手段、ガソリンの枯渇に直面し、残飯をあさり、横領や略奪行為に及ぶなか[40]、厳しい財政状況にもかかわらずアドーラは、国軍兵士の忠誠心維持のために兵士の賃上げ要求に応え続け[41]、また国連軍も反乱を阻止するために、たとえばキンドゥの町では国軍兵士に多額の資金をばらまき続けねばならなかった[42]。

全ての状況が、まるで前年のデジャビュであり、チョンベに有利であった。米国国連代表部のヨストは、状況を次のように要約した。

(1)国連財政危機のために、コンゴにおける軍事力は一九六三年初頭を越えて維持されることはない。

(2)〔国連軍：筆者〕部隊提供国は、仮に部隊が積極的に用いられないのであれば、部隊引揚げの国内圧力にますます晒されるようになる。

(3)もしカタンガが短期間のうちに再統合されないのであれば、アドーラの政治的立場は致命的に悪化するだろう。

(4)コンゴの経済状況の悪化は、カタンガ問題が時間を浪費させ、コンゴ政府の主要構成員の勢力を減退させる限り、改善されることはないだろう。

(5)時間は、チョンベに有利に流れている[43]。

米国の我慢ならないことにチョンベは、国連軍を資金切れでコンゴから撤退させる野心を抱き続けることができた[44]。ニューヨークでは国連が「過去二年間のコンゴ作戦のために二億五〇〇〇万、一カ月あたりで約一〇〇〇万ドル」の支出のために、相も変わらず、深刻な財政危機に苦しんでいた[45]。六一年一二月、国連総会は、国際司法裁判所に対して、平和維持活動経費が憲章第一七条の「この機構の経費」に該当するかどうかの判断を求め、総額二億ドルの国連公債の発行を決議した[46]。しかし未払い国は、その姿勢を改めず、国連軍の資金は六二年六月にも枯渇しそうな状況にあった[47]。しかもウ・タントの予想では、国連軍の活動が続けば、その不足分は、六二年末には国連の通常予算の約二倍の額の一億七〇〇〇万ドルに膨らむとされた[48]。そこでチョンベは、国連公債購入財源の一億ドルの緊急予算枠の設定を渋る米国議会に狙いを定め、六一年秋以降、「カタンガ情報サービス」のストルゥーレンスのロビー活動を通じて、反国連・親カタンガ勢力を組織化した。そして、これに呼応して超党派の有力政治家達が、「反共主義の拠点カタンガを守れ」のかけ声とともに、公債購入反対のキャンペーンを展開した[49]。

国務省は、アドーラとの会談を避け、時間稼ぎに徹するチョンベの動きに、「カタンガ情報サービス」のストルゥーレンスの入れ知恵を疑っていた[50]。それゆえケネディは、ストルゥーレンスの国外退去の可能性をスパークと協議し、時に連邦捜査局（ＦＢＩ）を用いて、カタンガ・ロビーの動きを封じようとした[51]。国連事務局も、ストルゥーレンス、チョンベおよびダッド上院議員の動きを監視し、電話盗聴で得た情報を米国に提供した[52]。しかし三月七日には、カタンガ・ロビーによる大集会がニューヨークのマジソン・スクエア・ガーデンで開催され[53]、彼らの勢いに押されたケネディは、議会との妥協を余儀なくされた。詳細は第9章に譲るが、ケネディは激しい論争を挑む議会を懐柔せねばならず、議会に対して未払い国に対する国連憲章第一九条の適用を約束した。すなわち分担金支払いが二年を超えて遅延した加盟国の国連総会投票権剝奪を定めたこの条項を、平和維持活動の経費未払い国にも適用することを約束することで、国連公債購入の予算枠を議会に認めて貰うというのであった。

一方、この提案を受けた議会上院外交委員会は、三月八日、カタンガ・ロビーの抵抗に遭いながらも、予算枠の一部を承認した。ただし上院外交委員会での投票結果は、国連公債購入の賛成八、反対七という薄氷の勝利であった。しかも実際の予算枠は、ケネディが求める一億ドルではなく、即時払い分も二〇〇〇万から二五〇〇万ドルに限定され、残り七五〇〇万ドル分については、他国の利払い状況や米国の国連通常予算の分担分なども考慮して、継続的に検討するという条件がつけられた。六月二八日、議会上院は、修正予算案を承認した（本会議は賛成七〇対反対二二）[54]。

## 3　対カタンガ圧力の必要性と限界

### 和解と経済制裁案の登場――「ウ・タント・プラン」

ニューヨークでは国連事務局が、財政問題の火種が燻り続ける状況に焦っていた。ウ・タントは、国連の財政問題を「最高の懸念事項」と西側大使に語り(55)、国連公債売却で多少の息継ぎができるとはいえ、一九六三年三月までに資金繰りが悪化することを予見していた(56)。それゆえ国務省も国連事務局も、米国議会の国連公債購入の目処が完全に立つまでは、カタンガとの対立を喚起する類の国連の活動を、極力差し控えねばならないことを自覚していた(57)。

国連の活動によって、国連コンゴ作戦に反対する国内の反国連勢力の活動が活気づくようなことがあれば、それはまた国連公債購入に対する議会の承認を得る我々の活動の障害になるだろう(58)。

一方ウ・タントのもとには、アジア・アフリカ諸国からも、カタンガに対する積極策を執るよう要請が届けられ続けていた。それゆえウ・タントは、米欧諸国とアジア・アフリカ諸国との間における苦しい板挟み状況を次のように語らざるをえなかった。

ウ・タントは彼が呼ぶところの「逆説」を語った。すなわちコンゴ作戦に資金を提供する国々は、国際連合が積極的活動を行うと、資金を引き揚げると脅す(59)。国連作戦に部隊を提供する国々は、ただちに積極的活動を行わないならば、部隊を引き揚げると脅すのである。

キャピトルヒルの動向に引きずられ、かつアジア・アフリカ諸国からの部隊引揚げの脅しに晒されて、身動きが取れない国連事務局は、チョンベの立場の強まりと国連軍の権威の低下という事態を甘んじて受け入れねばならなかった。たとえばカタンガは、七月の独立二周年式典を、国連の反対を無視して行った。その際、エリザベスヴィル中心街で兵員二〇〇〇人の軍事パレードを行い、また三〇〇〇人の扇動した女性や子供に国連軍インド部隊が設営した検問所を襲撃させ、国連軍部隊の反撃で二名の死者が出たことを宣伝して回った[60]。このことに激高したウ・タントは、この日のヘルシンキでの記者会見で、「道化師の一団」とチョンベ達を罵って、バンチ達側近を驚かせた[61]。ここには国連の国際的権威の低下に対する彼の焦りがはっきりと表れていた。

国連が打てる策に限界があるなかで、米国もカタンガへの圧力なしに事態の打開はないことを理解していた。最も単純な方法は、アドーラが渇望したような、国連軍の対カタンガ武力行使であった。しかしこれは、政治的に非現実的であった。前章で論じたように、国連は六一年の間に二度カタンガへの武力行使を行ったが、いずれの場合も西側諸国からの批判に晒され、中止に追い込まれていた。三度目の武力行使についても、現状のままでは同じことが予見された。国務省情報調査局は、同盟国の支持確保に目処が立たないなかでの国連軍の武力行使に反対し、国軍のカタンガ攻撃が「決定的な軍事的解決にならない…ばかりか、コンゴ全体へ無政府状態を広げることになり、確実な破壊をもたらし、終わりの見えない内戦を引き起こすことになるだろう」と分析した[62]。

このようななか、国連軍の武力行使を回避しつつカタンガへ圧力をかける方策は、二つあると考えられた。一つはコンゴ国軍支援の増強であった。ケネディは、国軍の再訓練計画策定のために、マイケル・グリーン大佐をコンゴに派遣した。計画は「グリーン・プラン」と呼ばれ[63]、八月以降、米国は「国連の傘」の元での支援に加えて、一五万ドルの軍事支援をアドーラに直接提供し、この資金をもとにベルギー軍、イタリア軍、イスラエル軍の協力を募った。そして役割分担としては、ベルギー軍がコンゴ海軍、イタリア軍が空軍、イスラエル軍が陸軍歩兵隊とパラシュート部隊の訓練にあたるとされた[64]。

もう一つの方法は、国際協調による経済制裁であった。それが、八月一九日公表の「ウ・タント・プラン」[65]である。計画には、国連事務総長の名前が冠されたが、実質的には英国、フランス、ベルギーとの協議を経て、米国国務省が主導的に作成し、ウ・タントに引き受けさせたコンゴ和解計画であった(66)。これは、国連の法律顧問の助力を得た新憲法の起草やその議会承認など統一に向けた段階を記すと同時に、その履行を迫るためにカタンガ産鉱物資源の輸出入禁止という経済制裁の発動を予定した(67)。概して言えば、アジア・アフリカ諸国は、これに好意的な反応を示した(68)。

しかし「ウ・タント・プラン」の実効性には、端緒から疑問符がついた。根本理由は、これにも米欧間の不和が投影されたからであった。そもそもこの計画は、具体的な期限設定を欠いたまま、単に履行の段階を定めただけであった。しかも米欧間の不和のために、仮にその内容が履行されない場合の力の行使が充分に担保されないままとなった。米国の根回しにもかかわらず、銅資源消費国であるフランスは公然と反対し、英国も当初の態度を翻し、最終的に協力を拒否した。そのため制裁の内実も、米国とベルギーの二国だけのボイコットとなった(69)。

しかも米国ですら制裁に二の足を踏む部分があった。「ウ・タント・プラン」は、経済制裁がうまくいかない場合、さらなる制裁の可能性を謳ったが、同盟国、とくに英国が「カタンガに対する武力行使に強く反対した」ことを受けて(70)、米国はそれに国連軍の武力行使が含まれることに躊躇した。八月五日にケネディはこの計画を承認したが、米国の動向を反映して、仮に経済制裁が失敗した場合「より厳重な措置を執る」と記されていた原案の記述は、公表段階では「執ることができる」へ修正された(71)。この結果ケネディ政権内でも、国連事務局内にも経済制裁の効果への疑念の声が残った(72)。

### 宥和政策とアドーラの苦境

対カタンガ圧力の必要性を認めたものの、和解実現に充分な手段を欠く「ウ・タント・プラン」の前途は多難であった。しかもコンゴ側にとってこれは、ワシントンの事情を反映した文章に過ぎなかった。この結果、和解交渉の進展は、米国によってカタンガとレオポルドヴィルの双方にかけられた圧力と、その譲歩の変数になりがちであった。

チョンベが今一度障害となった。権力源泉を米国に依存するアドーラは、この計画に好意的反応を示し、[73]八月二三日に同意した。しかし、チョンベは交渉そのものを流産させようとする態度を続けていた。チョンベに圧力をかけることができず、その結果チョンベが交渉上の優位性を維持するなかで、米国は譲歩を強いられた。

「ウ・タント・プラン」の公表後、カタンガ北部では憲兵隊と国連軍部隊の衝突の可能性が高まり、アンゴラのベンゲラ鉄道を介したカタンガへの武器輸送が活発化した。[74]九月になると、チョンベに対する米国の宥和的態度が顕著になった。それを端的に示したのが、ジョージ・マクギー国務次官のカタンガ派遣であった。これは「マクギー・ミッション」と呼ばれ、九月二五日から約三週間、マクギーは「ウ・タント・プラン」に沿った和解案を受け入れるよう、チョンベと交渉した。[75]当時五〇歳、マクギーはテキサス州の裕福な石油業者で、トルーマン政権下ではトルコ大使、近東、南アジア、アフリカ担当国務次官補を務めた人物であり、[76]カタンガ問題では、ヨーロピアニストの一人として、カタンガに同情的な人物であった。それゆえ六二年二月よりリネーの後任であったガーナ人のロバート・ガーディナ国連軍代表は、チョンベが図に乗るとの理由から彼との直接交渉に猛反対したが、チョンベは国連へ不信感を公然と口にし続けたため、ケネディはマクギーを選定した。[77]しかしマクギーの交渉も具体的成果をもたらさなかった。[78]マクギーは「ウ・タント・プラン」を支援する米国政府の決意をチョンベに印象づけよう」としたものの、新憲法のもとでカタンガにより大きな権限が与えられることを約束させられた一方で、彼が手にしたものといえば、チョンベからの数々の空約束であった。[79]これは、憲法起草過程へのチョンベの関与を望まぬアドーラからすれば、「裏切り」ともとれる譲歩であった。[80]

むしろチョンベへの宥和政策は、アドーラ政権をより不安定にした。両者の和解の行く末が、カタンガに有利な内容になるのではないかとの期待から、一〇月までにライバル指導者の反乱が国中を覆い始めた。まず反乱はカサイ州で起こり、一〇月中旬になると脱獄したライバル政治家アルバート・カロンジが、短期間であったがアドーラへ反旗を翻した。[81]キブ州でもルムンバ政府の元情報大臣アニセット・カシャムラが「コンゴ抵抗運動」を立ち上げ、カタンガ・バ・ルバ連合（BALUBAKAT）のジェイソン・センドウェも、アドーラの打倒を掲げた。アドーラはその報復に反対派の一部を投獄した。[82]
一方で「ウ・タント・プラン」の実行は、日を追って難しくなった。アドーラは米国と国連の法律専門家が起草した憲法草案を受け入れたが、コンゴ議会はその承認を渋っていた。この原因について法律家であるボール国務次官は、憲法草案承認が制裁回避に不可欠であることを認めつつも、国連派遣の民法の専門家が作った新憲法が、コンゴの実情に合わないほど「洗練されすぎており、そしておそらくうまく機能しない」と感じていた。[83]マクギーは一〇月にもコンゴを訪問したが、チョンベはこの時交渉を拒否するとともに、空軍力を増強し、傭兵を集め、カタンガ憲兵隊を一八〇〇〇人規模へと拡大し続けた。いまやその規模は、カタンガ駐留国連軍の二倍近くになりつつあった。[84]コンゴ国軍が三週間にわたってカタンガ攻撃を続けるなか、事態が改善しないことに苛立ったアドーラは、一〇月二〇日、制裁の第三段階を要求した。[85]
しかしこのタイミングは、米国と国連にとって最悪であった。大西洋の向こう側では、キューバ危機が起こっていたからであった。一〇月一四日、米国の偵察機が、ソ連がキューバにミサイル基地を建設中であることを発見した。その後の約二週間、ワシントンとニューヨークは、この危機の処理に忙殺され続けた。アドーラの期待とは裏腹に、ケネディはコンゴ問題への具体的反応ができなかった。アドーラの権力は、弱まるばかりかと思われたが、同じ時期に流れを一変させる出来事が起こった。それが中印国境紛争の勃発であった。

## 4　二つのタイム・リミットとカタンガ再統合

### 中印国境紛争とインド部隊の撤退

一九六二年一〇月二〇日、国連軍最大の派遣部隊提供国インドが中華人民共和国との国境紛争に巻き込まれ、中国軍にカシミール地方のアクサイチンを奪われた。[86]インドが国連軍へ部隊を提供したことで中印間の軍事バランスが変化し、中国の行動を誘発させたのかどうか、またこの事件とキューバ危機勃発とに何かしらの関連があるのか定かではない。しかし中印国境紛争のコンゴ動乱への影響は明確で、この攻撃を理由にネルー首相は、六三年三月を期限としてインド部隊の引揚げを表明した。インドは、六二年五月の段階で、国連軍の全兵員一三七〇〇人のうちの四〇％を提供していた。そのインドの離脱によって、国連事務局は国連軍の規模の維持に苦慮することになった[87]。

国連事務局は慢性的な人材不足にも悩んでおり、インド部隊の引揚げはこの問題を決定的にした[88]。もともと多様な国の派遣部隊から構成される国連軍には、言語問題、人種問題、派遣国間の関係性などを背景に、オペレーショナルレベルの問題が多かった[89]。規律の取れたスウェーデンやカナダ部隊は、作戦実施能力に高い評価が与えられたが、白人との人種摩擦を抱えるコンゴでは、その活動地域に限りがあった。一方で苦しい財政状況のもとで、人件費をなるべく低く抑える必要があり、財政的観点では賃金の低い途上国からの派遣隊が望ましかったが[90]、エチオピアなどのアフリカ人部隊では、無規律で質の悪い兵士達が赤十字の救護隊を殺害するようなケースもあった[91]。このようななかで、有色人種で、五七〇八人の兵員を提供し、賃金が低いながらも「国連軍で唯一安定的な部隊である」と評されたインド部隊、とくにグルカ兵団には、エリザベスヴィル駐留の最重要任務が託されていた。しかし中印国境紛争の影響で、国連はその代わりを欠くこととなった[92]。

省みるに、六一年春以降、コンゴ国連軍の活動は、現実的な意味において、米国とインドの二国によって担われてきた。前者が財政的、技術的支援を国連事務局に与え、後者が軍事的、人的支援を与えていた。つまり仮にワシントンとニューデリーのどちらかが支援を取りやめるならば、コンゴ国連軍の活動は崩壊するというのが実態であった。そして、いまやそれが現実化しつつあった。

ワシントンでは、悲観的見通しが強まっていた。大統領補佐官カール・ケイセンは、国連軍の軍事能力の強化が図られなければ、最悪の場合「アフリカを舞台とした白人と黒人の戦争の類」が勃発し、米国はその中間に囚われることになると警告した。すなわちアドーラ政権は、急進派（ギゼンガ派）に打ち倒され、アフリカ諸国の多数派はレオポルドヴィルの支援に向かい、その一方でポルトガルと白人少数派の中央アフリカと南アフリカの体制はチヨンベに支援を与えるだろうというのであった[93]。またＣＩＡも同様の帰結を展望した。

国連の撤退は、おそらくアドーラの失脚を早めるであろう…。その影響は、主におそらくソ連が反乱軍を支援する手段を模索するアンゴラで立ち現れるであろう。アンゴラでの暴力の続発、そしてローデシアやケニアへの脅威は、往生際の悪い白人入植者の反対活動を積極化するであろうし、南部アフリカの多くを舞台とした白人と黒人の衝突の危険性を高めるのである[94]。

ケネディは事態を座視していたわけではなかった。一〇月三一日、マクギーからの情勢報告を受けたケネディは、「コンゴ情勢に決定的時期が迫っている」との認識を抱いていた[95]。それゆえこの時期米国は、国連軍の弱体化を補うために、先述の「グリーン・プラン」、すなわちコンゴ国軍の再訓練計画への取り組みを加速させ、またアドーラ政権へのテコ入れとして、輸入用外貨支援の二五〇〇万ドル、公法四八〇号のもとで二七五万ドルの支援を提供した[96]。また米国文化情報局（ＵＳＩＡ）も、プロパガンダ映画『コンゴの進歩』や『二年後』を制作し、アドーラの権威構築のための宣伝活動を行い続けた[97]。しかし国連軍の武力行使の回避、内戦激化の回避が米国にとっての至上命題である以上、帰結は現状の固定化を意味しただけであった。

ウ・タントは、自分の名を冠した計画が骨抜きになりつつある状況に焦っていた。カタンガへの積極策を求めるアジア・アフリカ諸国、とくに急進派アジア・アフリカ諸国のカサブランカ・グループでは、米国が「ウ・タント・プラン」への支持を撤回するのではないかとの懸念が広がりつつあった[98]。しかもアドーラには、「ウ・タント・プラン」が一向に実施されないことへの失望から、国連軍をコンゴから撤退させる気配すらあった[99]。このような状況下、「幾分自暴自棄的な傾向」があったウ・タントは、指導力を発揮しようとして、これまで明言してこなかった交渉期限を、一一月一五日と設定した[100]。しかし前月にキューバ危機の処理に忙殺された米国には、経済制裁への充分な準備ができておらず、またベルギーもそれを可能とするための国内立法が進んでいなかった[101]。結局、期限が訪れたが何も起こらなかった。国連事務局だけでは何もできなかったのである。

レオポルドヴィルでは、米国と国連が本当に制裁を実施するのかどうかを疑う声が強まっていた。カサブブ大統領率いるABAKOは、計画への疑念を口にし、カタンガに対する「より強い措置」を執るよう求めた[102]。アドーラは、一一月二八日に苛立つ議会の不信任投票に晒され[103]、在レオポルドヴィル米国大使グリオンに対して、「米国は国連を支配しているのだから、〔コンゴの：筆者〕情勢により責任を負うべきだ」となじり、カタンガ再統合に繋がるのであれば、ソ連から支援を受けるべきだとする声が議会で沸き上がっていることを伝えた。アドーラの不満は、カタンガ憲兵隊が国軍兵士や村民を日々攻撃し、自らの政権が不安定であるにもかかわらず、米国や国連が何もやらないことにあった[104]。アドーラは、窮するあまり、一一月上旬、コンゴ国軍をカタンガ北部のコンゴロへ侵攻させ[105]、米国と充分協議することなく、一二月一一日、経済制裁の即時実施を訴える手紙を一一カ国に送った[106]。

米国は、あがくアドーラにテコ入れを続けていた。国務省は、「首相の国内の政治的立場は弱く、そして彼は閣内で反乱に直面している」と判断し、「彼の政治的立場を支える若干の措置が不可欠である」と考えていた[107]。在レオポルドヴィルCIA支局長デブリンが後に回顧したように、六二年一〇月から一二月の間、CIAは多数の工作員を用いて、反対派の買収などの政治工作を活発化させた[108]。一一月二五日、米国は「技術上の詳細」について調整の必要性を残したまま、コンゴの「即席空軍」に「適当な量」のロケット砲を提供することを承認した[109]。また悪化の一途を辿るコンゴ経済の立て直しのために、五〇〇〇万ドル規模の国際援助計画の作成を急ぐと同時に、モービル石油などの石油会社からカタンガへの納税停止協力を得た[110]。しかし大きな変化はなかった。アドーラは、反対派の辞任圧力に晒されて、政治犯の特赦を認めざるをえないほど追い込まれていた[111]。一一月末の不信任決議をめぐる動きにおいて、アドーラは、CIAの工作でなんとか「ピュロス的勝利」を収めたが、グリオンはこの帰結にチョンベの立場の強まりを予想した[112]。

国連職員も焦りの色を隠せなくなっていた。一一月二二日、ウ・タントは、次のように米国国連代表部に国連の窮状を訴えた。

ガーディナ（左）とリネー
（1962年2月14日，UN Photo）

彼〔ウ・タント：筆者〕は、国連は三月を越えてコンゴでの活動を続けることはできないだろう、と語った。彼の側近、とくにアジア・アフリカからの側近は、国連総会がこの年のコンゴ財源をめぐる別の決議を認めることはないと主張している…。しかも追加的な資金が獲得できない可能性に加えて、差し迫ったインド部隊…の撤退の問題もある。(113)

それゆえ一一月二六日、ニューヨークのバンチ国連事務次長の邸宅で開かれた夕食会の際、「即時の劇的な活動」を取らねばならないと信じるガーディナ国連軍代表は、カール・ローワン国務次官補代理に近づき、米国がコンゴ人民を「裏切りつつある」と批判し、また踏み込んだ措置を避けるために、「〔国連を：筆者〕盾として使おうとしている」となじった。さらにガーディナは、アジア・アフリカ諸国の「ウ・タント・プラン」執行の失敗に対する幻滅を伝えたうえで、国連は残り一カ月は米国と行動をともにするであろうが、もし状況が改善されないのであれば「〔米国は：筆者〕コンゴを一国だけで好きなように扱うことができる」だろうと怒りをぶちまけた。(114)

## 米・ベルギー協調と国連軍の強化

ケネディは、ウ・タントとアドーラの苦境を目の当たりにして、経済制裁に対する態度を明らかにせねばならなくなった。西側諸国間で制裁をめぐり不一致が続き、チョンベは自らに有利な状況が続くことを期待していた。(115)それゆえケネディは今一度ベルギーの協力を取り付けることで、チョンベの目論見を破ろうとした。一一月二七日、ケネディは、ワシントンを訪問中のスパークに対して、次のように語り、好意的反応を得た。

コンゴでは時間が尽きかけている。インド部隊はまもなく立ち去るだろう、国連の資金はほとんど尽きている。

そして〔コンゴ：筆者〕政府は不安定である。我々が協調して為し得ることを考えていただけると有り難い[116]。

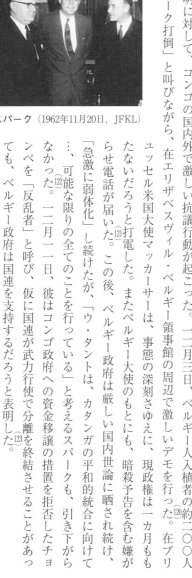

同日、両者は、歳入の五〇％を中央政府に渡すようカタンガに求め、「きわめて短期間のうちに」再統合へと向かわないのであれば、「厳しい措置を含む国連の計画のもとで、さらに踏み込んだ段階」が実施されるだろうとの共同声明を発した[117]。また同時に両者は、チョンベのユニオン・ミニエール施設に対する破壊行為を阻止するため、国連軍による同社施設の警備を強めることで合意した[118]。そしてこの計画は、一一月中旬に計画作成の下準備でロンドンとブリュッセルの交渉役となったマクギー国務次官にちなんで[119]、「マクギー・プラン」と称され、「ウ・タント・プラン」の発展計画であるとされた。

ケネディとスパーク（1962年11月20日，JFKL）

共同声明に対して、コンゴの国内外で激しい抗議行動が起こった。一二月三日、ベルギー人入植者の約二〇〇人が、「スパーク打倒」と叫びながら、在エリザベスヴィル・ベルギー領事館の周辺で激しいデモを行った[120]。在ブリュッセル米国大使マッカーサーは、事態の深刻さゆえに、現政権は一カ月ももたないだろうと打電した。またベルギー大使のもとにも、暗殺予告を含む嫌がらせ電話が届いた[121]。この後、ベルギー政府は厳しい国内世論に晒され続け、「急激に弱体化」し続けたが、「ウ・タントは、カタンガの平和的統合に向けて…、可能な限りの全てのことを行っている」と考えるスパークも、引き下がらなかった[122]。一二月一一日、彼はコンゴ政府への資金移譲の措置を拒否したチョンベを「反乱者」と呼び、仮に国連が武力行使で分離を終結させることがあっても、ベルギー政府は国連を支持するだろうと表明した[123]。

後に米国務省のロジャー・ヒルズマン情報調査局長が回顧したように、一一月二七日の共同声明が、国務省の政策の重要な転換点になった。一二月九日、「コンゴ問題の最高司令官」ボール国務次官は、情報調査局に新たな「新コンゴ政策」策定の基礎作業を行うよう命じた[124]。実は、この時点で米国のコンゴ問題からの撤退の可能性に傾いていたボールは、この作業についてクリーブランドやウィリアムズには充分な相談をしなかった[125]。しかしアフリカニストを迂回したにもかかわらず、ヒルズマンの情報調査局が下した結論は、アフリカニストのこれまでの主張に近いものであった。情報調査局は、四日後、「財源に限りがあり、おそらく想定より早くインド部隊が撤退することに直面した国連は、コンゴにおいて軍隊として充分な実力を維持することはできない」という現状認識に基づいて、一七の政策案を検討し、概して言えば以下の結論を導きだした。

(1)アドーラ率いる中央政府は自力で現在の難局を乗り切ることができない。
(2)仮に米国が非関与となり、国連軍も撤退することになれば、中央政府はソ連に支援を求めた上で、カタンガ侵攻へと向かうだろう。
(3)それゆえワシントンは、チョンベの考えを改めさせ、ソ連の介入を阻止すべきである。
(4)仮に米国が非関与の立場を取るならば、より悪化した状況（国連軍不在で、米国とブラック・アフリカ諸国との関係は決裂）での再介入を余儀なくされる。
(5)それゆえ現段階での最良の選択肢は、「国連の傘のもとでの米国の軍事力の構築」である。
(6)ただし、その目的は、カタンガの再統合に向けた力の行使の「回避」とする。すなわちチョンベを破壊することなく、米国の後援を得た国連の力を見せつけることで、チョンベの戦意を挫くことを狙いとする[126]。

一二月一四日と一七日、国家安全保障会議が開催された。参加者は、ケネディ、ラスク国務長官、ボール、マクギー、クリーブランドの各国務次官補、ＣＩＡのトウィーディ、ヒルズマン、そしてグリーン大佐などの面々であった。会議では、国連の資金が尽きつつあり、またインド部隊撤退がチョンベを安心させかねないという作戦のタイム・リミットを意識するケネディが、様々な疑問点をぶつけた。これに対して議論を主導したのはボールであった。彼は、国連が「これまで為してきたこと以上に、武力を印象的に示す」必要があると主張し、力の誇示を目的とした国連軍の軍事力強化を米国が支援するよう推奨した。そして強調されたのが、強制措置への支持をチョンベに悟らせるために、米国が八機のジェット戦闘機と数機の偵察航空機からなる航空中隊を提供する提案であった。この提案に対して、いつもは親カタンガ的なマクギーですら同意し、最終的に承認された(127)。

## 「防止外交」という亡霊――もう一つのタイム・リミット

しかし皮肉なことに、米国の国連軍強化の決断は新たな火種であった。米国のような大国の国連軍参加は、国連軍を法的に基礎づけた安保理決議からの逸脱であり、故ハマーショルド国連事務総長が最も避けようとしたことという意味で、国連事務局が望まないことであった(128)。国連軍への米国の直接参加の問題は、トリグブ・リーの時代に、朝鮮戦争に関わり失墜した国連の権威の問題、国連軍の法的正統性の危機の再燃を孕んでいた。ラルフ・バンチ国連事務次長は次のように語った。

…国連事務総長は、現在の安保理決議のもとでは、米国空軍部隊が国連軍の一部として参加し、また国連軍を直接支援する作戦に従事するという考えは、非常に受け入れがたいと考えるだろう(129)…。

国連平和維持軍には大国の軍隊を含むべきではないとする、ハマーショルドの「防止外交」の野心的希望の亡霊が彷徨っていた。ボールらの事前予想通り(130)、ウ・タントが若干の抵抗を試みたのも自然なことであった(131)。一二月中旬、ウ・タントと米国政府高官との間で会談が相次いだが、ウ・タントは米軍の参加に「只ならぬ留保」を付けようとした(132)。一五日のスティーブンソン国連大使との会談で、ウ・タントは米国の歴史的決定を賞賛しつつ、しかし国連安保理の承認なしには米国の制裁的な直接介入を合法化できないと伝えた。ウ・タントが本心で望んだのは、米国からの機材提供だけであった(133)。これに対してボールは、これではチョンベを屈服させることができないと考え、米国がこの決定に至った理由は、国連の無能さと鈍さで生じた「時間がかかり、引き延ばされた、流血の混乱」のためであることを彼に伝えるよう国連代表部に命じた。(134) そして、スティーブンソンらは、次のようにウ・タントに伝えた。

…米国は国連のコンゴ作戦の最大の財政支援国であり、そして…ケネディ大統領は、次の議会では、米国の国連公債の購入について、さらなる要求に晒されないことを望んでいるのです。(135)

ベルギーや英国に相談することなく決定を直接ウ・タントに持ち込んだことは(136)、米国の意志の固さを示していた。ウ・タントには提案を拒否する術などなかった。一二月一八日、国連の軍事的追加要求の評価のために、ルイス・W・トルーマン将軍に率いられた調査団がコンゴへ派遣された。(137) そこから、ウ・タントにとって時間との闘いが加速した。国連の法的正統性を決定的に毀損する可能性のある米国の航空中隊到着は、安保理決議履行のもう一つのタイム・リミットに他ならなかった。この時、国連の「介入資源の確保」とその正統性をめぐるジレンマを突きつけられたウ・タントは、米国に対して面従腹背的な態度をとった。一二月二一日、米国が戦闘機提供を提案した際、その実施を可能な限り先延ばしにしようとし(138)、同時に米国以外の国からの軍備増強を進めた。彼は、王立カナダ空軍H・A・モリソンに「国連空軍」の組織化を依頼し、スウェーデン、エチオピア空軍提供の戦闘機、イタリアからの輸送機、インドからのキャンベラ爆撃機によって空軍力を整備した。また、数週間前に北ローデシア自治領の元首になったケネス・カウンダの協力を得て、ベンゲラ鉄道の一部を使って、部隊をコルウェジとジャドヴィルへと輸送する手筈も整えた。(139) 他方でガーディナの懸念をよそに、在欧米国空軍は国連文民支援活動の制服を着た二名の技術者やロケットを届け、このロケットを搭載するためのAT－6攻撃機の準備していた。(140)

エリザベスヴィルでは緊張感が高まっていた。一二月一九日、米国の動きを察したチョンベは、国連あるいは米国の動き次第では「焦土作戦」を取ると脅しをかけた。その翌日の米国の援助表明の報復として、彼は学生を扇動してエリザベスヴィルの米国領事館を、「ケネディをぶっとばせ」と襲撃させ、またカタンガ憲兵隊に国連軍部隊を包囲させた。これに対してウ・タントは、一二月二八日の午後三時までに憲兵隊を撤退させるようチョンベに要求した。[141]

## カタンガとの闘い（ラウンド・スリー）とカタンガ再統合

一二月下旬、クリスマス・ムード一色の世間をよそに、ワシントンとニューヨークは暗い雰囲気に覆われていた。チョンベが好戦的な態度を改めようとしないなかで、国連軍司令部は野心的な軍事作戦計画を練っていた。一二月二八日、これで三度目となる国連軍のカタンガ武力行使、「オペレーション・グランドスラム」が開始された。ただし、カタンガ再統合は、綿密に計算された軍事計画の結果というよりもむしろ、ややコミカルな偶発的事件を端緒とした予期せざる結果としてもたらされたというのが真相であった。

一二月二四日、ルブンバシ郊外のユニオン・ミニエールの採鉱場の山のふもとに駐留していた国連軍チュニジア部隊とエチオピア部隊が交代した。フランス語を話すチュニジア部隊兵士とカタンガ憲兵隊兵士が仲良くなっているという噂が交代理由であった。この日、クリスマス・イブで浮かれ騒ぐカタンガ憲兵隊の兵士も、この山の周辺にいた。エチオピア部隊兵士は、フランス語を解さなかったが、現地生産のシンバ・ビールを飲んで泥酔したカタンガ兵に停止命令を出した。しかしこの兵士が停止しなかったため、エチオピア兵は威嚇発砲した。パニックに陥ったこのカタンガ兵は、山から転げ落ちて怪我をした。憲兵隊の同僚は、彼が狙撃されたと考え、国連軍の陣地を攻撃した。この攻撃が偶発的なものか、あるいはチョンベや他の上級将校の命令なのかは不明だったが、道路封鎖の任にあったエチオピア隊への攻撃の結果、国連軍のヘリコプター一機が破壊され、インド兵士一名が命を落とした。この一連の事態をうけて、ウ・タントは、一二月二八日、国連軍の移動の自由を保証するように現地部隊に命じ、ここに攻撃のラウンド・スリーが始まった。[142]

大統領補佐官ケイセンの事前評価では、国連軍の軍事的勝利の可能性はせいぜい五〇％であったが[143]、形勢は予想外にも国連軍の優位で推移した。撤退期限までに「仕事を終わらせたい」とするインド人部隊の士気の高さも、影響したのであろう[144]。カタンガ側に制空権を握られた過去の苦い経験を踏まえて、国連軍のスウェーデン製サーブ・ジェット機がカタンガ航空部隊を攻撃し、コルウェジ・ケンゲレ空港の燃料貯蔵庫と数機の航空機を破壊した。国連軍の地上部隊は、エリザベスヴィルの重要拠点と憲兵隊本部を占拠した。トルーマン将軍の事前評価で指摘されたように、「命令系統」に弱点があった憲兵隊部隊はバラバラとなり、至るところで逃走者が出た。そして二九日までに国連軍は、街の全域を制圧した。国連軍の攻撃開始直後に官邸を脱出したチョンベは、ローデシアへ逃れた。カタンガの残存勢力は、エリザベスヴィルとジャドヴィルの間に位置する橋を爆破して抵抗を試みた後、敗走を重ねた[146]。ジャドヴィルには、ユニオン・ミニエールの工場があり、ここでカタンガ空軍の航空機の組立、修理などが行われていた[147]。一二月三〇日、国連軍は、チョンベの側近ムノンゴの逃走先キプシも制圧し、ガーディナは、この時点で行動を中止するという「〔過去二度の武力行使時のような：筆者〕同じ誤りは犯さないだろう」と宣言した[148]。

かつてボール国務次官は、チョンベ達を「非理性的な人間」と評したが[149]、この時ケネディは、彼らが自暴自棄になって、ユニオン・ミニエールの重要な資産であるコルウェジのダムと水力発電所の破壊、そして鉱山の閉鎖に踏み切ることを憂慮した[150]。一二月三〇日、休暇をパームビーチで過ごしていたケネディは、その晩にボールに電話し、国連軍の攻撃停止を希望した。ラスクは、この希望をただちにバンチに伝え、バンチから国連軍司令部の活動の一時停止の声明を出すとの返答を得た[151]。その上で国務省は、国連軍の軍事作戦についての声明文の下書きをウ・タントのために作成し、翌三一日ウ・タントは、国連は軍事的勝利を望んでいるわけではないことを説明した[152]。

しかし、現場の動きは止まらなかった。ニューヨークの米国国連代表部は、現在の命令では国連軍の前進はキプシまでで、ジャドヴィルではないと国連事務局から伝えられていた[153]。国連事務局には、仮に国連軍部隊が、ルフィラ河を渡って対岸のジャドヴィルに近づこうとするならば、激しい抵抗が起こり、この地のユニオン・ミニエール所有のコバルト精製用施設が破壊されかねないとの情報が伝えられていたからであった[154]。しかしワシントンもニューヨークも事態を完全に制御しきれているわけではなかった。停止命令にもかかわらず、六三年一月一日、現地部隊は橋が破壊されたルフィラ河を渡ってジャドヴィルへ前進した[155]。

ただしこの予想外の国連軍の前進は、ウ・タントにとって「最も喜ばしい驚き」となった[156]。実際には想定されたような抵抗はなく[157]、逆に国連軍の軍事的優位が明らかな今ならば、ヨーロッパ資産を守りつつ、チョンベを屈服させうる状況が明らかになったのである。英国大使館の観察では、この一週間の展開でチョンベの立場は「大きく弱まって」おり[158]、しかもグリオン大使が国務省へ報告したように、ベルギーと英国の資産と人命は、それまでの戦闘で危険にさらされておらず、逆に早まった休戦は将来のトラブルの種を残すだけで、国連軍の士気を低下させ、国連を支援する各国政府を混乱させる可能性があった。

この時ウ・タントがこだわったのは、国連組織防衛の論理であった。彼がラスクに伝えたように、現地の国連職員達の間には、信用できないチョンベとの交渉を断固拒否するという「ムード」が広がっていた[159]。「防止外交」の成就を願ったハマーショルドの死を弔うための最後のチャンスでもあった。「我々を今、止めてくれるな」というのである[160]。

ルフィラ河の破壊された橋を渡る国連軍兵士
(1963年1月1日，UN photo)

もちろんラウンド・ワンのアイルランドの事例のように、国連軍が戦闘行為に及び兵員に死傷者が出ることで、派遣国の世論が戦闘反対へと向かう危険性が懸念された[161]。また本当にチョンベが、ユニオン・ミニエール施設の破壊という「焦土戦術」に向かったならば、国連がその損害の一部を賠償せねばならない可能性もあった。しかし軍事的優勢が維持され続けた結果、この懸念も回避できそうであった。一方で仮にここで攻撃を中止したとしても明らかなことは、その後「介入資源の確保」の問題が深刻化するだけであった。ガーディナは、このタイミングで休戦するならば国連軍代表職を辞任するとウ・タントに伝え、現在の勢いに乗ってカタンガ分離問題に今度こそ決着をつける決意を示した。

それゆえインド人部隊の撤退と米軍機のコンゴ到着という二つのタイム・リ

ミットが迫るなかで、国連軍の活動を成功させねばならないウ・タントは、この「ムード」を尊重した。彼は、ガーディナの辞任の脅しについて「延々と考え続けた」後、チョンベの脅しは虚仮威しに過ぎず、彼の権力基盤は融解しつつあるとの判断のもと、任務遂行に邁進するとの決意を米国に伝え続けた(162)。また当時コンゴにいたバンチも、「現在、国連はコンゴ問題で主導権を完全に保持しているのであり、そして我々はそれを維持しなくてはならない」と打電し、ウ・タントを励ました(163)。

過去二度のプロパガンダ・バトルの敗北の教訓も活かされていた。六二年秋以降、国連軍の「軍事情報部門」は、現地ラジオ情報の傍受、暗号の解析、航空撮影、捕虜とした傭兵からの情報収集などの諜報活動を積極化させていた(164)。また六二年一二月六日、米国司法省は、親カタンガの「国際ネットワーク」との情報戦にも勝つことができた。今回は、ストルゥーレンスの査証の期限延長を認めず、一五日以内の自発的出国か強制的退去を命じていた(165)。

しかも最も重要な事として、国連側の損害はほとんどなかった。一二月二八日から一月四日までの戦闘で、国連側の死者が一人も出ずに済んだ一方で、国連軍はカタンガ保有の一〇機の戦闘機のうち、九機を破壊することに成功した(166)。このような事情から、ウ・タントは、過去二年間で「最も断固とした姿勢」を示し続けることができた(167)。ハマーショルドの時と異なり、最終ラウンドでウ・タントは、ギャンブルに勝ったのである。

今やチョンベは、ベルギーのみならずフランスからも分離を終結させるよう強い圧力を受け続けていた(168)。結局彼は、六三年一月一〇日、支援が尽きつつあることを自覚し、カタンガにおける国連軍の自由移動を認めた。一四日、ソシエテ・ジェネラルのノキン総裁は、分離支持の「強力な超保守派」役員を更迭し(169)、翌日ユニオン・ミニエールが、コンゴ・フランと外貨の交換でレオポルドヴィルと合意したことを表明した。これはベルギー財界が、和解に協力することを意味した。一月二一日、ウ・タントは、国連軍部隊をコルウェジに進駐させ、その二日後、イレオ上院議員がコンゴ政府を代表して、エリザベスヴィルに到着した。残存する傭兵は国外退去となり、ここに実態としてもカタンガ分離独立状態は終了した(170)。そしてこの日、ニューヨークにあったバンチは、次のように日記に記したのであった。

コンゴ作戦にとって最良の日である。コルウェジへの平和的進駐である…。これで、二年半が経った後の軍事的局面が終わりになり、そして我々は大きな山場を越えたのである。ようやくではあるが、我々は少しだけ一息つくべきなのだ。今、私は、ダグに何かしらのことを為すことができた、ということを感じている。(171)

# 第9章　コンゴ動乱終結の余波
## ——国連財政危機と「米国の道具としての国連」の凍結——

### 1　「米国の事業としてのコンゴ国連軍」と国連財政危機

一九六三年一月のカタンガ再統合によって、二年半続いたコンゴの騒乱も沈静化した。アフリカ局のウィリアムズ国務次官補は、この成功で「〔アフリカ諸国における：筆者〕米国の威信はこれまでもなく高まった」と誇った(1)。また在レオポルドヴィル米国大使グリオンも、「米国と国連が作り上げたこの政府〔アドーラ政府：筆者〕の維持」に繋がったと評価した(2)。そして国際機構局のクリーブランド国務次官補は、次の声明を発し、国連の活動を称えた。

コンゴはいまや再び解放され、一体のものとなりつつある。法と秩序は回復されつつある。分離主義者のバブルは崩壊した。いまやコンゴには、招かれざる外国の軍隊の姿はなく、共産主義者の飛び地もなく、「解放の軍隊」も存在せず、一人の米国人兵士もこの地で命を落とす必要はなく、ソ連の兵士がここで活動するための理由もないのである…。他の組織で、このような偉業を為したものはない。もし仮に、国連がこの世に存在しなかったならば、世界共同体の責任ある国々は、このような組織を発明せねばならなかったに違いないのである(3)。

しかしこの「偉業」が国連組織にもたらした傷は、実は深かった。ハマーショルド国連事務総長の野心的希望たる「防止外交」を端緒とした平和維持活動は、コンゴ動乱を機に対米依存の性質を際立たせ、国連活動の中立性と正統性への疑義を惹起した。また国連軍には、三四カ国が参加したが、ハマーショルドの死を頂点として、合計二五〇名の兵員、職員の命が失われた(4)。そして極めつけは、ソ連など加盟国の経費不支払いに直面した国連が、深刻な財政危機に陥ったことであった。経費の総計は四億ドル以上になり、しかもその未回収分は、六三年六月の段階で、国連の年間通常予算額に匹敵する七二〇〇万ドルにのぼった(5)。これらの事情は、「米国の事業としてのコンゴ国連軍」が成功したことの代償であった。

このようななか、とくに財政問題に関してクリーブランド国務次官補は、コンゴ情勢の改善に伴って未払い国の態度が変化するとの見通しを持っていた(6)。しかし、この見通しは甘く、カタンガの分離独立状況が終結しても三年以上にわたって、国連の財政危機はワシントンとニューヨークの問題であり続けた。しかも平和維持活動の経費を義務的な分担金方式に完全に切り替えようとする試みは、米国が強い支持を与えれば与えるほど、逆に実現の見込みがなくなっていった。ソ連などは一貫して未払いの態度を改めようとせず、逆に米国は国際的孤立を深めた。

それが端的に表れたのが、国連憲章第一九条適用問題であった。この時米国のケネディとジョンソン大統領は、ソ連などの経費未払い国に対して、国連憲章第一九条を適用することで、国連総会における投票権剝奪を主張した(7)。米国は、国連加盟国の多数派がこの主張を支持することを期待したが、結果は米国の期待を裏切った。米国の主要同盟国を含めた多数派は、むしろ未払い国の主張を事実上受入れたのである。

なぜソ連が主張を貫くことができたのか。理由について、苛烈な冷戦状況が米国の政治的妥協を促したとの解釈が可能であろう(8)。当時のスティーブンソン国連大使の言葉を借りれば、第一九条をめぐる米ソ対立はキューバ危機以降で「最悪の対立」であったからである(9)。ただしこの解釈は、一つの要素を加味して理解すべきである。それは、ソ連が頑なな態度を保つことができたのは、国連をめぐる国際政治の質的変化を受けてのことだったことである。すなわち、五〇年代末から始まったアジア・アフリカの新興独立国の国連への大量加盟の動きは、ソ連の対米交渉力の強さの源泉であったのである(10)。

国連財政危機は、「介入資源の確保」をめぐる問題を本質の一つとした、コンゴ動乱の処理の余波であった。この意味で、国連平和維持活動は、コンゴ動乱の強い影響を受けて、現在の姿になったと言える。そこで本章は、この問題に着目しつつ、国連憲章第一九条適用問題をめぐる米国外交の敗北の理由を考察し、その後の米国が国益追求の道具として国連を利用できなくなる過程、すなわち「米国の道具としての国連」が凍結に至る過程を描き出す。

## 2　平和維持活動の始まりと財源問題

### 財源確保の政治問題化

話は少し遡るが、一九四五年一〇月に発足した国際連合は、未完の組織であった。国連憲章第一章は、国連の存在意義を、国際の平和及び安全を維持することに求めたが、実際のところ、この機構はその手段を欠いていた。たとえば国連憲章第四三条が定めるように、国連の創立者達は、恒常的な国連軍を組織するための統合幕僚長に類する国連軍事参謀委員会の責任の一部として平和活動を構想した(11)。しかし現実には、国連軍事参謀委員会は、米ソ冷戦の対立が始まったこともあって、統合軍やその任務について合意することができず、平和活動についての議論も棚上げにされた(12)。この結果、その設立時から一〇年以上が経過した五〇年代半ばに国連が平和維持活動を本格化した時、財源問題を含む同活動をめぐる諸問題が山積したままであった。

財源問題に関して、「防止外交」を掲げた第二代国連事務総長ハマーショルドは、平和維持活動予算も通常予算と同等に扱われるべきと考えていた。彼は五六年のスエズ戦争に際して組織された国連緊急軍の財政措置について、総額一〇〇〇万ドルの特別勘定をもうけ、五七年度通常予算の分担率で加盟国に割り当てることを好んだ(13)。かつて国際連盟が加盟国の支払い停滞に遭い、組織運営に支障をきたした歴史があったことから(14)、彼は国連憲章第一七条(15)、および第一九条の規定を平和維持活動にも適用し、その経費支払いを義務的であるべきと考えた。また彼は二年間にわたって分担金支払いが遅延した場合、国連総会における投票権を加盟国から剝奪すべきであるともした(16)。

しかしこのような考え方が、加盟国に受け入れられたわけではなかった。加盟国の間には、超国家的な国際的な徴税の実現への懸念が燻り続けた。それゆえこのことは、もし加盟国の経費未払いが続くならば、理論上は国連の財政危機が深刻化する可能性を残した。なぜなら、国際組織に過ぎない国連には、主権国家に備わる通貨発行権限がなく、通貨発行によって赤字を埋め合わせることができないからである。ただし発足したばかりのころの国連は、戦後世界の富を独占した米国の後ろ盾を得ていたため、この構造的問題は深刻に受け止められなかった。国連は、総コストの約四〇％をカバーする米国の信用力を期待できたのである(17)。

しかし五〇年代末になると、国連と米国の関係を揺るがす事態が生じ始めていた。アジア・アフリカの新興独立諸国の国連への加盟が、国連における西側諸国の支配的な立場を融解させ始めた。そして新興独立国の大量加盟によって、国連総会における加盟国の投票パターンも変化し、国連の活動が必ずしも米国の国益に一致しない事態が生じ始めた。このようななか米国国内では、対外政策上の国連の位置づけを見直す声も出始めた。たとえばダレス国務長官は、米国の外交政策における国連の重要性は低下せざるをえないと語り、とくに総会レベルにおいて、国連が新興独立国の意向に大きく左右されることへ警鐘を鳴らした(18)。しかし米国の国連政策がただちに修正されたわけではなく、米国は国連への財政的支援を継続した。

五六年から六〇年の間、国連は国連緊急軍やコンゴ国連軍といった重要な平和維持活軍を組織したが、活動の本格的始動は予算を大規模化した。総じて言えば、国連平和維持活動の始まりは、国連財政危機の始まりであった。たとえば国連緊急軍は、六七年にエジプトが撤収を要求するまでの約一〇年間で、総額二億一〇〇〇万ドルあまり、年平均で二〇〇〇万ドルの費用を要した。またコンゴ国連軍は、六〇年の活動開始から要員の撤収が終了した六四年夏までに、総額で四億一一〇〇万ドル、年平均で一億ドルを要した(19)。当時の国連の通常予算が約八〇〇〇万ドルだったことに鑑みても、経費はきわめて莫大であった。

その一方で問題となったのは、平和維持活動は、新興独立国側の要請を背景として、宗主国撤退後の旧植民地における治安維持と関わりをもつものが多く、その予算編成が政治問題になりがちなことであった。たとえば既に見てきたように、国連緊急軍やコンゴ国連軍に関して、大国ではソ連とフランスがそれぞれ異なる理由から経費の支払いを拒否した結果、六四年秋頃までに平和維持活動全体での国連の回収不能額は、一億三四〇〇万ドルに膨らんだ（このうちソ連の未払い分は五五〇〇万ドル、フランスの未払い分は一五〇〇万ドル）[20]。また平和維持活動予算における資金提供国のバランスは歪み、米国の負担額は、六二年の段階で国連緊急軍とコンゴ国連軍の総予算の約四八％を占めるに至った。

ハマーショルド率いる国連事務局は、コンゴ国連軍の端緒から財政問題の処理に苦心し続けた。しかし有効な打開策がなかったため、財政状況は悪化の一途をたどった。そしてこの傾向は、彼の後任のビルマ人のウ・タントの時代にも続き、その深刻さは財政破綻が現実味をもって囁かれるほどであった[21]。

### コンゴ国連軍と米ソ対立

国連財政危機がこれほどまでに深刻化したのは、とりわけコンゴ動乱をめぐって、米ソが一度は協調しながらも、その後対立を激化させたことが端緒であった。

米国とソ連は平和維持活動の動向に強い影響力を持ったが、そもそも両国は国連平和維持活動の創設期より、経費をめぐって異なる見解を表明してきた。一九五六年の国連緊急軍の創設時、ソ連のフルシチョフ首相は、全ての平和維持活動は国連安保理の承認に基づくべきと主張し、これが手続き的には同活動が安保理決議を経ず、国連総会の「平和のための結集決議」を基礎としたことを理由に、経費の支払いを拒否した。この国連緊急軍をめぐる経費未払い問題は、米国が経費の半分を負担したことで辛くも処理された。だが、六〇年のコンゴ国連軍の際は、さらに複雑な事態が待ち受けていた。コンゴ国連軍の場合、「結集決議」に基づいた国連緊急軍とは異なり、ソ連が米国と共に賛成票を投じた安保理決議を基礎とした。しかしフルシチョフは、ハマーショルドが西側寄りに委託任務を解釈していると主張し、経費は天然資源の宝庫であるカタンガを事実上の占領下におく「侵略国」ベルギーが負担すべきだとした[22]。しかもフルシチョフは、六〇年秋の「トロイカ提案」の外交的敗北を経てからは、この主張をますます強めていった。

米国は、コンゴ国連軍の活動を積極的に支援した。国連の創設期より、国連の予算権限を安保理ではなく総会へと移し、国連事務総長に独自の権限を与えたのは米国であった[23]。しかし米国の支援にもかかわらず、コンゴでの国連平和維持活動に対してソ連が経費の支払いを拒否したことで、コンゴ動乱において財源が枯渇し、国連軍の活動が中止に追い込まれる可能性が常につきまとった。そこで国連軍の活動を継続するために国連と米国は、歴史的な決定を行わざるをえなかった。それが二億ドルの国連公債の発行であった[24]。

また国連と米国は、深刻化する財政危機を法的に解決しようともした。米国の強い働きかけを受けて[25]、六一年一二月、国連総会は、国際司法裁判所に対して、国連緊急軍とコンゴ国連軍の費用が、国連憲章第一七条でいうところの「この機構の経費」なのかどうかについて、法的に明白にすべく勧告的意見を求めた（賛成五二、反対一一）。そして翌年七月二〇日、国際司法裁判所は、国連緊急軍とコンゴ国連軍の費用は「この機構の経費」にあたるとの勧告的意見を示し、全加盟国は平和維持活動の費用を負担する法的責任を有するとした（特定経費判断）[26]。しかし六二年一二月九日、国連総会がこの勧告的意見を受け入れることを採択したにもかかわらず（賛成七六、反対一七、棄権八）、ソ連はことが政治問題である以上、国際司法裁判所の見解に拘束されないという立場を採り、経費の支払いを拒否した。

## 3　国連公債の発行と国連憲章第一九条適用問題

### ケネディ政権の対応

米国にとって、国連公債の発行を通じた国連支援の決断は、別の物語の始まりでもあった。第7章と第8章でも触れたが、国連代表部の経済問題担当フィリップ・クルッツニックの発案のもと、米国は緊急の資金繰りのために国連公債の発行を提起し、そのうえで一億ドルにも上る緊急予算枠を設け、国連公債を買い支えようとした[27]。しかしこれは政治的には諸刃の剣であった。なぜなら公債購入は、国内世論向けには、「コンゴ国連軍が米国の作戦」だとする非難を回避する政治的効果もあったが[28]、一方で予算枠を獲得するために米国政府は、議会に一つの譲歩を行わねばならなかったからである。それが経費未払い国に対する国連憲章第一九条の適用提案であった。

一九六二年一月、ケネディは、国連の支弁能力を維持するための国連公債の購入予算枠を認めるよう米国議会に要請した。[29] これを受けて二月と三月、議会上院外交委員会では激しい論争が始まった。ラスク国務長官、クリーブランド国務次官補、スティーブンソン国連大使、国連代表部のクルッツニックらが、上院の公聴会に呼ばれるなか、上院議員エバーレット・ダークソン（共和党・イリノイ州選出）とマイク・マンスフィールド（民主党・モンタナ州選出）が、国連公債の購入権限を大統領に与える法案を共同提出した。しかしこの共同法案は、逆に反対運動を活発化させた。なぜなら米国国内には、チョンベの支援を受けたカタンガ・ロビーが蔓延り、国内世論もチョンベに好意的であったからであった。[30] この流れのなかでジョージ・アイケン（共和党・バーモント州選出）とヒッケンルーパー（共和党・アイオワ州選出）は、国連公債の購入ではなく、年利三％で三年間に限って国連に対して一億ドルを直接貸与とする対抗法案を提出した。[31] この対抗法案は、資金拠出にあたって様々な条件を課すものであり、状況によっては国連の財政危機をさらに深刻化させる内容であった。しかもアイケンらは公債購入によって経費未払い国の態度が改まることはないなどと主張し、同委員会でも支持を募った。[32] それゆえこれらの事情からケネディは、反対派を説得するために次のように訴えねばならなかった。

第一六回国連総会は、すべての加盟国に対して…、その公正な割当に応じた支払いを求めました…。〔これら加盟国の債務不履行が続くのであれば、これら加盟国は、国連憲章第一九条に規定されているように、国連総会における：筆者〕投票権を失うことになるのです。[33]

結局アイゼンハワー前大統領による共和党議員への働きかけもあって、[34] 上院はダークソンとマンスフィールドの国連公債購入法案を承認した。[35] しかし少なからぬ反対票が、上院外交委員会、上院本会議、下院本会議で集まったことからも明らかなように、共和党内の親カタンガ勢力の不満の声が、完全に収まることはなかった。たとえばバリー・ゴールドウォーター（共和党・アリゾナ州選出）とジョン・タワー（共和党・テキサス州選出）は、国連公債購入法案とは行政府に対する「完全降伏」を意味すると非難し続けていた[36]。

このように第一九条適用論が、国連公債購入法案を通過させるための譲歩として、米国の国内政治において語られた。ただし米国政府は、国連公債購入を一時的な措置とし、第一九条適用問題を梃子に平和維持活動の恒久財源の確保に乗り出すべきと考えていた[37]。今回の事例のような騒動は、平和維持活動の制度化が深化しないかぎり、再び繰り返されかねなかったからである。六三年六月二八日ケネディは、アイルランドのダブリンで次のように演説した。

国連財政は、完全かつ公平に運営されなくてはなりません。その平和維持機構は、強化されなくてはならないのです。この組織は、いつの日か、そしておそらく遠い将来の、法の世界が実現するまで、発展しなくてはならないでしょう[38]。

第17回国連総会に向かうケネディ大統領（右）とウ・タント（1963年9月20日，UN Photo）

かくして米国は、ニューヨークを舞台として、平和維持活動の制度的深化を念頭に置き、第一九条適用案を国連加盟各国に訴えるべく動き出した。

しかしこの問題を国連総会に移した時、ケネディが本当にその約束を守れるのかどうか、すなわち経費未払い国に対する第一九条適用論がどの程度実現可能性を持つのかどうか、不明であった。なぜなら加盟国の投票権剝奪は、国連総会において全加盟国の三分の二の賛成が必要であり、しかも六二年には、東西両陣営に属さない加盟国が両陣営に属する加盟国を数の上で逆転していたからである。また仮にそれを強制できたとしても、今度はソ連の国連脱退という事態を招きかねなかった。

もちろん、米国に賛成票確保の見通しがまったくないわけではなかった。概して言えば、アジア・アフリカ諸国は、国際紛争の解決の手段として国連に期待したことから、平和維持活動を支援する米国の立場に理解を示す可能性があると考えられた。このような考えは、いささか「ロマンチック」なものであったが(39)、たとえば六三年四月のクリーブランド国務次官補の覚書が指摘したように、国連加盟国には未払い問題をめぐるソ連との対決が国連の破壊に繋がることを懸念する声が存在しており、それゆえ国連総会を舞台として、ソ連に充分な圧力をかけさえすれば、ソ連は国際的に孤立し、支払いに応じるだろう、というのがこの頃の見通しであった。しかもソ連に圧力をかけないことのほうが、国連が行う支援への国際的な信用性を喪失しかねないとすら考えられていた(40)。

しかしソ連はこのような米国の思惑とは裏腹に、たとえ国際的な圧力が加えられたとしても、平和維持活動経費を払うつもりはないことを繰り返し表明していた。米国提案の平和維持活動の制度化の深化とは、ソ連にとっては「米国の道具としての国連」の強化に思われた。六二年六月、ソ連の国連代表ニコライ・フェドレンコは、コンゴ国連軍に対する新たな支払いが求められることがあれば、ソ連は国連から脱退するだろうし、そしてどのような形であっても、国連憲章第一九条を適用してソ連の国連参加を否定することは、国連の存在可能性に対する挑戦に繋がり、アジア・アフリカ諸国もソ連の退出を望まないだろうと主張した。またソ連は、国連公債が国連総会決議に基づいて発行されたことにも不満を抱き、「結集決議」に基づいて総会が平和維持活動を組織する慣行は放棄されるべきであり、安保理だけが平和維持活動の管轄権を持つべきだとした(41)。

### ジョンソン政権の対応

米国が経費未払い国に対する国連憲章第一九条適用論を声高に主張し始めたちょうどその頃、米ソ関係はキューバ危機を経て「平和攻勢の時代」を迎えていた。米ソ両国はそれぞれが平和勢力と自称し、そして相手を平和の破壊者だと非難した。一九六三年一一月に暗殺されたケネディの後を継いだジョンソン大統領は、六四年一月、フルシチョフから領土問題の平和的解決を訴える書簡を送りつけられた。これに対して「戦争屋」と呼ばれたくないジョンソンは、国家安全保障問題担当大統領補佐官バンディと国防長官ロバート・マクナマラに対して、「我々の平和攻勢に内実を与えるように何かを考えるよう」命じた(42)。そして彼がソ連の平和攻勢に対する対抗策として重視したのが、ソ連の平和維持活動経費未払い問題であった。一月一八日、ジョンソン大統領は、一通の書簡をフルシチョフに送りつけた。それは、国連安保理の機能強化と並んで国連への貢献度の高い国から構成される国連総会平和維持活動委員会を創設し、財政問題を含む平和維持活動の山積する諸問題を議論すべきだとした(43)。

しかしこの問題に対する対応策をめぐって、政権内では意見が分かれていた。ジョンソン大統領自身は、六三年一二月一七日の国連演説において、全加盟国に対して義務的な負担を支払うよう呼びかけたように、第一九条の積極適用論者であった(44)。また国連財政問題に関して、ジョンソンの全幅の信頼を得ていたラスク国務長官も、ジョンソンと同意見であった。彼は国連を強化し、また国連内部における米国の影響力拡大を狙って、適用論を支持した(45)。しかし政権内部には、適用論に反対あるいは微妙な態度を示す者もあった。たとえばスティーブンソン国連大使は、同条の強制適用を好ましいものと考えなかった。彼は、加盟国がその意に反する分担金の支払いを選択的に拒否できる、「適用除外」規定の案を支持し、それがソ連に対する譲歩を意味するとしても、ソ連が受入可能な決議採択を模索すべきと考えた(46)。国際機構局のクリーブランド国務次官補は、微妙な態度をとった。まず「適用除外」規定について彼は、仮にこの規定を認めれば、経費の支払いをすでに済ませている米国は、今後その支出を増大せざるをえない立場に追いやられるとして、これに反対した。ただし彼は、第一九条適用の是非については、仮に適用されないのであれば、米国は「国連やその計画に対する財政的支援に関する立場全体を再考しなくてはならない」とも考えていた(47)。

六二年に国連総会が、平和維持活動の経費の支払い方法を検討する「ワーキンググループ二一」を設立して以来、米ソ間の交渉が繰り返された。しかし上述のような見解の相違を反映して、第一九条をめぐるジョンソン政権の対応は、強硬な態度を公言しながらも、水面下ではソ連から譲歩を引きだそうとするものになった。ジョンソン政権は、国連の場では第一九条の強制適用を主張し続けていた。六四年二月二七日、クリーブランドは、もしソ連が経費を負担しないのであれば、米国はすべての力と影響力を用いてソ連の投票権を剝奪するであろうとの声明を発した。(48) しかし一方で、三月六日、米国は英国とともに、仮に支払いの義務を果たすのであれば、ソ連が望むように、将来の平和維持活動は総会ではなく、安保理が第一義的責任を負うこと、そして常任理事国の特権として、当該国が政治的に反対する活動には、支払いの免除を認められるように動きたいとの考えを伝えた。(49) また夏になると米国は頻繁にソ連と接触し、ソ連の支払いを引き出すために、米国が国連に対して持っている債権を放棄するという形で、追加的な財政負担をすることすら提案した。(50)

## ソ連の反応

しかし米国からの一連のメッセージにもかかわらず、ソ連の態度は軟化しなかった。一九六四年三月の声明において一切のコメントを避け、五月二二日、ソ連は、第一九条適用に関するいかなる決定も、ソ連に対する非友好的行為だとみなすとの声明を発した。(51) 七月七日にもソ連は、米国にとって、今一度受け入れがたい内容の議論、すなわち平和維持活動を軍事参謀委員会のもとに置くべきと主張し、将来の平和維持活動は、財政問題も含めて、安保理が排他的管轄権を持つべきだとした。(52) またソ連は、秋になっても、経費支払いの滞納について、国連緊急軍とコンゴ国連軍の活動は非合法であるがゆえに、経費未払いは正当なことだとする従来通りの主張を繰り返した。(53)

フルシチョフは、「経費支払いに関する票決が行われるのであれば、国連総会から退場するであろうし、そしておそらく国連から完全に脱退するだろう」と強気の姿勢を崩さなかった。(54) この背景には第一九条の厳格適用が、社会主義国以外の国、とくにアジア・アフリカ諸国に不人気である事情があった。すでに多数派となっていたアジア・アフリカ諸国は、第一九条の発動によって、ソ連やその衛生諸国が国連から脱退することを懸念し、また同時に発展途上国特有の財政事情の苦しさゆえに、さらなる経費負担に乗り気でなかった。(55) この傾向は、急進派、穏健派諸国を問わず、広くアジア・アフリカ諸国で観察された。この頃、米国を含めて多くの国は、国連脱退に関するソ連の主張は単なる「ハッタリ」だとみなしていたが[56]、実のところソ連の強硬な態度には、国連の質的変化という裏付けがあった。しかも憂慮すべきことに、フランスのような西側同盟国にもソ連と足並みを揃える動きがあった[57]。

米国が直面したのは、ソ連やフランスのような大国がこのように行動することで、中小国もバンドワゴン的行動を取る状況であった。実際六四年に設立された平和維持活動をめぐる動きは、この懸念を裏書きした。たとえばキプロスのケースでは、実態としては経費支払いを拒否するソ連の主張が受け入れられたこととなり、経費の大半は米国と英国の自発的拠出に委ねられた。またニューギニアの監視任務の経費もインドネシアとオランダが負担し、さらに約一〇〇万ドルが必要とされたイエメンの監視任務では、安保理決議が概略を定めた非公式協定に基づいて、主にサウジ・アラビアやエジプトが資金を提供した[58]。

## 4　国連の質的変化と米国の外交的敗北

### 米国のジレンマと国連総会の延期

一九六四年の秋になっても、国連の財政危機は悪化の一途をたどっていた。六四年九月三〇日、ウ・タントは、国連緊急軍とコンゴ国連軍の延滞金額が一億一二三〇万ドルに達しており、国連の現金残高が二四八〇万ドルしかなく、二九カ国の未払いによって一億一三三〇万ドルが不足すると公表した。なかでもソ連の未払い分は莫大で、五四八〇万ドルにのぼった[59]。

このようななか、一〇月一六日、ソ連ではフルシチョフが失脚し、レオニード・ブレジネフが権力の座についた。それゆえ米国は、第一九条をめぐるソ連の対応により強い懸念を抱くようになった。米国は、ブレジネフ政権下のソ連が時間稼ぎの方向へと動き、より強硬な外交路線に向かうだろう予想した[60]。

米国は、あえて譲歩の姿勢を示すことでフルシチョフ後のソ連の対応の変化を探った。一一月中旬、国務省は、国連代表部に対して、もし第一九条が適用されないのであれば、国連に対するソ連の態度に変化が現れるかどうかを見極めるように指示し、同時に国連大使スティーブンソンを通じて、ソ連が何らかの支払いを行うように促すメッセージをフェドレンコに届けさせた(61)。またモスクワでは、ハリマン国務次官が在ワシントン・ソ連大使アナトリー・ドブルイニンに接触し、米国が第一九条の適用をめぐってソ連と衝突するつもりはないことを、水面下でソ連側に伝えた(62)。しかしソ連は、第一九条の脅威が取り除かれるまではいかなる貢献もできないという、従来通りの対応に終始した。

米国は苦しい立場に陥っていた。ソ連の頑なな態度に変化が見られないなかで、国内では第一九条適用を要求する議会との衝突が予見された(63)。三カ月前、議会下院は反対票の表明なく、第一九条の強制適用を促す決議を採択したばかりであった。しかし一方で国連総会では、必要な三分の二の賛成票を確保できる見通しもなかった(64)。米国が頭を悩ませていたのは、やはりアジア・アフリカ諸国の動向であった。アジア・アフリカ諸国の多くは、第一九条の強制適用でソ連が国連から脱退することを強く懸念していた。とくに非同盟主義のインドは、ソ連が脱退することで、国連の権威が大いに傷づけられることを警戒した(65)。他のアジア・アフリカ諸国も同様であり、彼らはソ連に対する一九条の強制適用への反対を、繰り返し米国に伝えていた。米国の見立てでは、国連には「南北」あるいは「豊かな国と貧しい国」との間に分断線が走り始めていた(66)。

この情勢を背景にしてウ・タントは、第一九回国連総会の開催を通常の九月開催から一二月に延期し、様々な妥協工作の展開を助けようとした(67)。国連事務局としても平和維持活動の安定的な財源確保は必要であった。他方アジア・アフリカ諸国の多くも実際の支払はともかくとして、総会での決定的な対立を望まなかった。

一一月下旬、総会延期の機会を使って、米国とソ連の国連代表が会談し、事態の打開策を探った。一一月三〇日および一二月二日、国務長官ラスクはソ連外務大臣アンドレイ・グロムイコと二度会談した。グロムイコは、第一にすべての活動は国連安保理の拒否権に従属しなくてはならないこと、第二に第一九条はすべての支払いのまえに除外されるべきと主張した。そしてグロムイコは、国連総会は永遠に延期できないとも主張した。結局この会談では、次回の国連総会では、予算問題に関して何かしら決定を行うことで合意した。しかしこれが歩み寄りの限界点であった(68)。

ワシントンでは、第一九条適用可能性への悲観的見通しが強まっていた。当初から第一九条適用に懐疑的であったスティーブンソンは、一一月一八日、適用に固執しすぎてもそれは犠牲が多くて引き合わないという「ピュロス的勝利」に終わりかねない、とジョンソン大統領に直接訴えた(69)。一一月二四日、クリーブランドも、国連平和維持活動が米国の国益にそぐわない場合もあることを想定して、第一九条の厳格な適用が米国にとって最善の利益にならないと覚書を記し、ソ連と手続き的な妥協を行うよう推奨した(70)。これら一連の提案は、議会の反発を招きかねない可能性があった。しかし情勢の見通しに悲観的なスティーブンソンとクリーブランドは、ケネディの約束からの撤退を提案した。

### 中ソ対立と「戦術的撤退」

第一九回国連総会は、一二月一日に開催されたが、事実上麻痺状態に陥っていた。国連事務局は、総会開始から二週間にわたって、ソ連が体面を失することなく、また原則的立場を犠牲にすることなく、初期の支払いをできるような努力を積み重ねてきた(71)。アジア・アフリカ諸国は、財政問題解決の妥協点を探る試みとして、(1)加盟国、なかでも先進国による相当額の自発的拠出による緊急基金（レスキュー基金）を作ること、(2)総会議事をできるだけ速やかに正常化すること、(3)第一九条をめぐる対決を回避するため、あらゆる努力が払われるべきことを要求した(72)。しかし米国は、もしこのような緊急基金が設立されれば、ソ連の経費未払いは永久に容認され、おそらく第一九条をめぐる意見の相違も克服できないことを懸念した(73)。

打開策が見出せないなかで、六五年になるとコンゴ国連軍経費の未払い問題は、深刻さを増した。ソ連だけではなく、NATOの同盟国であるフランスを加えた九カ国の支払い遅延までもが、第一九条適用条件の二年を越え始めた。米国にとってフランスの態度は、国連代表から支払いの言質をとっていただけに(74)、ショックなことであった。

しかもソ連が一〇〇〇万から一五〇〇万ドルの国連に対する拠出を行わなかったことも明らかとなった。この支払いは、前年の一二月一七日、ソ連が非公式に言及しており、ワシントンが既定のことだと考えたことであった[75]。このニュースにジョンソン大統領は怒り狂い、第一九条の適用を果たすために、加盟国の三分の二の支持を調達しようと躍起になった[76]。そして米国は、途上国援助を増額することで、コンゴ国連経費の支払を割りあてられた九二カ国のうち、五一カ国の支払だけはなんとか取り付けた[77]。

しかし第一九条適用問題については、現実はジョンソンの思いとは裏腹であった。米国の国連における影響力は、数年前とは比べものにならないほど減退していた。スティーブンソンの目からして、多くのアジア・アフリカ諸国が、いまや第一九条の適用を望まないことが明らかであり[78]、逆にソ連やフランスが自国への支持集めに奔走していた[79]。しかも、この頃の米国とベルギー軍によるコンゴ介入作戦（オペレーション・ドラゴンルージュ）も、アジア・アフリカ諸国に不人気で、ニューヨークにおける米国の支持調達を難しくしていた[80]。

誰の目にも明らかなことは、このタイミングで第一九条の問題を提起しても、加盟国の三分の二の支持を得る見通しがないことであった。もし投票が行われたならば、数多くの棄権が起こる可能性が高く、それゆえスティーブンソンは、米国が勝とうが負けようが、投票は「不健全な効果」を持つであろうと考え、第一九条をめぐる対決は回避したほうが良いことを報道陣に示唆した[81]。そして国連総会も、六五年二月中旬まで、第一九条適用問題をめぐる米ソ対決を回避するためにあえて投票を行わずに議事を進めるという異常事態を続けた。

しかし国連総会における第一九条をめぐる投票は、米国の予想外の形で起ころうとした。二月一六日、アルバニアが、米ソが国連の正常活動を阻害する現状は許容しがたいと突然主張し、総会の正常化復帰の可否の投票を訴えた。すでに顕在化していた中ソ対立を背景としたアルバニアの行動は、当時、国連への加入を認められていなかった中華人民共和国の利益の代弁と捉えられた。要するに米国ではなく中国が、ソ連に第一九条を適用し、ソ連を国連から脱退させようとしたのである。

政権内部では、このタイミングで票決が行われ、三分の二の賛成票が得られない場合の問題が語られた。なかでも米国が国連における少数派であることが明確になることが国内世論に与える影響が懸念された。国務省の覚書は、「我々は〔東西の：筆者〕両世界にとって最悪の事態に直面するだけでなく、国連に対するこの国〔米国：筆者〕の支持を急速に減じることになる」と記した。しかもこれは、再任から数週間しか経っていないジョンソン政権の外交的敗北として受け止められる可能性があった[82]。

この事情から米国は、「手続き的」な問題を理由として総会そのものを延期することを望んだ。最終的に第一九条に関する投票は先送りにされ、第一九条をめぐる議論は国連総会によって作られた「平和維持に関する三三カ国特別委員会」に託され、六月一五日までにその結論がまとめられることになった[83]。ジョンソンはこれを「戦術的撤退」だと呼称したが、米国はその苦しい立場をさらけ出したのである[84]。

### ジョンソンの最後の抵抗

予想されたことだが、「戦術的撤退」は米国国内で批判を引き起こした。上院議員ダークソンは、ジョンソン政権が第一九条をめぐる戦いから撤退しようとしており、ケネディの約束は、ただの虚仮威しに過ぎなかったと批判した[85]。『ニューヨーク・タイムズ』の記者クロックは、平和維持活動を財政支援することを選択的にやめるよう提案し、現在の米国の立場は、明確な利得がないままに国連を麻痺させるものであると論じた[86]。

ただし国内の様相は二年前と異なっていた。概して言えば多くの米国人は、一九六三年のカタンガ再統合と翌年の国連軍撤退に伴って、コンゴ問題はすでに過去のことだと考えており、「レスキュー基金」に必要な資金を議会から得る見通しが立っていた[87]。言い換えると、ケネディ政権時にあれほど強固であった議会内の親カタンガ勢力は、すでに弱体化し、適用撤回に向けた意見調整を行いうる環境が整っていた。

一月と二月に、クリーブランド国務次官補は、上院議員フランク・チャーチ（民主党・アイダホ州選出）やアイケンと会談し、第一九条適用論に固執するあまり外交的柔軟さを失うことは、いつの日か米国を困らせることになるだろう、との意見を引き出した。会談の一カ月後、アイケンは、第一九条の強制は米国の利益にならないとの理由から、適用に反対であるとの立場を明らかにした(88)。ジョンソンの側近からも、第一九条適用論を撤回すべきとの意見が出てくるようになった(89)。

米国国外に目を転じると、自発的拠出による「レスキュー基金」設立と絡めた第一九条適用回避論が現実的な妥協点のようであった。これは、国連総会の多数派を構成するアジア・アフリカ諸国の主張であった。「三三カ国特別委員会」でも、これら諸国の主張を反映して、自発的な拠出を通じて過去の未払い分が精算されるべきであり、仮にその自発的拠出の額が充分であるならば、論争を呼びかねない第一九条適用問題はバイパスできる、という立場が支配的であった(90)。同様の立場は、アジア・アフリカ諸国に限られたものではなく、同盟国カナダも、国連緊急軍とコンゴ国連軍に関する限り、国連憲章第一九条は「死文化した」と米国に伝えた(91)。英国も、ソ連の態度変更を可能にならしめるのは、アジア・アフリカ諸国からの圧力だけであって、それが充分に期待できないならば、第一九条の問題を回避し、この自発的基金構想に同意するよう米国に「強く促した(92)」。そもそも英国の立場は国連の政治力強化を望まないという意味で、一貫したものであった。

〔分担金方式は：筆者〕国連事務総長に強すぎる権力を与え、そして多数派のアジア・アフリカ諸国は、それを使う機会を得ようとする誘惑にかられるに違いない。それは、我々が未承認の作戦に対する自動的な財政支援に、我々を巻き込むのである(93)。

このように米国の国内外で第一九条適用回避に向けた道筋ができあがりつつあった。

ジョンソン大統領だけが、議会からの批判に晒されるのを嫌がり、第一九条適用にこだわり続けていた。六月二五日、ジョンソンは、サンフランシスコで開かれる国連憲章調印二〇周年記念で演説をすることになっていた。スティーブンソン国連大使と国務省は、この機会を使って、米国がレスキュー基金のための二五〇〇万ドルの拠出と共に、いまや平和維持活動への貢献は自発的なものであると見なしており、第一九条適用の主張を撤回するつもりであるとアナウンスすべきだと考えていた。[94] しかしこの提案は、事前に『ニューヨーク・タイムズ』が報じるところとなり、世論の反応の大きさを懸念したジョンソンは、その式典において何も発言しなかった。[95] ジョンソンは、その代わりとして、ベトナムに対する国連の支援を曖昧にアピールし、彼に対する批判を宥めることに躍起になった。[96] 彼にとって撤回は、屈辱に他ならなかったのである。[97]

### 「米国の道具としての国連」の凍結

しかし、ジョンソンの抵抗も、ここまでであった。一九六五年七月一四日、スティーブンソンが心臓発作で他界したことを受けて、ジョンソンは彼の後任に米国最高裁判事アーサー・ゴールドバーグを任命した。ゴールドバーグの初仕事は、重鎮議員達から第一九条適用撤回に対する合意を取り付けることとなった。[98] 九月の国連総会招集を目前に控えた八月一六日、ゴールドバーグは、第一九条の適用撤回を公式にアナウンスした。

米国合衆国は、現在の状況においても第一九条が適用可能であるという立場を堅持している。しかし我々が、私が言及したような単純で不可避の現実に直面していることは明らかである…。それゆえ米国は、第一九条が適用可能であるという前提に立たず…、国連総会が現在の状況下では第一九条を適用する準備ができておらず、そして加盟国のコンセンサスが国連総会の手続きは通常通り進められるべきだということを認めるのである。我々は、このような困難な時代に国連総会の活動が機能停止になることは世界の利益にならないという理由から、このコンセンサスを台なしにしようと思わない。それと同時に我々は、もしいずれかの加盟国が、この組織の特定の活動に関する集合的な支払い責任の原則に対する例外を主張しうるのであれば…、米国もまた同様の例外措置を執る選択肢を保有することを明らかにしなくてはならない。この組織の加盟国の間にダブルスタンダードが存在することはできないのである。[99]

九月の国連総会は、何事もなかったかのように穏当に開催された。総会には、「三三カ国特別委員会」の報告書が付託された。六月から八月の検討作業を踏まえた同報告書は、⑴国連緊急軍およびコンゴ国連軍の経費に関して、国連憲章第一九条は提起されないこと、⑵国連の財政的窮状は、加盟国の自発的拠出金、とくに先進国の実質的拠出金によって解消されるべきとすることを提案した。そして米国が拠出を渋るなかで、英国、カナダ、日本、北欧諸国から「レスキュー基金」のための資金が集められ、結局、第一九条適用問題は不問にされた。一二月、ベルギー政府もコンゴ経費の全負担分を払った(100)。

いまや明らかとなったのは、米国の外交的敗北であった。以後米国は、国連財政問題について、これまでとは逆の態度を取るようになった。国連総会開催前の非公式交渉に関わっていた米国代表団は、ソ連は平和維持活動に関する自発的拠出による基金には最終的に資金を提供するだろうと想定していた(101)。しかしソ連は、結局この資金提供も拒否した。これを受けて今度は米国自身が、ソ連と同じ立場に回った。米国の関心が、当時悪化の一途を辿るべトナム情勢に向けられていたことからすれば、自然なことであった。

六六年になるとこの路線は確定的になった。この年ゴールドバーグとシスコ国務次官補は、今後米国が国連への貢献について「厳しい検討」を行うこと、米国の国連の貢献は、当たり前のように行われるものではない、との声明を発した(102)。当然のことながら、国連財政に対する懸念が再燃した。この年の国連総会においてウ・タントは、新しい平和維持活動は資金提供の合意が存在しないことから事実上不可能であると語り、経費問題の解決策を模索するよう訴えねばならなかった(103)。そしてこの懸念は、後に現実のものとなり、国連は、これ以後大規模な平和維持活動を組織できなくなるのであった。

米国の態度変更は、国連平和維持活動の歴史において一つの画期であった。この後、平和維持活動は、自発的拠出に基づきつつ運営せざるをえなくなり、この結果、規模の縮小を余儀なくされた。また国連において少数派であることを自覚した米国が、既得権の保持を強く意識するようになった結果、この後の平和維持活動は、国連総会ではなく、国連安保理の投票をベースとして組織されることが慣行となった。この結果、米ソ対立が激化した状況下では、国連安保理が実質的討議を行うことは困難となり、ベトナム、チェコ、アンゴラ、アフガニスタンといった米ソが直接の当事者となった戦争の解決において、国連はほとんど貢献することができなくなった。そして大規模な平和維持活動が登場するのは、米ソ対立が解消し、国連安保理が何らかの決定を行いうるようになった冷戦終結を待たねばならなかった。しかもこのタイミングは、奇しくもコンゴ動乱時に発行された二五年ものの国連公債の償却の完了時期であった。

かくしてコンゴ動乱をめぐって「米国の事業としてのコンゴ国連軍」は成功したものの、国連憲章第一九条適用問題と国連平和維持活動予算の恒久財源化の失敗を経て、米国はもはや国連を思い通りに利用できないことを知らしめられた。ここに「米国の道具としての国連」は凍結されたのであった。

# 終章　米国と国連の協働介入史としてのコンゴ動乱

彼らは我が国の一部の人々を腐敗させ、他の人々を買収した…。ほかに何と言えようか。死に直面しようと生きながらえようと、自由であろうと植民地支配者から投獄されようと、私個人がどうなるかは問題でない。重要なのはコンゴであり、独立変じて牢獄となった不幸なコンゴ人たちのことだ。…いつの日か歴史は、審判を下すであろう。しかし、それは、国連や、ワシントン、パリ、あるいはブリュッセルで教えてくれる歴史ではなく、植民地主義とその傀儡から解放された国々で教えられる歴史になるだろう…。妻よ、どうか私のために泣かないでおくれ。今あまりにもひどい苦しみのなかにある私の国が、その独立とその自由を守り抜くことが出来ることを私は知っている。コンゴ万歳！　アフリカ万歳！(1)

――ルムンバによる妻宛の遺書

## 1　コンゴ国連軍の撤退と「米国の暴君」の誕生

カタンガ分離独立問題を中核としたコンゴ動乱は、米国と国連の協働によって終結した。しかし両者の積極的関与にもかかわらず、現地情勢はその後も不安定な状態が続いた。植民地時代の負の遺産を負わされた経済は、二年半の紛争で荒廃しきっていた。コンゴ政府には、再建の妙案はなく、ギゼンガ派の批判に晒され続けたアドーラ首相は、最終的に失脚した。一方で再統合の立役者の国連にも、もはやコンゴ問題に関与する力はなかった。ニューヨークは第一九条適用問題で紛糾し、国連は財政破綻の瀬戸際にあった。それゆえ国連事務局は、駐留継続の必要性を認めながらも、新決議採択の展望を抱けなかった。国連軍は、カタンガ再統合後、資金不足から規模の急縮小を余儀なくされ、一九六四年六月、遂に完全撤退した。

事前に予想されたことではあったが、国連軍の撤退に伴い紛争が再び激化した。それが、ルムンバ派によるアフリカ史上最大の農民反乱、シンバの乱であった。この事態に際して米国は、最低限の治安維持を図るべく、ヨーロッパの同盟国との協調路線を今一度進めた。米国の指導のもとで、コンゴ政府は、ベルギー、イスラエルと軍事協力関係を構築した。これは「米国の事業としての国連軍」が利用不可能な状況での現実的対応であった。

二つの要因がこの動きを加速した。まず一つは、強力なコンゴ政府の構築の必要性であった。国連軍によるコンゴ政府へのてこ入れが期待できない以上、コンゴ人協力者のなかでの実力者が探された。そして米国が暫定的に選定したのは、あろうことかかつての敵対者チョンベであった。彼には、カタンガ再統合後も資金提供を通じてベルギー政府の政策に影響を与えうるほどの財力があり、米国は、彼の持つ莫大な資金と傭兵ネットワークに期待した。またこの頃すでに米国は、コンゴにおいて民主主義体制の体裁を維持する必要性も感じなくなっていた。六一年夏のロバニウム会議の開催の事情が、民主主義の体裁を保とうとする国連事務局の意向を受けてのことだったことからすれば、自然な反応であった。アジア・アフリカ諸国が米国の立場を必ずしも支持するわけではないというニューヨークの状況に鑑みて、ジョンソン政権下の米国は、チョンベと手を組むことに躊躇しなかった。そして国連軍撤退の翌月、アドーラに代わり首相に就任したチョンベは、コンゴ国軍、米軍、ベルギー軍、白人傭兵らの協調介入「オペレーション・ドラゴンルージュ」でシンバの乱を鎮圧した。

ただし「オペレーション・ドラゴンルージュ」が、ニューヨークの政治に与えた影響も大きかった。多くのアジア・アフリカ諸国が、この軍事介入したことに対して憤っていた。そしてこの事情も第一九条適用問題にこだわる米国の外交的孤立を深めさせた。

このようななか、一連の過程で米国の本命勢力であり続けたのがモブツであった。米国は、六一年七月から六四年七月の間で、国連への資金提供と一国的支援を通じて、コンゴに総額一億七八六〇万ドルの経済援助を与えたが、彼はその最大の受益者であった。六三年三月，米国陸軍省のゲストとして二週間にわたり米国の軍事施設を旅行したモブツは，ホワイトハウスのローズ・ガーデンでケネディ大統領と直接会談した。彼はコンゴの治安維持の責務を果たすことを約束し，次のような謝意をケネディから受けた。

将軍，貴殿がいなかったならば，万事崩壊に終わっており，そして共産主義者が〔コンゴを：筆者〕乗っ取ったことでしょう。(9)

米国から渡された資金は，この謝礼であった。旧宗主国ベルギーが，コンゴ動乱後はヨーロッパ統合の深化を加速する一方で，いまやコンゴは，米国にとって重要な同盟国に位置づけられつつあった。しかも第9章で論じたように，米国が国連を「道具」として利用できなくなってからは，米国はモブツへの直接支援を強めた。(10)米国がモブツを支え続けた背景には，チョンベが植民地主義者の手先と目された事情が関係したのであろう。

ケネディとモブツ
（1963年３月31日，JFKL）

モブツは，その後チョンベやカサブブとの権力争いに勝利し，六五年に完全に権力を掌握した。六〇年代後半には彼は，イスラエル，南アフリカとともに，アンゴラ問題を含む南部アフリカの諸問題へ，米国の尖兵として活動した。(11)彼には常に政敵が存在したが，米国の庇護のもとで幾多のクーデターを生き延び，(12)六六年のユニオン・ミニエールの国有化措置などを通じて，世界で最も裕福な権力者の一人となった。一方で独立時には韓国の発展水準とほぼ同じでアフリカで最も豊かな国と言われたコンゴ経済は，モブツの私的蓄財とシンクロしつつ衰退し，この国は「破綻国家」の代表例となった。(13)

その意味で，コンゴの歴史において，六〇年九月のモブツのクーデターほど大きな出来事はなかった。このクーデター以降、政界の実力者となったモブツは、六五年から約三二年にわたって、この国に独裁体制を敷いた。「米国の暴君」の誕生であった。そしてこの独裁政権成立は、本書がこれまで詳細に論じたように、米国と国連の協働介入と不可分であった。すなわち「米国の事業としてのコンゴ国連軍」が実現した親米コンゴの樹立と、その成功の反動たる「米国の道具としての国連」の凍結のなかで、モブツの独裁体制樹立への道筋が立ち現れたのである。

## 2 危機の特質

本書はこれまで、一九六〇年から六三年まで続いたコンゴ動乱の展開およびその後の国連財政危機の問題を、米国と国連の関係から分析した。そして先行研究との関連では以下のことを明らかにした。(1)動乱を通じて国連軍は、コンゴ干渉の主体に他ならず、この活動の本質は、米国の動向を抜きに理解できないこと、(2)しばしば国連関係者の公式説明に見られるような、コンゴ動乱史をこの危機を現地情勢と国連事務局の対応という枠組みで語ること、また国連軍の活動の公正中立性を強調しようとする議論にも問題があることであった。

そこで本章では、これまでの考察を踏まえ、序章で提示した三つの分析視角(1)「防止外交」という野心的希望、(2)「介入資源の確保」の問題、(3)米国という「構造的権力」の問題)に言及しつつ、対米依存の深化と国連の組織防衛の論理という観点から、この動乱の特質を概観する。そのうえで戦後国際政治史、米国・国連関係研究上の意義を考察し、まとめとする。

### 動乱の勃発とカタンガ分離

コンゴ動乱の特質を振り返るにあたって、まず指摘すべきは、カタンガ分離独立がベルギーのコンゴ再支配政策と深く関わっていたことである。植民地コンゴの歴史は、一九世紀後半の国王レオポルド二世の私有財産化に遡る。

国王は植民地化でもっぱら経済的利益を追求したが、なかでも強い関心を寄せたのが東南部のカタンガであった。彼はこの天然資源の宝庫に対して、英国を取り込む目的で同国資本を導入し、後のカタンガ開発の礎をなす合弁企業、ユニオン・ミニエールを作った。

カタンガ開発は一九〇八年にベルギー領になり加速した。第一次、第二次世界大戦、そして冷戦の影響を受けた世界的軍備増強には、カタンガの銅やアルミニウムなどの資源が不可欠であった。第二次世界大戦時に日本に投下された原子爆弾の材料は、カタンガ産ウラニウムであり、とくに第二次世界大戦後は高い投資回収率に惹かれて世界中からブリュッセルの金融界に資金が集まった。カタンガはコンゴとベルギー経済の牽引役であった。

植民地経済のパフォーマンスは驚異的であった。五〇年代前半は、英領、フランス領アフリカに比して、コンゴの政治経済的安定性は際立っていた。しかし朝鮮戦争終結に遡る世界的な金属需要の低下は、コンゴ経済の停滞をもたらした。都市部には失業者が溢れ、不満のはけ口を植民地当局に向けた。また不況はコンゴ民族主義を涵養した。都市化の産物たる開化民達は、植民地の即時独立を訴えた。五九年にはレオポルドヴィルで暴動が起こり、これに衝撃を受けたベルギーは、コンゴの独立を認めた。

ただし理想の植民地の記憶が残るベルギーは、独立コンゴの経済権益を放棄するつもりがなかった。彼らがコンゴ新政府内の協力者の獲得に失敗してからは、この考えは強まった。ベルギーは、民族主義者の新首相ルムンバが、独立コンゴを経済的に自立させ、資本の国有化に踏み切ることを恐れた。それゆえベルギー政府や白人入植者達は、カタンガ州の分離に踏み切った。カタンガ分離はベルギーによるルムンバ政府の破壊政策であった。かくして、カタンガ分離問題を本質とするコンゴ動乱が始まった。

## 反ルムンバ・クーデターでの国連と米国の協働

米国は、急展開するコンゴ情勢に対して歴史的な対応をした。それは国連を使った紛争処理であった。これは、従属地域問題の処理を同盟国に依存するとした伝統的対応からの転換であった。この歴史的決断には、一九五八年のフランス領ギニアの独立をめぐる苦い経験が影響を与えた。この時、米国は、宗主国と敵対して独立したギニアに対して充分な支援を行わず、同国を東側陣営に追いやる外交的失策を犯した。そこで米国は、コンゴ問題では新興国に支援を与えつつも同盟国に刺激を与えない方策として、国連を介した援助を構想した。ただし米国は、外交政策の「道具としての国連」を充分に信頼できなかった。脱植民地化の進展で新興独立国が国連の多数派になりつつあったからであった。このため国連の枠外での支援の必要性も意識する米国は、権威主義的体制の成立をもたらしかねない直接工作も、政策的選択肢として持ち続けた。この結果、実際のコンゴ政策は、国連平和維持軍とCIAの秘密工作の協働となることを運命づけられた。

独立直後の暴動とカタンガ分離の事態を受けて、六〇年七月、米国の強い支持のもとでコンゴ国連軍が派遣され、CIAと国連軍の協働はまもなく顕在化した。直接の理由は、カタンガ分離の内実をめぐりハマーショルドとルムンバが対立したからであった。八月上旬、派遣された国連軍のカタンガ進駐が始まった。ただしハマーショルドは、この進駐をカタンガの政治経済的混乱を望まぬ大国の意向を忖度して進めた。それがカタンガ分離をコンゴの「国内問題」とする解釈であった。しかし分離の早期終結を願うルムンバは、この解釈を拒否した。結局彼はソ連の軍事支援を受け入れ、国連軍の撤退を求めた。実力でカタンガを統合しようとしたのである。

この両者の対立においてハマーショルドは、米国がベルギーと共に行う反ルムンバ秘密工作に協力した。彼の決断は「防止外交」の野心的希望の成就に動機づけられていた。また本書が言及したように、財源などをめぐる「介入資源の確保」の問題も、彼の対米協力を促進した。結局彼や彼の側近達は、九月の二度の反ルムンバ・クーデターにおいて、国連軍による空港やラジオ局の封鎖措置や、コンゴ国軍への資金提供などを通じて、ルムンバの失脚を確実なものとした。

ただし米国の秘密工作と国連軍の協働は、その後の対米依存の深化の始まりにすぎなかった。なぜならコンゴ問題は、国連事務局の「資源」だけでは手に負えないほど、複雑で厄介な問題だったからである。それゆえコンゴ情勢が混迷を深めれば深めるほど、またアジア・アフリカ諸国が国連の積極的介入を求めれば求めるほど、国連事務局の対米依存は深化していった。

コンゴ問題をめぐり米国だけが活動の成功を約束できる立場にあった。ソ連やフランスなどの大国が公然と国連の活動に反対するなか、米国だけがコンゴの政治情勢を操作できる立場にあると同時に、財源等の国連軍に必要な「資源」を提供できるという、「構造的権力」を国連事務局に有した。したがって国連事務局の自律性は、親米コンゴの樹立を目指す「米国という構造的権力」が許す限りにおいて保証されているに過ぎなかった。

## 国連事務局の政治的自律性の限界

国連事務局の政治的自律性の喪失の問題は、ルムンバ失脚後の動きをめぐって、まもなく現実化した。六〇年秋、ルムンバは失脚後も依然として米国の脅威であった。ＣＩＡは、アイゼンハワーの承認のもと、コンゴ政界での買収工作を進め、ルムンバの暗殺を含む工作活動を展開した。しかしこの障害になったのが、ハマーショルドの新路線であった。彼は、現地の国連事務総長特別代表のインド人のダヤルと共に、コンゴにおける法的秩序の回復に向けて動き出した。この新路線は一一月のダヤル報告で明確化したが、同報告書は無法の根源であるコンゴ国軍の武装解除やコンゴ議会の再招集を訴えていた。

ハマーショルドの路線修正をもたらしたのは、ソ連と国連総会において多数派になりつつあったアジア・アフリカ諸国のためであった。九月、ソ連のフルシチョフは、国連総会において彼らの支持を期待し、ハマーショルドの辞任と事務総長職の「トロイカ制」を提案した。これは、国連事務局がこの危機を通じて初めて直面した国連組織の存続の危機であった。幸いこの提案は、ハマーショルドが、コンゴ動乱全体を通じて例外的に指導力を発揮したこともあり、充分な支持を得ることはなかった。しかし彼は、ソ連の攻撃をアジア・アフリカ諸国の支持で凌いだことで、以後、国連の活動の中立性の体裁の維持を意識せざるをえなくなった。

このことは、今度は国連事務局と両大国との衝突を余儀なくした。まず、「トロイカ提案」をめぐる外交的敗北を経て、ソ連はコンゴ国連軍経費の支払いを公然と拒否し、国連の財政危機を深刻化させた。同時に国連事務局は、米国とも衝突した。コンゴの法的秩序の回復を目指すハマーショルドの新路線は、米国からはルムンバ復活に繋がるものと解された。そして国連事務局は、米国と英国から財政支援引揚げの脅しを受けた。言い換えると、国連の中立性の維持と米国の協力の維持との間で、ハマーショルドは深刻なジレンマに陥ったのである。

ただしこのジレンマの現実的な解は、自明であった。ハマーショルドにとって、「防止外交」の野心的希望の成就には、「介入資源の確保」、つまり米国の協力が絶対不可欠だった。それゆえ彼は、米国の加盟国工作を通じてカサブブ派の国連代表権が承認されるや、今一度、米国の求める「ルムンバの破壊」計画に手を貸した。彼は、ルムンバの警備を解く決定がモブツによる彼の逮捕に繋がり、彼を生命の危険に晒すことを知りながら、この逮捕を黙認した。六一年一月、ルムンバはカタンガに移送され、ベルギー人将校によって射殺された。

## 親米コンゴ政権の樹立

ルムンバ暗殺後、国連事務局の対米依存は強まるばかりであった。六一年一月のルムンバの暗殺と、同じ時期に新大統領に就任したケネディの新政策で、動乱は新局面に入った。ルムンバの死の衝撃を受けてコンゴ国内の武力衝突が激化するなか、二月、ニューヨークでは、国連軍にカタンガの傭兵を排除するための武力行使権限を認める新決議が採択された（二月決議）。しかし皮肉なことに、介入の質的、量的拡大を意味しかねない新決議で、国連事務局はこれまで以上に「介入資源の確保」に悩まされることになった。

一方でわずかではあったが、国連事務局にとって紛争解決への展望も開けた。なぜなら二月決議は、ソ連や急進派アジア・アフリカ諸国の介入意欲を削ぐ政治的効果を持ったからであった。ルムンバ派を支援するソ連やアラブ連合は、プロパガンダ的な動機に基づいて、コンゴ問題にこだわった。それゆえ彼らは、本音ではこの問題をめぐって米国との対立を激化させるつもりはなかった。また米軍が決議の効果を裏書きする措置をコンゴ国内外で執り続けたこともあり、ルムンバ派への外部からの支援は縮小し、共産主義の脅威の問題は後方に退いていった。

このようなか二月決議の採択は、ケネディ政権の「コンゴ新政策」実現の弾みとなった。これはアジア・アフリカ諸国との協調を重視するアフリカニスト主導の政策であった。「新政策」の目標は、国連軍の軍事的強化に加えて、コンゴにおいて親米派が主導的立場を維持しつつも、ルムンバ派を加えた「中道政権」の樹立であった。米国と国連事務局の協働介入が積極化した。重要な転機は、米国が、「新政策」の障害と目された、国連事務総長特別代表ダヤルを事実上更迭させたことであった。米国は、またコンゴ国内では、親米派コンゴ人政治家の反ダヤル運動を介して、またニューヨークでは英国とともに、「介入資源の確保」問題に苦しむハマーショルドに圧力をかけると同時に、ティンバーレイク大使の帰任という自国に有利な「取引」を提案し、これを実現した。そして米国は、ダヤルの事実上の後任に、親米的なスウェーデン人のリネーを得て、六一年七月、アドーラを首班とする親米政権を樹立した。国連職員リネーの秘密工作での活躍は、米国にとって、国連を用いた工作、すなわち「非介入の名の下での介入」の成功に他ならなかった。

## 対米依存の深化の必然的帰結としてのワシントンの政治

一方で国連軍の対米依存の深化は、一つの必然的帰結をもたらした。それは国連軍の活動の方向性が米国の国内政治に埋め込まれたことであった。

米国と国連の協働介入で親米アドーラ政権が誕生したが、同政権の存続は危うかった。カタンガ分離の継続で、経済は荒廃し続けており、政府財政も危機的であった。統一コンゴの実現は経済的観点からも急務であった。

このようななか、ハマーショルドは、カタンガの傭兵の排除を求める二月決議の履行を焦っていた。国際公務員たる彼にとって、安保理決議の履行は義務であった。しかも九月には第一六回国連総会が控えており、「トロイカ制」を訴えるフルシチョフの再攻撃が予見された。さらに春には国連軍最強のインド部隊が到着したものの、財政難と各国部隊の引揚げの影響でこれ以上の部隊増強は期待できなかった。彼は、八月下旬、カタンガの傭兵排除へ動き出した。

しかしハマーショルドの決断は、「介入資源の確保」と「防止外交」の成就という野心的希望のバランスのなかで生まれたギャンブルであった。この時彼は、米国からの充分な支持を期待できなかった。しかし焦る彼は、米国との摩擦の可能性にもかかわらず、「オペレーション・ランパンチ」と「オペレーション・モルソー」という傭兵掃討作戦に乗り出した。

「ランパンチ」は、限定的な成功を収めたものの、「モルソー」は完全な失敗に終わった。航空部隊を欠き、軍事的に脆弱な国連軍は、カタンガの傭兵に敗北した。しかも国連の弱さは、情報戦において際立った。米欧のメディアや米英の議会は国連を非難する声で満ちあふれた。結局、米英政府から休戦へ向かうよう圧力をかけられ、また様々な非難に晒されたハマーショルドは、武力行使を停止せざるをえなかった。明らかなことは、武力行使の失敗が国連組織を危機的状況に落ち込ませたことであった。ハマーショルドはチョンベとの休戦交渉に向かったが、その最中に謎の墜落事故死を遂げた。こうして国連の武力行使のラウンド・ワンの帰結は、またしても国連事務局の自律性の限界点を示した。

ハマーショルドの死は、国連の米国依存をさらに深めさせた。なぜならこれを機に米国は、事務総長を失い組織として揺らぐ国連を支える決意を強めたからであった。ケネディは、彼に圧力をかけて、休戦協定に向かわせたことに負い目を感じていた。ケネディの態度の変化は、ボール国務次官の登用に現れた。そしてボールが打ち出した新政策は、米国が責任を負う形で国連軍の軍事的強化を図ることであった。

しかしこの新政策には財源の裏付けが弱いという根本問題があった。この頃キャピトルヒルでは、史上初の国連公債購入の予算枠をめぐって米国議会と政府とが激しい論争を展開していた。このようななかルムンバやハマーショルドの暗殺の疑惑に晒され、窮地に陥ったチョンベは、有力議員への接触を積極化した。彼はカタンガ・ロビーを組織し、国連公債購入反対キャンペーンを展開した。狙いは国連軍を資金切れで撤退に追いやることであった。同様の展開は英国でも起こり、国連公債問題は国連の積極策の足かせとなった。

この結果、国連軍の二度目のカタンガ攻撃のあり方も、ワシントンの政治の影響を受けた。一一月、米国と国連事務局合作の傭兵の掃討作戦「オペレーション・ウノカト」が実施された。しかしケネディは、親カタンガ派の議員や同盟国の動向に左右され、この結果ウ・タントも、徹底攻勢をかけることができなかった。この事情は、武力行使停止後に米国の仲介でアドーラとチョンベとの間で締結されたキトナ協定に反映された。たしかに形式的に同協定は、カタンガ分離の終結を謳った。しかし同協定は、実質的にはワシントンの分離維持派と統一派との間の微妙な政治バランスのうえで成立した文章にすぎず、履行の可能性に不確かさを残した。

### 国連の組織防衛の論理と再統合

キトナ協定締結からの一年で明らかになったのは、協定の履行自体が政治問題であることであった。根本原因は、チョンベがワシントンの政治を動かすことで、国連軍の活動を停止できる政治力を維持したからであった。これは米国が国連事務局に有した「構造的権力」の必然的帰結であった。他方ケネディ政権は、国外では同盟国との摩擦に直面し、国内では親カタンガ・ロビーの批判に晒されて、身動きが取れなかった。

なかでも米国の問題となったのが、同盟国ベルギーと英国であった。ベルギーでは、一九六一年春に新政権が発足し、国連に協力的な副首相兼外務大臣スパークが、コンゴ問題の処理にあたった。しかし不安定な連立政権で、国内の厳しい批判に晒されがちな新政権は、非合法とは言えないユニオン・ミニエールのカタンガ納税問題に指導力を発揮できなかった。他方英国の保守党政権はより露骨であった。五六年のスエズ戦争をめぐる国連の介入を苦々しく記憶するマクミラン政権高官は、表向きは国連への協力姿勢を示しつつも、再統合に向けた意味ある措置を執る意思を持たなかった。

一方国連財政問題は深刻さを増した。六一年一二月、国連総会は、国際司法裁判所に対して平和維持活動経費をめぐる司法判断を求めたが、ソ連やフランスなどの経費未払い国は、まったく態度を改めなかった。国連公債の売却資金だけでは充分な財源が確保できないなかで、六三年春にも国連は財政的に破綻しそうであった。

この状況を打開するため、六二年夏、米国国務省は、コンゴ国軍に対する軍事支援と並んで対カタンガ経済制裁計画を策定した。これは「ウ・タント・プラン」と称して、国連の計画として公表されたが、実態は米国作成のコンゴ和解計画であった。この制裁計画を通じて米国と国連事務局は、カタンガへの圧力をかけようとした。しかし同計画には、根本的な問題があった。経済制裁の内容にはカタンガ産の天然資源の不買が盛り込まれたが、主要消費国のフランスや英国が参加を拒否した結果、制裁の実効性には疑問符がついた。

チョンベとアドーラとの和解を進める米国の努力も空転した。チョンベへの圧力に限界があるなかで、交渉は宥和的にならざるをえなかった。時間を稼ぐことができたチョンベは、一九六二年一〇月頃になると、新たな武器を調達し憲兵隊を大規模化するなど、国連軍を凌駕しかねない軍事力を蓄えつつあった。

このようななか、資金切れを懸念する国連事務局に衝撃を与える事件が起こった。それが、キューバ危機と同時期に勃発した中印国境紛争であった。この時、中印紛争に敗北したインドのネルー首相は、六三年三月を期限として、国連軍インド部隊の引揚げを表明した。最大時約二万人規模の国連軍の約三分の一の兵員を提供したインドの離脱で、国連事務局は、兵員確保という別の「介入資源の確保」の問題に苦慮することになった。インドの撤退も決議履行の一つのタイム・リミットとなった。

財源の枯渇とインド部隊撤退の影響を懸念する米国は、国連軍の軍事力強化の検討を始めた。ケネディは問題意識を共有するスパークと意見調整を行い、一二月、ボールは米国航空中隊を国連に直接提供する政策案を作り上げた。しかし皮肉なことに、米国の国連軍強化の決断は、ウ・タントにとって別の問題を生じさせた。なぜなら米国のような大国の国連軍参加は、国連軍を法的に基礎づけた国連安保理決議からの逸脱であり、これはかつてハマーショルドが回避したいと願ったことであったからであった。ウ・タントにとって、国連の権威を決定的に毀損する米国軍の到着は、決議履行のもう一つのタイム・リミットとなった。「防止外交」という野心的希望の残影であった。

資金切れ、インド部隊撤退と国連軍の弱体化、相対するカタンガの軍備増強の進展、そして米軍の直接参加と国連の権威の毀損、いずれの問題も国連軍の活動の失敗、国連組織そのものを深刻に傷つける可能性があった。それらの可能性を前に、国連事務局職員の焦りは、強まるばかりであった。一二月下旬、カタンガ憲兵隊兵士が国連軍兵士の威嚇発砲によって怪我をするという、偶発的出来事をきっかけに、憲兵隊と国連軍は戦闘状態に入った。そしてこれを皮切りとして国連軍は、傭兵掃討作戦「オペレーション・グランドスラム」を実施した。

予想外ではあったものの、軍事的形勢は国連軍の優位で推移した。このためタイム・リミットを強く意識するウ・タントは、西側諸国から休戦の圧力に晒されたものの、これら圧力を拒否し続けることができた。この最後の武力行使によって、カタンガは再統合を受け入れた。これは、対米依存の深化と国連組織防衛の論理の狭間で、国連事務局が軍事作戦の成功という幸運のもとで指導力を発揮できた薄氷の勝利であった。

## 危機の思わぬ帰結――「米国の道具としての国連」の凍結

コンゴ国連軍は、ハマーショルドの「防止外交」という野心的希望から誕生したが、「介入資源の確保」の問題を背景として「米国の事業」となった。米国は、コンゴの現地情勢に大きな影響力を行使すると同時に、国連軍の活動を微に入り細に入りコントロールすることで、親米コンゴの樹立に成功した。しかし一方で国連が失ったものは大きく、米国の強い支持と引き替えに、中立的な国連という信用性は地に落ちていた。このようななか、六二年以降、国連ではアジア・アフリカ諸国が多数派を占めつつあり、コンゴ動乱で示された「米国の道具としての国連」を変革しようとする気運が生まれていた。

この問題は、国連財政危機をめぐる政治問題として現出した。それが国連憲章第一九条適用問題であった。既に繰り返し指摘したように、コンゴ問題の処理は、国連財政危機の影響を受け続けた。それゆえ米国にとって、今後も「道具としての国連」を維持するためには、平和維持活動財源の安定化が重要であった。そこで米国のケネディ、ジョンソン政権は、経費の支払いの義務化を企図し、未払い国の国連総会投票権の剝奪を国内外に訴えた。

しかしこの障害になったのが、ソ連をはじめとする未払い国と、彼らに暗黙の支持を与えるアジア・アフリカ諸国であった。六二年に国際司法裁判所の判断（特定経費判断）が下された後も、ソ連やフランスは公然と支払いを拒否し、しかもアジア・アフリカ諸国の中には、これに連なる国もあった。これら諸国は、途上国ゆえに財政的に苦しいという事情に加えて、第一九条の適用でソ連が国連から脱退し、そして国連が今一度「米国の道具」としての性格を強めることを警戒した。この結果ケネディが公約とした未払い国への第一九条適用には、国連総会における三分の二の支持が集まらない状況が生まれていた。

六三年一一月に暗殺されたケネディの後を継いだジョンソンは、第一九条適用問題に引き続きこだわったが、国連の質的変化という流れに抵抗できなかった。第一九条適用の是非を国連総会で問うならば、米国が少数派であることが露見しかねなかった。この事情を察したウ・タントは、六四年から六五年にかけて、国連総会を延期させる異例措置を取った。しかし六五年、中ソ対立を背景として、アルバニアがこの問題を取り上げることで、ソ連を国連から追い出そうとする事態が生じたため、米国は適用論撤回の立場を明らかにせねばならなかった。

これは米国の外交的敗北を意味した。いまや明らかとなったのは、米国が国連総会をコントロールできない事実であった。結局、平和維持活動経費を全て分担金で賄うことへの米国の意欲は薄れ、六六年には、米国の立場はソ連の立場と同じになった。結局、平和維持活動は、自発的拠出の基金に基づきつつ行われ、その大規模化も冷戦終結を待たねばならなくなった。言い換えると、米国は自らの「事業」としてのコンゴ国連軍の成功の代償として、「米国の道具としての国連」の凍結を余儀なくされたのであった。

## 3 戦後国際政治史上の意義

戦後国際政治史において、コンゴ動乱とは何だったのか。本書で描き出したように、カタンガ分離問題を中心に展開したこの危機は、国連と米国とが交わした名と実の取引に基づく、「米国と国連の協働介入史」であった。序章でも紹介したが、コンゴ動乱を冷戦の一コマとして位置づける研究は多い。たしかに本書でも、ルムンバの失脚やコンゴ中央政府の権力再構築をめぐって、ソ連の介入が与えた衝撃を指摘し、また、国連憲章第一九条適用問題にも米ソ対立の影響を見出した。しかし米ソの対立は、動乱の中心的問題であったカタンガ分離の発生およびその終結過程では部分的役割を果たしただけであった。むしろ本書が描き出したように、この物語はベルギーの植民地主義の問題を端緒とし、「介入資源の確保」をめぐる国連の対米依存の深化と、そのことで危機的状況に陥った国連の組織防衛の論理が、紛争処理の方向性に決定的影響を与えた事件であった。

これは新たな研究領域の所在を示している。すなわちそれは、従来戦後国際政治史とほぼ同列に語られがちであった冷戦史と、戦後国際政治史の境界における国連の政治的機能の解明である。第二次世界大戦の産物として、また冷戦終結後も生き延びた国際組織としての国連は、冷戦に還元できない独自の歴史を刻んだ存在であった。そしてこの組織に焦点をあてることで、冷戦史の一コマとして語られがちな事象のなかに、冷戦の論理とはニュアンスを異にする論理が、国連を介して及んでいたことに気づかされるのである。

たとえば本書で取り上げた、国連平和維持活動の歴史がそうである。ハマーショルドは、「防止外交」の野心的希望のもとに、脱植民地化に伴う地域紛争を冷戦から隔離する構想を抱いた。そしてこの野心的希望は、国連平和維持活動として具体化したが、これは国連という組織が持つ独自力学の問題を、国際紛争に投影する契機となった。

この点で留意すべきは、国連平和維持活動は、まずもって、国際秩序変動の時代的産物だったことである。すなわち平和維持活動は、一九五〇年代後半から加速した脱植民地化に伴って噴出した紛争処理という現実的な要請から誕生した。それゆえこの国際的な秩序変動が活動の発展の動力となると同時に、その限界点も設定した。なぜなら脱植民地化の内実を、表向きの政治的独立を超えて新興国社会の変革や経済発展の内実化まで含むものとすれば、それは早晩国連を深刻な「介入資源の確保」の問題に晒すことになるからであった。

翻ってみれば、国連平和維持活動の可能性と限界点が問うたのがコンゴ動乱であった。脱植民地化問題をめぐり、少なからぬ数の小国、大国が国連事務局の紛争処理能力に期待した。留意すべきは、この活動が、冷戦下でありながらも、米ソ共に賛成票を投じた安保理決議で成立した点である。この結果、国連事務局も、大規模な国連軍を派遣し、歴史的にも珍しい文民支援活動を展開し、コンゴ政府の機能を肩代わりすることになった。

しかし国連事務局が全力で解決に取り組まねばならなかったカタンガ分離独立問題は、植民地主義の残滓とも言うべき問題であった。カタンガは、網の目のように巡らされた親植民地主義のネットワークを築き上げ、非国家でありながらも軍事的にも財政的にも国連を凌ぐ実力を持った。おそらく米国の積極的協力がなければ、国連事務局は分離を終結できなかっただろう。言い換えると、ソ連が国連事務局への対決姿勢を示すなかで、米国が反植民地主義に肩入れする動きを示したため、国連事務局はかろうじてカタンガに具現化された植民地問題に対峙することができたのである。

しかしこのために国連事務局が支払った代償は大きかった。それが米国との間で交わされた名と実の取引であった。国連事務局は、コンゴ国連軍活動の成功のために、諜報活動、財源、軍事サービスを米国に頼るだけでなく、同盟国の説得、そしてコンゴの政治情勢のコントロールの面でも米国に依存した。この結果国連事務局は、強い指導力の発揮や活動の中立性の維持などを望みえなかった。ハマーショルドは、自衛方針の堅持、国内問題の干渉性の排除、国連軍への大国参加の回避といった準則を、国連軍の派遣時に開陳したが、この準則の多くが守られなかった。米国領事館職員が評したように、活動の「過去三年間のほとんどを通じて、国連は米国のエージェントとして活動した」のである(14)。

もちろん国連事務局が指導力をまったく発揮できなかったわけではない。本書でも指摘したが、ハマーショルドが七月の安保理決議採択から実に短期間のうちに、複雑かつ大規模な国連軍を組織した手腕は実に見事であった。また第一五回総会の時の「トロイカ提案」をめぐる外交的攻防のように、ハマーショルドは、東西間のイデオロギー対立を国連に持ちこませることを阻止した。しかしこれらは総じて言えば、「介入資源の確保」の問題が深刻な影響を与えず、国連組織の防衛の点で米国と利害が完全に一致した場合という条件付き成功であった。しかもそれは動乱の過程全体ではほんの一時の成功に過ぎなかった。

むしろ動乱の過程全体で目立ったのは、国連事務局が公言しがたい活動を行わざるをえなかったことであった。カタンガ分離をめぐる初期の対応、ルムンバの失脚と暗殺、親米政権樹立のための秘密工作、「ウ・タント・プラン」の策定過程など、これらの措置は名と実の取引の代償であった。しかも国連は、カタンガとの闘いで軍事的、情報戦的敗北を喫し、また事務総長の命も失った。くわえて厳しい財政状況下の国連は、内戦下という幾分やむをえない事情があったとは言え、米国提供の多額の資金を特定のコンゴ人政治家や国軍兵士へ渡すことで現地の政治腐敗にも関わった。このようにコンゴ動乱は、国連組織を根本から揺るがした大事件であった。それゆえこの事件は公式史からは忌諱され、「国連官僚のある世代にとっては、忘れたいと願い、あるいは忘れることができないのであれば、今後は繰り返してはならない」ものとなった(15)。

この意味で、本書が注目した国連財政問題の影響は大きかった。ハマーショルドの伝記や主なコンゴ動乱史研究が、この問題の危機の個別局面への影響を明確に言及しないことは、逆にこの問題の政治的重要性を伺わせる。序章でも論じたが、既存のコンゴ動乱史研究が、危機の個別局面に対して、「介入資源の確保」の問題が与えた影響を、意識的に叙述してきたとは言い難い。それゆえ本書は、この点を重要な視座の一つとして動乱の全体像を描いた。そして、ＣＩＡの秘密工作への国連事務局への協力、とくにルムンバ首相官邸からの脱出や彼の逮捕黙認、ダヤルの事実上の更迭、カタンガへの武力行使ラウンド・ワンの停止などが、この事情の影響を抜きに理解できないことを明らかにした。ただし同時に強調したのは、ラウンド・ワンのギャンブルに踏み切ったハマーショルドの態度や、「オペレーション・グランドスラム」のウ・タントの態度に見られたように、米国といえども財政支援を通じて国連事務局を完全にコントロールできたわけではないことであった。

## 4　米国・国連関係研究上の意義

ところでコンゴ動乱は、冷戦期の米国外交においても大きな出来事であった。歴史的に類例がないほど、米国はこの危機で国連を積極的に利用したからであった。もちろん一九五〇年代の朝鮮戦争、六二年のキューバ危機のように外交的パフォーマンスとして、国連を利用した事例はある。しかし国連憲章上の手続き的瑕疵のある朝鮮戦争の事例を別として、冷戦期において資金面、技術面でこれほどまで関与したことはなかった(16)。しかし本書が論じたように、米国はアフリカの脱植民地化という国際秩序の地殻変動に対する現実的政策として、国連の利用を追求した。その目的は、旧宗主国のヨーロッパ同盟国との関係を安定させつつ、新興国に親米政権を樹立することであった。

結果から言えば、確かに米国は、コンゴ動乱を通じて国連の政治的有用性を確認することができた。たとえば六〇年秋のカサブブ派への国連代表権承認の出来事で見られたような、国内的な政治的正統性が乏しい親米勢力に、国連を介して国際的に政治的正統性を付与する措置がそうであった。しかも米国は、国連軍を秘密工作の別働隊とすることで、米国による干渉の実態を隠蔽し、同盟国および新興国の米国への政治的反感を軽減できた。米国の公式の立場は、「コンゴ政府への支援は、いかなるものであっても国連を通じて行われるべきであって、米国を含むいかなる国も、一国的な活動を控えるべき」というものであった(17)。そして、米国が自国の直接関与の事実を極力隠し続けることに成功した結果、動乱全体を通じて、ルムンバを含む民族主義勢力の反米感情が高まったとの事実はほとんど確認できなかった(18)。これは米国が「道具としての国連」を巧みに使った結果であったと言えよう。

しかし同時に、米国の国連の積極的利用は、その後の政策的限界を設定した。言わばその意味でコンゴ動乱は、国連を外交の「道具」とした米国のコンゴ政策のしっぺ返しであった。国連を利用するという米国流の国際主義は、新興独立国との政治的妥協をある程度受容する意味で、現実主義的政策であった。しかし危機を通じて国連の活動への加盟国の協力が徐々に減じつつあり、また加盟国のうちアジア・アフリカ諸国が多数派になりつつあるなかで、米国の支援だけが突出したことはその長期的有用性を減じた。この問題が具現化したのが、国連憲章第一九条適用問題であった。この問題をめぐり明らかになったのは、コンゴ動乱を経て国連の政治の質が完全に変化したことであった。国連においてアジア・アフリカ諸国の要求が通りやすくなるにつれて、米国の指導力は相対的に低下し、その政策に国連を介して政治的正統性を纏わせることは非常に困難になった。そして最終的に米国は、途上国問題において国連を「道具」として利用できなくなった。

冷戦期に米国が国連を積極的に利用しようとし、それが可能だったのは五〇年代後半から六〇年代前半の数年のことだった[19]。それゆえ同時にこのことは、「防止外交」という国連事務局の壮大な構想が、長期間、構想のままに留め置かれたことも意味した。以後、国連は、「平和執行」や「平和強制」といった野心的事業に乗り出すことはできず、財源的にも技術的にも、実力に見合った程度の活動しかできなくなった。またこの結果、平和維持活動の諸原則は、国連の組織防衛の保証を基底とせざるをえなくなった。さらに米国という権力のスポンサーを失ったことで、国連は、七四年の新世界経済秩序（ＮＩＥＯ）樹立宣言のケースのように、何かを為す場というよりは、何を為すべきかを議論する場としての性格を強めていかざるをえなくなった。

周知の通り、その凍結が一時的に復活したのが、冷戦が終わり米ソ協調が実現した一九九〇年八月の湾岸危機の時であった。この時コンゴ国連軍の時と同じく、米国の強い支持を背景として、ソ連も賛成票を投じた多国籍軍が組織された。また同時期に東欧などの民主化、ソ連崩壊という六〇年代の脱植民地化に匹敵する政治的地殻変動への対応の必要性が高まった結果、「防止外交」と類似の構想も復活した。それがエジプト人のブトロス・ブトロス＝ガリ事務総長による「予防外交（Preventive Diplomacy）」構想であった[20]。ただしその後の展開もコンゴの再現であった。国連において米国が必ずしも多数派を代表する存在ではないことに、六〇年代後半以降大きな変化はなかった。それゆえ「予防外交」構想も、ソマリアやルワンダの「失敗」を経てからは米国の分担金未払いに直面し、ガリ自身も米国の反対によって再任を阻まれたのであった。

おそらくこの帰結は、コンゴ動乱がもたらした幾つかの教訓を踏まえれば、ある程度予想できたのかもしれない。なかでも大きな教訓は、国連の介入能力は、国際秩序の変動の程度と、加盟国、とくに大国の協調と支持の程度に大きく規定される点だったからである。本書全体で描き出したことの一つは、秩序変動に伴う地域紛争が仮に激化しても、大国の積極的関与が期待できるならば、国連が為しうることも大きくなることであった。しかし同時に、国連がその状態に至ってまで取り組まねばならない問題は、実は国連事務局の実力を超えたものである可能性が高く、国連が単独で手に負える問題ではないということも意味した。

またコンゴ動乱は、加盟各国の協力の強さは当該加盟国の国連事務局への交渉力の源泉になりうるのであり、それが平和維持活動の本来の目的達成の障害にもなりかねないことを示した。そして国連事務局が「介入資源の確保」に苦労するあまり、国連の存在を介して本来なら文脈を異にする問題が影響を与え、かえってもともとの問題を複雑化しかねないことも起こった。たとえば、本書が描いたように、キューバ危機や中印国境紛争は、国連軍の部隊確保の面で、コンゴ問題の処理に深刻な影響を与えた。また国連憲章第一九条適用問題でも、中ソ対立を背景にアルバニアがソ連を国連から脱退させるべくこの問題を提起しようとしたことで、この問題解決を難しくした。

またこの事件で明らかになったのは、国連が複雑な問題の処理に関わったがゆえに、それが加盟国の国内政治に多大な影響を与えた点であった。たとえば米国議会や英国議会を舞台としたカタンガ・ロビーの活躍の問題や、国連公債問題をめぐる行政府と議会の対立がそうであった。くわえてガーナのンクルマは、コンゴ動乱に積極的に関わったがゆえに、六六年に国連軍に参加したガーナ国軍のクーデターによって失脚した。[21] この指摘の妥当性は、本書が明らかにしたように、コンゴ国連軍が米国の諜報活動と一体となっていた事実、また国連軍の現地代表を務めたガーナ人のガーディナの事例のように、国連事務局の職員が、「反ンクルマ」の陣容で固められたことからも推測できる。このような事情が加盟国の国内事情を国連の活動に反映させる契機となった。

これらのことは、国連による紛争処理の重要な限界点を示している。国連の活動は、各加盟国をめぐる複雑な政治過程、そして政治的妥協の産物として捉えるべきである。また同時に強調すべきは、国連の活動の多くは、国連の枠外での国際政治によって決まりかねないという現実である。

この結果、本章の冒頭に記したように、国連はコンゴの再統合には貢献したが、内戦の火種を消し去ることはなかった。また国連が関わった紛争が、本来文脈を異にする紛争の影響を受けた結果、国連の紛争解決の努力も中途半端に終わった。三〇年以上にわたってコンゴを支配してきた独裁者モブツの死去とほぼ時を同じくして、この国は、九〇年代後半、第一次アフリカ大戦の舞台となった。国連の介入にもかかわらず、六〇年代、コンゴでは少なくとも一〇万人が犠牲者となり、また九〇年代後半から二〇〇〇年代のコンゴを舞台とした紛争で、三五〇〇万人以上の人々の命が奪われた。[22] このようにコンゴ動乱は、国際秩序変動に伴う紛争激化と、その処理をめぐる加盟国の協力のあり方をめぐる、国連の活躍の可能性と限界を示した事件であった。

今日、我々が目にしているのは、二〇世紀を牽引してきた米国の覇権力の相対的低下である。この米国の衰退に伴う国際秩序変動と紛争激化に対して、国連加盟国、とくに大国はどのように国連を用いるのだろうか。そのいかんによっては、コンゴ動乱で問われた問題が再燃するだろう。コンゴ動乱とは、脱植民地化という国際秩序変動に伴う国連の危機の歴史に他ならなかった。そしてこの危機から五〇年以上の月日を経て、我々は、豊富な一次史料の分析を通じて、「偉業」を成し遂げながらも、危機に見舞われ、その後偽りの歴史を語り続けねばならなくなった国連の姿を確認することができたのであった。ルムンバの遺書の言葉を借りれば、コンゴ動乱について我々は、ようやく「植民地主義とその傀儡から解放された国々で教えられる歴史」にほんの少しだけ近づけたのである。

# 註

## 序章　コンゴ動乱と国際連合の危機

（1）*FRUS*, 1958-1960, vol. XIV, Memocon, Lumumba, Herter, July 27 1960, pp. 359-366.

（2）マーク・マゾワー『国際協調の先駆者たち――理想と現実の二〇〇年』（ＮＴＴ出版、二〇一五年）一〇七頁。

（3）たとえばケネディ政権において在エリザベスヴィル米国総領事のジョナサン・ディーンは、活動の「過去三年間のほとんどを通じて、国連は米国のエージェントとして活動した」と評した。HIA, Ernest W. Lefever papers, Box 4, Note on Conversation with Jonathan Dean, U. S. Consul General to Elizabethville, August 30 1963.

（4）この場合の「構造的権力」とは、国連軍および文民支援活動経費の大半を負担し、空輸業務のほとんどを請け負う米国が、コンゴ国内政治に介入しつつ、また国連軍の動向を監視するためにほぼ毎日国連事務局と接触し続けることで、国連の紛争処理過程を操作しえた立場にあった事実を指す。JFKL, NSF, Countries, Box 28A, Memo, "US control over resumption of hostilities in the Katanga", December 17 1962.

（5）HIA, Ernest W. Lefever papers, Box 4, Convesation with Ambassador Edmund Gullion, 11:30 to 1:30 August 22 1963.

（6）「道具」という表現は、米国政府史料に様々な形で現れており、米国政府高官の国連に対する基本認識であった。たとえばある史料は、「［米国は：筆者］…、…我々が、世界の混乱や紛争の根源の多くに対処するための助力としての重要な道具として…、国連の活動を支援した」と記す。LBJL, SDAH, 1968, vol. I, Chapter X, The United Nations, Box 4, The United Nations, undated, p. 2.

（7）スタナードの研究は、このようなイメージを作り出したベルギーのプロパガンダ戦略を描き出す好著である。Mattew G. Stanard, *Selling the Congo: A History of European Pro-Empire Propaganda and the Making of Belgiam Imperialism*（Lincoln, University of Nebraska Press, 2011）.

（8）一九六〇年七月から六四年六月までの間で、コンゴ国連軍には、最大時約二万人、述べ六七万五〇〇〇人の兵員、三四カ国からの部隊が参加し、また合計四一一〇〇万ドルの経費がかかった。Ernest W. Lefever, *Uncertain Mandate: Politics of the U. N. Congo Operation*（Baltimore: The Johns Hopkins Press, 1967）, p. 3.

（9）Ludo De Witte, *The assassination of Lumumba*（London: Verso, 2001）; Calder Walton, *Empire of Secrets: British*

*Intelligence, the Cold War, and the Twilight of Empire* (London : Harper Press, 2013); Emmanuel Gerard and Bruce Kuklick, *Death in the Congo : Murdering Patrice Lumumba* (Cambridge : Harvard University Press, 2015).

(10) Suzan Williams, *Who Killed Hammarskjöld ? : The UN, the Cold War and White Supremacy in Africa* (London : Hurst & Co., 2011); UN, A/70/132-Report of the Independent Panel of Experts established pursuant to General Assembly resolution 69/246, July 6 2015.

(11) Crawford Young, *Politics in the Congo* (Princeton : Princeton University Press, 1965).

(12) Ernest W. Lefever, *Crisis in the Congo : A United Nations Force in Action* (Washington, DC : The Brooking Institution, 1965).

(13) たとえばヤングは、国連等の外部要因は部分的かつ周辺的扱いにとどめうると記した。Young, *Politics in the Congo*, pp. 7-9 ; Lefever, *Crisis in the Congo*, pp. 42-45, 47. 一方でヤングやレフィーバーは、米国政府の協力者であったことから、彼らが干渉の問題をまったく知らなかったとは考えがたい。ヤングは、ハーバード大学で博士号を取得するとただちに、米国政府のコンゴ政策策定の協力者になった。また後にロナルド・レーガン政権の国務次官補代理にノミネートされるレフィーバーも、国務省や国防総省の資金協力を得た、コンゴ国連軍に関する受託研究の責任者であった。NARA, RG84, RFSPDS, CGR, 1934-1963, Box 15 (Old 8), January 63-June 63, Internal Reseach Report, Memo, "RAF Researh on the Congo", March 4 1963 ; HIA, Ernest W. Lefever papers, Box 4, U. S. Interviews on the Congo August 1963-May 1965, Congo-ACDA Study ; Lefever, *Uncertain Mandate*, pp. xiv-xv.

(14) たとえばソ連は、国連総会などの場を借りて、コンゴ動乱の本質を「傀儡」を通じたベルギーの侵略に求めると主張した。詳細は本書第5章を参照。また西側諸国でも、ジャーナリストのアンドリュー・タリーが、六二年に米国の秘密工作の事実を暴露した。Andrew Tully, *CIA : The Inside Story* (New York : William Morrow and Co., 1962), pp. 178-187.

(15) Dwight D. Eisenhower, *Waging Peace : The White House Years*, 1956-1961 (New York : Doubleday and Co., 1965), pp. 571-583 ; Robert Murphy, *Diplomat Among Warriors* (New York : Doubleday, 1964), pp. 324-338 ; Clare Hayes Timberlake, *First Year of Independence in the Congo* (Unpublished Master's thesis, George Washington University, 1963); Harold Macmillan, *Pointing the Way, 1959-1961* (London : Macmillan, 1972), pp. 239-240, 259-284 ; Henry T. Alexander, *African Tightrope : My two years as Nkrumah's Chief of Staff* (New York : Praeger, 1966), pp. 33-87 ; Paul-Henri Spaak, *The Continuing Battle : Memoirs of A European 1936-1966* (Boston : Little Brown and Company,

1971), pp. 357-401.

(16) 研究史的には、英国王立国際問題研究所のキャサリン・ホスキンスが、国内紛争と国際対立の双方を接合する端緒を担った。彼女の代表的著作『独立以後のコンゴ』は、同事件を国内外の出来事の相互作用のなかで捉える意欲作であった。またレフィーバーも、『コンゴ危機』公刊後に考察を深め、続編『不確かな委託任務』では、危機の国際的側面に焦点をあてた。ただしこの二つの著作には、史料的な制約もあり、国内政治に対する外部からの干渉については、可能性を指摘するにとどまった。Catherine Hoskyns, *The Congo since Independence: January 1960–December 1961* (London: Oxford University Press, 1965); *Lefever, Uncertain Mandate.*

(17) U.S. Congress, Senate Select Committee To Study Governmental Operations With Respect to Intelligence Activities, *Alleged Assassination Plots Involving Foreign Leaders: An Interim Report, Senate Report No. 94-465, 94th Congress, 1st Session* (Washington: U.S. Government Printing Office, 1975).

(18) Madeleine Kalb, *The Congo Cables: The Cold War in Africa-From Eisenhower to Kennedy* (New York: MacMillan, 1982), p. XIV.

(19) Richard Mahoney, *JFK: Ordeal in Africa* (New York: Oxford University Press, 1983), p. 244.

(20) ただし同じ問題意識の研究は、七〇年代に現れていた。先鞭はシカゴ大学でハンス・モーゲンソーの指導を受け、同大学で政治学博士号を取得したステファン・ワイズマンの研究である。彼は米国議会職員としての経験を積んだ人物だが、七四年に『コンゴにおける米国の対外政策―一九六〇年―一九六四年』を出版し、反共主義に動機づけられた米国の対外政策の文脈から、コンゴ動乱を描き出した。ただし資料面では、同書が執筆された当時、チャーチ委員会の調査結果は未公表であり、彼は聞き取り調査で事実関係の裏付けを取らざるをえなかった。とはいえ危機の経済要因を踏まえた上での本書の基本的構図は、今日でも高い学術的意義があり、筆者はマホーニーの著作と並んで、本書を最も分析的な研究の一つと位置づける。Stephen R. Weissman, *American Foreign Policy in the Congo, 1960-1964* (Ithaca: Cornell University Press, 1974).

(21) 九〇年代に入ると、アフリカ民主化の問題意識からの研究が相次いだ。なかでも注目すべきは、コンゴの独裁者モブツと米国の歴史的関係を取り扱ったマイケル・シャッツバーグの『モブツかカオスか』と、シーン・ケリーの『米国の暴君』である。二つの著作は、ＣＩＡの介入過程の再検討を行うことで、モブツ独裁体制の出自を洗い直した。Michael G. Schatzberg, *Mobutu or Chaos?: The United States and Zaire, 1960-1990* (Lanham, Md: University Press of

America, 1991); Sean Kelly, *America's Tyrant : The CIA and Mobutu of Zaire* (Lanham, Md : The American University Press, 1993).

(22) Lise A. Namikas, *Battleground Africa : Cold War in the Congo, 1960–1965* (Stanford : Stanford University Press, 2013), p. 9.

(23) Sergey Mazov, *A Distant Front in the Cold War : The USSR in West Africa and the Congo, 1956–1964* (Stanford : Stanford University Press, 2010).

(24) David N. Gibbs, *The Political Economy of Third World Intervention : Mines, Money, and U. S. Policy in the Congo Crisis* (Chicago : The University of Chicago Press, 1991); John Kent, *America, the UN and Decolonization : Cold war conflict in the Congo* (London : Routledge, 2010).

(25) Gibbs, *The Political Economy of Third World Intervention*, pp. 196–98 ; Kent, *America, the UN and Decolonization*, p. 1 ; John Kent, "Lumumba and the Congo Crisis : Cold War and the Neo-Colonialism of Belgian Decolonization", Miguel Bandeira Jerónimo and António Costa Pinto eds., *The Ends of European Colonial Empires : Cases and Comparisons* (London : Palgrave Macmillan, 2015), pp. 218–242.

(26) Mark W. Zacher, *Dag Hammarskjold's United Nations* (New York : Columbia University Press, 1970), pp. 39, 151–171. この立場は事件をコンゴの国内紛争として位置づける研究と親和性を持つ。たとえばレフィーバーは「様々な圧力に抗して、ハマーショルドは明確に一貫した路線を追求した。…彼は不偏不党の国際公務員たろうと試みた」と記す。Lefever, *Crisis in the Congo*, pp. 23, 26.

(27) Brian Urquhart, *Hammarskjold* (New York : Alfred A. Knopf, 1972), pp. 404, 407, 438–456, 562 ; Indar Jit Rikhye, *Military Adviser to the Secretary-General : U. N. Peacekeeping and the Congo Crisis* (London : Hurst and Co., 1993), p. 91 ; U Thant, *View from the UN* (London : Newton Abbot, 1977), pp. 95–153.

(28) Peter B. Heller, *The United Nations under Dag Hammarskjold* (Lanham, Md : Scarecrow Press, 2001), pp. 115–146 ; Maria Stella Rognoni, "Dag Hammarskjöld and the Congo crisis, 1960–1961", Carsten Stahn and Henning Melber, *Peace Diplomacy, Global Justice and International Agency : Rethinking Human Security and Ethics in the Spirit of Dag Hammarskjoeld* (Cambridge : Cambridge University Press, 2014), pp. 193–215.

(29) Conor Cruise O'Brien, *To Katanga and Back : A UN case history* (New York : Simon and Schuster, 1962). なお国連事務

局は、オブライアンの『カタンガとの往復書簡』に関して、同書の内容が多くの事実において誤っており、その解釈は偏向しているとの異例の抗議を新聞紙上で行った。*Daily Telegraph*, November 12 1962.

（30） De Witte, *The assassination of Lumumba*, p. xx; Katete D. Orwa, *The Congo Betrayal: the UN-US and Lumumba*（Nairobi: Kenya Literature Bureau, 1985）, p. ix.

（31） Stahn and Melber, *Peace Diplomacy, Global Justice and International Agency*, p. 272.

（32） Anthony Parsons, *From Cold War to Hot Peace: UN Interventions 1947-1995*（London, Penguin Books 1995）, pp. 76-93; Evan Luard, *A History of The United Nations, vol. 2: The Age of Decolonization, 1955-1965*（New York: Macmillan, 1989）, pp. 217-316; The United Nations, *The Blue Helmets: A Review of United Nations Peace-Keeping*（New York: The United Nations Department of Public Information, 1996）, pp. 175-199.

（33） The United Nations, *The United Nations and the Congo: Some Salient Facts*（New York: The United Nations, 1963）p. 4; U Thant, *View from the UN*, p. 106. 同様の記述は、ウ・タント・国際連合広報局編『世界平和のために』（世界市場開発、一九七二年）一五〇頁にもある。

（34） オセンの著作には、カタンガ分離の内実を知るうえで興味深い叙述が多々ある。しかし、資料的には二次文献に多くを負っており、実証面に疑問が残る。Christopher Othen, *Katanga 1960-63: Mercenaries, Spies and the African Nation That Waged War on the World*（London: The History Press Ltd, 2015）, p. 67; Walter Dorn, "The UN's First "Air Force": Peacekeepers in Combat, Congo 1960-64", *The Journal of Military History*, 77, 2013, p. 1405.

（35） David N. Gibbs, "Let Us Forget Unpleasant Memories: The U. S. State Department's Analysis of the Congo Crisis", *Journal of Modern African Studies*, 33, no. 1, 1995, pp. 175-180; "Misrepresenting the Congo Crisis", *African Affairs*, 95, no. 380, 1996, pp. 453-459. この指摘を受けてジョンソン政権期のＦＲＵＳのコンゴ動乱を扱う巻（vol. XXIII, Congo）の公刊は、当初予定よりも一〇年以上遅れ、二〇一三年末となった。また同巻はアイゼンハワー、ケネディ政権期のＦＲＵＳに未収録の史料が、遡って収録される異例の巻となった。

（36） ハマーショルドの側近として国連軍を指揮したインド人のラジェシュワル・ダヤルは、大国による干渉の事実が明らかにされた後、回顧録を書き改めねばならなかった。Dayal, Rajeshwar, *Mission for Hammarskjold: The Congo Crisis*（Princeton: Princeton University Press, 1976）; *A Life of Our Times*（New Delhi: Orient Longman, 1998）.

（37） H-Diplo-ISSF Forum, on "Battleground Africa: Cold War in the Congo 1960-1965", *H-Diplo-ISSF Forum*, XV, no. 35,

May 19 2014, p. 20.

（38） たとえばフランス人の元国連事務次長ジャン・マリー・ゲーノは、「統一されたコンゴはモブツ大統領によって私物化され、汚職にまみれ、独裁的で腐敗していた。このような結果は、国連のせいではない」と述べる。ステン・アスク『世界平和への冒険旅行――ダグ・ハマーショルドと国連の未来』（新評論、二〇一三年）二七三頁。

（39） Inis L. Claude, *Swords into Plowshares : The Problems and Progress of International Organization* （New York : Random House, 1988）, p. 313.

（40） *PPSGUN*, vol. V, Introduction to the Fifteenth Annual Report, New York, August 31 1960, pp. 122-141.

（41） Indar Jit Rikhye, "Hammarskjöld and Peace-Keeping", Robert S. Jordan, ed., *Dag Hammarskjold Revisited : The UN Secretary-General As a Force in World Politics* （Durham : Carolina Academic Press, 1983）, pp. 77-109.

（42） National Library of Sweden, MSL179 : 155, Outgoing Code Cable from Hammarskjold to de Seynes, July 19 1960, cited in Stahn and Melber, *Peace Diplomacy, Global Justice and International Agency*, p. 195.

（43） この点に関して玉村健志の論文の課題設定には問題がある。玉村は、先行研究について、「国連やその事務総長を周辺的アクターとして、あるいはアメリカの客体として描かれる傾向がある」と特徴づける。しかしこの特徴づけは受け入れがたい。なぜならアークハートやルアードの著作が代表的だが、六〇年代から国連やハマーショルドに関する伝記や研究書が数多く存在し、既存のコンゴ動乱史研究がこれら研究に基づくことは明白だからである。一例を挙げると、カルブの『コンゴ電報』の索引では、「ハマーショルド」の項目は七五点あり、「アイゼンハワー」の四一点、「ルムンバ」の八四点などと比べて少ないわけではない。また看過できない点だが、この特徴づけは、既存研究の実際の叙述から引き出せない。『コンゴ電報』の四三頁、あるいはナミカスの『アフリカの戦場』の一八頁には、「彼〔ハマーショルド：筆者〕の用心深い政策は、西側の願望に対する彼の自覚というよりは、国連は加盟国の国内問題に干渉すべきではないという原則へのこだわりに基づいていた」、「多くの批判者は、国連は米国の利益に奉仕したとするが、これは物語の全てではない」とある。玉村健志「アメリカのコンゴ政策とハマーショルド――アメリカと国連事務総長との関係に関する一考察」『アメリカ史研究』第三六号（二〇一三年）。他方、ハマーショルドの構想や精神的内面を知る上で手がかりになる最新の研究には、ロジャー・リプシーの著作を挙げられるだろう。Roger Lipsey, *Hammarskjöld : A Life* （Ann Arbor : The University of Michigan Press, 2013）.

（44） Kennedy, Michael and Art Magennis, *Ireland, the United Nations and the Congo* （Portland : Four Courts Press, 2014）,

p. 16 ; Michael Ignatieff, “The Faith of Hero”, *New York Review of Books*, November 7 2013.

(45) この年の新加盟国は以下の通り。カメルーン、トーゴ、マダガスカル、ソマリア、コンゴ（レオポルドヴィル）、ダホメ、ニジェール、上ボルタ、象牙海岸、チャド、コンゴ（ブラザヴィル）、ガボン、中央アフリカ、キプロス、セネガル、マリ、ナイジェリア。外務省国際連合局『国際連合第一五総会の事業・上』（外務省国際連合局、一九六一年）五頁。

(46) U. N. Doc. A/C. 5/843, Novemver 21 1960, cited in John G. Stoessinger and Associates, *Financing the United Nations System* (Washington, D. C.; the Brookings Institution, 1964), p. 115.

(47) Adam Roberts and Benedict Kingsbury, *United Nations, Divided World : The UN's Roles in International Relations* (Oxford : Clarendon Press, 1993), pp. 197–200 ; Arthur H. House, *The U. N. in the Congo : The Political and Civilian Efforts* (Washington, DC : University Press of America, 1978), p. 3 ; Bernard J. Firestone, *The United Nations under U Thant, 1961–1971* (Lanham, Md : The Scarecrow Press, 2001), pp. 62–67 ; Edward C. Luck, *Mixed Messages : American Politics and International Organization 1919–1999* (Washington, DC : The Brooking Institution, 1999), pp. 226–253 ; Lefever, *Uncertain Mandate*, pp. 199–206, 236–237 ; Lefever, *Crisis in the Congo*, pp. 15, 159–162 ; Neil Briscoe, *Britain and UN Peacekeeping, 1948–1967* (New York : Palgrave Macmillan, 2003), pp. 146–147 ; Kevin A. Spooner, *Canada, the Congo Crisis, and UN Peacekeeping, 1960–1964* (Vancouver : UBC Press, 2009), pp. 113–115, 151–152, 173–174 ; Stoessinger and Associates, *Financing the United Nations System*, pp. 76–78 ; William J. Durch eds., *The Evolution of UN peacekeeping : Case Studies and Comparative Analysis* (London, Palgrave Macmillan1993), pp. 329–332. 田所昌幸『国連財政——予算から見た国連の実像』（有斐閣、一九九六年）三四〜五三頁。

(48) U Thant, *View from the UN*, p. 86.

(49) コンゴ動乱の史料実証研究のなかで、カルブ、ギブスの著作、アークハートの『ハマーショルド』や一三年公刊のリプシーの伝記、一四年のスターンとメルベル編の論文集、さらには一五年公刊のジェラルドとククリックの著作でも、索引欄に国連財政、国連公債等の項目がなく、マホーニーの著作で二項目、最新研究のケント、ナミカスの著作ですら、三、四項目の言及があるにすぎない。比較的多めなのが英国の関わりを論じたアラン・ジェームスの著作だが、それでも六項目である。Alan James, *Britain and the Congo Crisis, 1960–1963* (London : Macmillan, 1996).

(50) この概念は、国際政治経済学者スーザン・ストレンジの議論に示唆を得ている。ストレンジは、「構造的権力とは、どのように物事が行われるべきかを決める権力、すなわち国家、国家相互、または国家と人民、国家と企業等の関係を決まる枠組みを形づくる権力、を与えるもの」とするが、コンゴ動乱においては、米国こそが親米コンゴの形成という枠組みをコンゴ政府と国連事務局との関係において設定しうる立場にあった。スーザン・ストレンジ『国際政治経済学入門——国家と市場』（東洋経済新報社、一九九四年）三八頁。

（51） 国連軍部隊の輸送支援計画の五分の四を担ったのが米国であった。しかもそれは、六三年三月当時、航続距離や時間において史上最大であり、四八年のベルリン空輸に比してもナビゲーション面などで困難な作戦であったとされた。NARA, RG84, RFSPDS, USUNCSF, 1946-1963, Congo, Box 80, Memo untitled (0243000233), March 19 1963 ; *PPPUS, 1962*, The President's News Conference of February 7 1962, p. 124 ; Lefever, *Uncertain Mandate*, p. 202.

（52） 六〇年から六八年で用いられた金額は、現在のドルに換算して九〇〇〇億から一億五〇〇〇万ドルとされるほど大規模なものであった。Stephen R. Weissman, "What Really Happened in Congo : The CIA, the Murder of Lumumba, and the Rise of Mobusu", *Foreign Affairs*, July-August 2014, pp. 14-24 ; George W. Ball et al., "Should the U. S. Fight Secret Wars ? Overt Talk on Covert Action", *Harper's*, September 1984, p. 36 ; Kalb, *The Congo Cables* ; pp. XI-XVII ; Kelly, *America's Tyrant*, pp. 27-73 ; Mahoney, *JFK*, pp. 34-58 ; Namikas, *Battleground Africa*, pp. 97-126.

（53） Brian Urqhart, "The Tragedy of Lumumba", *New York Review of Books*, October 4 2001, pp. 4-7.

### 第1章　コンゴ動乱の史的背景

（1） Jan Vansina, "The Peoples of the Forest", in David Birminghamn and Phyllis M. Martin, eds., *History of Central Africa, vol. 1* (London : Longman, 1983), pp. 75-117 ; Gibbs, *The Political Economy of Third World Intervention*, p. 78.

（2） Georges Balandier, *Daily Life in the Kingdom of the Kongo* (New York : George Allen and Unwin, 1968), pp. 19-63.

（3） 一四八二年、コンゴ王国は、ポルトガルと外交関係を構築した。きっかけは、ポルトガル人のディオゴ・カンのコンゴ川河口の到着であった。以来、国王ドン・アルフォンソは、ポルトガル留学を経た後、ローマ・カソリックの布教に努めた。しかし布教は、奴隷貿易の始まりとなった。一五〇〇年にブラジルを「発見」したポルトガルは、英仏蘭の商人と一緒になりながら、中南米の鉱山、農園用の奴隷を、サハラ以南アフリカから調達した。Martin Ewans, *European Atrocity, African Catastrophe : Leopold II, the Congo Free State and its Aftermath* (New York : Routledge Curzon, 2002), pp. 21-23 ; Kwame Nkrumah, *Challenge of the Congo* (New York : International Publishers, 1967), p. 3 ; Balandier, *Daily*

*Life in the Kingdom of the Kongo*, p. 81.

（4）Balandier, *Daily Life in the Kingdom of the Kongo*, p. 9. この数字を誇張とみる者もある。たとえばジョセフ・ミラーは、一六五〇年から一八三〇年の間で、コンゴ周辺で奴隷にされた人は、年間五〇〇〇人から四万人だったとする。Joseph Miller, *The Way of Death : Merchant Capitalism and the Angolan Slave Trade*, 1730–1830（Madison : University of Wisconsin Press, 1988）, p. 233.

（5）Ewans, *European Atrocity, African Catastrophe*, pp. 157–165.

（6）レオポルドの統治の特徴は、まず現地実力者との同盟を模索した点にある。しかし同時に、それがうまく行かない場合、彼は軍事力を使うことも厭わなかった。数ある反乱で有名なのは、一八九二年から九四年に起こったティップー・ティプの乱である。彼は、ザンジバル出身のアラブ系スワヒリ商人で、コンゴを探検したモートン・スタンレーの現地協力者であった。彼は、コンゴ北東部の大半を支配する実力者であり、レオポルドは、はじめは彼と同盟を結び、東部地域の支配権を認めた。しかしこの後、奴隷と象牙取引をめぐって、両者は対立するようになった。最終的にティプの軍隊は、敗北し領土を奪われた。Leda Farrant, *Tippu Tip and the East African Slave Trade*（London : Hamish Hamilton, 1975）; Adam Hochchild, King Leopold's Ghost（London : Macmillan, 1998）, pp. 130–131. L. H. Gann and Peter Duignan, *The Rulers of Belgian Africa : 1884–1914*（Princeton : Princeton University Press, 1979）, pp. 56–57.

（7）一八八六年、植民地軍たる公安軍が発足したが、公安軍兵士は事実上の「行政官」であった。公安軍は発足時にわずか六〇〇〇人の人員を擁するに過ぎなかった。しかしその後は増え続け、一九〇五年にはヨーロッパ人将校三六〇人、コンゴ人兵士一万六〇〇〇人を擁した。Ewans, *European Atrocity, African Catastrophe*, pp. 115–116.

（8）国際合意で一〇%の関税を設定できるようになるのは一八九〇年であった。また一八九五年以降は政府からの財政支援を受け始めた。Raymond Leslie Buell, *The Native Problem in Africa, vol. II*（London : Frank Cass, 1965）, p. 425 ; Neal Acherson, *The King Incorporated*（London : Granta Books, 1999）, pp. 192–194.

（9）利権協定企業は、納税と引き替えに国家の干渉から解放された。このため企業は、独立国家のように一次産品、とくに天然ゴム収集の強制労働を住民に課すことができた。たとえば北西部の広大な土地を三〇年契約で借り受けたアングロ・ベルギアン・インディアン・ラバー・カンパニーは、全ての林産物の開発の権利と、警察権を認められた。そしてハームズの論文が、同企業が「残したものは、死であり、疫病であり、そして破壊であった」と記したように、経営の実態は非人道的であった。Robert Harms, "The World ABIR Made : The Maringa-Lopori Basin, 1885–1903", *African*

*Economic History*, 12, 1983, p. 125.

(10) 輸出は、現地実力者の征服に終わりが見え始めた一八九〇年代半ば頃に好転し始めた。植民地が作られた頃の主要輸出産品は象牙であったが、あまり収益を生まなかった。しかし自転車や自動車が一九世紀末に普及し、ゴムタイヤ需要が世界的に高まった後は、コンゴでも、天然ゴムが主要輸出産品になった。この結果、一八九〇年代は国際的に商品価格が上昇し、貿易バランスも輸出超過になった。またコンゴ独立国の財政状況も改善し、豊富な税収をもとに一八九六年には黒字化した。Gann and Duignan, *The Rulers of Belgian Africa*, p. 118; Acherson, *The King Incorporated*, pp. 158, 274-276.

(11) 折しも隣接するローデシアを領有する英国もカタンガ開発に関心を示しており、レオポルドは「強力な南部の隣人を取り込む」ことを狙った。NARA, RG84, RFSPDS, USUNCSF, 1946-1963, Congo, Box 78, Memo, "Union Miniere du Haut Katanga", February 10 1961.

(12) ユニオン・ミニエールは、従業員として二万人のアフリカ人を雇用し、近隣住民の一〇万人に医療、教育、住宅サービスを提供するカタンガの支配者であった。以後五〇年で同社は、エリザベスヴィル、ジャドヴィル、コルウェジの鉱山のほぼ全てを開発し、他州の製粉所、セメント工場、鉄道、家畜農場、保険業などに管理権を持ち、またカタンガ産鉱物のほとんどを精錬するベルギーのソシエテ・ジェネラル・メタルジ・ド・ホボケンを経営した。Hoskyns, *The Congo since Independence*, pp. 16-17; DDRS, Intelligence Memo, "The Congo's Latest Crisis: The Takeover of Union Minière Du Haut Katanga", January 23 1967.

(13) タンガニーカ・コンセッションズは、一八九九年、英国人ロバート・ウィリアムズが設立した。これはセシル・ローズのケープ・カイロ間鉄道事業の一部であり、タンガニーカ湖の蒸気船事業の会社であった。しかしその後蒸気船計画は頓挫したため、採鉱事業に関わるようになった。また同社は、カタンガ産の銅をポルトガル領アンゴラから輸出するベンゲラ鉄道の主要株主で、株式九〇%を保有した。Hoskyns, *The Congo since Independence*, p. 16; DDRS, Intelligence Memo, "The Congo's Latest Crisis: The Takeover of Union Minière Du Haut Katanga", January 23 1967.

(14) Ewans, *European Atrocity, African Catastrophe*, pp. 163-164.

(15) 植民地支配の開始から一〇年間で、毎年一五%ずつ人口が減ったという。Harms, "The World ABIR Made", pp. 134-135; Ewans, *European Atrocity, African Catastrophe*, p. 115; Basil Davidson, *Africa in History* (New York: Collier Books, 1974), p. 291.

(16) Ewans, *European Atrocity, African Catastrophe*, pp. 185–192.

(17) Mark Twain, *King Leopold's Soliloquy : A Defense of His Congo Rule*（Boston : The P. R. Warren Co., 1905）; Arthur Conan Doyle, *The Crime of the Congo*（London : Hutchinson and Co., 1909）.

(18) Gann and Duigan, *The Rulers of Belgian Africa*, p. 123.

(19) Hochchild, *King Leopold's Ghost*, p. 259.

(20) Nkrumah, *Challenge of the Congo*, p. 10.

(21) Buell, *The Native Problem in Africa, vol. II*, p. 455 ; Gann and Duigan, *The Rulers of Belgian Africa*, p. 177–188.

(22) TNA, FO 371/146635, JB 1015/130, Letter from Scott, June 22 1960.

(23) この結果、食料自給率の低いカタンガは、大量のトウモロコシ、肉などの農産物をローデシアから輸入することができた。TNA, FO 371/146633, JB 1015/82, Letter from Scott, April 29 1960.

(24) Alfred E. Eckes, *The United States and the Global Struggle for Minerals*（Austin : University of Texas Press, 1979）, p. 28.

(25) Buell, *The Native Problem in Africa, vol. II*, p. 509.

(26) たとえばパーム油の生産量は、一四年の二五〇〇トンから二一年には九〇〇〇トンになり、五七年には二三万トンとなった。また綿花生産も増加し、三二年の二万三〇〇〇トンから三九年には一二万七〇〇〇トンになった。A. Adu Boahen, *Africa under Colonial Domination, 1880–1935, Abridged Edition*（Berkeley : University of California Press, 1990）, p. 171.

(27) 宣教師によるコンゴ人教育は、一九世紀、内陸部へのキリスト教の浸透と時を同じくして行われた。ベルギー政府は財政的理由からこの実績に注目し、二五年に二〇年間の国庫補助を与え、簡単な読み、書き、計算といった初等教育の機能をカソリック教会に担当させた。その後、四六年発足の自由党政権は、プロテスタント教会にも学校開設を認めた。Jean Stengers, "Precipitous Decolonization : The case of the Belgian Congo", Prosser Gifford and William Roger Louis eds., *The Transfer of Power in Africa : Decolonization, 1940–60*（New Heaven : Yale University Press, 1982）, pp. 307–308 ; John Gunther, *Inside Africa*（New York : Harper, 1955）, pp. 659–660.

(28) Roger Anstey, *King Leopold's Legacy*（London : Oxford University Press, 1966）, p. 85.

(29) この事情はコンゴ独立の一九六〇年頃でも残存し、CIAの報告では全体の約三分の一の地域が部分的に非貨幣経済に依存するとされた。*FRUS*, 1961–1963, vol. XX, SNIE 65-61, "Main Elements in the Congo Situation", January 10 1960, pp. 2-11.

(30) 時には労働が六〇日を超えることもあった。Gann and Duigan, *The Rulers of Belgian Africa*, p. 205; Buell, *The Native Problem in Africa, vol. II*, pp. 499-500.

(31) Buell, *The Native Problem in Africa, vol. II*, pp. 537-543.

(32) 一八年の調査では、カサイ出身労働者のうち一一%が鉱山に向かう途中で死亡したとされる。また彼らは、移住先では不衛生な労働者キャンプに閉じ込められた。キャンプでは、結核、肺炎、性病といった接触伝染性の病気が蔓延し、多数の死者がでた。Gibbs, *The Political Economy of Third World Intervention*, p. 52; Richard Derksen, "Forminière in the Kasai, 1906–1939", *African Economic History*, 12, 1983, pp. 55-56.

(33) Orwa, *The Congo Betrayal*, p. 7.

(34) Buell, *The Native Problem in Africa, vol. II*, pp. 531-532.

(35) Derksen, "Forminière in the Kasai, 1906–1939", p. 56.

(36) Bogumil Jewsiewicki, "The Great Depression and the Making of the Colonial Economic System in the Belgian Congo", *African Economic History*, 4, 1977, pp. 156-157; Gibbs, *The Political Economy of Third World Intervention*, p. 54.

(37) Jewsiewicki, "The Great Depression and the Making of the Colonial Economic System in the Belgian Congo", pp. 153-176.

(38) Eckes, *The United States and the Global Struggle for Minerals*, p. 270.

(39) 戦時中ユニオン・ミニエールは、ロンドンに亡命中のベルギー政府の年間予算額を上回る年間六五〇〇万ドルもの収益を得たという。井上信一『モブツ・セセ・セコ物語——世界を翻弄したアフリカの比類なき独裁者』（新風舎、二〇〇七年）二一六頁。

(40) Jean-Luc Vellut, "Mining in the Belgian Congo", David Birmingham and Phyllis M. Martin, eds., *History of Central Africa, vol. II* (London: Longman, 1983), pp. 140–141; Stengers, "Precipitous Decolonization", pp. 305-306; Eckes, *The United States and the Global Struggle for Minerals*, pp. 270–271.

(41) *Fortune*, November 1952, "The Congo is in Business", p. 110.

(42) Stengers, "Precipitous Decolonization", pp. 305–306.

（43）　Pierre Wigny, *A Ten Year Plan For The Economic and Social Development of the Belgian Congo*（New York : Belgian Government Information Center, 1951）.

（44）　四七年から五〇年の間の平均収益率は、年一五・七％であった。しかもそれは五〇年代に入ると上昇した。五一年から五四年の間で、平均二一・四八％、五七年で二一％と、本国ベルギーへの投資収益率（同じ時期で六・八八％、八・二〇％、九・四九％）と比べてきわめて高かった。Jean-Claude Willame, *Patrimonialism and Political Change in the Congo*（Stanford : Stanford University Press, 1972）, p. 11.

（45）　たばこ、マーガリン、清涼飲料、プラスチック、石けんなどが、国内で生産できるようになった。国内消費分では、ビールの九〇％、セメント七五％、靴の六二％が現地生産であった。五〇年代後半までに製造業は、ＧＤＰの一二％を占めるようになった。J. Forbes Munro, *Africa and the International Economy*（London : Longman, 1983）, p. 200.

（46）　*Fortune*, November 1952, "The Congo is in Business", p. 106.

（47）　植民地政府は、地域秩序の維持を担った部族長制度を復活させた。一七年、植民地政府は、部族長を直接雇用し、住民に不人気な税の徴収や農作物の強制的な転作を進める仕事を託した。部族長はいわば公務員であり、住民の管理という意味で植民地支配の道具であった。ただし部族長が常に植民地政府に協力的であるわけではなかった。部族長が住民の突き上げに遭い、協力を拒否することもあった。しかし植民地政府は、簡単に部族長を交代できた。Anstey, *King Leopold's Legacy*, pp. 24–25, 47–50 ; Bruce Fetter, *The Creation of Elisabethville*（Stanford : Hoover Institution Press, 1976）, p. 5.

（48）　Hoskyns, *The Congo since Independence*, p. 9.

（49）　「安定化」政策の結果、五二年までにユニオン・ミニエールの労働者の過半数が、一〇年以上の長期雇用契約を結ぶに至った。René Lemarchand, *Political Awakening in the Belgian Congo*（Berkeley : University of California Press, 1982）, pp. 103–105.

（50）　キンバンギズムやキタワラといった千年王国的思想の宗教運動の実態は、政治運動であった。彼らは植民地統治、とくにヨーロッパ人による人種差別に反対した。また抗議運動は、生活水準の悪化に比例して激化した。Bogumil Jewsiewicki, "Political Consciousness among African Peasants in the Belgian Congo", *Review of African Political Economy* no. 19, 1980, pp. 23–32 ; Young, *Politics in the Congo*, pp. 284–288.

（51）　Orwa, *The Congo Betrayal*, p. 15.

（52）Jewsiewicki, "Political Consciousness among African Peasants in the Belgian Congo", pp. 23-32.

（53）*Fortune*, November 1952, "The Congo is in Business", p. 106.

（54）*FRUS*, 1958-1960, vol. XIV, Memo from Holmes to S of S, February 6 1958, pp. 1-11.

（55）好景気に沸く都市部には、農村部の人々が仕事を求めて流入した。また、出産による自然増で都市部人口は急増した。たとえば首都レオポルドヴィルの人口は、三八年は四万人であったが、五〇年には一九万人となり、五五年には約三二万五〇〇〇人になった。マタディやスタンレーヴィルの状況も同様であった。Anstey, *King Leopold's Legacy*, pp. 174, 202-203.

（56）ベルギー政府は、五二年、開化民のレベルに達したコンゴ人に対して、「登録」を促す「登録制」を立法化した。Young, *Politics in the Congo*, pp. 75-87.

（57）差別の実態は次のようであったという。「ベルギー人は、コンゴでは肌の色による障害が存在しないと言いたがる。しかし、もちろんこれは真実ではない…。レオポルドヴィルとエリザベスヴィルは、二重都市であり、白人と黒人を隔てる一つの境界がある。すべての風習において、些細な差別は、依然として存在している。アフリカ人達は、許可なく旅行できず、（理論上は：原文）ビールよりもアルコールの強い飲み物を飲むことができず、そして武器を携帯できないことになっている。彼らは、職業上の教育を受けることは認められるが、それもある程度までである。英領、フランス領アフリカには数千ものニグロの法律家がいるが、コンゴには一人もいない。」Gunther, *Inside Africa*, p. 663.

（58）Anstey, *King Leopold's Legacy*, p. 206-208.

（59）五六年、植民地総督レオン・ペティヨンは、ヨーロッパ人とコンゴ人との融和を内容とする「ベルギー・コンゴ共同体」構想を発表したが、入植者は激しく反発した。Lemarchand, *Political Awakening in the Belgian Congo*, pp. 41-43; *Africa special report*, October 26 1956.

（60）五六年までに開化民クラブの数は三一七にのぼり、構成員の総数は一五〇〇〇人を超えた。Willame, *Patrimonialism and Political Change in the Congo*, p. 26.

（61）なお設立者エドモンド・ンゼザ・ンランドゥが、ＡＢＡＫＯを文化団体として発足させた背景には、他部族のレオポルドヴィル流入で、バ・コンゴ族の相対的多数派の地位が揺るがされていること、とくに使用言語が、商業上の理由からリンガラ語に変わりつつあることへの危機感があった。NARA, RG84, RFSPDS, CGR, 1934-1963, Box 14 (Old 7), Memo. "Interview of Mr. Joseph C. Satterthwaite with Joseph KASA-VUBU", June 25 1959; Anstey, *King Leopold's*

*Legacy*, p. 221 ; Yolanda Covington-Ward, "Joseph Kasa-Vubu, ABAKO, and Performances of Kongo Nationalism in the Independence of Congo", *Journal of Black Studies*, 43, no. 1, 2012, p. 74.

（62） Lemarchand, *Political Awakening in the Belgian Congo*, pp. 116-117. 当時の雰囲気について、ある行政官は、次のように記した。「なによりも強制労働のために、森林部の人々の生活は苦しいものになっている。彼らは数多くの、そして様々な重荷を間断なく背負わされ続けている。厳しい懲罰を伴った、数多くの義務や制限を課せられた彼らは、疲弊している…。あらゆる類の苦役が、ヨーロッパ的あるいは伝統的な権威、その部下、監督者、警察から加えられ、彼らには自らを守るすべがない。行き過ぎた懲罰が、ヨーロッパ人の代理人、警察判事、そして現地司法のあずかり知れぬところで、加えられている。これらの不適切な苦痛の種は、その多くが我々の政策に起源を持つが、そのために現地の人々は不満を蓄積し、心配で不安定な雰囲気のなかでの生活を余儀なくされている。彼らはこの環境を忌み嫌っており、そしてそこから逃げ出したがっているのである…。」Anstey, *King Leopold's Legacy*, pp. 161-162.

（63） Lemarchand, *Political Awakening in the Belgian Congo*, p. 120.

（64） 情報の拡散は、言語上の理由で、フランス領アフリカのラジオ放送から起こった。当時多くのコンゴ人がラジオ・ブラザヴィルを聞いていた。Lemarchand, *Political Awakening in the Belgian Congo*, p. 161 ; *FRUS*, 1958-1960, vol. XIV, Editorial Note about 423rd meeting of the National Security Council, November 5 1959, pp. 257-258.

（65） Hoskyns, *The Congo since Independence*, p. 27 ; Lemarchand, *Political Awakening in the Belgian Congo*, p. 161.

（66） Lemarchand, *Political Awakening in the Belgian Congo*, pp. 162-163 ; Ruth Slade, *The Belgian Congo* (London : Oxford University Press, 1961), p. 45 ; TNA, FO 371/146635, JB 1015/130, Letter from Scott, June 22 1960.

（67） Eckes, *The United States and the Global Struggle for Minerals*, p. 272.

（68） *African World*, March 1959.

（69） Gibbs, *The Political Economy of Third World Intervention*, p. 73.

（70） *FRUS*, 1958-1960, vol. XIV, Memocon, Wigny, Dulles, October 8 1958, pp. 251-253.

（71） 損害は一四の学校、三つの交番、四〇の店舗、一一の教会、一一の社会クラブ、一七の公行政用建物、六つのヨーロッパ人の邸宅などであった。Covington-Ward, "Joseph Kasa-Vubu, ABAKO, and Perfomances of Kongo Nationalism in the Independence of Congo", p. 84.

（72） Herbert F. Weiss, *Political Protest in the Congo : The Parti Solidaire Afriain During the Independence Struggle*

(Princeton : Princeton University Press, 1967), pp. 18-22.

(73) *Africa special report*, May 1959 ; Weiss, *Political Protest in the Congo*, pp. 18-22.

(74) Weiss, *Political Protest in the Congo*, pp. 20-21.

(75) 五九年六月の新綱領でバ・コンゴ族からなる分離州計画を公表して以来、ABAKOの部族政党としての性格は明確になった。この結果「民族主義指導者としてのカサブブのスター性は失われていった」のである。また党内にはキリスト教カソリックとプロテスタントの対立が陰を落とした。ベルギー系のカソリック宣教師が多い地域を地盤とするカサブブに対して、党内ライバルのダニエル・カンザは、米国、英国、スウェーデンのプロテスタント宣教師が強い影響力を持つ地域を地盤とした。この対立もABAKOの指導力の低下をもたらした。NARA, RG84, RFSPDS, CGR, 1934-1963, Box 14 (Old 7), Memo, "Interview of Mr. Joseph C. Satterthwaite with Joseph KASA-VUBU", June 25 1959 ; RG59, GRDS, CDF, 1960-1963, Box 1831, Memcon, Conelis, Burden, March 8 1960 11:00 a. m ; *Africa special report*, September 1959.

(76) Jean- Paul Sartre, "The Undertaking", Jean Van Lierde eds., *Lumumba Speaks : The Speeches and Writings of Patrice Lumumba*, 1958-1961 (Boston : Little, Brown and Company, 1972), pp. 3-52.

(77) ベルギーには、言語、宗教、国王に対する態度などで、立場の異なる政党が三つあった。キリスト教社会党、自由党、ベルギー社会党である。キリスト教社会党は、国王に好意を寄せるカソリック政党であり、とくにフランドル語を話す地方に強い地盤を持った。しかし党内に、政策面、運動面で対立する左右両派を抱えた。ベルギー社会党は、社会主義者、反カソリック教徒、共和主義者の党であり、その基盤はフランス語を話す都市部と労働組合であった。自由党は保守右翼政党で、財界の強い支持を得て、植民地政策では入植者の立場を代弁した。なお五八年六月の選挙では、キリスト教社会党が、一〇四議席、ベルギー社会党が八四議席、自由党が二一議席を獲得した。Hoskyns, *The Congo since Independence*, pp. 34-35.

(78) *Africa special report*, June 1959.

(79) JFKL, NSF, Countries, Box 28, Memo, "A Congo Chronology January 1959-December21, 1961", undated, p. 1.

(80) Hoskyns, *The Congo since Independence*, p. 36.

(81) *Africa special report*, December 1959.

(82) *The New York Times*, November 27 1959.

(83) HIA, Ernest W. Lefever papers, Box 4, Interview with Michel Struelens, EWL, October 21, 1964, 12:30–2:30, Brookings.

(84) NARA, RG59, GRDS, CDF, 1960–1963, Box 1832, Memo, "Fundamental Law Concerning the Structure of the Congo", May 19 1960.

(85) *The New York Times*, February 21 1960.

## 第2章　コンゴ動乱の始まり

(1) Young, *Politics in the Congo*, p. 171.

(2) Ian Scott, *Tumbled House*（London: Oxford University Press, 1969）p. 5.

(3) HIA, Ernest W. Lefever papers, Box 4, Interview with Ambassador Edmund Gullion, January 26 1964 90 minutes.

(4) NARA, RG59, GRDS, CDF, 1960–1963, Box 1970, Memo, "Reassessment of Effect of Congo Events on Belgian Economy", March 7 1962.

(5) たとえばフランスのラジェフィ（ＡＧＥＦＩ）の株式インデックスの植民地関連銘柄のスコアは、五八年末ので四六二だったが、六〇年五月一一日には一四五を付けた。NARA, RG59, GRDS, CDF, 1960–1963, Box 1954, Airpouch 32, "Domestic Economic Repercussions of Congo Crisis", July 15 1960.

(6) 基本計画は以下を内容とした。(1)コンゴの財政・国際収支上の赤字の埋めあわせに、米国は国際借款団の組織化を促す。(2)独立後にこの会議が、国際通貨基金（ＩＭＦ）を通じて開催される。(3)ベルギーの信用のもとに、ベルギーがニューヨークの金融市場から、コンゴ政府の短期外債向けの融資資金（五年もので、総額二〇〇〇万ドル）を調達する。(4)また世界銀行も、ベルギーに対して四〇〇〇万ドルのコンゴ開発用融資を行う。Weissman, *American Foreign Policy in the Congo*, p. 53; NARA, RG59, GRDS, CDF, 1960–1963, Box 1831, Tel 1049, Brussels to S of S, March 11 1960 3:56 p. m.

(7) この後ラジェフィのインデックスは、二五二まで回復した。NARA, RG59, GRDS, CDF, 1960–1963, Box 1954, Airpouch 32, "Domestic Economic Repercussions of Congo Crisis", July 15 1960.

(8) Wolf Radmann, "The Nationalization of Zaire's Copper: from Union Miniére to GECAMINES", *Africa Today*, 25, no. 4, 1978, pp. 29–31. 当時、重要課題とされたのが、ベルギー政府保有の「民間企業株式」と「国有企業及び特許企業株式」の扱いであった（これをコンゴ・ポートフォリオという）。このコンゴ・ポートフォリオ及びコンゴ国債について、ポートフォリオ分は独立後のコンゴ政府に贈与すべきなのか、また国債についても、ベルギー政府の名において保証されてはいるものの、その資金は全額コンゴに投下されているので、コンゴ政府がその返済義務を継承すべきなのか、といった問題が残されたままとなった。東京銀行調査部「コンゴ動乱とベルギーの資産」『東京銀行月報』第一七巻二号（一九六五年）四三頁。

（9） Lefever, *Crisis in the Congo*, p. 10 ; Hoskyns, *The Congo since Independence*, p. 43 ; JFKL, NSF, Countries, Box 28, Memo, "A Congo Chronology January 1959–December 21, 1961", undated, p. 2.

（10） コンゴ人達は行政機構のアフリカ人化を希望したが、ベルギーは、ベルギー人行政官が独立後も中位以上のポストに就けるようにした。理由は、熟練行政官の数が不充分な状態で性急なアフリカ人化を進めることは、行政の機能不全をもたらしかねなかったからである。ただしベルギーは、アフリカ人行政官の練度を上げるために、ベルギー人との二人協力体制でオン・ザ・ジョブ・トレーニングを実施した。またベルギーは、ベルギー人とアフリカ人の給与体系を一本化すると同時に、ベルギー人行政官に「海外赴任特別手当」を支給し、彼らに独立前水準の給与を保証した。この結果ベルギー人行政官の大量退去の事態はひとまず回避された。Hoskyns, *The Congo since Independence*, pp. 56–58 ; Young, *Politics in the Congo*, p. 313.

（11） Lefever, *Crisis in the Congo*, p. 10.

（12） 当時コンゴ側は、コミテ・スペシャル・ドゥ・カタンガ保有の株式の譲渡を求めていた。同社は、ユニオン・ミニエールの最大株主であった。しかし、経営上の混乱を懸念するベルギーは、コンゴ側に同社保有株式の三分の二を譲渡し、最大株主の地位を保証する一方で、残りの三分の一をソシエテ・ジェネラルやタンガニーカ・コンセッションズといった他の株主に譲渡した。狙いは、コンゴ側が決議権ベースで、ユニオン・ミニエールを支配できることを阻止することにあった。ただし独立後の混乱の影響を受けて、コンゴ政府への株式の譲渡は、実際には行われなかった。NARA, RG84, RFSPDS, USUNCSF, 1946–1963, Congo, Box 78, Memo from Phelps Dodge Corporation to Plimpton, February 15 1961 ; Hoskyns, *The Congo since Independence*, pp. 52–53.

（13） ルムンバは、独学でフランス語を修得し、五六年から五七年に郵便局の資金横領の罪で投獄された後、ポーラ・ビールのセールスマンを続けつつ政治家となった。ルムンバに関する最新の評伝は、Georges Nzongola-Ntalaja, *Patrice Lumumba*（Athens, Ohio : Ohio University Press, 2014）がある。

（14） NARA, RG59, GRDS, CDF, 1960–1963, Box 1977, CA–435, Report by Murphy, "Report of the President's Personal

Representative and Head of the U. S. Delegation to the Independence Ceremonies of the Republic of the Congo", July 15 1960.

（15）フランスの哲学者ジャン=ポール・サルトルは、ルムンバのイデオロギーを「隠れマルクス・レーニン主義」ではなく、地主になりたいと願う事務員の夢として形成された、プチ・ブルジョワジーのものと特徴づける。Lierde eds., *Lumumba Speaks*, pp. 3-52, 77.

（16）ルムンバが演説すると、支持者の多い東部州のスタンレーヴィルはもちろんのこと、カサイ、カタンガ、キブでも、たちまち群衆が集まったという。その姿に、在レオポルドヴィル英国大使アイアン・スコットは、ルムンバは「ナセルやヒトラーが集会や聴衆に対して行使するような何か」を持つと観察した。TNA, FO 371/146645, JB 1015/345, Letter from Scott, September 14 1960.

（17）ただしそれらは急進的なものではない。なぜなら内容は、産業の国有化やベルギーの影響の完全排除までは求めておらず、またルムンバ自身も技術的な訓練を積んだ人材に乏しい現状では、国家発展のために暫くはベルギーの援助が必要だと考えていたからである。Weissman, *American Foreign Policy in the Congo*, pp. 263-65.

（18）五〇年代のベルギーの「コンゴ開発一〇カ年計画」によって独立コンゴに残された負債は、五九年末で八億七五〇〇万ドルに上った。これに対して歳入はわずか二億四五〇〇億万ドルであり、そのうち五〇〇〇万ドルは、ベルギーへの返済のために強制的に振り向けられていた。JFKL, NSF, Countries, Box 28A, Research Memo RAF-51, "Congo: Prospects for National Reunification", August 31 1962; TNA, FO 371/146633, JB 1015/82, Letter from Scott, April 24 1960.

（19）JFKL, NSF, Countries, Box 27, Memo, "Analytical Chronology of the Congo Crisis", March 9 1961, p. 1.

（20）英国大使が観察したように、ベルギー政府は、コンゴに「傀儡政府」を作る思惑のもとで、とくにソシエテ・ジェネラルから多額の資金を得たＰＮＰの躍進を期待した。TNA, FO 371/146630, JB 1015/34, Letter from Scott, February 22 1960; FO 371/146640, JB 1015/223, Tel 337, Leopoldville to FO, July 22 1960 5:47 p. m.

（21）Young, *Politics in the Congo*, p. 302

（22）TNA, FO 371/146635, JB 1015/109, Letter from Scott, June 13 1960.

（23）NARA, RG59, GRDS, CDF, 1960-1963, Box 1831, Memocon, Satterthwaite, Scheyven, July 1 1960.

（24）TNA, PRO, FO 371/14645, JB 1015/345, Letter from Scott, September 14 1960; NARA, RG59, GRDS, CDF, 1960-1963,

Box 1831, Airegram 955, “Memorandum for Conversation A. A. J. Van Bilsen”, March 7 1960.

(25) 七月中旬、米国やベルギー大使館職員は、「ルムンバはカサブブを完全に支配下に置いた」との印象を受けた。NARA, RG59, GRDS, CDF, 1960–1963, Box 1954, Tel 107, July 16 1960 7:41 a. m.

(26) John H. Morrow, *First American Ambassador to the Guinea* (New Brunswick : Rutgers University Press, 1968), p. 151.

(27) Lierde eds., *Lumumba Speaks*, pp. 221–222.

(28) NARA, RG59, GRDS, CDF, 1960–1963, Box 1954, Tel 14, Leopoldville to S of S, July 6 1960 7:46 a. m.

(29) NARA, RG59, GRDS, CDF, 1960–1963, Box 1977, CA-435, Report by Murphy “Report of the President's Personal Representative and Head of the U. S. Delegation to the Independence Ceremonies of the Republic of the Congo”, July 15 1960.

(30) JFKL, NSF, Countries, Box 27, Memo, “Analytical Chronology of the Congo Crisis”, March 9 1961, p. 4.

(31) NARA, RG59, GRDS, CDF, 1960–1963, Box 1954, Tel 22, Leopoldville to S of S, July 6 1960 6:56 a. m.

(32) UCLAL, Bunche Papers, Box 208, Letter from Bunche to Ralph. Jr., July 8 1960.

(33) 歴史家マゾフやド・ウィットは肯定的評価を記すが、現地の米国大使や国連職員達は異なる印象を抱いた。Mazov, *A Distant Front in the Cold War*, p. 89 ; De Witte, *The assassination of Lumumba*, p. 7 ; JFKL, NSF, Countries, Box 27, Memo, “Analytical Chronology of the Congo Crisis”, March 9 1961, p. 5.

(34) Thomas Kanza, *The Rise and Fall of Patrice Lumumba : Conflict in the Congo* (London : R. Collings, 1978), p. 119, 151.

(35) NARA, RG59, GRDS, CDF, 1960–1963, Box 1977, Tel 3, Elisabethville to S of S, July 6 1960 12:06 p. m.

(36) NARA, RG59, GRDS, CDF, 1960–1963, Box 1954, Tel 98, Brussels to S of S, July 10 1960 8:20 p. m. なお介入に関する事前協議制度は、コンゴ・ベルギー友好条約締結の際に、ルムンバからの要請を受けて、ベルギーが受け入れた重要事項であった。またベルギー政府は、介入に際してコンゴ政府の同意を取り付けようとしたが、ルムンバとカサブブは当時混乱沈静化のために国内を動き回っており、連絡がつかなかったという。Gerard and Kuklick, *Death in the Congo*, pp. 35–36.

(37) NARA, RG59, GRDS, CDF, 1960–1963, Box 532, Tel 76, New York to S of S, July 14 1960.

(38) *FRUS*, 1958–1960, vol. XIV, Tel 125, Leopoldville to S of S, July 17 1960, pp. 318–320.

(39) Dietrich Mummendey, *Beyond the Reach of Reason : The Congo Story 1960-1965* (Buchbeschreibung : Sora

Mummendey, 1997), p.7

(40) ベルギー政府は、七月一六日、「コンゴ共和国における個人に対する暴行に関する情報委員会」を立ち上げた。同委員会は、混乱の最中に帰還した一万六〇〇〇人からの証言に基づく報告書をまとめたが、その結論は組織だった殺害には証拠がないとした。Guy Vanthemsche, *Belgium and the Congo, 1885-1980* (Cambridge: Cambridge University Press, 2012), p. 209.

(41) NARA, RG59, GRDS, CDF, 1960-1963, Box 1954, Memocon, Gutt, Rusk, July 19 1960.

(42) その後、世界保健機構（ＷＨＯ）やキリスト教宣教師による代替の医療サービスが行われたが、人員不足などの問題を抱えた。この結果、医者不足から、天然痘やペストなどの疫病が流行した。NARA, RG59, GRDS, CDF, 1960-1963, Box 1978, Airgram 78, "Medical Activities by Police, Paramilitary, and Military Forces in Underdevelped Countries", August 28 1962; DDEL, AWF, NSC Series, Box 13, Memo, "Discussion at the 461st Meeting of the National Security Council, Thursday, September 29, 1960", September 29 1960.

(43) 暴動で民間企業の施設が破壊されるケースは多くなかったが、銀行閉鎖で民間企業の給与支払いは滞った。NARA, RG59, GRDS, CDF, 1960-1963, Box 1954, Airpouch 11, "Preliminary Report on Situation and Attitude of Certaion Belgian Commercial Firms Active in the Cong, After the Early July 1960 Disorders", July 14 1960.

(44) DDEL, Herter papers, Box 13, CAH Telephone Calls, Memo, "Telephone Conversation with David Rockfeller", July 26 1960 3:15 p. m.

(45) NARA, RG59, GRDS, CDF, 1960-1963, Box 1954, Tel 235, New York to S of S, July 27 1960 2:04 a. m.

(46) 政府財政も危機的であった。当初ベルギー政府は、コンゴ政府の財政支援（主にコンゴ政府職員の賃金支払い）のために、デイヴィッド・ロックフェラーのチェース・マンハッタン銀行から八〇〇万ドルの借款を受ける予定であった。しかし動乱勃発で、この支援計画は取り下げられたため、七月二七日の段階で、外部からの支援がなければ二週間で、コンゴ政府が財政破綻する状況が生まれていた。それゆえルムンバは、緊急支援を要請すべく、米国訪問を望んだ。最終的にこの問題は、チェース・マンハッタンから国連が保証人として同額の借款を受けることで短期的には処理されたようである。NARA, RG59, GRDS, CDF, 1960-1963, Box 1954, Tel 235, New York to S of S, July 27 1960 2:04 a. m; Box 1954, Tel 337, Brussels to S of S, July 27 1960 4:27 p. m; Tel 270, New York to S of S, July 30 1960 9:10 p. m; DDEL, Herter papers, Box 13, CAH Telephone Calls, Memo, "Memorandum of Telephone Conversation with Mr. Eugene Black",

July 28 1960 11：00 a. m；WHO, OSANSA, NSC Series, Policy papers, Box 28, Memorandum for the NSC, "National Security Impilications of Future Developments Regarging Africa", August 10 1960.

(47) ラジェフィの株式インデックスで、六月二八日に二五二であったスコアは、七月一四日には一八〇・七となった。NARA, RG59, GRDS, CDF, 1960–1963, Box 1954, Airpouch 32, "Domestic Economic Repercussions of Congo Crisis", July 15 1960.

(48) 一九五九年の統計では、コンゴは「自由世界」の銅の九%、コバルトの四九%、産業用ダイヤモンドの六九%、錫の六・五%、その他の原子力、電力産業に用いられる特別資源の多くを生産した。そのうち四分の三が、カタンガの生産であった。Weissman, *American Foreign Policy in the Congo*, p. 28.

(49) たとえば彼らは、第二次世界大戦時、ナチスに占領されたベルギー本国に代わり、原子爆弾の原材料を米国に提供するなど、独自の自律性を持った。Murphy, *Diplomat Among Warriors*, pp. 328–329；Michel Struelens, *ONUC and International Politics*, Ph. D. Dissertation Paper, The American University, 1968, pp. 140–142；TNA, FO 371/1466633, JB 1015/82, Letter from Scott, April 29 1960.

(50) NARA, RG84, RFSPDS, CGR, 1934–1963, Box 15 (Old 8), Memocon, Rusk, Spaak, "Belgian Political Matters", February 21 1961.

(51) NARA, RG59, GRDS, CDF, 1960–1963, Box 1831, Airpouch 1226, "Ambassador's Congo Trip：Part III：Observation on Party Politics in the Belgian Congo", Brussels to D of S, May 9 1960.

(52) NARA, RG59, GRDS, CDF, 1960–1963, Box 1831, Desp 98, "Conversation with Mr. Jason Sendwe, President of the BALBAKAT", March 11 1960.

(53) NARA, RG59, GRDS, CDF, 1960–1963, Box 1975, Memocon, McGhee, Badre, "Progress of U Thant Plan", September 28 1962.

(54) Radmann, "The Nationalization of Zaire's Copper：from Union Miniére to GECAMINES", pp. 29–31.

(55) NARA, RG84, RFSPDS, CGR, 1934–1963, Box 18 (Old 11), Memo, "Notes on Tshombe", November 23 1961.

(56) この時ＣＯＮＡＫＡＴの獲得票は八一〇〇票に過ぎなかったが、定数六〇議席のうち二五議席を獲得した。その一方で一万一〇〇〇票を得たＢＡＬＵＢＡＫＡＴの獲得議席は、選挙区割りの影響を受けて二三議席にとどまった。JFKL, Cleveland papers, Box 69, Memo, "Why not independence or self-determination for Katanga", February 4 1963.

（57）基本法の当初規定では、州知事就任には、議会の三分の二の支持が必要であり、このままではチョンベは知事に就任できなかった。そこで入植者は、単純多数でも選出できるようにする規定修正をベルギー議会に求め、六月に議会がそれを受け入れるや、思惑通りチョンベをカタンガ州知事に就任させた。後にカサブブのベルギー人顧問となるヴァン・ヴィルセンは、これを「法的クーデター」と呼称した。JFKL, Hilsman Papers, Box 1, Memo, "Chronology of Post-Independence Conflict Between Tshombe's Provinvial Government and the Baluba of North-Central Katanga", January 10 1962, p. 1 ; TNA, FO 371/146634, JB 1015/109, Letter from Scott, June 13 1960 ; De Witte, *The assassination of Lumumba*, p. 6.

（58）Jules Gérald-Libois, *Katanga Secession*（Madison : The University of Wisconsin Press, 1966）, pp. 72–82.

（59）De Witte, *The assassination of Lumumba*, p. 7.

（60）*FRUS*, 1958–1960, vol. XIV, Tel 1292, Leopoldville to S of S, November 28 1960, pp. 600–602 ; DDEL, AWF, DDE Diary Series, Box 51, "Memorundm of Conference with the President, July 19 1960, 3 : 15 PM Newport", July 21 1960.

（61）NARA, RG59, GRDS, CDF, 1960–1963, Box 1954, Tel 138, Brussels to S of S, July 13 1960 2 : 51 a. m.

（62）Vanthemsche, *Belgium and the Congo*, p. 211 ; Gerard and Kuklick, *Death in the Congo*, p. 40.

（63）NARA, RG59, GRDS, CDF, 1960–1963, Box 1954, Tel 145, Brussels to S of S, July 13 1960.

（64）Gerard and Kuklick, *Death in the Congo*, p. 41.

（65）六二年五月の段階で、ベルギー人技術者はコンゴ全体で二五〇〇人いたが、そのうち七〇〇人がカタンガにいた。そして彼らは給与および年金の半分をベルギー政府から支給された。JFKL, NSF, Countries, Box 30, A-1242, "Congo : Tripartie Talks", London to S of S, May 10 1962 2 : 53 p. m.

（66）DDEL, AWF, NSC Series, Box 12, Memo, "Discussion at the 451st Meeting of the National Security Council, Friday, July 15, 1960", July 18 1960.

（67）NARA, RG59, GRDS, CDF, 1960–1963, Box 1954, Tel 13, Elisabethville to S of S, July 20 1960 4 : 35 p. m.

（68）ただしカタンガがどの程度までベルギーの「傀儡」だったのか、という点には若干の論争がある。たとえばド・ウィットは、「ベルギー人達が全ての出来事を操っていた」と主張するが、一方でケネスとラーメールの共同研究はカタンガ政治の土着性に注目する。ただしケネス達もベルギーが分離に中心的役割を果たしたことは認めている。De Witte, *The assassination of Lumumba*, p. xxi ; Erik Kennes and Miles Larmer, *The Katangese Gendarmes and War in Central*

*Africa : Fighting Their Way Home* (Bloomington : Indiana University Press, 2016), p. 42.

(69) コンゴ政府ははじめからこのように考えていたわけではない。当初彼らはベルギー側の主張を受入れ、ルルアボルグへの軍の数カ月間駐留を認めた。なぜならコンゴ人指導者のなかには、コンゴ人兵士による蛮行を「恥じ入り」、混乱の責任を感じるものも少なくなかったからである。Young, *Politics in the Congo*, pp. 318–319.

(70) この時ルムンバは、カサブブと共にカタンガへ向かったが、飛行機の着陸を阻まれ、またレオポルドヴィルに戻ってからも、ベルギー人の文民や空港警備の兵士から「尾長猿」と侮蔑の言葉で罵られる経験をした。*FRUS*, 1958–1960, vol. XIV, Tel 106, Leopoldville to S of S, July 15 1960, pp. 313–314.

(71) DDEL, AWF, DDE Diary Series, Box 51, Memo, “Synopsis of State and Intelligence material reported to the President, Teletyped to Newport to Mr. Hagerty”, July 15 1960.

(72) JFKL, NSF, Countries, Box 27, Memo, “Analytical Chronology of the Congo Crisis”, March 9 1961, p. 7.

(73) JFKL, NSF, Countries, Box 27, Memo, “Analytical Chronology of the Congo Crisis”, March 9 1961, p. 9.

(74) たとえばティンバーレイク大使は、「あらゆるケースにおいてルムンバは、ベルギーを悪役として見なすことは政治的に都合がよいと考えており…、ベルギーの『陰謀』を次から次へと作り出した」と回顧録に記した。Timberlake, *First Year of Independence in the Congo*, pp. 76, 97.

(75) ただしベルギー側には、政治混乱で身動きが取れない事情もあった。八月ベルギーでは、エイスケンス首相の辞任を国王自らが迫る事件が起こっており、このためエイスケンス政権はコンゴ問題で指導力を発揮できなかった。Gerard and Kuklick, *Death in the Congo*, pp. 47–51.

(76) NARA, RG59, GRDS, CDF, 1960–1963, Box 1978, Tel 200, Brussels to S of S, July 16 1960 12:17 a. m.

(77) NARA, RG59, GRDS, CDF, 1960–1963, Box 1957, Airgram 489, “Belgian Technicians in the Congo”, November 29 1960. 元ベルギー人入植者達は命からがら母国に戻ったものの、母国では「傲慢な人種差別主義者」との差別に晒され、コンゴへの帰還を望む者も少なくなかったという。Othen, *Katanga 1960-63*, p. 29.

(78) ベルギー政府は帰還希望のベルギー人行政官の給料の三分の一を支給して、コンゴ帰還を促した。最盛期では一週間で一〇〇〇人が帰還した。*FRUS*, 1958–1960, vol. XIV, Memocon, Wigny, Herter, November 11 1960, pp. 574–584 ; NARA, RG59, GRDS, CDF, 1960–1963, Box 1979, Airpouch 117, Leopoldville to S of S, October 28 1960 ; Box 1973, Airgram A–513, “Return of Belgians to the Congo”, Brussels to S of S, June 23 1962.

（79）ただしハマーショルドは、実務を担うベルギー人の下級職員の帰還は、歓迎するつもりであった。NARA, RG59, GRDS, CDF, 1960-1963, Box 1957, Tel 1096, New York to S of S, October 22 1960 3:56 p. m; RG84, RFSPDS, CGR, 1934-1963, Box 15 (Old 8), Tel 268, New York to S of S, July 30 1960 5:37 p. m.

（80）六一年末の段階で四二六名だったが、六二年末には一一四九名まで増大した。House, *The U. N. in the Congo*, p. 189; JFKL, POF, Countries, Box 114, Memo, "Next Steps on the Congo", May 14 1962, p. 28; TNA, FO 371/146650, JB 1015/401G, Tel 762, Leopoldville to FO, September 27 1960; TNA, FO 371/146779, JB 2251/260, Progress Report no 2 "United Nations Civilian Operation in the Congo", September 6 1960. ちなみに文民支援活動の効果は教育分野で現れており、たとえば独立前の中学校入学者は約三万五〇〇〇人だったが、ユネスコの活動の結果、六一年から六二年の間だけでも五万人に増えた。JFKL, Cleveland Papers, Box 72, Memo from Carlucci, March 14 1963.

（81）NARA, RG59, GRDS, CDF, 1960-1963, Box 1956, Memo, "Belgian Defence Minister Comments on Congo Situation", October 3 1960.

（82）David O'Donoghue, *The Irish Army in the Congo, 1960-1964: The Far Battalions*（Dublin: Irish Academic Press, 2006）, p. 35.

（83）NARA, RG59, GRDS, CDF, 1960-1963, Box 1958, Tel 357, Elisabethville to S of S, Januay 4 1961 8:41 p. m.

（84）NARA, RG59, GRDS, CDF, 1960-1963, Box 1954, Tel 207, Brussels to S of S, July 16 1960 3:42 p. m.

（85）David Van Reybrouck, *Congo: The Epic History of a People*（New York: Harper Collins Publishers, 2013）, pp. 311-312.

（86）ただしコンゴとベルギーの外交関係断絶後に、財界から要望を受けたベルギー政府は、カタンガの独立承認を検討した。しかし独立承認はレオポルドヴィルの親ベルギー勢力を切り捨てかねないとして、最終的に見送られた。NARA, RG59, GRDS, CDF, 1960-1963, Box 1954, Tel 243, Brussels to S of S, July 19 1960 3:29 a. m; Tel 207, Brussels to S of S, July 16 1960; Box 1832, Airgram 49, "Joint Weeka No. 28", July 26 1960.

（87）同社は一九六〇年初頭には「カタンガ第一主義」を掲げ、分離の準備に入っていたようである。たとえば六〇年一月、同社社長ヘルマン・ロビリアートは、ソシエテ・ジェネラル副理事エドガー・ファン・デル・ストラーテンとともに、ローデシアのロイ・ウェレンスキーに接近した。NARA, RG59, GRDS, CDF, 1960-1963, Box 1831, Desp 97, "Union Miniere Plays Waiting Game", March 7 1960; Tel 1052, Brussels to S of S, March 14 1960 4:37 p. m.

(88) NARA, RG59, CDF, 1960-63, Box 1967, Memo, "Possible Belgian Pressue on Kataga", November 25 1961.

(89) *FRUS*, 1964-1968, vol. XXIII, Memo from Tweedy to Bissel, April 1 1960, pp. 6-7.

(90) NARA, RG59, GRDS, CDF, 1960-1963, Box 1977, Memo for Kaysen, "The Congo White Paper", January 24 1963.

(91) NARA, RG84, RFSPDS, USUNCSF, 1946-1963, Congo, Box 78, Memocom, Wasson, Hochschild, "Congo-Union Miniere du Haut Katanga", February 7 1961.

(92) Kennes and Larmer, *The Katangese Gendarmes and War in Central Africa*, p. 47.

(93) 当初傭兵のリクルートはパリやブリュッセルで行われていたが、六一年までには南ローデシアや南アフリカなどに移った。Matthew Hughes, *The Central African Federation, Katanga and the Congo Crisis, 1958-65* (Salford : European Studies Research Institute, 2003), p. 19 ; HIA, Ernest W. Lefever papers, Box 4, Aspects of Katanga Secession : Thombe's Tactics, EWL, 24 December 1963. なお在プレトリア米国大使館の情報によると、白人支配の南アフリカ政府は、コンゴへの国連の介入、とくにアフリカ人部隊の投入が、南西アフリカへも拡大しかねないことを懸念したという。NARA, RG59, GRDS, CDF, 1960-1963, Box 1954, Tel 47, Pretoria to S of S, July 19 1960 10:56 a. m.

(94) NARA, RG84, RFSPDS, USUNCSF, 1946-1963, Congo, Box 78, Memocon, de Camaret, Bacon, "Congo", February 9 1961 ; UNA, S-0735, 14, 10, DAG-13/1. 6. 1. 0, Memo, "List of Foreign Personnel Probably Falling Under Terms of Para A-2 of Security Council Resolution of 21 February 1961, presumed to be still at large in Katanga", April 13 1962 ; Gérard-Libois, *Katanga Secession*, pp. 165 ; Kalb, *The Congo Cables*, p. 193.

(95) UNA, DAG-1/2/2/1: 47, Memo, "Report on Mercenaries and Other Forms of Foreign Intervention in Katanga", October 23 1960, cited in Gibbs, *The Political Economy of Third World Intervention*, p. 87.

(96) JFKL, Hilsman Papers, Box 1, Memo, "Chronology of Post-Independence Conflict Between Tshombe's Provinvial Government and the Baluba of North-Central Katanga", January 10 1962, p. 4.

(97) 虐殺にはバ・ルバ族の武器が貧弱なことも関係した。彼らの抵抗は多くの場合、武器を持たないで行われ、また持つ場合でも、「プープー」と呼ばれた古いマスケット銃が主体であった。David W. Doyle, *True Men and Traitors : From the OSS to the CIA, My Life in the Shadows* (New York : John Wiley & Sons, 2001), p. 137.

(98) NARA, RG84, FSPDS, 1934-1950, 1956-1963, Box 15 (Old 9), Tel 879, D of S to Leopoldville to S of S, November 26 1961 1413.

（99）独立前のカタンガから輸出額は年額で約一一億ドルであり、この額は独立後もほとんど変わらなかった。他方残り地域の輸出額は、独立前は一四億ドルであったが、独立後五・五億ドルに落ち込んだ。NARA, RG59, GRDS, CDF, 1960–1963, Box 1971, Tel 1343, Elisabethville to S of S, March 15 1962 9:27 p. m ; DDRS, Intelligence Memo, "The Congo's Latest Crisis : The Takeover of Union Miniére Du Haut Katanga", January 23 1967 ; JFKL, NSF, Countries, Box 28, Memocon, Kennedy, Adoula, February 5 1962.

（100）Gerard and Kuklick, *Death in the Congo*, p. 50

（101）George W. Ball, *The Past Has Anoter Pattern* (New York : Norton, 1982), p. 234.

（102）JFKL, Cleveland papers, Box 69, Memo, "Why not independence or self-determination for Katanga", February 4 1963 ; Memo, "Incidents in the Congo", March 13 1963. 後に国連職員マーモード・ヒアリが語ったように、「カタンガ問題は、コンゴ独立闘争の一部」に他ならなかった。NARA, RG59, GRDS, CDF, 1960–1963, Box 1969, Tel 2403, New York to S of S, January 13 1962 6:41 a. m.

（103）UNA, S–0735, 14, 11, DAG–13/1. 6. 1. 0, Memo, "Diary of a Mercenary", February 3 1962.

（104）NARA, RG84, RFSPDS, CGR, 1934–1963, Box 15 (Old 8), Memo, "Contacts Between the State Department and Michel Struelens", January 31 1963 ; Struelens, *ONUC and International Politics*, p. 142 ; U Thant, *View from the UN*, p. 109.

（105）Charter of United Nations, Article 73, Ruth B. Russell, *The United Nations and United States Security Policy* (Washington, DC ; the Brookings Institution, 1968), p. 465.

（106）Vanthemsche, *Belgium and the Congo*, p. 139.

（107）Vanthemsche, *Belgium and the Congo*, p. 139.

（108）Vanthemsche, *Belgium and the Congo*, p. 140.

（109）Vanthemsche, *Belgium and the Congo*, pp. 211–212.

（110）ベルギーのカミレ・グット大臣は、クリスチャン・ハーター国務長官との会談において、ベルギー世論は、全世界がコンゴ人の残虐行為を見逃していることに驚いていると不満を語った。NARA, RG59, GRDS, CDF, 1960–1963, Box 1954, Tel 192, S of S to Brussels, July 19 1960.

（111）NARA, RG59, GRDS, CDF, 1960–1963, Box 1954, Tel 346, Brussels to S of S, July 28 1960 10:46 a. m.

（112）James, *Britain and the Congo Crisis*, pp. 40–41.

(113)　ＮＡＴＯ加盟国で、フランス、英国は、ベルギーの立場に同情的であった。しかし、カナダ、ノルウェー、デンマーク、アイスランドは、国連の活動を支持し、また米独は「より実際的で柔軟な」態度を執り、ベルギーの立場を完全に支持したわけではなかった。NARA, RG59, GRDS, CDF, 1960–1963, Box 1954, Polto 191, Paris to S of S, July 25 1960.

(114)　Fondation P. –H. Spaak, Bruelles, Spaak Papers, n °6231, "Entretien de Monsieur P. –H. Spaak avec Monsieur P. Wigny, le mercredi 14 septembre 1960", pp. 1–2, cited in Vanthemsche, *Belgium and the Congo*, p. 212.

## 第3章　ベルギー領コンゴと米国

(1)　二〇世紀初頭のセオドア・ルーズベルト大統領の対アフリカ人観は、「森に住む、自分たちよりも低俗な、猿に似た概観の、裸の野蛮人」というものであった。そしてこの認識は約五〇年の月日が経っても変わらなかった。たとえば、アイゼンハワー政権の予算局長モーリス・スタンスは、アフリカ歴訪の後、「多くのアフリカ人達が、依然として森林に生活し続けているとの印象」を大統領に伝えた。Dennis Hickey and Kenneth C. Wylie, *An Enchanting Darkness : The American Vision of Africa in the Twentieth Century* (East Lansing : Michigan State University Press, 1993), pp. 14–46 ; *FRUS*, 1958–1960, vol. XIV, Memo the 432d Meeting of the National Security Council, January 14 1960, pp. 73–78.

(2)　*FRUS*, 1950, vol. III, Memo, "Policy Statement Prepared in the Department State", May 8 1950, pp. 1347–55.

(3)　Jonathan E. Helmreich, *Gathering Rare Ores, The Diplomacy of Uranium Acquisition 1943–1954* (Princeton : Princeton University Press, 1986), pp. 239–240.

(4)　たとえばトルーマンが同盟国との協調を重視した朝鮮戦争の時ですら、植民地大臣ウィニーは、米国が植民地の自治を拡大させようとする国連との協力を促すことに不満を伝えた。Jonathan E. Helmreich, *United States Relations with Belgium and the Congo, 1940–1960* (Newark : University of Delaware Press, 1998), pp. 150–153.

(5)　*FRUS*, 1955–57, vol. XVIII, Memo, "United States Policy towards Africa South of the Sahara", August 12 1955, pp. 13–22.

(6)　Weissman, *American Foreign Policy in the Congo*, p. 44.

(7)　Melville Harskovits, *The Human Factor in Changing Africa* (New York : Alfred A. Knopf, 1962) ; *Africa Special Report*, April 1960, pp. 8–9.

(8)　Rupert Emerson, *From Empire to Nation : The Rise to Self-Assertion of Asian and African Peoples* (Cambridge :

Harvard University Press, 1960)；Walter Goldschmidt, ed., *The United States and Africa* (New York：Frederick A. Praeger, 1963)；Vernon Mckay, *Africa in World Politics* (New York：Harper and Row, 1963).

（9） Lise A. Namikas, *Battleground Africa, The Cold war and the Congo Crisis, 1960-1965*, Ph. D. Dissertation paper, University of Southern California, 2002, pp. 55-56.

（10） 五五年のハドセルの覚書は、内容的には保守的であったが、米国のアフリカ政策は民族主義者を自動的に援助し、ヨーロッパ諸国の植民地政策に疑義を挟むものとなってはならないものの、開発の観点から政府主導の民間投資、借款、技術援助計画を具体化させることも提案した。*FRUS*, 1955-57, vol. XVIII, Memo, "United States Policy towards Africa South of the Sahara", August 12 1955, pp. 12-22.

（11） Gibbs, *The Political Economy of Third World Intervention*, pp. 60-69.

（12） DDEL, USCFEP, Randall Series, Subject Subseries, Box 1, Memo by Randall, January 23 1958.

（13） DDEL, WHO, OSANSA, NSC Series, Policy papers, Box 21, NSC5719/1, "U. S. Policy toward Africa South of Sahara prior to calendar year 1960", August 23 1957.

（14） *FRUS*, 1955-57, vol. XVIII, Desp 40, Leopoldville to S of S, August 27 1957, pp. 314-319.

（15） DDEL, USCFEP, Policy paper series, Box 12, Memo, "The Role of the United States in the Development of Tropical Africa", April 27 1958；USCFEP, Special studies, Box 1, Memo, "Briefing for Mr. Clarence Randall on United States Foreign Economic Policy in Africa", May 29 1958；Namikas, *Battle Ground Africa*, Ph. D. Dissertation Paper, p. 61.

（16） DDEL, WHO, OSANSA, NSC Series, Policy papers, Box 25, Memo for James S. Lay, April 22 1958.

（17） *FRUS*, 1958-1960, vol. XIV, Memo, "Discussion at the 365th Meeting of the National Security Council", May 8 1958, pp. 13-16.

（18） DDEL, AWF, NSC Series, Box 10, Memo, "Discussion at the 375th Meeting of the National Security Council, August 7 1958", August 8 1958.

（19） DDEL, WHO, OSANSA, NSC Series, Policy papers, Box 22, Memo, "Report to the President on the Vice President's Visit to Africa", April 22 1957.

（20） 当初クリスチャン・ハーター国務長官は、このポストに軍出身の元イラン大使ユリウス・ホルムズを据えるつもりであったが、上院の拒否に遭った。Russel Warren Howe, *Along the Afric Shore：An historic review of two centuries of U.*

*S. -African relations* (New York : Harper & Row, 1975), p. 120.

(21) Weissman, *American Foreign Policy in the Congo*, p. 43.

(22) 一九五三年から五七年の間、アフリカに対する直接借金及び無償供与額は、合計で一億二〇三〇万ドルであったが、五八年度だけでその額は約一億ドルとなった。そして五九年には一億八五〇〇万ドル、六〇年には二億一一〇〇万ドルとなった。Howe, *Along the Afric Shore*, p. 113.

(23) DDEL, WHO, OSANSA, NSC Series, Policy papers, Box 25, NSC5818, August 26 1958.

(24) Howe, *Along the Afric Shore*, p. 115.

(25) *FRUS*, 1958-1960, vol. XIV, Memo, "U. S. French Relations in Africa South of the Sahara", December 4 1959, pp. 71-73.

(26) 六〇年七月の段階で、ギニアは信用力の乏しい自国通貨の価値を維持するために、少なくとも一億五〇〇〇スイス・フランを必要としており、厳しい財政事情を理由に過去四カ月間、貿易上の支払いが部分的に出来ない状態にあった。NARA, RG59, GRDS, CDF, 1960-1963, Box 1977, CA-435, Report by Murphy "Report of the President's Personal Representative and Head of the U. S. Delegation to the Independence Ceremonies of the Republic of the Congo", July 15 1960.

(27) *The New York Times*, March 5 1960.

(28) *FRUS*, 1958-1960, vol. XIV, Memocon, Eisenhower, Houphouet-Boigny, November 12 1959, pp. 68-70.

(29) *FRUS*, 1958-1960, vol. XIV, Memocon, Dillon, Hare, April 7 1960, pp. 109-116 ; DDEL, WHO, OSANSA, NSC Series, Policy papers, Box 25, Memo, "NSC Discussion paper on National Security Implications of Future Developments Regarding Africa (U)", July 28 1960.

(30) DDEL, AWF, NSC Series, Box 10, Memo, "Discussion at the 375th Meeting of the National Security Council, August 7 1958", August 8 1958.

(31) *FRUS*, 1958-1960, vol. XIV, Memocon, Dillon, Hare, April 7 1960, pp. 109-116 ; DDEL, WHO, OSANSA, NSC Series, Policy papers, Box 25, NSC5818, August 26 1958.

(32) *FRUS*, 1958-1960, vol. XIV, Memocon, Eisenhower, Houphouet-Boigny, November 12 1959, pp. 68-70.

(33) Urquhart, *Hammarskjold*, p. 382-383 ; DDEL, WHO, OSANSA, NSC Series, Policy papers, Box 28, Memo for the NSC, "National Security Implications of Future Developments Regarding Africa", July 12 1960.

（34） DDEL, WHO, National Security Council Staff, OCB Secretariat Series, Box 18, Memo for Mr. Gray, "The UN Special Projects Fund", April 20 1959.

（35） このうち、対コンゴ援助計画の概要については、第2章の註6を参照。

（36） *FRUS*, 1958–1960, vol. XIV, footnote 12 on address by Francis O. Wilcox at the University of Kentucky, March 25, p. 105.

（37） *FRUS*, 1958–1960, vol. XIV, Memocon, Dillon, Hare, April 7 1960, pp. 109–116.

（38） DDEL, WHO, OSANSA, NSC Series, Policy papers, Box 30, NSC6005/1, April 9 1960.

（39） 後の政策決定者の発言から判断するに、アフリカ援助に国連等の多角的枠組みを利用する政策は、上記の外交的ジレンマの処理と並んで、次の二点のメリットがあった。第一にそれによって、米国のアフリカへの直接関与を米帝国主義の現れとするソ連陣営の非難を期待できた。なぜなら当時米国でアフリカ問題に知識ある人材は経財界に偏っており、これら財界人の登用は米国が「アフリカをビジネスの利益のために搾取している」というソ連からプロパガンダに曝される可能性があった。他方国連のような国際組織にはアフリカでの経験を持つ人材がおり、米国はこれら人材の活用を期待できた。第二に国連を介した援助ならば、援助規模に上限を定めることが可能であった。財政健全主義のアイゼンハワー大統領は、米ソを競い合わせてより多くの援助を引き出そうとする機会主義的なアフリカ人指導者が現れ、米国を制限のない援助競争に巻き込むことを懸念した。そこで米国は、国際組織を介在させることで、この競争激化を緩和しようとした。DDEL, AWF, NSC Series, Box 13, Memo, "Discussion at the 456th Meeting of the National Security Council, August 18 1960", August 25 1960.

（40） 一九四五年に全加盟国に占めるアフリカ諸国の割合は、七・七％に過ぎなかった。しかし六〇年には二四・六％、六二年には二八・八％となるとされ、これら中立主義的な途上国が、国連に独自の地位を占めることへの懸念があった。DDEL, WHO, National Security Council Staff, OCB Secretariat Series, Box 18, Memo, "The Changing Characters of The U.N.", June 24 1960.

（41） Memo, "Political Implications of Afro-Asian Military Takeovers", May 22 1959, cited in David F. Schmitz, *The United States and Right-Wing Dictatorships* (New York : Cambridge University Press, 2006), p. 15.

（42） Memo, "Political Implications of Afro-Asian Military Takeovers", May 22 1959, cited in Schmitz, *The United States and Right-Wing Dictatorships*, p. 15.

(43) キューバ革命を念頭に置いたこの報告書は「発展的な革命」が失敗に終わるならば、かえって発展途上の社会は「軍事的構成の欠如、そして発展的な革命をうまく制御できないことで、共産主義に転じる可能性がある」ことも認めた。Memo, "Political Implications of Afro-Asian Military Takeovers", May 22 1959, cited in Schmitz, *The United States and Right-Wing Dictatorships*, p. 16.

(44) *FRUS*, 1958–1960, vol. XVI, Memorandum of Discussion at the 410th Meeting of the National Security Council, June 18 1959, Document 36.

(45) *FRUS*, 1958–1960, vol. XIV, Memo the 432d Meeting of the National Security Council, January 14 1960, pp. 73–78.

(46) ディロンの考えでは、新興国の独裁体制を永続させるべきとの考えは誤りであった。むしろ彼は、短期的には米国のような議会制民主主義が機能しないものの、長期的には、「可能な限り早い段階で…、軍事体制を民主化しようと努める」べきとした。*FRUS*, 1958–1960, vol. XVI, Memorandum of Discussion at the 410th Meeting of the National Security Council, June 18 1959, Document 36.

(47) *FRUS*, 1958–1960, vol. XIV, Memocon, Dillon, Hare, April 7 1960, pp. 109–116 ; Tel 796 D of S to Leopoldville, January 8 1960, pp. 258–260.

(48) *FRUS*, 1958–1960, vol. XIV, Memo, "Discussion at the 438th Meeting of the National Security Council", March 24 1960, pp. 93–98.

(49) *FRUS*, 1958–1960, vol. XIV, Editorial Note about the Memocon on February 18, Burden, Dillon, 1960, p. 263.

(50) *FRUS*, 1958–1960, vol. XIV, Tel 796, D of S to Brussels, January 8 1960, pp. 258–260.

(51) DDEL, AWF, NSC Series, Box 12, Memo, "Disucussion at the 443rd Meeting of the National Security Council, Thursday, May 5, 1960", May 5 1960.

(52) *FRUS*, 1958–1960, vol. XIV, footnote 3 on Tel 460, Brussels to S of S, June 10 1960, p. 276.

(53) HIA, Ernest W. Lefever papers, Box 4, Interview with Ambassador Clare Timberlake, E. W. L, 19 December, 1963, 12:30–2:30 (2 hours); Weissman, *American Foreign Policy in the Congo*, p. 146 ; *The New York Times*, February 25 1982.

## 第4章　米国と国連の協働介入と反ルムンバ・クーデター

(1) JFKL, NSF, Countries, Box 27, Memo, "Analytical Chronology of the Congo Crisis", March 9 1961, p. 2.

（2）ルムンバは、カタンガ分離の事態を受けてベルギーのコンゴ再支配への疑念を公然と口にしており、ソ連やアジア・アフリカ諸国には、このルムンバの言説を受け入れる国も少なくなかった。たとえば七月一三日、プラウダは「…、植民地領有国は…、この国を分割するために、この新しい国に対する介入を準備している…」との記事を載せた。*The New York Times*, July 14 1960.

（3）HIA, Ernest W. Lefever papers, Box 4, Views of Wayne Fredericks, Committee Meeting, October 30 1963.

（4）DDEL, AWF, NSC Series, Box 12, Memo, "Discussion at the 449th Meeting of the National Security Council, Thursday, June 30, 1960", June 30 1960.

（5）*FRUS*, 1958-1960, vol. XIV, CAP5380-60, Telegram From the President's Assistant Staff Secretary（Eisenhower）to the Staff Secretary（Goodpaster）, at Newport, Rhode Island, July 12 1960 11:08 a.m., pp. 293-295.

（6）NARA, RG59, GRDS, CDF, 1960-1963, Box 1954, Tel 88, Brussels to S of S, July 10 1960 1:42 p.m. この時ルムンバと会談したティンバーレイクは、ルムンバから、(1)コンゴ政府が国連軍を招き入れ、そしてそれがコンゴ政府の意に沿わない場合、コンゴ政府は国連軍の撤退を要請できるのか、(2)コンゴ国連軍の経費はどこが負担するのか、(3)国連軍要請はどのような手続きをとるのか、の三つの質問を受けたという。これに対してティンバーレイクは、(1)については明言を避け、(2)についてはコンゴ政府が全額を負担することはないと返答し、そして(3)についてはバンチに聞くよう答えた。HIA, Ernest W. Lefever papers, Box 4, Staff Interview with Ambassador Clare Timberlake, May 14 1965, 5:45-10:30 p.m.

（7）NARA, RG59, GRDS, CDF, 1960-1963, Box 1954, Tel 39, Leopoldville to S of S, July 11 1960 8:14 a.m; Urquhart, *Hammarskjold*, pp. 393-394.

（8）*The New York Times*, July 13 1960.

（9）NARA, RG59, GRDS, CDF, 1960-1963, Box 1954, Tel 41, New York to S of S, July 11 1960 10:52 p.m; Tel 39, Leopoldville to S of S, July 11 1960 8:14 a.m.

（10）またコーディアーが伝えたところでは、国連事務局は一三〇名から最大で数百人程度の軍事顧問の派遣を考えていた。NARA, RG59, GRDS, CDF, 1960-1963, Box 1954, Tel 38, Leopoldville to S of S, July 10 1960 7:03 p.m; Tel 39, Leopoldville to S of S, July 11 1960 8:14 a.m; Tel 41, New York to S of S, July 11 1960 10:52 p.m; JFKL, NSF, Countries, Box 27, Memo, "Analytical Chronology of the Congo Crisis", March 9 1961, p. 5.

(11) ベルギー政府も、六月中旬頃、ハマーショルドとの間でコンゴ技術支援のあり方を非公式に協議してきた経緯もあり、派遣される部隊の規模については、国連軍とベルギー軍との協働のもとで三〇〇〇人規模とするのが現実的と考えていた。NARA, RG59, GRDS, CDF, 1960–1963, Box 1954, Cofidential Memo by Wilcox, "RE : Congo", July 13 1960 ; GRDS, 1960–1963, Box 532, Polto 117, July 13, 9 p. m, July 13 1960 ; Stahn and Melber, *Peace Diplomacy, Global Justice and International Agency*, p. 198.

(12) JFKL, NSF, Countries, Box 28, Memo, "A Congo Chronology January 1959–December21, 1961", undated, p. 5.

(13) Stahn and Melber, *Peace Diplomacy, Global Justice and International Agency*, p. 201.

(14) NARA, RG59, GRDS, CDF, 1960–1963, Box 1954, Tel 62, New York to S of S, July 13 1960 6:47 p. m.

(15) 第2章で指摘したようにバンチは、宿泊先のホテルで暴徒化した兵士に銃口を突きつけられ死を覚悟する経験をした。UCLAL, Ralph Bunche Papers, Box 208, Letter to Bunche Jr., July 8 1960 9 p. m.

(16) Charter of United Nations, Article 99, Russell, *The United Nations and United States Security Policy*, p. 471.

(17) ハマーショルドは、コンゴ政府が「共産主義中国」への支援要請に向かいかねないことを懸念した。DDEL, Herter papers, Box 13, CAH Telephone Calls, Memo, "Memorandum of Telephone Conversation with Ambassador Lodge", July 13 1960 11:10 a. m.

(18) NARA, RG59, GRDS, CDF, 1960–1963, Box 1954, Tel 36, New York to S of S, July 11 1960 12:10 a. m.

(19) ハマーショルドは、ルムンバの電報の公開を極力遅らせようともした。NARA, RG59, GRDS, CDF, 1960–1963, Box 1954, Tel 56, New York to S of S, July 13 1960 4:30 a. m.

(20) *PPSGUN*, vol. V, Opening Statement in the Security Council, New York, July 13 1960, p. 23.

(21) ただしハマーショルドは、部隊輸送に関する大国の関与には積極的であった。米国はもとよりソ連、英国もガーナ部隊の空輸業務に関わった。Luard, *A History of The United Nations, vol. 2*, p. 222.

(22) たとえば、フルセンコとナタファリの研究は、当時アフリカには、ソ連が軍を送るための港がなく、それゆえフルシチョフは、国連軍がルムンバを救うことを望んだと主張する。Aleksandor Fursenko and Timothy Naftali, *Khrushchev's Cold War : The Inside Story of an American Adversary*, (New York : W. W. Norton & Company, 2006) p. 308 ; Russell, Ruth B., "United Nations Financing and 'The Law of the Charter'", *The Columbia Journal of transnational Law*, 5, no.1, 1966, pp. 73–74.

（23）国務省の基本方針は以下の通りであった。「米国の全体的なアプローチはこの問題で主導権を握らないことであるが、しかし同時に国連事務総長がコンゴ国連軍を設立することへ可能な限りの支援を与える。…チュニジアやおそらくセイロンのスポンサーシップが最善である。決議がソ連の拒否権の行使なく通過する可能性を高めるために、我々は自分自身がスポンサーであろうと望んではならない…。しかし我々はベルギーを非難する内容を決議に含むことに反対する。」*FRUS*, 1958-1960, vol. XIV, Tel 33, D of S to New York, July 13 1960, pp. 303-304.

（24）*UNP*, 1946-1967 : Africa, SC res. S/4387, July 14 1960, p. 15 ; Luard, *A History of The United Nations, vol. 2*, p. 221.

（25）ただしハマーショルドの手配には一点失敗があった。それは、スウェーデン人のカール・フォン・ホルンを国連軍の軍事部門の最高司令官に選定したことである。彼は、イスラエルとパレスチナの休戦監視活動で実績ある軍人だったが、大部隊の指揮には不慣れであった。特に急進派アフリカ諸国の部隊の扱いに困った彼は、後に交代を余儀なくされた。Urquhart, *Hammarskjold*, pp. 399-402 ; Rikhye, "Hammarskjöld and PeaceKeeping", Robert S. Jordan, ed., *Dag Hammarskjold Revisited*, pp. 94-97.

（26）一九六〇年一一月段階での各国の部隊規模は以下の通りであった。アルジェリア（一一三）、ブラジル（一〇）、ビルマ（九）、カナダ（二七七）、セイロン（九）、デンマーク（三七）、エチオピア（二五七三）、ガーナ（二二七九）、ギニア（七四九）、オランダ（六）、インド（七六八）、インドネシア（一一五〇）、アイルランド（一三九七）、イタリア（一一〇）、リベリア（二三三）、マラヤ（六一五）、マリ（五七四）、モロッコ（三二四〇）、ニュージーランド（一）、ナイジェリア（七〇七）、ノルウェー（七四）、パキスタン（五四〇）、スーダン（三九七）、スウェーデン（六七八）、チュニジア（二六七九）、アラブ連合（五一九）、ユーゴスラビア（二一）の合計一九六八五名。NARA, RG84, RFSPDS, USUNCSF, 1946-1963, Congo, Box 78, Memo, "Troops in the Congo as of this date", November 18 1960.

（27）国連軍の文民支援活動は、支援をめぐる国際組織間の調整の観点でも興味深い。通常、国連の文民支援活動では、食糧農業機関（ＦＡＯ）や世界保健機関（ＷＨＯ）など専門機関が、独自性を持って援助を行うことが多い。そして各専門機関が、独自の憲章、本部、人員、予算等を持つ結果、現場では各機関が独自に活動を行うことが起こりやすい。しかしコンゴの文民支援活動では、ＦＡＯ、ユネスコ、ＷＨＯなどの「国連ファミリー」の間で緊密な調整が図られ、加盟国の自発的拠出に基づく、単一の財源（国連コンゴ経済基金）からの資金を元に、「単一のユニット」として、一〇〇〇〇人以上のスタッフが、コンゴ政府への支援を行った。JFKL, POF, Countries, Box 114, Memo, "Next Steps on the Congo", May 14 1962, pp. 8-9. なお文民支援活動の詳細な分析は、House, *The U. N. in the Congo* を参照。

(28) Stanley Meisler, *United Nations : The First Fifty Years* (New York : Atlantic Monthly Press, 1995), p. 119.

(29) 当時国連事務局には、コンゴの詳細な地図がなく、ウォール街にあるベルギーの船舶会社から譲って貰う有様であった。Nilufer Balsara, *Paying for Peace : Canada, The United Nations and the Financing of the Congo Peacekeeping Mission 1960–1964*, Ph. D. Dissertation Paper, University of Tronto, 1999, p. 52. また国連軍には航空機の配備がなく、六二年まで航空機を用いた情報収集もできなかった。A. Walter Dorn, and David J. H. Bell, "Intelligence and Peacekeeping : The UN Operation in the Congo, 1960–64", *International Peacekeeping*, 2, no. 1, Spring 1995, pp. 20–22.

(30) 一九五六年に国連総会は、国連緊急軍の設立を巡り、国連事務局に当座資金として一〇〇〇万ドルを割りあてることを認めた。Stoessinger and Associates, *Financing the United Nations System*, p. 107.

(31) *The New York Times*, August 13 1960.

(32) JFKL, NSF, Countries, Box 27A, Memo for the President, "Financing United Nations Peace and Security Operations", November 11 1961.

(33) CUL, Cordier papers, Box 162, Memo from Labouisse to Cordier, "Clarification of UN Role in Congo Operations", July 29 1960.

(34) DDEL, AWF, NSC Series, Box 3, Memo, "Record of Actions by the National Security Council at its Four Hundred and Fifty-Second Meeting held on July 21, 1960 (Approved by the President on July 25, 1960)", undated.

(35) DDEL, Herter papers, Box 10, Miscellaneous Memoranda, Memo, "Memorandum for Telephone Conversation with Ambassador Cabot Lodge", August 9 1960 12:55 p. m.

(36) JFKL, NSF, Brubeck, Box.383, Memo, "Proposal for U. S. Policy in the Congo", February 20 1963, p. 11.

(37) 約二週間で米軍提供の四〇機のC－124などが国連軍兵員九〇〇〇人を輸送した。その支援は「一九四五年国連参加法」に基づいて行われた。同法は、国連の要請に基づいて、大統領に戦闘部隊の類いを派遣する権限授与を定めた。その際米国は経費を国連に弁済させることが可能であったが、コンゴ国連軍の場合は、国連緊急軍での慣例に倣って、空輸サービスの代金を無償提供とした。なお経費は三カ月程度で約一二〇〇万ドルから一五〇〇万ドルとされた。DDEL, WHO, Office of the Staff Secretary, International Series, Box 4, Memo, "Memorundm of Conference with the President, July 19 1960, 3:15 PM Newport", July 21 1960 ; Herter papers, Box 9, Chronological File, Letter from Herter to Gates, August 11 1960 ; Herter papers, Box 19, 1960, Memo, "Selected Major Issues Expexted to Confront the United

States at the Fifteenth General Assembly", October 6 1960 ; JFKL, NSF, Brubeck, Box. 383, Memo, "Congo White Paper", January 14 1963 ; Rikhye, *Military Adviser to the Secretary-General*, p. 193.

(38) NARA, RG59, GRDS, CDF, 1960-1963, Box 1954, Tel 36, New York to S of S, July 11 1960 12:10 a. m.

(39) DDEL, Herter papers, Box 13, CAH Telephone Calls, Memo, "Memorandum of Telephone Conversation with the President from Newport", July 13 1960 5:35 p. m.

(40) LBJL, SDAH, 1968, vol. II, Documentary Supplement, Part 3, Box 4, The Congo, undated, p. 4.

(41) NARA, RG59, GRDS, 1960-1963, CDF, from 332/4-362 to 332.70G/8-160, Box 532, Airgram A-729 "UN Expenditures for UNEF and ONUC", New York to S of S, November 9 1962. ただし制度的にはスイス・フラン、ポンドなどドル以外の払込も認められていた。田所昌幸『国連財政』三二一～三二二頁。

(42) バンチは一九〇三年にシカゴ生まれた。彼はカリフォルニア大学ロサンゼルス校を首席で卒業し、ハワード大学等で教員を務めた。その後ハーバード大学大学院でフランス領西アフリカに関する研究をし、第二次世界大戦時はOSSの調査分析部アフリカ担当主任を務めた。その後国務省勤務を経て、四七年からは国連事務局職員になった。五〇年にはパレスチナの調停への評価から、黒人として初めてノーベル賞平和賞を受賞し、同年からはオーバリン大学の運営委員等も兼務した。そして五五年からは国連事務次長となった。JFKL, Belk Papers, Box 4, Memo, "Bio-Data Ralph-Bunche, Under Secretary, United Nations", undated.

(43) Suzan Williams, *Spies in the Congo : America's Atomic Mission in World War II* (New York : Public Affairs, 2106), pp. 22-24 ; UCLAL, Ralph Bunche Papers, Box 62, Survey of the Belgium Congo, 1942.

(44) ただしバンチが常に国務省の指示に従っていたとは言えない。しかし動乱の初期段階ではそうであった。NARA, RG59, GRDS, CDF, 1960-1963, Box 1954, Tel 88, Brussels to S of S, July 10 1960 1:42 p. m ; Gerard and Kuklick, *Death in the Congo*, p. 103.

(45) HIA, Ernest W. Lefever papers, Box 4, Note on Conversation with Jonathan Dean, U.S. Consul General to Elizabethville, August 30 1963.

(46) コーディアーは一九〇一年オハイオに生まれた。シカゴ大学で中世史の博士号を取得した後、第二次世界大戦時に国務省に入省した。国連創設のサンフランシスコ会議には、米国代表団の一員として参加し、戦後は四六年から国連事務次長として勤務した。そして六二年に国連事務局を退いた後は、コロンビア大学国際関係学部の学部長に就任した。

*The New York Times*, July 13 1975.

(47) Conor Cruise O'Brien, *Memoir : My Life and Themes* (Dublin : Poolbeg Press, 1998), p. 206.

(48) ウィシコフは一九〇六年にオーストリアに生まれた。アフリカ人類学の研究者であったが、ナチスの時代に米国に亡命した。ワシントン大学で教鞭を振るった後、第二次世界大戦時は、バンチと同じくアフリカ専門家としてOSSに勤務した。戦後に米国籍を取得し、四六年から国連事務局に勤務し植民地問題の専門家となった。

(49) この委員会は部隊提供国政府との間で情報の共有を主眼としたとされる。ただし、その設置は政治的な意味合いが強い。なぜなら、後に国連軍のカタンガ進駐をめぐってルムンバとハマーショルドが対立に入るに至り、ハマーショルドは部隊派遣国からの「助言」を得ているとの体裁を保つ必要性が高まったからである。JFKL, Gullion Papers, Box. 1, Memo, "Draft of 1960 President's Report", undated, p. 10 ; Urquhart, *Hammarskjold*, p. 437.

(50) 国連事務総長付軍事顧問でインド人のリクーエによると、「コンゴ・クラブ」の正式メンバーは彼ら三人とリクーエだったという。一方アークハートの説明では構成員の面が若干異なる。ただしバンチが中核構成員であったことは間違いがなく、状況に応じて構成員が変化した。広義の構成員としては、チャクラバルディ・ナラシマン（インド）、アレクサンダー・マッカーサー（英国）、ロバート・ガーディナ（ガーナ）、フランシス・ンウォケディ（ナイジェリア）、タイエブ・サハバーニ（チュニジア）も含まれる。HIA, Ernest W. Lefever papers, Box 4, Interview with Major General Indar Jit Rikhye, EWL and Austin W. Bach, N. Y. C., April 27, 1965, 11:00–1:00. Urquhart, *Ralph Bunche*, pp. 340–341 ; O'Brien, *Memoir*, p. 211 ; Lefever, Ernest W., and Wynfred Joshua, *United Nations peacekeeping in the Congo : 1960–1964 : an analysis of political, executive and military control* (Washington, DC : The Brooking Institution, 1966), p. 66.

(51) オブライアンによると、ウィシコフはコンゴからの全情報を直接ハマーショルドに手渡し、これを彼の上司のロシア人ゲオルギー・アルカディェフには見せなかったという。O'Brien, *To Katanga and Back*, pp. 56–57 ; またリクーエも同様の見解である。HIA, Ernest W. Lefever papers, Box 4, Interview with Major General Indar Jit Rikhye, EWL and Austin W. Bach, N. Y. C., April 27, 1965, 11:00–1:00

(52) HIA, Ernest W. Lefever papers, Box 4, Interview with Major General Indar Jit Rikhye, EWL and Austin W. Bach, N. Y. C., April 27, 1965, 11:00–1:00 ; DDEL, WHO, Office of the Staff Secretary, International Series, Box 5, Tel 349, New York to S of S, August 8 1960 1:31 a. m. ; NARA, RG59, CDF, 1960–63, Box 1956, Tel 586, New York to S of S, September 6 1960

12:56 a. m ; *FRUS*, 1961–1963, vol. XX, Tel 2968, New York to S of S, April 22 1961, pp. 125–127

（53） 六〇年一二月、米国国防総省の要請もあり、国連事務局は、コンゴ国連軍の軍事部門の最高司令官をスウェーデン人のフォン・ホルンからアイルランド人のシーン・マッキーオンへと交代させることを検討したが、その際、国連事務局は、マッキーオンのプロファイルの提出を米国に求めた。NARA, RG59, GRDS, CDF, 1960–1963, Box 1957, Tel 1639, New York to S of S, December 6 1960, 3:42 a. m.

（54） 部隊間の情報共有など規模の拡大に伴う問題の処理に迫られて、国連軍が諜報部門の設立を検討し始めたのは、六〇年末になってからであった。しかも翌年二月に作られた「軍事情報部門」の情報収集能力はきわめて低く、活動の本格化は六二年五月を待たねばならなかった。Dorn and Bell, “Intelligence and Peacekeeping”, pp. 14–17.

（55） HIA, Ernest W. Lefever papers, Box 4, Interview with Col. Willam O. Gall and Col. Howard C. Junkerman, EWL, May 1 1964.

（56） アークハートは一九一九年に英国に生まれた。彼は貴族階級出身だが、画家の父親のもとで貧しい家庭に育った。オックスフォード大学を卒業した後、第二次世界大戦時は情報将校として陸軍で北アフリカ作戦に関わった。また国連創設会議には英国代表団の一員として参加し、戦後は国連事務次長職に就任するなど、歴代国連事務総長の側近を務めた。HIA, Ernest W. Lefever papers, Box 4, Conference with Brian Urquhart, EWL, 10 January 1964, New York.

（57） LC, Harriman papers, Box 516, Memo from Harriman to the Acting Secretary, December 14 1961.

（58） JFKL, NSF, Countries, Box 28, Letter from Macmillan to Kennedy, May 25 1962.

（59） ベルギー政府高官は米軍の国連軍部隊の輸送協力について「強い懸念」を伝えた。NARA, RG59, GRDS, CDF, 1960–1963, Box 1979, Memocon Scheyven, Penfield, “Report from Brussels re U. S. Transport of UN Troops to Katanga”, July 18 1960.

（60） 七月一七日、ルムンバはベルギー軍の四八時間以内の国外退去要求と、ソ連への介入要請の可能性を公表しており、ティンバーレイク大使は、「〔ベルギー：筆者〕軍の問題は、コンゴ人の頭のなかで中心的問題であり、国連の作戦の将来全体がそれによって失敗に終わるかもしれない」と考えていた。NARA, RG59, GRDS, CDF, 1960–1963, Box 1954, Tel 139, Leopoldville to S of S, July 18 1960 2:17 p. m ; DDEL, AWF, NSC Series, Box 3, Memo, “Record of Actions by the National Security Council at its Four Hundred and Fifty–Fourth Meeting held on August 1, 1960（Approved by the President on August 12, 1960）”, undated.

(61) NARA, RG59, GRDS, CDF, 1960–1963, Box 1954, Tel 141, New York to S of S, July 19 1960 3:37 a. m.

(62) 決議内容は以下の通り。「ベルギー政府に対し、ベルギー軍の撤退に関する六〇年七月一四日付け安全保障理事会を迅速に履行するよう求め、事務総長に対し、この目的のために必要なあらゆる行動をとる権限を与える。二．全ての国に対し、法と秩序の回復とコンゴ政府による権限行使を妨害するおそれのあるあらゆる行動を差し控え、またコンゴ共和国の領土保全と政治的独立を損なうようなあらゆる行動を差し控えることを要請する（以下略）」。*UNP*, 1946–1967 : Africa, SC res. S/4405, July 22 1960, p. 17.

(63) TNA, FO 371/146788, JB 2252/10, Tel 409, Leopoldville to FO, August 2 1960 5:28 p. m.

(64) コーディアーの説明では、当時国連事務局は、来る国連通常総会において国連軍の財源の承認を得るには、ベルギー軍の撤退という委託任務履行の証拠が必要だと考えていたという。NARA, RG84, FSPDS, 1934–1950, 1956–1963, Box 13 (Old 7), Tel 270, New York to S of S, July 30 1960 9:10 p. m.

(65) NARA, RG59, GRDS, CDF, 1960–1963, Box 1954, Tel 407, Paris to S of S, July 27 1960 5:02 p. m.

(66) NARA, RG59, GRDS, CDF, 1960–1963, Box 1832, Airgram 49, "Joint Weeka No. 28", July 26 1960.

(67) JFKL, NSF, Countries, Box 28, Memo, "A Congo Chronology January 1959–December 21, 1961", undated, p. 7.

(68) DDEL, WHO, Office of the Staff Secretary, International Series, Box 3, Memorandum for the Joint Chief of Staff, "Situation Report", July 19 1960.

(69) NARA, RG59, GRDS, CDF, 1960–1963, Box 1954, Memocon Scheyven, Penfield, July 26 1960 ; Tel 399, Paris to S of S, July 27 1960 2:42 p. m.

(70) NARA, RG59, GRDS, 1960–1963, CDF, from Burden to Clark, Box 315, Personal Memo from Burden to Herter, August 4 1960.

(71) DDEL, WHO, OSANSA, NSC Series, Policy papers, Box 28, Memo for the Secretary of Defence, "Possible U. S. Course of Action Relative to the Contingency of Unilateral Sino-Soviet Bloc Military Intervention in the Republic of the Congo (S)", July 22 1960.

(72) NARA, RG59, GRDS, CDF, 1960–1963, Box 1955, Tel 317, S of S to Brussels, August 2 1960 7:15 p. m.

(73) NARA, RG59, GRDS, CDF, 1960–1963, Box 1954, Polto 120, July 15, 11 a. m., Paris to S of S, July 15 1960 ; Memocon, Herter, Scheyben, "Congo", July 15 1960.

(74) NARA, RG59, GRDS, CDF, 1960–1963, Box 1954, Tel 210, Paris to S of S, July 27 1960 6:08 p. m.
(75) NARA, RG59, GRDS, CDF, 1960–1963, Box 1954, Tel 346, Brussels to S of S, July 28 1960 10:46 a. m.
(76) ベルギーの世論は、この時ルムンバが迎賓館ブレア・ハウスに宿泊し、かつてベルギー国王が受けたものと同様の待遇を受けた事に憤っていた。また在ブリュッセル米国代理大使スタンレー・クリーブランドも、ベルギー人は「助けが必要な時に米国は支援をしてくれないと考えており、このことに傷つきそして憤慨している」と報告した。DDEL, Herter papers, Box 13, CAH Telephone Calls, Memo, "Memorandum of Tlephone Conversation with Ambassador Burden from Brussels", July 127 1960 5:05 p. m.; NARA, RG59, GRDS, CDF, 1960–1963, Box 1954, Tel 210, Paris to S of S, July 27 1960 6:08 p. m.; Polto 210, Paris to S of S, July 27 1960 6:08 p. m.; Box 1955, Despatch 68, Report from Cleveland, "The Reaction to Events in the Congo", July 29 1960.
(77) 七月下旬頃よりベルギー代表は、同盟国の実務家会合で、ルムンバの「消滅」への願望を公言していた。NARA, RG59, GRDS, CDF, 1960–1963, Box 1954, Polto 191, Paris to S of S, July 25 1960.
(78) NARA, RG59, GRDS, CDF, 1960–1963, Box 1955, Tel 317, S of S to Brussels, August 2 1960 7:15 p. m.
(79) NARA, RG59, GRDS, CDF, 1960–1963, Box 1978, Tel 200, Brussels to S of S, July 16 1960 12:17 a. m. この時ウィニーは、西側諸国の協調でルムンバの失脚を謀ることを提案し、また国連軍の現地代表に対して、ルムンバの交代に繋がる措置を執るよう、間接的あるいは直接的に働きかけることを提案した。
(80) NARA, RG59, GRDS, 1960–1963, CDF, from Burden to Clark, Box 315, Tel 2807, Paris to S of S, January 15 1961 851 AM.
(81) DDEL, Herter papers, Box 13, CAH Telephone Calls, Memo, "Telephone Calls–Tuesday, August 2, 1960", August 2 1960; JFKL, NSF, Countries, Box 28, Memo, "A Congo Chronology January 1959–December 21, 1961", undated, p. 9.
(82) NARA, RG59, GRDS, CDF, 1960–1963, Box 1955, Tel 300, New York to S of S, August 3 1960 10:24 p. m; Ball, *The Past Has Anoter Pattern*, p. 228.
(83) *UNP, 1946–1967: Africa*, SC res. S/4426, August 9 1960, pp. 19–20.
(84) 八月六日の安保理でハマーショルドは、「カタンガのケースにおいて、安保理が直面している困難」は、「ベルギー人の態度によるものではない」のであって、「これは、国連が組織として明らかに一方の側につくことの出来ない国内問題である」との解釈を示した。*PPSGUN*, vol. V, Second Report on the Implementation of the Security Council

Resolutions of July 14 and 22 on the Congo, August 6 1960, pp. 57–66.

(85) James, *Britain and the Congo Crisis*, pp. 49–52.

(86) Pierre Wigny, Belgium and the Congo, *International Affairs*, 37, no. 3, July 1961, p. 273–284.

(87) *UNP, 1946–1967 : Africa*, SC res. S/5002, November 24 1961, pp. 37–38.

(88) Georges Abi-Saab, *The United Nations Operation in the Congo 1960–1964* (London : Oxford University Press, 1978), pp. 166–167.

(89) Urquhart, *Hammarskjold*, p. 428.

(90) Tel 778, from Misdiplobel to Belext Brusseils, August 6 1960, cited in De Witte, *The assassination of Lumumba*, pp. 13–14.

(91) UN Tel B-380, B-381, Bunche to Secretary General, August 7 1960, offered by David N. Gibbs.

(92) DDEL, WHO, Office of the Staff Secretary, International Series, Box 5, Tel 349, New York to S of S, August 8 1960 1:31 a. m. 後にハマーショルドは、カタンガにはベルギー人技術者が必要だとしても五〇人もいれば充分であり、その二倍もいる現状について、チョンベは「食べさせられすぎ（overfed）」と評した。そしてチョンベにはベルギー人の支配が及んでいるとも考えていた。NARA, RG59, CDF, 1960–63, Box 1957, Tel 1096, New York to S of S, October 22 1960 3:56 p. m.

(93) Luard, *A History of The United Nations, vol. 2*, p. 223.

(94) DDEL, WHO, Office of the Staff Secretary, International Series, Box 5, Tel 349, New York to S of S, August 8 1960 1:31 a. m.

(95) JFKL, NSF, Countries, Box 27, Memo, “Analytical Chronology of the Congo Crisis”, March 9 1961, p. 22.

(96) NARA, RG84, RFSPDS, CGR, 1934–1963, Box 15 (Old 9), Tel 35, Elisabethville to S of S, August 4 1960, 11 am.

(97) Urquhart, *Hammarskjold*, p. 409.

(98) DDEL, Herter papers, Box 13, CAH Telephone Calls, Memo, “Telephone Calls–Tuesday, August 2, 1960”, August 2 1960.

(99) NARA, RG59, GRDS, CDF, 1960–1963, Box 1954, Tel 314, Brussels to S of S, July 23 1960 1:34 pm.

(100) NARA, RG59, GRDS, CDF, 1960–1963, Box 1955, Tel 271, New York to S of S, August 1 1960 8:21 a. m ; De Witte, *The*

*assassination of Lumumba*, pp. 11-12. なお王室のカタンガへの思い入れは特別なものであった。同年一二月にベルギー国王はチョンベに最高勲章を授与しさえした。JFKL, NSF, Countries, Box 27, Memo, "Analytical Chronology of the Congo Crisis", March 9 1961, p. 59.

(101) *DCER*, vol. 27, 1960, DEA/6386-C-40, Memorandum from Assistant Under-Secretary of State for External Affairs to Under-Secretary of State for External Affairs, Ottawa, July 20 1960, Document 6.

(102) NARA, RG84, RFSPDS, CGR, 1934-1963, Box 12（Old 5）, Tel 351, 031830Z, S of S to Leopoldville, August 4 1960.

(103) ユニオン・ミニエールをはじめとする現地入植者も、カタンガ技術委員団長リンデンからのサボタージュの指令を受けて、国連軍の進駐によってカタンガ経済が崩壊することへの懸念を国連事務局に伝えた。DDEL, WHO, Office of the Staff Secretary, International Series, Box 5, Tel 349, New York to S of S, August 8 1960 1:31 a.m. またベルギーは、この見解をハマーショルドに伝えるよう米国にも働きかけた。NARA, RG84, RFSPDS, CGR, 1934-1963, Box 12（Old 5）, Tel 181, 041455Z, Brussels to S of S, August 4 1960.

(104) カタンガにおける経済権益として英国は、タンガニーカ・コンセッション、ベンゲラ鉄道、ブリティッシュ・アメリカン・タバコ・カンパニー、ユニリーバなどに資本投資を行っており、政府としてもカタンガの安定的な経済活動の継続を強く望んだ。また政治面でも英国は、コンゴの政治的混乱が他の英領植民地に波及することを懸念した。とくに隣接するウガンダ、タンガニーカ、ケニア、ローデシア・ニヤサランドへの、ルムンバのような急進的民族主義者の影響を極度に警戒した。TNA, FO 371/146635, JB 1015/130, Letter from Scott, June 22 1960 ; FO 371/146773, JB 2251/77, Memo by A. D. M Ross, July 20 1960. またフランスも、カタンガからのベルギー軍の撤退で、アフリカ各地の基地返還問題、とくにチュニジアのビゼルト基地問題の激化を懸念した。JFKL, NSF, Countries, Box 27, Memo, "Analytical Chronology of the Congo Crisis", March 9 1961, p. 20.

(105) ただしカタンガには米国の年間国内消費の五%分にあたる一五〇〇万トン分のウラニウム酸化物があり、軍事戦略的な重要性のもとでカタンガの鉱物資源は対共産圏輸出統制委員会（ＣＯＣＯＭ）規制のもとにおかれていた。DDEL, AWF, DDE Diary Series, Box 53, Memo for NSC meeting by Allen Dulles, October 6 1960.

(106) 米国とフランスの事務レベル会合においてフランス側は、共産主義によってコンゴ全体が混乱に陥ることを阻止する手段として、現段階では承認はしないものの、状況に応じたカタンガ承認の可能性は残すつもりであることを伝え、一方で国務省のジェームズ・ペンフィールドも米国政府の立場も同様であると伝えた。NARA, RG59, GRDS, CDF,

1960–1963, Box 1979, Memocon, Lebel, Penfield, July 18 1960.

(107) JFKL, NSF, Countries, Box 27, Memo, “Analytical Chronology of the Congo Crisis”, March 9 1961, p. 20. 11月頃CIAは、親ソ的ルムンバ政府樹立の可能性に備えた非常時計画の策定を進めていた。*FRUS*, 1964–68, vol. XXIII, Memo, “Minutes of Special Group Meeting, 10 November 1960”, November 10 1960, p. 57.

(108) NARA, RG59, GRDS, CDF, 1960–1963, Box 1954, Tel 114, Brussels to S of S, July 11 1960 4:30 p. m.

(109) NARA, RG84, RFSPDS, CGR, 1934–1963, Box 15 (Old 8), Circular 129, July 23 1961.

(110) JFKL, NSF, Countries, Box 27, Memo for Clifton, “Seven Seas Airlines, Inc”, February 18 1961 ; Mahoney, *JFK*, pp. 80–81 ; Dorn, “The UN's First ‘Air Force’: Peacekeepers in Combat, Congo 1960–64”, p. 1403. なお在エリザベスヴィルCIA職員デイヴィッド・ドイルは、回顧録のなかで航空機提供をめぐるCIAの関与を否定するが、これは嘘である。Doyle, *True Men and Traitors*, pp. 149–150.

(111) NARA, RG59, GRDS, CDF, 1960–1963, Box 1954, Tel 346, Brussels to S of S, July 28 1960 10:46 a. m.

(112) *PPSGUN*, vol. V, A Statement by Kwame Nkrumah, p. 69.

(113) JFKL, NSF, Countries, Box 27, Memo, “Analytical Chronology of the Congo Crisis”, March 9 1961, p. 22.

(114) *FRUS*, 1958–1960, vol. XIV, Memocon, Herter, Scheyven, August 5 1960, pp. 386–390.

(115) JFKL, NSF, Countries, Box 27, Memo, “Analytical Chronology of the Congo Crisis”, March 9 1961, p. 22. ただしシカゴ・デイリー・ニュースは、ハマーショルドはチョンベに嵌められたというニュアンスで報じたという。Kelly, *America's Tyrant*, p. 39.

(116) O'Brien, *Memoir*, p. 204.

(117) DDEL, Herter papers, Box 13, CAH Telephone Calls, Memo, “Telephone Conversation with Mr. Labouisse”, August 4 1960 11:40 a. m.

(118) NARA, RG59, GRDS, CDF, 1960–1963, Box 1954, Tel 234, New York to S of S, July 27 1960 1:57 a. m.

(119) Gerard and Kuklick, *Death in the Congo*, p. 84.

(120) DDEL, Herter papers, Box 13, CAH Telephone Calls, Memo, “Telephone Calls–Monday, August 8 1960, 1:15 p. m”, August 8 1960.

(121) NARA, RG 59, GRDS, CDF, 1960–1963, Box 1954, Tel 275, Brussels to S of S, July 20 1960 7:08 p. m.

(122) *CRB Rapport*, p. 8. ちなみに、南カサイの分離は六二年一〇月まで続いた。

(123) *FRUS*, 1958–1960, vol. XIV, Memocon Rusk, Dillon, Lumumba, July 27 1960, pp. 359–366.

(124) NARA, RG59, GRDS, CDF, 1960–1963, Box 1955, Tel 412, Leopoldville to S of S, August 16 1960 5 : 28 a. m.

(125) 五九年四月、ルムンバはガーナのソ連大使館を訪れ、共産主義者ではないが親ソであると述べつつ、コンゴの独立と支援を訴えた。ブリュッセルでも彼は、ベルギー共産党の指導者と面会した。Fursenko and Naftali, *Khrushchev's Cold War*, pp. 297–298, 301.

(126) Fursenko and Naftali, *Khrushchev's Cold War*, pp. 310–312.

(127) たとえば米国も、八月二二日、レオポルドヴィル周辺で若干のソ連技術者と一〇〇台のトラックが到着したこと、また二五日頃には一〇機のイリューシン一四輸送機が存在を確認した。DDEL, AWF, NSC Series, Box 13, Memo, "Discussion at the $457^{th}$ Meeting of the National Security Council, Thursday, August 25, 1960", August 25 1960 ; *FRUS*, 1958–1960, vol. XIV, Memodandum of Discussion at the $458^{th}$ Meeting of the National Security Council, September 7 1960, pp. 460–462.

(128) JFKL, NSF, Countries, Box 28, Memo, "A Congo Chronology January 1959–December 21, 1961", undated, p. 11.

(129) ただしロシア人の歴史家マゾフの研究によると、この時ソ連は実際よりも大規模な支援を計画していたという。Sergei Mazov, "Soviet Aid to the Gizenga Government in the Former Belgian Congo（1960–61）as Reflected in Russian Archives", *Cold War History*, 7, no. 3, August 2007, pp. 425–437.

(130) JFKL, NSF, Countries, Box 27, Memo, "Analytical Chronology of the Congo Crisis", March 9 1961, p. 29.

(131) 一九三三年に生まれのトーマス・カンザは、カサブブの政敵ダニエル・カンザの息子で、コンゴ人初の大学卒業者であった。Kanza, *The Rise and Fall of Patrice Lumumba*, p. 274.

(132) 六〇年二月にブリュッセルを訪問中のルムンバと会談した在ブリュッセル米国大使バーデンは、ルムンバについて「きわめて明瞭に発言し、洗練され、明晰で、そして原則にとらわれない知性を備えた」人物であるとの印象を抱くと同時に、「正直な政治家」というにはほど遠い、と国務省に報告した。*FRUS*, 1958–1960, vol. XIV, Memocon, Burden, Lumumba, February 25 1960, pp. 262–266.

(133) 在レオポルドヴィル米国領事官は「ルムンバがどんなに信用できず、頼りにならない人物だとしても…、我々には、彼を中心に政府を作り上げるよりもよい代替案を考えられない」と報告した。NARA, RG59, GRDS, CDF, 1960–1963,

Box 1831, Tel 469, Leopoldville to S of S, June 14 1960 3:10 p. m.

（134）国務省情報調査局は、コンゴの混乱に共産主義者達が直接関与する証拠は存在せず、とくにシスヴィルの公安軍の暴動についてはそうである可能性が高いとの判断を下した。NARA, RG59, GRDS, CDF, 1960–1963, Box 1831, Intelligence Note "Communist Influence in the Congo", July 25 1960 ; Box 1954, Memocon, Herter, Scheyven, July 15 1960.

（135）*FRUS*, 1964-68, vol. XXIII, Memo, "Political Operation in the Belgium Congo", April 8 1960, pp. 7-9.

（136）ベルギー政府からの情報を国務省に届け続けたバーデン大使は、七月一九日、次のように打電した。「ルムンバ政府は我々のコンゴおよびアフリカ全般における死活的権益を脅かしている…。それゆえ我々の政治的・外交的活動の主要な目標とは、現在作られているルムンバ政府を破壊することでなくてはならない。」NARA, RG59, GRDS, CDF, 1960–1963, Box 1954, Tel 258, Brussels to S of S, July 19 1960, 10:21 p. m.

（137）七月下旬に統合参謀本部は、国連軍の撤退とソ連の介入の可能性に備えて、米軍の介入の可能性を含む様々な政策案を検討し、そして「多国間活動は好ましいが、しかし一国的活動も必要である可能性がある」との結論に達した。*FRUS*, 1958–1960, vol. XIV, Memo from JCS to the Secretary of Defence, July 22 1960, pp. 346–349.

（138）*FRUS*, 1964-68, vol. XXIII, Editorial note on Tel 0772, Leopoldville to CIA, August 18 1960, p. 18.

（139）DDEL, AWF, NSC Series, Box 13, Memo, "Discussion at the 456th Meeting of the National Security Council, August 18 1960", August 25 1960.

（140）この頃ベルギー政府は、コンゴ東南部諸州に対する分離政策と平行して、ルムンバの政府の不安定化工作をレオポルドヴィルでも展開した。ベルギー政府は、議会の承認を得て、総額五〇〇〇万ベルギー・フランの「秘密資金」を投入し、ルムンバに対する反対報道の展開、敵対政治家の買収、組織化を進めた。たとえば労働組合や企業の支援を受けたベルギーのカソリック団体が工作の重要な役割を果たすなか、七月一九日、ベルギー政府は五万フランをルムンバの政敵ジャン・ボリカンゴに渡した。NARA, RG59, 1960–1963, Box 1954, Tel 275, Brussels to S of S, July 20 1960 7:08 p. m.; Box 1955, Tel 449, Brussels to S of S, August 10 1960 4:49 p. m.

（141）JFKL, Gullion Papers, Box. 1, Memo, "Draft of 1960 President's Report", undated, p. 16.

（142）*USS Report*, p. 16.

（143）米国が接近したのは、後にビンザ・グループと知られる親米的政治家集団である。カサブブ大統領、ジョセフ・イレオ上院議長、ジャスティン・ボンボコ外務大臣、ヴィクトル・ネンダカ警視総監、アルバート・ンデレ財務委員といった政治家、軍人達がこれに含まれる。Stephen R. Weissman, "An Extraordinary Rendition", *Intelligence and National Security*, 25, no. 2, April 2010, pp. 198–222 ; Weissman, *American Foreign Policy in the Congo*, p. 109.

（144）米国側の史料で暗殺が選択肢となった経緯はよくわからないが、秘密工作で協働関係にあった英国側の史料からは理由を推測できる。たとえば英国外務省職員ハワード・スミスは、六〇年九月二八日、「ルムンバの除去の最も簡単な方法の一つは、彼の殺害である」とし、理由として、コンゴの民族主義運動にはルムンバに匹敵する政治指導力を持つ後継者が存在しないことを挙げた。TNA, FO 371/146650, JB 1015/401G, Letter from Scott, September 28 1960.

（145）国家安全保障会議のスタッフのロバート・ジョンソンは、一九七五年の米国議会上院の調査（チャーチ委員会）において、この会議で大統領がルムンバの暗殺を望んでいることを聞き、個人的には「非常な衝撃」受けたこと、そしてこの決定後一五秒ほど誰も発言ができなかったことを証言した。*FRUS*, 1964–68, vol. XXIII, Editorial note on Testimony of Robert H. Johnson, June 18, 1975 ; Minues of Special Group Meeting, 25 August 1960, August 25 1960, pp. 19–21.

（146）*FRUS*, 1958–1960, vol. XIV, Memo from JCS to the Secretary of Defence, July 22 1960, pp. 346–349.

（147）七月一九日付けのバーデン大使の電報は、ルムンバ政府の破壊工作を提案する際、次のようにも記した。「米国による最低限の直接活動を行う場合、政治家、コンゴ人民、そして独立アフリカ諸国の指導者やその人民の間で、〔次のような：筆者〕公衆イメージを作ることが望ましい。すなわちルムンバが、意図的であれ偶然であれ、中央アフリカにソ連を介入させようとしているのであって、そしてこのようにして、新しい、より悪い形態の白人帝国主義をアフリカに持ち込もうとしている〔というイメージである：筆者〕。」NARA, RG59, GRDS, CDF, 1960–1963, Box 1954, Tel 258, Brussels to S of S, July 19 1960 10:21 p. m ; Tel 259, Leopoldville to S of S, July 26 1960 5:52 p. m.

（148）NARA, RG 59, GRDS, CDF, 1960–1963, Box 1954, Tel 133, Leopoldville to S of S, July 18 1960 12:19 p. m.

（149）DDEL, Herter papers, Box 13, CAH Telephone Calls, Memo, "Memorandum of Telephone Conversation with Ambassador Lodge", July 26 1960, 10:15 a. m.

（150）JFKL, NSF, Countries, Box 27, Memo, "Analytical Chronology of the Congo Crisis", March 9 1961, p. 31.

（151）NARA, RG84, RFSPDS, CGR, 1934–1963, Box 15（Old 8）, Tel 401, Leopoldville to S of S, August 12 1960 ; RG59, GRDS, CDF, 1960–1963, Box 1957, Memocon, Lebel, Satterthwaite, October 22 1960 ; *FRUS*, 1964–68, vol. XXIII, Tel 0731, Leopoldville to CIA, August 11 1960, pp. 14–16.

（152）NARA, RG59, GRDS, CDF, 1960–1963, Box 1955, Tel 345, Leopoldville to S of S, August 6 1960 12:28 p. m.

(153) NARA, RG59, GRDS, CDF, 1960-1963, Box 1955, Tel 515, Leopoldville to S of S, August 26 1960 4:37 p. m.

(154) ＭＮＣ青年部員の武装部隊はルムンバの「民兵団」と呼ばれ、レオポルドヴィルでは最も規律がとれ組織化された集団であった。TNA, FO 371/146650, JB 1015/408, Letter from Scott, September 14 1960.

(155) *FRUS*, 1964-68, vol. XXIII, Tel 0731, Leopoldville to CIA, August 11 1960, pp. 14-16.

(156) 六〇年七月一八日にハマーショルドは、安保理提出の特別報告書において、コンゴ国連軍の駐留について、「…導入された国連軍は、示された期間、示された目的のために、政府の同意を得て、コンゴで現地関与する、暫定的な治安部隊とみなされるべきである」と述べ、現地政府との合意が駐留の前提条件との認識を示した。*PPSGUN*, vol. V, First Report on Assistance to the Republic of the Congo, July 18 1960, pp. 28-39.

(157) DDEL, AWF, DDE Diary Series, Box 52, Memo, "Synopsis of State and Intelligence material reported to the President, 9 August material", August 10 1960.

(158) DDEL, AWF, NSC Series, Box 13, Memo, "Discussion at the 456th Meeting of the National Security Council, August 18 1960", August 25 1960.

(159) DDEL, AWF, NSC Series, Box 3, Memo, "Records of Actions by the National Security Council at its Four Hundred and Fifty-Sixth Meeting held on August 18, 1960 (Approved by the President on August 24, 1960" undated.

(160) NARA, RG59, GRDS, CDF, 1960-1963, Box 1956, Memo by Hare, "Contingency Planning for Breakdown of UN Effort in the Congo", September 9 1960.

(161) Gerard and Kuklick, *Death in the Congo*, pp. 80-82.

(162) Letter to Ruth, Augusut 20 1960, cited in Urquhart, *Ralph Bunche*, p. 332.

(163) Major General Carl C. Von Horn, *Soldiering for Peace* (New York : David McKay, 1967), p. 195 ; DDEL, WHO, Office of the Staff Secretary, International Series, Box 3, Memorandum for the Joint Chief of Staff, "Situation Report", July 19 1960.

(164) CUL, Cordier papers, Box 47, Letter from Cordier to Schwalm, August 18 1960.

(165) NARA, RG59, GRDS, CDF, 1960-1963, Box 1955, Tel 517, New York to S of S, August 26 1960 8:41 p. m.

(166) *UNP*, 1946-1967 : Africa, SC res. S/4405, July 22 1960, p. 17.

(167) UCLAL, Bunche Papers, Box 98, Memo, "Press Conference by Dr. Ralph J. Bunche at UN Headquarters on Thursday, 1 September 1960", September 1 1960 ; Letter from Bunche to Ralph. Jr., July 8 1960.

(168) CUL, Cordier papers, Box 47, Letter from Cordier to Schwalm, August 18 1960.

(169) TNA, PRO : FO 371/146799, JB 2251/231, Tel 1371, Tel 714, New York to FO, September 1 1960.

(170) JFKL, NSF, Countries, Box 27, Memo, "Analytical Chronology of the Congo Crisis", March 9 1961, p. 29. またハマーショルドは、カタンガ分離問題について、「いったんルムンバが片づいてしまえば、カタンガの状況は自然に解決するだろう」と考えていた。DDEL, AWF, DDE Diary Series, Box 52, Memo, "Synopsis of State and Intelligence material reported to the President", August 30 1960.

(171) JFKL, NSF, Countries, Box 28, Memo, "A Congo Chronology January 1959–December 21, 1961", undated, p. 12.

(172) 基本法第二〇条および二二条は、ベルギー憲法の国王権限に関する条項に倣って作られた。ベルギー憲法は、文言上、国王が議会の不信任動議なしに大臣を解任する権限を認めたが、一九一一年以降、国王は首相みずからが辞任を申し出た場合、あるいは議会によって解任決議がなされた場合に、それを単に受理することを慣行とした。コンゴ大統領の地位もベルギー国王のそれに類するものと考えられた。米国政府文書もコンゴ大統領の地位が「儀礼上のもの」であることを確認しており、そもそも議会の承認を得ていない大統領に、首相を解任することができるのか不確かなところがあった。JFKL, NSF, Countries, Box 27, Memo, "Analytical Chronology of the Congo Crisis", March 9 1961, p. 44 ; TNA, FO 371/146650, JB 1015/401G, Tel 762, Leopoldville to FO, September 27 1960 8:54 p. m.

(173) 二人の関係について在ワシントン・ベルギー大使は、「彼らはお互いを信用していないがゆえに、お互いを監視するために緊密にくっついていた」と観察した。NARA, RG59, GRDS, CDF, 1960–1963, Box 1954, Memocon, Herter, Scheyven, July 15 1960.

(174) 外部勢力の影響を一切考慮せずこの解任劇を描くものとしては、Heller, *The United Nations under Dag Hammarskjold*, pp. 126–127.

(175) DDEL, AWF, NSC Series, Box 13, Memo, "Discussion at the 456th Meeting of the National Security Council, August 18 1960", August 25 1960.

(176) TNA, PRO, FO 371/146645, JB 1015/345, Lettr from Scott, September 14 1960.

(177) NARA, RG59, GRDS, CDF, 1960–1963, Box 1831, Air Despach 955, "Memorandum for Conversation A. A. J. Van Bilsen", March 7 1960.

(178) *CRB Rapport*, p. 8.

(179) Gerard and Kuklick, *Death in the Congo*, pp. 91-92. ヴァーヘーゲンは後にコンゴ動乱に関する公式資料集を編纂するが、彼の経歴に鑑みてこの資料集の取扱には慎重さが求められよう。Jules Gérard-Libois and Benoît Verhaegen, *Congo 1960* (Brussels, CRISP, 1961).

(180) JFKL, NSF, Countries, Box 27, Memo, "Analytical Chronology of the Congo Crisis", March 9 1961, p. 29.

(181) NARA, RG84, RFSPDS, CGR, 1934-1963, Box 15 (Old 8), Memo, "Memorandum of Conversation with President Joseph Kasavubu", August 9 1960.

(182) Larry Devlin, *Chief of Station, Congo, A Memoir of 1960-67* (New York : Public Affairs, 2007), p. 67.

(183) Rikhye, "Hammarskjöld and PeaceKeeping", Robert S. Jordan, ed., *Dag Hammarskjold Revisited*, p. 106.

(184) HIA, Ernest W. Lefever papers, Box 4, Conversation with Andriew Cordier, E. W. L., 3:30-5:30 p. m, September 27, 1964.

(185) CUL, Cordier papers, Box 47, Letter from Cordier to Schwalm, September 15 1960.

(186) TNA, FO 371/146643, JB 1015/288, Tel 619, Leopoldville to FO, September 5 1960.

(187) NARA, RG59, GRDS, CDF, 1960-1963, Box 1831, Memocon, Van Bilsen, Cleveland, March 2 1960.

(188) De Witte, *The assassination of Lumumba*, pp. 19-20. 米国資料でも同内容を確認できる。NARA, RG59, GRDS, CDF, 1960-1963, Box 1978, Airegram 287, "Kasavubu's Dismissal of Lumumba : Conversation with A. A. J. Van Bilsen", September 23 1960.

(189) *YUN, 1960*, p. 61 ; HIA, Ernest W. Lefever papers, Box 4, Conversation with Andriew Cordier, E. W. L., 3:30-5:30 p. m, September 27, 1964. その時にラジオ局を封鎖したのが、ガーナ部隊付英国人軍事顧問アレキサンダーの許可を得たガーナ部隊であった。June Milne, *Kwame Nkrumah : A Biography* (London : Panaf Books, 2000), p. 146.

(190) *FRUS*, 1964-68, vol. XXIII, Tel 0888, Leopoldville to CIA, September 5, 1960, pp. 23-24.

(191) HIA, Ernest W. Lefever papers, Box 4, Staff Interview with Ambassador Clare Timberlake, May 14 1965, 5:45-10:30 p. m.

(192) TNA, FO 371/146643, JB 1015/288, Tel 619, Leopoldville to FO, September 5 1960.

(193) DDEL, AWF, DDE Diary Series, Box 52, Memo, "Synopsis of State and Intelligence material reported to the President", September 13 1960.

(194) ブラザヴィル・コンゴは、ベルギーの諜報活動の拠点の一つであった。またここには、動乱勃発時より米国文化情報局（ＵＳＩＡ）の上級職員が派遣されていた。Weissman, *American Foreign Policy in the Congo*, p. 86 ; DDEL, AWF, DDE Diary Series, Box 51, Memo, "Staff Notes no. 810", July 26 1960 ; WHO, OSANSA, International Series, Box 4, Memocon, Herter, Home, de Murville, "Discuttion at Dinner Meeting of the Three Foreign Ministers- Africa", September 23 1960 9 : 55 p. m.

(195) De Witte, *The assassination of Lumumba*, p. 21.

(196) Dayal, *Mission for Hammarskjold*, pp. 33–35 ; Kalb, *The Congo Cables*, pp. 74–75 ; Luard, *A History of The United Nations, vol. 2*, p. 244 ; O'Brien, *To Katanga and Back*, pp. 93–94 ; Von Horn, *Soldiering for Peace*, p. 209.

(197) NARA, RG 84, RFSPDS, CGR, 1934–1963, Box 15（Old 8）, Tel 109, 18/234OZ, New York to D of S, September 19 1960.

(198) *The New York review of Books*, December 20, 2001, p. 104. ルアードも、ハマーショルドはこの報を受けて「不快感を抱いた」とする。Luard, *A History of The United Nations, vol. 2*, p. 244.

(199) *FRUS*, 1958–1960, vol. XIV, Memo by JCS, "The Kitona–Banana and Kamina Bases in the Congo", August 18 1960, pp. 425–427.

(200) NARA, RG59, GRDS, CDF, 1960–1963, Box 1955, Tel 517, New York to S of S, August 26 1960 8 : 41 p. m.

(201) Gerard and Kuklick, *Death in the Congo*, p. 95.

(202) DDEL, AWF, NSC Series, Box 13, Memo, "Discussion at the 458$^{th}$ Meeting of National Security Council, Wednesday, September 7, 1960", September 12 1960.

(203) NARA, RG84, RFSPDS, USUNCSF, 1946–1963, Congo, Box 78, Memo, "Plimpon Conversation with Cordier", undated.

(204) JFKL, NSF, Countries, Box 27, Memo, "Analytical Chronology of the Congo Crisis", March 9 1961, p. 47.

(205) *PPSGUN*, vol. V, Opening Statement in the Security Council, September 9 1960, pp. 162–170.

(206) ハマーショルドは、公言はしなかったが、カサブブにはルムンバを解任する権限があるものの、議会の承認をえた行動ではないことを問題視していた。そして議会の承認を得たルムンバは法的には首相の地位にあるとの見解を米国代表に伝えた。JFKL, NSF, Countries, Box 27, Memo, "Analytical Chronology of the Congo Crisis", March 9 1961, p. 44. NARA, RG59, GRDS, CDF, 1960–1963, Box 1832, Fundamental Law Concerning the Structure of the Congo, May 19 1960 ; Box 1956, Tel 1021, New York to S of S, October 15 1960 10 : 52 p. m ; Tel 764, S of S to New York, October 26 1960 9 : 37 p.

m.

(207) TNA, FO 371/146643, JB 1015/295, Tel 733, New York to FO, September 7 1960 6:45 a. m.

(208) NARA, RG59, GRDS, CDF, 1960–1963, Box 1956, Tel 605, New York to S of S, September 7 1960 10:15 p. m.

(209) TNA, FO 371/146643, JB 1015/295, Tel 733, New York to FO, September 7 1960 6:45 a. m.

(210) TNA, FO 371/146644, JB 1015/330, Memo, "The Situation in the Congo", September 14 1960.

(211) NARA, RG84, RFSPDS, USUNCSF, 1946–1963, Congo, Box 78, Memocon, Scheyven, Wilcox, "Developments in the Congo : Belgian ECOSOC Candidacy", September 12 1960.

(212) NARA, RG59, GRDS, CDF, 1960–1963, Box 1956, Tel 602, New York to S of S, September 7 1960 10:31 p. m.

(213) JFKL, NSF, Countries, Box 27, Memo, "Analytical Chronology of the Congo Crisis", March 9 1961, p. 34.

(214) DDEL, AWF, DDE Diary Series, Box 52, Memo, "Synopsis of State and Intelligence Material reported to the President", September 9 1960.

(215) DDEL, AWF, NSC Series, Box 13, Memo, "Discussion at the 458th Meeting of National Security Council, Wednesday, September 7, 1960", September 12 1960.

(216) NARA, RG59, GRDS, CDF, 1960–1963, Box 1956, Memocon, Wigny, Dillon, "Situation in the Congo", October 10 1960.

(217) TNA, FO 371/146644, JB 1015/330, Memo, "The Situation in the Congo", September 14 1960.

(218) 国連職員の印象では、カサブブは行為の重大性を理解していないようであった。たとえば彼は、解任演説の日にベッドで眠るという普段通りの生活を送った。CUL, Cordier papers, Box 47, Letter from Cordier to Schwalm, September 15 1960 ; NARA, RG59, GRDS, CDF, 1960–1963, Box 1956, Tel 602, New York to S of S, September 7 1960 10:31 p. m.

(219) NARA, RG59, GRDS, CDF, 1960–1963, Box 1956, Tel CRITIC unnumbered, Leopoldville to S of S, September 7 1960 10:02 a. m.

(220) DDEL, AWF, DDE Diary Series, Box 52, Memo, "Synopsis of State and Intelligence Material reported to the President", September 9 1960.

(221) NARA, RG59, GRDS, CDF, 1960–1963, Box 1956, Tel 632, New York to S of S, September 10 1960 3:24 a. m.

(222) Caroline Pruden, *Conditional Partners : Eisenhower, the United Nations, and the Search for a Permanent Peace* (Baton Rouge : Louisiana State University Press, 1998), p. 290.

(223) NARA, RG59, GRDS, CDF, 1960-1963, Box 1956, Tel 631 New York to S of S, September 10 1960 3:24 a. m.

(224) DDEL, AWF, DDE Diary Series, Box 52, Memo, "Synopsis of State and Intelligence material reported to the President", September 13 1960. ハマーショルドも九月六日に伝えられた「米国からの五〇〇万ドル」の資金提供に対して「お世辞」を伝えた。UN Tel, DAG-1/5.1.2-5, ONUC-SG's Correspondence with USA Government 6/60-7/61, Memo to US Del title unknown, September 6 1960, offered by David N. Gibbs.

(225) JFKL, NSF, Countries, Box 33, Tel 1191, Leopoldville to S of S, November 25 1962 2:05 p. m.

(226) NARA, RG59, GRDS, CDF, 1960-1963, Box 1956, Tel 659, Leopoldville to S of S, September 9 1960 4:53 p. m.

(227) モブツの父親はベルギー人に使えた料理人で、彼は独学で新聞記者となった。*FRUS*, 1964-68, vol. XXIII, National Security Council Briefing, September 15 1960, pp. 32-33 ; NARA, RG59, GRDS, CDF, 1960-1963, Box 1979, Tel 647, Leopoldvillet to S of S, September 8 1960 8:19 p. m.

(228) *FRUS*, 1964-68, vol. XXIII, Editorial note on Tel 0927, Leopoldville to CIA, September 13 1960, p. 29.

(229) DDEL, AWF, NSC Series, Box 13, Memo, "Disucussion at the 459th Meeting of the National Security Council, Thursday, September 15, 1960", September 15 1960.

(230) JFKL, NSF, Countries, Box 27, Memo, "Analytical Chronology of the Congo Crisis", March 9 1961, p. 37 ; *The New York Times*, September 17 1960 ; De Witte, *The assassination of Lumumba*, p. 64.

(231) *FRUS*, 1964-1968, vol. XXIII, Paper Prepared in the Central Intelligence Agency "Operatin in the Congo", undated, pp. 24-26.

(232) NARA, RG84, RFSPDS, USUNCSF, 1946-1963, Congo, Box 78, Memo from Westfall to Bender Jr., September 26 1960.

(233) CUL, Cordier papers, Box 47, Letter from Cordier to Schwalm, September 15 1960.

(234) NARA, RG84, RFSPDS, USUNCSF, 1946-1963, Congo, Box 78, Memo from Cook to Wadsworth, "Congo", September 7 1960.

(235) ケッタニはカサブブのクーデターの際、コンゴ国軍が首相兼国防大臣であるルムンバに忠誠を誓うべき存在であることを知りながら、カサブブとルムンバとの間で「中立」であるべきだとの助言をモブツに与えた。NARA, RG59, GRDS, CDF, 1960-1963, Box 1979, Tel 686, Leopoldville to S of S to S of S, September 12 1960 10:53 a. m.

(236) DDEL, AWF, DDE Diary Series, Box 53, Memo, "Synopsis of State and Intelligence material reported to the Presidnet",

October 4 1960.

(237) たとえば親米派のボンボコ外務大臣は、ケッタニを「コンゴ支援に誠実に取り組んでいる」と評し、モブツも彼は「素晴らしい人物」と言った。NARA, RG59, GRDS, CDF, 1960–1963, Box 1979, Tel 641, Leopoldville to S of S, September 7 1960 1:10 p. m ; Box 1977, Memocon Bonboko, Williams, March 3 1961.

(238) Michela Wrong, *In the Footsteps of Mr. Kurtz : Living on the Brink of Disaster in Mobutu's Congo* (New York : Haper Collins, 2001), pp. 66–67.

(239) Dayal, *Mission for Hammarskjold*, p. 66.

(240) Young, *Politics in the Congo*, p. 447 ; TNA, FO 371/146650, JB 1015/408, Letter from Scott, October 26 1960.

(241) De Witte, *The assassination of Lumumba*, p. 28.

(242) 当時為替レートが定まっておらず、正確な額は不明だが、コンゴ人政治家、軍人の年間給与はおおよそ以下の通りであった。首相、四〇〇〇ドル。国会議員、三三三〇ドル。陸軍大将、三〇〇〇ドル。陸軍少佐、二二四〇ドル。二等中尉、一六〇〇ドル。兵卒、一〇〇ドル。JFKL, Cleveland papers, Box 69, Memo, "Salaries of Congolese Officials and the Military", March 14 1963.

(243) NARA, RG59, GRDS, CDF, 1960–1963, Box 1956, Memocon, Wigny, Dillon, "Situation in the Congo", October 11 1960.

## 第5章　ニューヨークにおける権力政治とルムンバの暗殺

(1) *PPSGUN*, vol. V, p. 194.

(2) 五〇年の朝鮮戦争においてリーは米国を支持した。しかし国連を東西冷戦対立の特定の陣営に位置づけたこの措置は、逆にソ連からの国連批判を激化させ、ソ連はリーとの協力を拒否するに至った。しかもその後国連と米国との関係も冷え込んだ。Urquhart, *Hammarskjold*, pp. 9–23.

(3) *PPSGUN*, vol. IV, Summary Study of the Experience Derived from the Establishment and Operation of the United Nations Emergency Force, October 9 1958, pp. 230–295.

(4) Urquhart, *Hammarskjold*, p. 383.

(5) Urquhart, *Hammarskjold*, pp. 378-379, 382-383, 389-392. ハマーショルドとリネーは、青年時代をウプサラで過ごした頃から、互いを知る間柄であったが、同時にリネーは、ハマーショルドの実兄ヴー・グスタフ・ハマーショルドが最高経営責任者を務めるアメリカン・スウェーディッシュ・リベリアン・マイニング・カンパニー（ＬＡＭＣＯ）社の常務取締役でもあった。そしてリネーがコンゴ問題に関わるようになったのは、ハマーショルドの依頼をうけたヴーからも説得があったからである。DHL, United Nations Oral History collection, Interview with Sture Linnér, November 8 1990. なお彼は、六月一五日付で技術支援委員会の現地代表となったが、バンチの選定で七月二六日コンゴ文民支援活動の責任者に指名され、国連と関係機関の調整役を担った。JFKL, POF, Countries, Box 114, Memo, "Biographic Note on Dr. Sture Linner", January 26 1962 ; Rikhye, "Hammarskjöld and PeaceKeeping", Robert S. Jordan. ed., *Dag Hammarskjold Revisited*, p. 95.

（6） *FRUS*, 1958-1960, vol. XIV, Memo the 435th Meeting of the National Security Council, January 14 1960, pp. 73-78 ; DDEL, AWF, NSC series, Box 12, Memo, "Disucussion at the 443rd Meeting of the National Security Council, Thursday, May 5, 1960", May 5 1960.

（7） NARA, RG59, GRDS, CDF, 1960-1963, Box 1954, Tel 50, New York to S of S, July 14 1960 5:01 a. m.

（8） DDEL, AWF, DDE Diary Series, Box 53, Memocon, Eisenhower, Nehru "Conversation with Prime Minister Nehru", September 27 1960.

（9） 日本において、外交史的な見地から「防止外交」を考察したものでは、野田葉の研究が優れている。「ハマーショルド国連事務総長の危機外交（一）——「静かな外交」から「防止外交」へ」（大阪市立大学『法學雑誌』第五三巻一号、二〇〇六年）「ハマーショルド国連事務総長の危機外交（二）——「静かな外交」から「防止外交」（大阪市立大学『法學雑誌』第五三巻二号、二〇〇六年）「ハマーショルド国連事務総長の危機外交（三）——「静かな外交」から「防止外交」へ」（大阪市立大学『法學雑誌』第五三巻三号、二〇〇七年）。なお野田の論考は、政治的アクターとしては弱く不安定ながらも独自の政治指導力を発揮してきたハマーショルドの姿を描き出するものであり、筆者と問題意識を共有する。

（10） *PPSGUN*, vol. V, Third Statement in the Assembly, New York, December 19 1960, p. 285.

（11） Sture Linnér and Sverker Åström, *UN Secretary-General Hammarskjöld : Reflections and personal experiences* (Uppsala, Dag Hammarskjold Foundation, 2008), p. 26.

（12） Rikhye, "*Hammarskjöld and PeaceKeeping*", Robert S. Jordan, ed., *Dag Hammarskjold Revisited*, p. 97 ; Urquhart, *Hammarskjold*, p. 403.

(13) TNA, FO 371/155091, JB 2254/58, Tel 1330, New York to FO, August 29 1961 2:15 a. m. ベルギーのスパークも、ハマーショルドについて、野心的で権能を都合良く解釈しがちな人物だと評した。Spaak, *The Continuing Battle*, pp. 360–361.

(14) *UNP, 1946–1967*: Africa, SC res. S/4387, July 14 1960, p. 15; SC res. S/4405, July 22 1960, p. 17; SC res. S/4426, August 9 1960, pp. 19–20.

(15) *PPSGUN*, vol. V, Statement in the Security Council Introducing His Report, July 20 1960, pp. 40–43.

(16) これは朝鮮戦争の時にソ連の安保理での拒否権行使を回避するためにとられた手段であった。*FRUS*, 1958–1960, vol. XIV, Tel 454, New York to S of S, August 19 1960, pp. 432–433.

(17) 国連憲章第四二条「安全保障理事会は、第四一条に定める措置では不充分であろうと認め、又は不充分なことが判明したと認めるときは、国際の平和及び安全の維持又は回復に必要な空軍、海軍または陸軍の行動をとることができる。この行動は、国際連合加盟国の空軍、海軍又は陸軍による示威、封鎖その他の行動を含むことができる。」Charter of United Nations, Article 42; Russell, *The United Nations and United States Security Policy*, p. 459; NARA, RG59, GRDS, CDF, 1960–1963, Box 1955, Tel 517, New York to S of S, August 26 1960 8:41 p. m.

(18) 安保理を介した解決策は、ソ連の拒否権行使が予想されるうえ、そもそも同意原則を無視して国連軍を駐留することは、部隊派遣国の支持調達を難しくする点で望ましからざることであった。NARA, RG 84, RFSPDS, CGR, 1934–1963, Box 15 (Old 8), Memocon, Sheyven, Wilcox, August 18 1960.

(19) Fursenko and Naftali, *Khrushchev's Cold War*, p. 316.

(20) ソビエト社会主義共和国連邦大使館広報課『平和と自由のために力を合わせよう――フルシチョフ首相第一五回国連総会演説集』(ソビエト社会主義共和国連邦大使館広報課、一九六〇年)一三―一九頁。

(21) SCOR, 15th year, Supplement for July, August and Septemper 1960, S/4497, September 10 1960.

(22) ベルギーによるカタンガへの支援と軍の駐留の問題は深刻であった。当時ベルギー政府は、パラシュート部隊はすでにコンゴ国外に退去したと公式には説明したが、実際には九月になっても六五〇人の兵士を駐留させ続けていた。*FRUS*, 1958–1960, vol. XIV, Tel 605, New York to S of S, September 7 1960, pp. 465–468; Memorandum on the Substance of Discussion at the Department of State–Joint Chiefs of Staff Meeting, September 9 1960, pp. 468–471.

(23) TNA, FO 371/146785, JB 2251/376, Tel 1604, New York to FO, September 13 1960.

（24）Urquhart, *Hammarskjold*, pp. 448-449.

（25）彼は、九月四日、ベルギー人将校がカタンガ憲兵隊に勤務している事実に対して抗議し、九月八日にも、ブラザヴィルからレオポルドヴィルへの武器の輸送について抗議した。またルアンダ＝ウルンディへ、コンゴ駐留部隊を移送するベルギーに、部隊の迅速な本国帰還を促したことを公表した。*PPSGUN*, vol. V, Communications Protesting Belgium's Actions in Katanga, September 4 ; September 8 1960, pp. 148-149.

（26）実際のところ彼の演説は、意図的に聴衆をミスリードする内容を含んだ。たとえば、空港とラジオ局の閉鎖措置について何ら相談を受けていないとする発言は偽りであった。また彼は、ルムンバがカサイに派遣したコンゴ国軍の無規律ぶりを問題にした一方で、ベルギー将校率いるカタンガ憲兵隊による北カタンガでのバ・ルバ族虐殺について、その事実を知りながらも一切言及しなかった。さらに彼はカサブブ大統領には首相を解任する権限があり、憲法上責任を負う大臣の副署がある場合、その措置は有効であると強弁したが、実際のところルムンバの解任を告げる文書にはこの副署が欠けていた。Orwa, *The Congo Betrayal*, p. 116 ; NARA, RG59, GRDS, CDF, 1960-1963, Box 1955, Tel 517, New York to S of S, August 26 1960 8:41 p. m ; TNA, FO 371/146645, JB 1015/345, Letter no.63 from Scott, September 14 1960.

（27）Arkady N. Shevchenko, *Breaking with Moscow*（New York : Ballantine Books, 1985）, p. 102.

（28）*UNP, 1946-1967 : Africa*, p. 22 ; JFKL, NSF, Countries, Box 28, Memo, “A Congo Chronology January 1959-December21, 1961”, undated, p. 14.

（29）ソ連がアジア・アフリカ諸国提案に拒否権を行使したことを受けて、コンゴをめぐる新決議採択の見通しがまったく立たなくなったことから、米国代表は、国連加盟国に対して、ソ連が拒否権を行使できない国連総会の緊急セッションを招集するよう呼びかけた。この結果「平和のための結集決議」の手続きを経て、問題は九月一七日からの国連緊急特別総会へと持ち越された。JFKL, NSF, Countries, Box 27, Memo, “Analytical Chronology of the Congo Crisis”, March 9 1961, pp. 39-40.

（30）S/4482, September 7 1960 ; *YUN, 1960*, p. 60.

（31）Urquhart, *Hammarskjold*, p. 441 ; NARA, RG59, CDF, 1960-63, Box 1956, Tel 602, New York to S of S, September 7 1960 10:31 p. m.

（32）JFKL, NSF, Countries, Box 27, Memo, “Analytical Chronology of the Congo Crisis”, March 9 1961, pp. 39-40.

（33）James, *Britain and the Congo Crisis*, p. 86.

(34) TNA, FO 371/146785, JB 2251/376, Tel 1604, New York to FO, December 14 1960.

(35) TNA, FO 371/146775, JB 2251/134, Tel 615, New York to FO, September 7 1960 7 : 36 a. m.

(36) TNA, FO 371/146780 JB 2251/272, Tel 956, New York to FO, October 1 1960.

(37) TNA, FO 371/146630, JB 1015/34, Letter from Scott, February 22 1960.

(38) DDEL, AWF, DDE Diary Series, Box 55, Memo, “Synopsis of State and Intelligence material to the Presidnet”, December 15 1960.

(39) アイゼンハワー大統領も、大学卒業者が一六名しかいないコンゴでは、「教育を受けていない人々は、走るまえに、歩き方を覚えなくてはならない」と語り、コンゴ人政治家の未熟さを懸念した。*PDDE*, XXI, Personal Letter to Arthue J. Morris, November 21 1960, pp. 2166-2168.

(40) ジェラードとククリックの研究によると、ハマーショルドは、このような国連の指導をルムンバに受け入れさせるために、ハイチの外交官ジーン・デービットによる「和解」工作を進めていたとされる。Gerard and Kuklick, *Death in the Congo*, pp. 94-97.

(41) ハマーショルドは、九月の国連総会において通常予算から二五〇〇万ドルの対アフリカ支援枠の獲得も企図した。そして米国の支持を得て、当該地域の経済発展計画を調査するための特別基金、そして人員不足で機能不全に陥った現地政府に対して、代替行政官を派遣する国連公共行政援助計画（ＯＰＥＸ）を立ち上げようとしていた。DDEL, WHO, OSANSA, NSC Series, Policy papers, Box 28 Memo for NSC, “National Security Implication of Future Developments Regardging Africa”, August 10 1960.

(42) JFKL, NSF, Countries, Box 27, Memo, “Analytical Chronology of the Congo Crisis”, March 9 1961, p. 39. アイゼンハワーも同様の懸念を抱いていた。DDEL, Staff Secretary, State Department, Subseries, Box 4, Memocon with Eisenhower, July 19, 1960, 3 : 15 PM Newport, July 21 1960.

(43) JFKL, Gullion Papers, Box 1, Memo, “Draft of 1960 President's Report”, undated, p. 18.

(44) Urquhart, *Hammarskjold*, p. 457.

(45) この総会への国際的な関心の高さは、当時まったく予定になかったにもかかわらず、アイゼンハワーが急遽コンゴの国連活動のための五〇〇万ドルの資金提供を国際的に宣言した事実からも伺い知ることができる。DDEL, Herter papers, Box 19, 1960, Memo, “Selected Major Issues Expected to Confront the United States at the Fifteenth General

Assembly", October 6 1960.

(46) *The New York Times*, October 14 1960.

(47) これは国連憲章の改訂に反対するというソ連の既存方針に反するもので、フルシチョフが一人で練り上げた急ごしらえの提案であった。Shevchenko, *Breaking with Moscow*, p. 102.

(48) 彼は、提案に一五年前の国連設立交渉時の提案の復活という願望を込めていたのかもしれない。四五年のサンフランシスコ会議の時、ソ連外務大臣モロトフは、四人の代理を伴った一期二年の国連事務職任期を提案していた。このポストは再選挙が義務づけられ、五つの常任理事国の間でローテーションとなるはずであったが、最終的に事務総長一人制が定着した経緯があった。

(49) Shevchenko, *Breaking with Moscow*, p. 102.

(50) DDEL, AWF, Cabinet Series, Box 16, Memo, "Minutes of Cabinet Meeting, October 7, 1960, 8:35 a. m.–10:10 a. m", October 7 1960.

(51) General Assembly, Fourth Emergency Sepecial Session, September 19 1960, par. 185, cited in Lipsey, *Hammarskjöld*, p. 441.

(52) GAOR, 15th Session, 883rd plenary meeting, 17–19 September 1960.

(53) NARA, RG59, CDF, 1960–63, Box 1957, Tel 1096, New York to S of S, October 22 1960 3:56 p. m.

(54) NARA, RG59, CDF, 1960–63, Box 1956, Tel 586, New York to S of S, September 6 1960 12:56 a. m.

(55) *FRUS*, 1958–1960, vol. II, Tel 43, D of S to New York, September 26 1960, p. 360. ただし英国は、国連事務総長の権限強化に反対であり、それゆえソ連の「トロイカ提案」に好意的な部分もあった。Edward Johnson, "The British and the 1960 Soviet Attack on the Office of the United Nations Secretary-General", *Diplomacy and Statecraft*, 14, no. 1, 2003, pp. 79–97.

(56) たとえばアイゼンハワーと会談したインドのネルーは、「仮に国連がなくなってしまうようなことがあれば、それは世界、とくに小国にとって恐ろしい災禍となるだろう」とするアイゼンハワーの意見に完全な同意を与えた。DDEL, AWF, DDE Diary Series, Box 53, Memocon, Eisenhower, Nehru "Conversation with Prime Minister Nehru", September 27 1960.

(57) JFKL, POF, Countries, Box 114, Report from Harriman, "Yukon 3-1616", September 13 1960 ; *FRUS*, 1961–1963, vol.

XX, SNIE 65-61, "Main Elements in the Congo Situation", January 10 1960, pp. 2-11. 当時アジア・アフリカ諸国は、アフリカにおける冷戦の排除という点では利害が一致していたが、それ以外では三つのグループに分裂していた。このうち第一のものは、ブラザヴィル・グループと呼ばれ、独立後もフランスと緊密な関係を維持した旧フランス領アフリカ諸国（セネガル、カメルーン、チャド、旧フランス領コンゴ、ただしギニアとマリは含まれず）である。このグループは、コンゴ問題ではルムンバよりもカサブブを支持した。これに対して第二のグループは、ガーナやアラブ連合に率いられた急進派グループ（両国に加えて、セイロン、ギニア、インドネシア、インド、リビア、マリ、モロッコ、後にカサブランカ・グループと呼称される）であり、これら諸国はルムンバに全幅の信頼を置いた。最後に第三のグループとして、米国の仲介で、国連内で組織されたアフリカ諸国（チュニジア、ナイジェリア、リベリア、そして時にエチオピアといった諸国から構成）があった。これら諸国は中道派のラゴス・モンロビア枢軸と呼ばれ、米国や他のアフリカ諸国のグループとの対立を極力回避する目的で、中立主義的志向と国連に対する強い支持を打ち出した。Orwa, *The Congo Betrayal*, pp. 118-119 ; Thomas Hovet, *Africa in the United Nations* (Evanston : Northwestern University Press, 1963), pp. 60-61.

(58) ガーナ部隊付英国人軍事顧問アレキサンダーは、アフリカ人指導者達が「国連機構全体にみじんも疑念を抱いていない」と観察した。TNA, FO 371/146645, JB 1C15/348, Memo, "The Situation in the Congo", September 10 1960.

(59) 同決議は、今一度「国連総会は…、国連事務総長に対して…、コンゴ共和国全土の法と秩序の回復および維持について、コンゴ政府を援助し続け、また国際の平和と安全のためにコンゴの統一、領土保全および政治的独立を保護するよう要請」し、「コンゴ共和国の主権を尊重したうえで、全ての国家に一時的な国連による軍事援助期間中に、兵器あるいはその他の戦争資材、および軍事要員およびコンゴにおける軍事目的のためのその他の支援を、直接、間接を問わず、提供することを差し控えるよう要求する」ことを謳った。*UNP, 1946-1967 : Africa*, GA res. 1474 (ES-IV), September 20 1960, p. 23.

(60) 後にこの反動としてアフリカ諸国は「アフリカの手でアフリカの平和を確立すべき」との意思を強め、国連の枠外、とくにアフリカ統一機構（ＯＡＵ）を介した紛争解決を模索するようになった。金子絵美「コンゴ紛争とパックス・アフリカーナーの模索」（『国際政治』第八八号、一九八八年）一四〇～一五七頁。

(61) この時期ガーナは、部隊を引揚げ、ルムンバにそれを提供することを仄めかすことで、ハマーショルドに圧力をかけようとしていた。DDEL, Herter papers, Box 13, CAH Telephone Calls, Memo, "Telephone Call-Friday, September 9, 1960,

5:20 p. m.”, September 9 1960.
（62）JFKL, NSF, Countries, Box 27, Memo, “Analytical Chronology of the Congo Crisis”, March 9 1961, p. 42 ; Box 28, Memo, “A Congo Chronology January 1959–December 21, 1961”, undated, p. 14.
（63）DDEL, Herter papers, Box 13, CAH Telephone Calls, Memo, “Telephone Call–Saturday, September 10, 1960, 1:30 p. m.”, September 10 1960.
（64）当時アジア・アフリカ諸国の多くが、ニュアンスの違いはあれ、ルムンバとカサブブの和解を支持した。急進派のギニア、ガーナ、アラブ連合は、ルムンバと妥協するようカサブブやイレオに圧力をかけ続け、中道派のチュニジアや穏健派のモロッコも、急進派の行き過ぎに批判的ではあるものの、ルムンバをカサブブの和解を基礎とした合法政府の樹立を国連が仲介するよう求めた。たとえばモロッコのハサン王子は、「（カサブブとルムンバの）両者はバラバラになってはならない」と主張し、ルムンバを直接支援した。ただしチュニジア大使がカサブブとルムンバの和解を積極的に進めるガーナ、ギニア、アラブ連合の振る舞いについて「帝国主義的」とすら評価するなど、急進派と穏健派の溝は深かった。NARA, RG59, GRDS, CDF, 1960–1963, Box 1956, October 22 1960 ; Tel 837, Leopoldville to S of S, September 27 1960 2:22 p. m.
（65）DDEL, WHO, National Security Council Staff, Disasterfile, Box 44, Memo, “U.S. Poicy Towrd the Congo”, Octber 19 1960.
（66）ダヤルの就任はバンチの健康問題を理由として八月の段階で決まっていた。DDEL, AWF, DDE Diary Series, Box 52, Memo, “Synopsis of State and Intelligence Material reported to the President”, August 19 1960 ; Catherine Hoskyns, *The Congo : a chronology of events*, January 1960–December 1961, Part I（London : Oxford University Press, 1962）, p. 5.
（67）U Thant, *View from the UN*, p. 114.
（68）DDEL, Herter papers, Box 9, Chronological File, Memo, “Memorandum of Conversation with SYG Hammarskjold”, September 26 1960 6:30 p. m.
（69）HIA, Ernest W. Lefever papers, Box 4, Conversation with Mr. Dayal. EWL, Oslo, February 21 1964.
（70）ダヤルとモブツの関係は、モブツの軍隊による国連軍兵士の逮捕が相次いだことで悪化していた。たとえば九月二〇日モブツは、コンゴ国軍によってルムンバを逮捕しようとしたが、ダヤルはこれを阻止し、その後も首相官邸を国連軍ガーナ部隊で警護した。対してモブツは、報復として国連軍兵士の身柄を拘束した。またモブツは、国連軍所有のトラック四〇台、支援物資をも略奪した。他方ダヤルは、非合法だとして委員会政府のメンバーとのいっさいの会談を拒否した。ダヤルは、モブツの行動は、「ルムンバを暗殺しようとする謀略である」と考えており、しかもこの背後には米国の資金面での支援があることを疑っていた。そして彼はこの疑念を『ニューヨーク・タイムズ』の記者に伝えたが、これは記事にならなかった。JFKL, NSF, Countries, Box 27, Memo, “Analytical Chronology of the Congo Crisis”, March 9 1961, p. 58; Mahoney, *JFK*, p. 55; HIA, Ernest W. Lefever papers, Box 4, Interview with Ambassador Edmund Gullion, January 26 1964 90 minutes.

(71) NARA, RG59, GRDS, CDF, 1960–1963, Box 1957, Memocon, Dayal, Wadsworth, November 7 1960; S/4557, November 2 1960.

(72) NARA, RG59, GRDS, CDF, 1960–1963, Box 1957, Tel 1277, New York to S of S, November 4 1960 12:48 a. m.

(73) ハマーショルドは、本音ではイレオを首班とした政府を作り、これを議会が承認することを望んだようだが、実現には障害が多いことを認めていた。そして彼は、議会の承認を欠くカサブブ指名の「首相」イレオを、いるのかいないのかわからない「亡霊」のような存在であると評した。NARA, RG59, GRDS, CDF, 1960–1963, Box 1956, Tel 1021, New York to S of S, October 15 1960 10:52 p. m.; Tel 716, S of S to New York, October 19 1960 9:05 p. m.

(74) *FRUS*, 1958–1960, vol. XIV, Tel 1188, New York to S of S, October 29 1960, pp. 556–560.

(75) DDEL, AWF, Cabinet Series, Box 16, Memo from Pedersen, “Memo for Cabinet Meeting”, October 6 1960; NARA, RG59, GRDS, CDF, 1960–1963, Box 1957, Tel 565, S of S to Paris, October 24 1960 9:07 p. m. 英国大使も同様の感触を得ていた。TNA, FO 371/146650, JB 1111/404, Tel 1009, Leopoldville to FO, November 5 1960.

(76) NARA, RG59, GRDS, CDF, 1960–1963, Box 1957, Tel 1096, New York to S of S, October 22 1960 3:56 p. m.

(77) DDEL, Herter papers, Box 13, CAH Telephone Calls, Memo, “Telephone Calls, Thursday, August 4, 1960”, August 4 1960.

(78) *FRUS*, 1958–1960, vol. XIV, Tel 1188, New York to S of S, October 29 1960, pp. 556–560.

(79) NARA, RG59, GRDS, CDF, 1960–1963, Box 1956, Tel 824, Leopoldville to S of S, September 27 1960 9:24 a. m.

(80) *FRUS*, 1958–1960, vol. XIV, Memocon, Herter, Wigny, November 11 1960, pp. 574–581.

(81) DDEL, AWF, DDE Diary Series, Box 52, Memo, “Synopsis of State and Intelligence Material reported to the President”, September 28 1960.

(82) *FRUS*, 1958–1960, vol. XIV, Tel 1082, Leopoldville to S of S, November 2 1960, pp. 562–565.

(83) *FRUS*, 1964–68, vol. XXIII, Editorial Note on Tel 0192, Leopoldville to CIA, October 26 1960, pp. 46–47.

(84) JFKL, NSF, Countries, Box 28A, Memo for Bundy, "Training of Congolese National Army", September 25 1962.

(85) NARA, RG59, GRDS, CDF, 1960–1963, Box 1977, Airpouch 148, "Joint Weeka No. 1", November 18 1960.

(86) 在レオポルドヴィル英国大使スコットは、コンゴ人兵士達は「支払いがある限りにおいて」モブツを支持するだろうと外務省に報告した。TNA, FO 371/146646, JB 1015/365A, Tel 824, Leopoldville to FO, October 9 1960.

(87) モブツの力の限界を示す一例として、彼がルムンバの支持者のギゼンガとムポロを逮捕した翌日、彼らの釈放を余儀なくされたことがある。NARA, RG59, GRDS, CDF, 1960–1963, Box 1956, Tel 967, New York to S of S, October 12 1960 3:59 a. m.

(88) NARA, RG59, GRDS, CDF, 1960–1963, Box 1956, Tel 863, Leopoldville to S of S, September 30 1960 5:38 a. m.

(89) NARA, RG59, GRDS, CDF, 1960–1963, Box 1956, Memo from Vaughan Ferguson, Office of West African Affairs, October 10 1960.

(90) *FRUS*, 1958–1960, vol. XIV, Memocon, Herter, Hammarskjold, September 26 1960, pp. 506–508.

(91) NARA, RG59, GRDS, CDF, 1960–1963, Box 1957, Tel 971, S of S to New York, November 23 1960 11:09 p. m.

(92) *FRUS*, 1958–1960, vol. XIV, Tel 1747, New York to S of S, December 14 1961, pp. 623–626. ちなみにダヤルはネルーに対して毎日報告書を提出しており、ティンバーレイク大使は、国連に対するインド政府からの要望には、ダヤルの入れ知恵があると疑っていた。HIA, Ernest W. Lefever papers, Box 4, Staff Interview with Ambassador Clare Timberlake, May 14 1965, 5:45–10:30 p. m.

(93) NARA, RG59, GRDS, CDF, 1960–1963, Box 1957, Tel 1526, New York to S of S, November 25 1960 11:55 p. m.

(94) NARA, RG59, GRDS, CDF, 1960–1963, Box 1957, Tel 1095, New York to S of S, October 22 1960 2:53 p. m ; Tel 1096, New York to S of S, October 22 1960 3:56 p. m.

(95) Urquhart, *Hammarskjold*, p. 476 ; Gerard and Kuklick, *Death in the Congo*, pp. 174–176.

(96) 米国は、ベルギー人のコンゴ再浸透の問題について、ベルギーの擁護を基本とした。在ブリュッセル米国大使は同報告書をめぐるベルギー政府高官のショックの大きさを報告しており、この問題でベルギーが過度に追い込まれることを懸念する米国は、ベルギー人達がコンゴに対する支援を誠実に行っていると繰り返しハマーショルドに伝えた。*FRUS*,

1958–1960, vol. XIV, Tel 842, S of S to New York, November 4 1960, pp. 566–567 ; Urquhart, *Hammarskjold*, p. 476.

(97) NARA, RG59, GRDS, CDF, 1960–1963, Box 1957, Memo, "Defence Recommendation on UN Action in the Congo", November 14 1960.

(98) *PDDE*, XXI, Personal Letter to Sékou Touré, November 25 1960, p. 2170.

(99) DDEL, AWF, NSC Series, Box 13, Memo, "Discussion at the $461^{\mathrm{st}}$ Meeting of the National Security Council, Thursday, September 29, 1960", September 29 1960.

(100) *FRUS*, 1964–68, vol. XXIII, Dir 02521, CIA to Leopoldville, September 24 1960, pp. 38–39.

(101) *FRUS*, 1964–68, vol. XXIII, Editorial Note on Tel 0026, Leopoldville to CIA, September 28 1960, pp. 39–40.

(102) *USS Report*, pp. 24–25, 44–48.

(103) *FRUS*, 1964–68, vol. XXIII, Dir 06250, CIA to Leopoldville, October 15 1960, pp. 44–45.

(104) TNA, FO 371/146648, JB 1015/339, Tel 904. Leopoldville to FO, October 24 1960 10:46 a. m ; NARA, RG59, GRDS, CDF, 1960–1963, Box 1956, Tel SECTO 40, New York to S of S, October 11 1960 10:29 p. m.

(105) *FRUS*, 1964–68, vol. XXIII, Editorial Note on Tel 03094, CIA to Leopoldville, September 28 1960, pp. 39–40.

(106) *FRUS*, 1964–68, vol. XXIII, footnote 2 on Tel 06285, CIA to Leopoldville, October 15 1960, p. 44.

(107) De Witte, *The assassination of Lumumba*, pp. 22–31.

(108) Kalb, *The Congo Cables*, p. 125.

(109) Arthur M. Schlesinger, *A Thousand Days : John F. Kennedy in the White House* (Boston : Houghton Miffin Company, 1965), p. 554.

(110) たとえばコンゴ問題に直接言及したわけではないが、ハーター国務長官は、ケネディ候補の選挙活動中の言説について、「外国の出来事へ無責任に飛び込んで首を突っ込み、そして他の国との関係を不安定にさせている」との懸念を抱いていた。DDEL, Herter papers, Box 13, CAH Telephone Calls, Memo, "Telephone Calls, Wednesday, September 7, 1960", September 7 1960.

(111) Orwa, *The Congo Betrayal*, p. 124.

(112) NARA, RG59, GRDS, CDF, 1960–1963, Box 1956, Memo by Hare, "Contingency Planning for Breakdown of UN Effort in the Congo", September 8 1960.

（113）ただし米国は、多国間援助を対コンゴ政策の中心に位置づけつつも、一国的関与の可能性を排除していたわけではない。第4章でも触れたが、七月下旬から八月上旬にかけて、統合参謀本部は国連がコンゴから撤退した場合に備えて、米国の単独介入の可能性を検討した。そしてアイゼンハワーが国連軍駐留を補完する措置として、ルムンバの暗殺を含む米国の秘密工作を承認したという経緯があった。なおこの時期の国防総省から政策提案も、米国の一国的関与として為すべき政策を提示している。*FRUS*, 1958-1960, vol. XIV, Letter from Douglas to S of S, November 10 1960, pp. 571-573.

（114）DDEL, AWF, NSC Series, Box 13, Memo, "Discussion at the 464th Meeting of the National Security Council, Thursday, October 20,1960", October 24 1960.

（115）国連緊急軍の経費についてもソ連や東側陣営は未払いであり、六〇年一二月の段階で、この経費分だけでも一六〇〇から二〇〇〇万ドルが不足した。またソ連は、コンゴ国連軍経費の二〇％の負担を期待されたが、この支払いも拒否した。NARA, RG84, RFSPDS, CGR, 1934-1963, Box 9（Old 2）, Tel 1000, D of S to New York, Novemver 28 1960 7:41 p. m.

（116）フランスは西側陣営で最初に支払いを拒否した国であり、負担予定額は六〇年一二月の段階で四八五〇万ドル（全体の六・四〇％）であった。NARA, RG84, RFSPDS, CGR, 1934-1963, Box 9（Old 2）, Tel 2491, D of S to Paris, December 12 1960 7:48 p. m.

（117）*The New York Times*, November 22 1960. ちなみにコンゴ国連軍の活動の開始時、国連安保理は、ハマーショルドに対して、スタートアップ資金として一五〇〇万ドルを割りあてていた。しかしこの資金は活動から二カ月ほどで枯渇したため、彼は一〇月には追加で二五〇〇万ドルを行財政小委員会（第五委員会）の諮問機関に再要求した。Balsara, *Paying for Peace*, p. 63.

（118）Susan R. Mills, *The Financing of United Nations Peacekeeping Operations : The Need for a Sound Financial Basis*, (New York : International Peace Academy, 1989), p. 9.

（119）Spooner, *Canada, the Congo Crisis, and UN Peacekeeping*, p. 115.

（120）国連は、五六年のスエズ戦争での国連緊急軍の際、既にソ連などの支払拒否を受けて、総経費一九〇〇万ドルのうち毎年五〇〇万ドルが不足する事態に陥っていた。そしてその不足額は、五九年までに二九〇〇万ドルにまで膨らんでいた。U Thant, *View from the UN*, p. 86.

（121）DDEL, AWF, NSC Series, Box 12, Memo, "Discussion at the 452th Meeting of the National Security Council, Thursday,

July 21, 1960", July 21 1960.

(122) 一〇月二五日の段階で、当時コンゴ国連軍は六〇年だけで六六六二万五〇〇〇ドルの経費がかかると見積もられた（無償サービス分を除く、米国の負担が五〇〇万ドル、英国が二〇〇万ドル、カナダが一〇〇万ドル分）。Howard M. Epstein, *Revolt in the Congo*, 1960-1964（New York : Facts on File, Inc. 1965）, p. 60.

(123) NARA, RG59, GRDS, CDF, 1960-1963, Box 1958, Tel 734, Tunis to S of S, December 17 1960 12:47 p. m.

(124) DDEL, Herter papers, Box 19, 1960, Memc, "Selected Major Issues Expexted to Confront the United States at the Fifteenth General Assembly", October 6 1960.

(125) NARA, RG59, GRDS, CDF, 1960-1963, Box 1957, Tel 1039, Leopoldville to S of S, October 25 1960 6:58 a. m.

(126) TNA, FO 371/146651, JB 1015/422, Savingram "U.N. Budget and Congo", October 27 1960.

(127) この時国務省は、あてつけるように、七月一六日から八月三一日のの無償提供分経費が、一〇億三一七六万二一五三ドルであると、額の下一桁までハマーショルドに伝えた。NARA, RG84, RFSPDS, CGR, 1934-1963, Box 9（Old 2）, Tel 892, S of S to New York, November 10 1960 10:48 p. m.

(128) NARA, RG59, GRDS, CDF, 1960-1963, Box 1958, Tel 1329, S of S to Brussels, January 19 1961 7:20 p. m.

(129) TNA, FO 371/146651, JB 1015/422, Savingram "U. N. Budget and Congo", October 27 1960.

(130) 英国も、反西側、親共産主義陣営、すなわちルムンバの復権を手助けする国連には財政的支援をするつもりはないと主張した。NARA, RG59, GRDS, CDF, 1960-1963, Box 1958, Tel 2835, London to S of S, January 13 1961 12:07 p. m.

(131) 米国国連代表部は、英国と共同で、「破産」という言葉をちらつかせつつ、ハマーショルドと交渉した。ただし米国はダヤルの離任をハマーショルドに伝える際、英国が議論を主導することを望んだ。NARA, RG59, GRDS, CDF, 1960-1963, Box 1957, Tel 1635, New York to S of S, December 6 1960, 2:29 a. m ; Tel 1106, S of S to New York, December 8 1960, 9:29 p. m.

(132) NARA, RG84, RFSPDS, CGR, 1934-1963, Box 9（Old 2）, Tel 2491, D of S to Paris, December 12 1960 7:48 p. m.

(133) 初期のハマーショルドの評伝には、この事実への言及がある。たとえばジャーナリストのジョセフ・ラッシュは、米国の国連政策を指揮していたボーレンが、「ウォズワースとともに…、横暴な要求を突きつけてハマーショルドを激怒させ、またコンゴ作戦のほとんどの支払いを求められているのは、米国なのだということを彼に想起させた」ことを記した。Joseph P. Lash, *Dag Hammarskjold : Custodian of the Brushfire Peace*（New York : Doubleday, 1961）, p. 248. しかし、この後の国連関係者による評伝や回顧録、それら公式資料に基づく評伝では、この事実への言及がないか、あるいは叙述が曖昧である。Urquhart, *Hammarskjold*, pp. 475-476 ; U Thant, *View from the UN*, p. 121 ; Heller, *United Nations Under Dag Hammarskjöld*, pp. 115-130 ; Lipsey, *Hammarskjöld*, pp. 387-454.

(134) コンゴは、九月の国連総会をもって国連に正式加盟した。しかし、ほぼ同じ時期に起こったクーデターの影響で、ニューヨークでは、コンゴの代表権をめぐって、カサブブに信任された代表団とルムンバに信任された代表団が併存し、コンゴ政府の正統代表の座をめぐって対立する状況が生まれていた。このようななか、ガーナやギニアなどの急進派アジア・アフリカ諸国は、ルムンバ派の代表権を承認させよう積極的に活動していた。しかし、九月下旬以降、国連加盟国の「多数派は、このことに決定を下すことは、コンゴの国内憲法上の問題に、結果として関与することになる」ともあって、約二カ月間実際の承認が控えられていた。Hoskyns, *The Congo since Independence*, pp. 259-260.

(135) NARA, RG84, RFSPDS, USUNCSF, 1946-1963, Congo, Box 78, Memocon Wigny, Herter, November 11 1960.

(136) 国連事務局の観点では、国連が次の措置を執るためには、カサブブの政府になんらかの法的基礎を整える必要性があった。NARA, RG59, GRDS, CDF, 1960-1963, Box 1957, Tel 1475, New York to S of S, November 21 1960 10 : 44 p. m.

(137) *FRUS*, 1958-1960, vol. XIV, Tel 1389, Leopoldville to S of S, December 14 1960, pp. 627-629.

(138) *FRUS*, 1958-1960, vol. XIV, Tel 842, S of S to New York, November 4 1960, pp. 566-567.

(139) Seymour Maxwell Finger, *American Ambassadors at the UN* (New York : Holmes & Meier, 1988), p. 105.

(140) 当時三一歳のボンボコは、国務省の評価では、ルムンバ後の首相候補の一人と目されており、カサブブの「委員会」政府のイレオ暫定首相よりも能力的に勝るとされた。NARA, RG59, GRDS, CDF, 1960-1963, Box 1831, Intelligence Note "Bomboko's Potential as Congo Premier", October 25 1960 ; *FRUS*, 1958-1960, vol. II, Tel 961, New York to S of S, October 11 1960, pp. 417-418.

(141) *FRUS*, 1958-1960, vol. II, Tel 865, D of S to New York, p. 437-438.

(142) NARA, RG59, GRDS, CDF, 1960-1963, Box 1978, Tel 1109, Leopoldville to S of S, November 4 1960 12 : 36 p. m.

(143) *FRUS*, 1958-1960, vol. XIV, Tel 1116, Leopoldville to S of S, November 5 1960, pp. 567-568.

(144) NARA, RG84, RFSPDS, CGR, 1934-1963, Box 9 (Old 2), Tel 1377, New York to S of S, November 12 1960 5 : 15 p. m.

(145) Dayal, *Mission for Hammarskjold*, p. 119.

(146) *UNP, 1946-1967 : Africa*, GA res. 1498 (XV), November 22 1960, pp. 24-25.

(147) NARA, RG59, GRDS, CDF, 1960–1963, Box 1957, Tel 1526, New York to S of S, November 25 1960 11:55 p. m.
(148) *FRUS*, 1958–1960, vol. II, Editorial Note on Tel 896, S of S to New York, November 11 1960, p. 443.
(149) NARA, RG59, GRDS, CDF, 1960–1963, Box 1957, Tel 971, S of S to New York, November 23 1960 11:09 p. m.
(150) ハマーショルドは、国連代表部のウォズワースに対して、米国からカサブブへの助言について、「あまり有り難くないやり方」であるとの不平を暗に伝えていた。NARA, RG59, GRDS, CDF, 1960–1963, Box 1957, Tel 1526, New York to S of S, November 25 1960 11:25 p. m.
(151) NARA, RG59, GRDS, CDF, 1960–1963, Box 1957, Memocon, Dayal, Wadsworth, November 7 1960.
(152) NARA, RG59, GRDS, CDF, 1960–1963, Box 1956, Tel 968, Leopoldville to S of S, October 13 7:32 a. m.
(153) *FRUS*, 1958–1960, vol. XIV, Tel 1592, New York to S of S, December 2 1960, pp. 607–611.
(154) NARA, RG59, GRDS, CDF, 1960–1963, Box 1957, Tel 1671, New York to S of S, December 7 1960 10:13 p. m.
(155) NARA, RG59, GRDS, CDF, 1960–1963, Box 1957, Tel 1372, S of S to Leopoldville, November 12 1960 2:23 p. m ; Tel 1351, Leopoldville to S of S, December 7 1960 7:07 p. m ; Tel 1551, S of S to Leopoldville, December 8 1960 7:40 p. m.
(156) NARA, RG59, GRDS, CDF, 1960–1963, Box 1957, Tel 1639, New York to S of S, December 6 1960. 3:42 a. m.
(157) NARA, RG59, GRDS, CDF, 1960–1963, Box 1832, Airgram 178, "Joint Weeka No. 3", December 2 1960.
(158) NARA, RG59, GRDS, CDF, 1960–1963, Box 1957, Memo by Satterthwaite, "Status Report on Congo for NSC Meeting", November 30 1960.
(159) *USS Report*, pp. 48–49.
(160) O'Brien, *Memoir*, p. 207.
(161) たとえば、第三代国連事務総長ウ・タントは、回顧録において、「なぜ国連部隊が介入に失敗したのか合理的説明がつかない」と原因についての言及を回避している。U Thant, *View from the UN*, p. 122.
(162) De Witte, *The assassination of Lumumba*, pp. 51–57.
(163) このことを背景に、一二月には国連軍をルムンバに不利なように展開することで東部州の紛争を処理する決意を固めていたハマーショルドは、モブツに不利な戦局が生じた場合、国連軍を両者の紛争に「介在させる」可能性を語った。なお六一年二月の段階で国務省は、レオポルヴィルの兵員は約八五〇〇、しかし兵站および規律面で問題を抱える一方で、スタンレーヴィルの兵員は六五〇〇、テロ戦術を用いる強みを持つと分析した。NARA, RG59, GRDS, CDF,

1960–1963, Box 1957, Tel 1526, New York to S of S, November 25 1960 11:55 p. m.; RG84, RFSPDS, CGR, 1934–1963, Box 15 (Old 8), January 63-June 63, Internal Reseach Report, Memo, "Power and Politics in the Congo", February 10 1961.

(164) ガーナ部隊付英国人軍事顧問アレキサンダーによると、英国は、危機の間中、ギニア部隊付の英国人将校の引揚げの政治的圧力をンクルマにかけ続けていたという。その意図は、ルムンバの警備体制に影響を与えようとしたためと考えられる。Alexander, *African Tightrope*, p. 107.

(165) ハマーショルドは、ルムンバが自発的に首相官邸から脱出した場合の対応には、やや含みを持たせていた。たとえば一〇月一二日、国連職員ウィシコフとウォズワースが意見交換したが、この際のルムンバの逮捕は可能だとするウォズワースに対して、ウィシコフは論理的には逮捕の可能性があることを認める一方で、国連事務総長の明確な方針は定まっていないと伝えた。NARA, RG59, GRDS, CDF, 1960–1963, Box 1956, Tel 967, New York to S of S, October 12 1960 3:59 a. m.

(166) NARA, RG59, GRDS, CDF, 1960–1963, Box 1957, Tel 1635, New York to S of S, December 6 1960, 2:29 a. m.

(167) NARA, RG59, GRDS, CDF, 1960–1963, Box 1957, Tel 1593, New York to S of S, December 2 1960 2:12 a. m.

(168) たとえばユーゴスラビアは、一二月一六日にスタンレーヴィル政府の政府承認を行った。NARA, RG59, GRDS, CDF, 1960–1963, Box 1977, Tel 614, Belgrade to S of S, February16 1961 1:29 p. m. ただしソ連側の史料を分析したマゾフが明らかにしたように、西側諸国との対立のエスカレーションを恐れたフルシチョフは、ごくわずか物資を提供しただけであった。Mazov, "Soviet Aid to the Gizenga Government in the Former Belgian Congo", pp. 425–437.

(169) NARA, RG59, GRDS, CDF, 1960–1963, Box 1957, Tel 1593, New York to S of S, December 2 1960 2:12 a. m.

(170) NARA, RG59, GRDS, CDF, 1960–1963, Box 1958, Memocon, Hare, Knight, Satterthwaite, "The Situation in the Congo", January 12 1961.

(171) SCOR, 15$^{th}$ year, 917$^{th}$ meeting, 7–10 & 12–14 December 1960.

(172) *Courrier African*, March 12 1961.

(173) NARA, RG59, GRDS, CDF, 1960–1963, Box 1958, Tel 1908, New York to S of S, January 10 1961 6:47 a. m.

(174) DDEL, AWF, NSC Series, Box 13, Memo, "Discussion at the 474$^{th}$ Meeting of the National Security Council, Thursday, January 12, 1961", January 13 1961. ただし一月三〇日頃にはモブツは再奪還に成功した。NARA, RG59, GRDS, CDF, 1960–1963, Box 1959, Tel 1640, Leopoldville to S of S, January 30 1961 2:58 p. m.

(175) SCOR, 15th year, 913th meeting, 7–10 & 12–14 December 1960.

(176) NARA, RG59, GRDS, CDF, 1960–1963, Box 1977, Tel 203, "Joint Weeka No. 5", December 16 1960.

(177) たとえばティンバーレイク大使は、レオポルドヴィルでは、国連軍を指揮するダヤルと乱暴狼藉を働くモブツの兵士とが衝突し、この結果、治安維持のために国連軍の大部隊を首都に駐留させざるをえず、内戦的状況が激化した東部州などに充分な数の部隊を派遣できない問題を報告した。しかも一二月二六日に国連事務総長付軍事顧問リクーエがチョンベの軍事顧問ガイ・ウェーバーに語ったところでは、当時国連事務局は、財源不足を重要な理由の一つとして、国連軍がカタンガ北部から撤退する可能性を考えねばならない状況にすら落ち込んでいた。NARA, RG59, GRDS, CDF, 1960–1963, Box 1958, Tel 1378, Leopoldville to S of S, December 13 1960 3:38 a. m ; RG84, FSPDS, CGR, 1934–1963, Box 15（Old 9）, Tel 250, January 5 1961/2 p. m., Elisabethville to D of S, January 6 1961 8:41 a. m.

(178) *AFP*, 1961, Declaration Issued at Casablanca by the Heads of State or Government of Eight Afro-Asian States, January 7 1961, p. 750.

(179) NARA, RG84, RFSPDS, CGR, 1934–1963, Box 15（Old 8）, January 63–June 63, Internal Research Report, Memo, "Power and Politics in the Congo", February 10 1961 ; DDEL, AWF, NSC Series, Box 13, Memo, "Discussion at the 473rd Meeting of the National Security Council, Thursday, January 5, 1961", January 5 1961.

(180) NARA, RG59, GRDS, CDF, 1960–1963, Box 1958, Tel 1517, Leopoldville to S of S, January 15 1961 6:05 a. m.

(181) NARA, RG59, GRDS, CDF, 1960–1963, Box 1958, Circular 871, "Depcirtel 840", December 15 1960 9:45 p. m.

(182) DDEL, Herter Papers, Box 9, Chronological File, Sanitized Memorandum of Conversation from Herter, December 23 1960 10:35 a. m.

(183) JFKL, NSF, Countries, Box 27, Memo, "Analytical Chronology of the Congo Crisis", March 9 1961, p. 61.

(184) *FRUS*, 1958–1960, vol. XIV, Tel 1846, New York to S of S, December 27 1960, pp. 640–642.

(185) NARA, RG59, GRDS, CDF, 1960–1963, Box 1977, Airgram 264, "Joint Weeka No. 3", January 19 1961 ; Hoskyns, *The Congo : a chronology of events*, January 1960–December 1961, Part I, p. 9.

(186) NARA, RG59, GRDS, CDF, 1960–1963, Box 1958, Tel 1501, Leopolville to S of S, January 11 1961 9:25 a. m.

(187) この時モブツがベルギー政府に求めたのが、一万五〇〇〇丁のマシンガン、兵士の忠誠を維持するための月額一億二〇〇〇万ベルギー・フラン（二四〇万ドル）、軍の訓練の為の一〇〇人の将校であった。NARA, RG59, GRDS, CDF,

1960–1963, Box 1954, Memo by Kohler, "Congolese Request for the Belgian Arms and Funds", January 13 1960（ただし日付は誤りで一九六一年が正しい）; Box 1958, Memocon, Lebel, McBride, January 17 1961 ; Tel 1558, Leopoldville to S of S, January 19 1961 3:56 p. m.

（188） NARA, RG59, GRDS, CDF, 1960–1963, Box 1958, Tel 1501, Leopoldville to S of S, January 11 1961 9:25 a. m.

（189） *FRUS*, 1964–68, vol. XXIII, Memo, "Political Situation in the Congo", January 14 1961, pp. 73–75.

（190） *FRUS*, 1961–1963, vol. XX, SNIE 65–61, "Main Elements in the Congo Situation", January 10 1960, pp. 2–11.

（191） 六〇年九月一二日、ブルギーバは、「問題全体の解決の唯一の方法は、ルムンバの『肉体的流動化（physical liquidation）』であり、そしてコンゴを五年から一〇年の間、国連の管理下に置くことである」ことを、米国政府高官と話し合った。ここから分かることは、反ルムンバ秘密工作が、米国、ベルギー、英国、フランス、国連事務局のみならず、フランス語圏アフリカにまで広がりをもっていた可能性である。NARA, RG59, GRDS, CDF, 1960–1963, Box 1956, Tel 337, Tunis to S of S, September 12 1960 3:21 p. m.

（192） *The New York Times*, February 14 1961.

（193） De Witte, *The assassination of Lumumba*, pp. 68–124 ; Gerard and Kuklick, *Death in the Congo*, pp. 194–214.

（194） Weissman, "An Extraordinary Rendition", pp. 198–222

## 第6章　親米アドーラ政権樹立と「非介入の名の下での介入」

（1） DDEL, AWF, DDE Diary Series, Box 53, Memo, "Memorandum of Conference with the President September 19, 1960–9:00 a. m", September 19 1960.

（2） Weissman, *American Foreign Policy in the Congo*, p. 117.

（3） TNA, CAB 128/35, United Nations Finances, June 22 1961.

（4） NARA, RG84, RFSPDS, CGR, 1934–1963, Box 15（Old 8）, Memocon, Scheyven, Rusk, February 4 1961.

（5） *PPPUS*, 1961, The President' News Conference of February 15 1961, p. 98.

（6） NARA, RG59, GRDS, CDF, 1960–1963, Box 1962, Memo by Bowles, "The Congo", April 18 1961.

（7） Mahoney, *JFK*, p. 62.

（8） DDEL, AWF, Presidential Transition Series, Box 1, Memo, "The Congo and the African Situation", undated.

(9) NARA, RG59, GRDS, CDF, 1960–1963, Box 1959, Memo from Coote, "Genesis of New Congo Program", February 6 1961.

(10) *FRUS*, 1961–1963, vol. XX, Editorial Note on Rusk's staff meeting, January 25 1961, p. 24.

(11) ボールズは、四五年に開催された第一回ユネスコ会議に米国代表として参加しており、四七年から四八年にかけて、トリグブ・リー国連事務総長の特別アシスタントであった。またスティーブンソンも、国連創設に重要な役割を果たし、四六年と四七年には米国国連代表を務めた。くわえてクリーブランドは、第二次世界大戦後の英国とイタリアにおいて、国連の救済復興支援の官僚として働き、経済援助計画の策定や実施の任にあった。Weissman, *American Foreign Policy in the Congo*, pp. 125–126, 129.

(12) Roger Hilsman, *To Move A Nation, The Politics of Foreign Policy in the Administration of John F. Kennedy* (New York: Doubleday, 1967), pp. 245–248.

(13) Walter Johnson ed., *The Paper of Adlai E. Stevenson*, VIII (Boston: Little Brown and Company, 1979), p. 21.

(14) Kalb, *The Congo Cables*, pp. 202, 204; Schlesinger, *A Thousand Days*, p. 576; Weissman, *American Foreign Policy in the Congo*, p. 133.

(15) たとえばマクロイ軍縮担当大統領特別顧問の次の発言は示唆的である。「世界世論だと？ 私は世界世論などというものがあると信じていない。唯一重要なのは権力である。現在我々が行うべき事は、我々が強大な国家であることを示し、そして世界世論の幻影を追いかけるなどという無駄な時間を費やさないことである」Schlesinger, *A Thousand Days*, pp. 481–482.

(16) *FRUS*, 1961–1963, vol. XX, Editorial Note on Rusk's staff meeting, January 25 1961, p. 24.

(17) JFKL, NSF, Countries, Box 27, Memo, "Analytical Chronology of the Congo Crisis", March 9 1961, p. 73.

(18) *FRUS*, 1961–1963, vol. XX, Letter from Nitze to Cleveland, January 31 1961, pp. 38–39.

(19) JFKL, NSC, Countries, Box 27A, Memo for the President, "Suggested New United States Policy on the Congo", February 1 1961.

(20) *FRUS*, 1961–1963, vol. XX, Tel 3202, D of S to Paris, February 5 1961, pp. 53–55; NARA, RG59, GRDS, CDF, 1960–1963, Box 1959, Tel 2135, New York to S of S, February 8 1961 9:08 p.m.

(21) *FRUS*, 1961–1963, vol. XX, Tel 1461, D of S to Brussels, February 4 1961, pp. 52–53.

(22) *FRUS*, 1961–1963, vol. XX, footnote 1 on Message from Home to Rusk, February 3 1961 ; Memocon with Caccia, Rusk, February 4 1960, pp. 49–51.

(23) NARA, RG59, GRDS, CDF, 1960–1963, Box 1959, Airpouch 780, "Ambassador's Discussion with Prime Minister Nehru Regarding Congo Situation", New Delhi to S of S, February 7 1961 ; JFKL, NSF, Countries, Box 29A, Tel 712, S of S to Lagos, February 2 1961.

(24) 第2章でも指摘したように、この頃カタンガでは過激派のムノンゴがバ・ルバ族への弾圧を強めていた。死者は七〇〇〇人にものぼり、ダヤルも現地情勢の悪化を背景として、より強力な委託任務を安保理から授権されることを望んだ。Lefever, *Crisis in the Congo*, p. 64.

(25) Hoskyns, *The Congo since Independence*, pp. 320–321.

(26) JFKL, NSF, Countries, Box 27, Memo, "Analytical Chronology of the Congo Crisis, Supplement : January 20 to March 6 1961", March 11 1961, p. 3.

(27) NARA, RG84, RFSPDS, CGR, 1934–1963, Box 9 (Old 2), Tel 2775, Information Circular CA-6395 "Stevenson-Hammarskjold Talks", January 30 1961.

(28) John Bartlow Martin, *Adlai Stevenson and the World : The Life of Adlai E. Stevenson* (New York : Doubleday, 1977), p. 604.

(29) O'Brien, *Memoir*, p. 208.

(30) *The New York Times*, February 16 1961 ; Brenda Gayle Plummer, *In Search of Power : African Americans in the Era of Decolonization, 1956–1974* (New York : Cambridge University Press, 2013), p. 116.

(31) *FRUS*, 1961–1963, vol. XX, Editorial note on Stevenson's Statement, p. 75.

(32) Mahoney, *JFK*, p. 76.

(33) *UNP*, 1946–1967 : Africa, SC res. S/4741, February 21 1961, pp. 30–31.

(34) NARA, RG84, FSPDS, CGR, 1934–1963, Box 15 (Old 9), Tel 868, D of S to Leopoldville, November 24 1961 0956.

(35) *FRUS*, 1961–1963, vol. XX, Tel 1886, S of S to Leopoldville, February 2 1961, pp. 77–79.

(36) *FRUS*, 1961–1963, vol. XX, Tel 1886, S of S to Leopoldville, February 2 1961, pp. 77–79.

(37) Dorn, "The UN's First "Air Force": Peacekeepers in Combat, Congo 1960–64", pp. 1399–1425 ; Dorn and Bell,

"Intelligence and Peacekeeping", pp. 14-15.

(38) NARA, RG59, GRDS, CDF, 1960-1963, Box 1962, Tel 2283, Leopoldville to S of S, May 3 1961 4:10 p. m.

(39) NARA, RG84, RFSPDS, USUNCSF, 1946-1963, Congo, Box 78, Memo, "Financing UN Military Operation in the Congo (ONUC)", January 27 1961.

(40) *FRUS*, 1961-1963, vol. XX, Memocon, Home, Rusk, April 4 1961, pp. 116-118.

(41) 六一年五月までに米空軍は、二万四六〇人の兵士と五九五三トンの物資をコンゴに搬入し、六二二九人の兵士と三二七トンの物資をコンゴから搬出した。また米国海軍は、五〇九六名の兵士をコンゴに送り入れ、二六五五名をコンゴから送り出した。また、六一年五月までに、米国の直接支援は、四〇〇トンの小麦、六五一トンの飢饉救済物資、一二機のH－一九ヘリコプター、四機のL－二〇航空機、一〇機のC－四七航空機、六機のH－一三ヘリコプター、五機のC－一一九航空機、二〇台のジープ、五〇トンの地上用通信設備、五二万五〇〇〇トンの備蓄用食糧、四八万トンの弾薬であった。TNA, CAB 128/35, United Nations Finances, June 22 1961 ; JFKL, Hilman Papers, Box 1, Research Memorandum, "Chronology of Significant Events in the Congo, January 1959-December 21 1961", December 28 1961, p. 23. もちろん国務省は、米空軍提供輸送機の無償提供について、米国の国益に明確に資する場合に限定する意図を持った。*FRUS*, 1961-1963, vol. XX, Tel 1271, S of S to Leopoldville, January 16 1962, pp. 361-362.

(42) Urquhart, *Hammarskjod*, p. 545-546.

(43) 新政策提案の基礎を作る過程でのネルーとハマーショルドの役割はその一例である。Urquhart, *Hammarskjold*, p. 503.

(44) たとえばハマーショルドは、前年一二月に多くの部隊引揚げ表明の「脅し」に晒された時ですら、代わりの派遣隊に目処がつくことを背景として、それを、「それほど深刻に受け止めていなかった」。DDEL, AWF, DDE Diary Series, Box 55, Memo, "Synopsis of State and Intelligence material reported to the President", December 15 1960.

(45) NARA, RG84, RFSPDS, CGR, 1934-1963, Box 9 (Old 2), Tel 2775, Information Circular CA-6395 "Stevenson-Hammarskjold Talks", January 30 1961.

(46) NARA, RG84, FSPDS, CGR, 1934-1963, Box 15 (Old 9), Tel 13, July 19, 7PM., New York to S of S, July 21 1961 13:59.

(47) LC, Harriman papers, Box 516, Memo from Harriman to the Acting Secretary, December 14 1961.

(48) *FRUS*, 1961-1963, vol. XXV, Memo from Cleveland, "Toward a Strategy for the United States in the United Nations",

May 2 1961, pp. 333–346.

（49）DDRS, Circular 2491, February 2 1961 11:08 p. m.

（50）NARA, RG59, GRDS, CDF, 1960–1963, Box 1977, Tel unnumbered, S of S to Cairo, February 15 1961.

（51）*FRUS*, 1961–1963, vol. XX, Tel 3318, New York to S of S, June 13 1961, pp. 144–146.

（52）Namikas, *Battle Ground Africa*, Ph. D. Dissertation Paper, p. 279.

（53）Timberlake, *First Year of Independence in the Congo*, p. 125. 六一年二月段階で、国務省が把握した支援の規模は、二五万ドルの資金提供、小火器、ラジオ送信機を積んだ航空機一機（イリューシン一四）だけであった。NARA, RG84, RFSPDS, CGR, 1934–1963, Box 15（Old 8）, January 63–June 63, INR Memo by Hilsman, “Assistance to the Stanleyville Regime”, February 25 1961.

（54）NARA, RG84, RFSPDS, CGR, 1934–1963, Box 15（Old 8）, January 63–June 63, Internal Reseach Report, Memo, “Assistance to the Stanleyville Regime”, February 25 1961.

（55）DDRS, Letter to President John F. Kennedy from President Gamal Nassar, February 20 1961.

（56）*FRUS*, 1961–1963, vol. XX, Memocon, Hare, Satterthwaite, “Congo Policy”, January 26 1961, pp. 25–29.

（57）JFKL, POF, Countries, Box 114, Tel 1694, S of S to New York, Mach 13 1961 9:17 p. m; Kennedy and Magennis, *Ireland, the United Nations and the Congo*, p. 52.

（58）フルシチョフは、前年一二月に起こったルムンバの逮捕、投獄劇に関する在モスクワ米国大使レウェリン・トンプソンとの「オフレコ」談話で、「彼〔ルムンバ：筆者〕の投獄には一人の人間としては同情するけれども、それは彼の投獄がソ連の利益に役立つからだ」と述べ、問題をプロパガンダの観点から捉えていたことを吐露した。また別の会談でもフルシチョフは、「ルムンバの暗殺は共産主義の手助けになる」と語った。*FRUS*, 1961–63, vol. V, Memocon Cassia, Harriman, February 14 1961, pp. 68–75; Tel 2362, Moscow to S of S, April 1 1961, pp. 115–117; 1961–1963, vol XX, Memo to Yost, “The Stakes in the Congo”, February 17 1961, p. 68–69.

（59）*FRUS*, 1961–1963, vol. XXV, Memo from Cleveland, “Toward a Strategy for the United States in the United Nations”, May 2 1961, pp. 333–346.

（60）*FRUS*, 1961–1963, vol. XX, Memocon, Nkrumah, Kennedy, March 8 1961, pp. 95–98.

（61）Alessandro Iandolo, “The Soviet Union and the Congo Crisis, 1960–1961”, *Journal of Cold War Studies*, no. 16–2, 2014, pp. 32–55.

(62) DDEL, AWF, DDE Diary Series, Box 55, Memo, "Supplement to Staff Notes NO. 876", December 23 1960.

(63) JFKL, NSF, Countries, Box 27, Memo, "Analytical Chronology of the Congo Crisis", March 9 1961, p. 32.

(64) JFKL, NSF, Countries, Box 27, Memo, "Analytical Chronology of the Congo Crisis", March 9 1961, p. 57 ; Cheser Bowles, *Promises to Keep : My Years in Pubiic Life 1941–1969* (New York : Harper & Row, 1971), pp. 371–372.

(65) Lefever, *Uncertain Mandate*, p. 100.

(66) この情報はフランスからもたらされ、米英政府と共有された。TNA, FO 371/146650, JB 1015/404, Tel 1009, Leopoldville to FO, November 5 1960.

(67) DDRS, CIA Memo no. 10626/64, "The Congo Situation", August 27 1964.

(68) Tel 357, Leopoldville to S of S, March 14 1961, cited in Kalb, *The Congo Cables*, p. 250.

(69) NARA, RG59, GRDS, CDF, 1960–1963, Box 1958, Tel 1627, S of S to Leopoldville, December 30 1960 4:24 p. m.

(70) ギゼンガの支配地域は、天然資源や産業に乏しい農業地帯であった。NARA, RG84, RFSPDS, CGR, 1934–1963, Box 15 (Old 8), January 63–June 63, Internal Reseach Report, Memo, "Power and Politics in the Congo", February 10 1961.

(71) *FRUS*, 1961–1963, vol. XX, Tel 1894, Leopoldville to S of S, March 12 1961, pp. 102–104.

(72) *FRUS*, 1961–1963, vol. XX, footnote 3 on Tel 3295, New York to S of S, June 9 1961 ; Tel 3318, New York to S of S, June 13 1961, pp. 144–146.

(73) NARA, RG59, GRDS, CDF, 1960–1963, Box 1961, Airgram G–236, March 30 1961.

(74) JFKL, NSF, Countries, Box 27, Memo from McGhee, "Congo– Meeting with the President", March 3 1961.

(75) *FRUS*, 1961–1963, vol. XX, Tel 2248, S of S to Leopoldville, June 5 1961, pp. 142–143.

(76) 最終的にルンドゥラは、モブツやカサブブの働きかけで、コンゴ国軍の元のポストに復帰した。NARA, RG59, GRDS, CDF, 1960–1963, Box 1977, Airgram 511, "Joint Weeka No. 26", June 29 1961.

(77) *FRUS*, 1961–1963, vol. XX, Tel 1894, Leopoldville to S of S, March 12 1961, pp. 102–104.

(78) NARA, RG59, GRDS, CDF, 1960–1963, Box 1978, Tel 1794, Leopoldville to S of S, February 24 1961 3 p. m.

(79) JFKL, NSF, Countries, Box 27, Memo, "Report on Congo Task Force and Steering Committee Activities", March 29, 1961.

（80） JFKL, NSF, Countries, Box 27, Memo, "Report on Congo Task Force and Steering Committee Activities", March 29, 1961.

（81） Zacher, *Dag Hammarskjold's United Nations*, p. 161.

（82） 国連事務局では、バンチが事あるごとにルムンバ派を助けようとするンクルマを酷く嫌っていた。そしてバンチはンクルマのことを、「人種差別的で、そして無節操なデマゴーグ」と評した。Urquhart, *Ralph Bunche*, p. 337.

（83） Tel 3210, NewYork to S of S, May 29 1961 cited in NARA, RG84, RFSPDS, CGR, 1934-1963, Box 14（Old 7）, Circular 1899 May 31, 6 PM, June 1 1961.

（84） HIA, Ernest W. Lefever papers, Box 4, Note on Conversation with Jonathan Dean, U.S. Consul General to Elizabethville, August 30 1963 ; Howe, *Along the Afric Shore*, p. 136.

（85） NARA, RG84, RFSPDS, CGR, 1934-1963, Box 10（Old 3）, Tel 152, Leopoldville to S of S, July 21 1961.

（86） Urquhart, *A life in Peace and War*, pp. 196-197 ; JFKL, NSF, Countries, Box 27, Memo, "Report on Congo Task Force and Steering Committee Activities", March 29, 1961.

（87） NARA, RG59, GRDS, CDF, 1960-1963, Box 1977, Airpouch 506, "Joint Weeka No. 25", June 22 1961.

（88） NARA, GRDS, CDF, 1960-1963, Box 1964, Memo for the President, "The Congo", August 3 1961.

（89） *FRUS*, 1961-1963, vol. XX, Tel 2269, Leopoldville to S of S, April 28 1961, pp. 130-132.

（90） アドーラの名は、前年秋頃から首相候補としてたびたび取り上げられた。ティンバーレイク大使は、六〇年一一月には、イレオではなく、アドーラこそが最善の首相候補だと主張した。一方で外務大臣ボンボコも、首相候補の一人であったが、彼は国連職員からは、「外務大臣のポストを維持するためには何でもする準備をする」ような簡単に立場を変える人物と評されていた。NARA, RG84, RFSPDS, CGR, 1934-1963, Box 18（Old 11）, Tel 1078, Leopoldville to S of S, November 1 1960 ; RG59, GRDS, CDF, 1960-1963, Box 1963, Tel 88, Leopoldville to S of S, July 13 1961 8:59 a. m.

（91） JFKL, NSF, Countries, Box 28, Memo for the President, "Biographic Sketch : Cyrille Adoula", January 15 1962. ただしアドーラは、ＭＮＣ設立後まもなくしてルムンバと袂を分かち、イレオとともにＭＮＣカロンジ派に合流した。

（92） NARA, RG59, GRDS, CDF, 1960-1963, Box 2601, Tel 1429, Brussels to S of S, June 3 1960 2:43 p. m ; Kelly, *America's Tyrant*, p. 80.

（93） JFKL, NSF, Brubeck papers, Box 382, Memo for the president, "The Congo Crisis", December 12 1962.

(94) *YUN, 1961*, p. 59 ; Urquhart, *Ralph Bunche*, p. 339 ; U Thant, *View from the UN*, pp. 127-128.

(95) 当時国務省アフリカ局は「過去数カ月のダヤル及び他の国連上級職員による態度は…、ルムンバ体制を梃子入れしてきた…」と評価し、国連軍への支持の撤回も検討していた。NARA, RG59, GRDS, CDF, 1960-1963, Box 1958, Memo from Satterthwaite, "The Question fo Contiruing our Policy of Acting Through the United Nations in the Congo", January 19 1961 ; Tel 1273, S of S to New York, January 12 1961 8 : 22 p. m.

(96) NARA, RG59, GRDS, CDF, 1960-1963, Box 1958, Tel 1273, S of S to New York, January 12 1961 8 : 22 p. m.

(97) NARA, RG59, GRDS, CDF, 1960-1963, Box 1958, Tel 1930, New York to S of S, January 14 1961 6 : 45 p. m.

(98) NARA, RG84, RFSPDS, CGR, 1934-1963, Box 9 (Old 2), Tel 2775, New York to S of S, April 7 1961 3 : 40 p. m ; RG59, GRDS, CDF, 1960-1963, Box 1962, Tel 2668, New York to S of S, May 30 1961 2 : 01 a. m.

(99) TNA, FO 371/146785, JB 2251/376, Tel 1604, New York to FO, December 14 1960 6 : 15 a. m.

(100) ダヤルとレオポルドヴィル勢力との間の関係悪化は、レオポルドヴィル勢力への外部勢力の影響力行使の問題抜きに理解できない。たとえば米国国務省は、二月決議採択後、ダヤルの解任を希望するカサブブとイレオに、国連との協力の意思を示させる手紙を書かせることで、ダヤルの除去に弾みを付けようとした。*FRUS*, 1961-1963, vol. XX, Tel 1886, S of S to Leopoldville, February 22 1961, pp. 77-79.

(101) ダヤルの離任がティンバーレイクの帰任との「取引」だったことは、ティンバーレイク自身が認めている。その一方でこの時同じタイミングで英国大使スコットも本国召還となったが、これはダヤルの離任と関係がないと彼は主張する。しかし歴史家ジェームズやケリーは、スコットの帰任も「取引」だったとする。HIA, Ernest W. Lefever papers, Box 4, Staff Interview with Ambassador Clare Timberlake, May 14 1965, 5 : 45-10 : 30 p. m ; James, *Britain and the Congo Crisis*, p. 97 ; Kelly, *America's* Tyrant, p. 79. なおこの「取引」は、米国側に有利であった。なぜならティンバーレイクは、ケネディ政権のリベラル路線に反対し、これまでも繰り返し問題行動を起こしており、国務省はダヤルの件とは別の文脈で、彼の本国召還を検討していたからである。たとえば二月にワシントンに戻った際、彼は、重要な機密情報を様々なメディアにリークしたと疑われており、翌月にも彼は、大統領の承認を得ず、独断で第八八海軍タスクフォースをコンゴへ移動させた。このようなティンバーレイクに対してウィリアムズ国務次官補は、彼を「不忠である」と評した。またボールズ国務次官はこの「取引」を、国連軍の成功を基礎づける米印関係の安定のためにも好ましいとラスクに提言した。JFKL, NSF, Meetings & Memoranda, Box 329, Memo from Kennedy to S of S and S of D, March 6 1961 ; NARA,

RG59, GRDS, CDF, 1960–1963, Box 1962, Memo from Bowles, April 18 1961.

(102) *FRUS*, 1961–1963, vol. XX, Memo from Bowles to Kennedy, "Initial U. S. Contribution to UN Program of Financial Aid to the Government of the Congo", May 20 1961, pp. 138–139 ; Tel 3392, New York to S of S, June 22 1961, pp. 150–151.

(103) JFKL, POF, Countries, Box 114, Tel 1694, S of S to New York, Mach 13 1961 9:17 p. m.

(104) UN Archives, ONUC Officer-in-Charge Sture Linner's cables 1960–1962, Box S-604-0001, Tel unnumbered, Leopoldville（Linner）to SYG only, May 20 1961.

(105) NARA, RG84, RFSPDS, CGR, 1934–1963, Box 9（Old 2）, Tel 1565 12 1400 z, D of S to Leopoldville, December 13 1960 13 0856 z. 逆にハマーショルドは、米国に働きかけて、カサブブやダヤルによるダヤルへの攻撃を止めせるようとすらした。NARA, RG59, GRDS, CDF, 1960–1963, Box 1958, Tel 1956, New York to S of S, January 19 1961 2:12 p. m.

(106) またネルーも、ダヤルに対する攻撃が米国の情報から生じているとの苦言を、ラスク国務長官に直接伝えた。JFKL, NSF, Countries, Box 27, Memocon, Rusk, Nehru, March 30 1961 ; Memo, "Analytical Chronology of the Congo Crisis", March 9 1961, p. 72.

(107) *FRUS*, 1961–1963, vol. XX, footnote 5 on Memo from Clevelad to Bowles, April 26 1961, p. 129.

(108) NARA, RG84, RFSPDS, USUNCSF, 1946–1963, Congo, Box 78, Memo, "Congo : Dayal", February 15 1961.

(109) Hoskyns, *The Congo : a chronology of events, January 1960–December 1961, Part I*, p. 12 ; Dayal, *A Life of Our Times, p. 463*.

(110) Dayal, *A Life of Our Time*, p. 462.

(111) JFKL, POF, Countries, Box 114, Memo, "Visit of Dr. Linner to the President", March 13 1962.

(112) 本書第5章の註5および第7章の註94を参照。

(113) ただしラスク国務長官は、国連代表部に対して、「〔ダヤルの：筆者〕後任は、インド人であってはならない」ことを、ハマーショルドに伝えるよう命じていた。JFKL, POF, Countries, Box 114, Tel 1694, S of S to New York, Mach 13 1961 9:17 p. m.

(114) たとえばボンボコ外務大臣は、「リネーとガーディナは、レオポルドヴィルの本当に正直な友人である」と評した。NARA, RG59, GRDS, CDF, 1960–1963, Box 1963, Tel 2588, Leopoldville to S of S, June 30 1961 5:55 a. m ; HIA, Ernest W. Lefever papers, Box 4, Note on Conversation with Jonathan Dean, U. S. Consul General to Elizabethville, August 30 1963.

(115) グリオンは、一九一三年にケンタッキー州レキシントンに生まれた。彼は、プリンストン大学卒業後、プレップスクールの教員を経て職業外交官となり、コンゴ大使就任前は、ロンドン、アルジェ、そしてサイゴンの大使館に勤務した。また彼はケネディとも個人的に親しく、反カタンガの急先鋒であった。*The New York Times*, December 22 1961, March 31 1998 ; Weissman, *American Foreign Policy in the Congo*, p. 131 ; Nicholas J. Cull, *The Cold War and the United States Information Agency American Propaganda and Public Diplomacy*, 1945–1989（New York : Cambridge University Press, 2009）pp. 259–260.

(116) Tel 2374, S of D to Leopoldville, June 28 1961, cited in Kalb, *The Congo Cables*, pp. 268–269 ; NARA, RG 59, GRDS, CDF, 1960–1963, Box 1963, Tel 2550, Leopoldville to S of S, June 26 1961 2:11 p. m ; Tel 36, Leopoldville to S of S, July 6 1961 7:38 a. m

(117) NARA, RG59, GRDS, CDF, 1960–1963, Box 1961, Airgram G-236, March 30 1961.

(118) *FRUS*, 1961–1963, vol. XX, Tel 2968, New York to S of S, April 22 1961, p. 125–127.

(119) ほんの数カ月前、ハマーショルドは、米国大使に対して、「人や、彼らのお気に入りを選ぶ」ことに否定的見解を伝えていた。NARA, RG59, CDF, 1960–63, Box 1957, Tel 1096, New York to S of S, October 22 1960 3:56 p. m.

(120) これには米国からの圧力も関係したのかもしれない。リネーの説明によると、この頃国連事務局は、親ソ的と目された政策を変更しないのであれば米国が国連への支持を取り下げるとする、ケネディ署名の極秘電報を受け取ったという。Linnér and Åström, *UN Secretary-General Hammarskjöld*, p. 27.

(121) *FRUS*, 1961–1963, vol. XX, Tel 187, Leopoldville to S of S, July 25 1961 ; Tel 127, S of S to Leopoldville, July 26 1961, pp. 170–173.

(122) TNA, FO 371/115090, JB 2254/40, Memo, June 1 1961 ; FO 371/155091, JB 2254/58, Tel 1330, New York to FO, August 29 1961 2:15 a. m.

(123) *FRUS*, 1961–1963, vol. XX, Tel 3392, New York to S of S, June 22 1961, pp. 150–151.

(124) NARA, RG59, CDF, 1960–63, Box 1963, Tel 3451, New York to S of S, June 29 1961 10:18 p. m.

(125) *FRUS*, 1961–1963, vol. XX, Editorial Note on Memo for Kennedy from Bundy, June 10 1961, p. 144.

(126) NARA, RG59, GRDS, CDF, 1960–1963, Box 1963, Tel Polto 50, Paris to S of S, July 13 1961 12:50 a. m.

(127) *The New York Times*, April 26 1966.

(128) リネーは議会再開に向けた計画を米国だけではなく，英国大使，フランス大使とも話し合ったが，その内容には，議会への国連軍の干渉を妨害する可能性のあるインド部隊をどのように扱うか，という議論もあった。NARA, RG59, GRDS, CDF, 1960–1963, Box 1963, Tel 2524, Leopoldville to S of S, June 22 1961 9:32 a. m.
(129) UN Tel no A-1736, 1737, Linnér to Hammarskjöld, July 19 1961, offered by David N. Gibbs.
(130) NARA, RG84, RFSPDS, CGR, 1934–1963, Box 10 (Old 3), Tel 152, Leopoldville to S of S, July 21 1961.
(131) JFKL, NSF, Countries, Box 28, Memo, "A Congo Chronology January 1959–December21, 1961", undated, p. 24.
(132) Hoskyns, *The Congo since Independence*, pp. 374-377; Mahoney, *JFK*, p. 85.
(133) Hilsman, *To Move A Nation*, p. 251; この記述は国連の公式説明とも合致する。*YUN, 1961*, pp. 59–60.
(134) NARA, RG59, GRDS, CDF, 1960–1963, Box 1963, Tel 173, S of S to New York, July 26 1961 8:50 p. m.
(135) NARA, RG84, RFSPDS, CGR, 1934–1963, Box 16 (Old 9), Tel 146, S of S to Leopoldville, July 30 1961 11:56.
(136) NARA, RG59, GRDS, CDF, 1960–1963, Box 1963, Tel 220, Leopoldville to S of S, July 28 1961 9:54 a. m.
(137) Mahoney, *JFK*, p. 87.
(138) Dayal, *A Life of Our Times*, p. 468.
(139) NARA, RG84, RFSPDS, USUNCSF, 1946–1963, Congo, Box 78, Memorandum for file, "Plimpon Conversation with Cordier", August 1961 (date unknown).
(140) NARA, RG59, GRDS, CDF, 1960–1963, Box 1963, Tel 142, Leopoldville to S of S, July 22 1961 6:32 a. m.
(141) Hoskyns, *The Congo since Independence*, p. 376; Orwa, *The Congo Betrayal*, p. 202; Weissman, *American Foreign Policy in the Congo*, p. 150.
(142) NARA, GRDS, CDF, 1960–1963, Box 1963, Tel 234, Leopoldville to S of S, July 29 1961 9:14 a. m.
(143) NARA, GRDS, CDF, 1960–1963, Box 1964, Memo for the President, "The Congo", August 3 1961. なお驚くべきことに，ギゼンガは，四五年後の二〇〇六年に，コンゴ首相に指名された。*Reuters*, December 30 2006.
(144) U.S. Senate, Hearling held before the Committee on Foreign Relations, Briefing by the Secretary of State, Dean Rusk, December 20 1961 cited in Mahoney, *JFK*, p. 87.
(145) NARA, RG84, RFSPDS, USUNCSF, 1946–1963, Congo, Box 78, Memocon, Rusk, Home, de Murville, August 7 1961.
(146) Dayal, *A Life of Our Times*, p. 468.

(147) NARA, RG59, GRDS, CDF, 1960-1963, Box 1963, Tel 131, New York to S of S, July 20 1961 3:55 a. m.

(148) NARA, RG84, RFSPDS, CGR, 1934-1963, Bcx 15 (Old 8), Tel from Department, no. 168 August3, 6 PM., August 4 1961 9:26.

(149) JFKL, Schlesinger papers, Box W-1, Depatment State pamphlet, "The Elements in our Congo policy", December 19 1961, p. 9.

(150) DHL, United Nations Oral History collecticn, Interview with Sture Linnér, November 8 1990.

## 第7章　国連軍の対カタンガ武力行使とワシントンの政治

(1) JFKL, NSF, Countries, Box 28, Memo, "A Congo Chronology January 1959-December21, 1961", undated, p. 17.

(2) NLS L179/160, A1867, Linner to Hammarskjöld, August 2 1961, cited in Michael and Magennis, *Ireland, the United Nations and the Congo*, p. 85.

(3) JFKL, NSF, Countries, Box 28, Memo, "A Congo Chronology January 1959-December21, 1961", undated, p. 26; Hoskyns, *The Congo: a chronology of events*, January 1960-December 1961, Part I, p. 15.

(4) たとえば急進派のギニアは、以降コンゴ問題の関与を差し控えるようになった。NARA, RG59, GRDS, CDF, 1960-1963, Box 1964, Tel 430, Leopoldville to S of S, August 24 1961 1:29 p. m; Box 1977, Airpouch 230, "Guinean Mission to Leopoldville", December 7 1961; RG84, RFSPDS, CGR, 1934-1963, Box 16 (Old 9), Tel 522, Leopoldville to S of S, September 2 1961; Kalb, *The Congo Cables*, pp. 282-283.

(5) *FRUS*, 1961-1963, vol. XX, Tel 613, Leopoldville to S of S. September 13 1961, pp. 209-212; Tel 539, D of S to Leopoldville, September 29 1961, pp. 244-245; 1964-1968, vol XXIII, CIA Tel 2501, Leopoldville to CIA, November 28 1961, pp. 132-141; JFKL, NSF, Brubeck papers, Box 382A, Memo, "Status of PL-480 Agreement with the Congo", December 17 1962. ちなみに公法四八〇号支援は、六一年一一月一八日に米コンゴ間で正式調印されたが、同法を通じた米国からの食料支援の支払いに、コンゴ産ダイヤモンドが用いられる可能性があった。産業用ダイヤモンドの備蓄を求めるこの提案は、ユダヤ系ダイヤモンド商人モーリス・テンペルスマンによって持ち込まれた。彼はスティーブンソン国連大使の金銭的支援者であり、後のモブツのパトロンであり、さらにケネディ大統領の妻ジャクリーン・ケネディの最後の事実上の夫となる人物である。ケネディは、彼が長年の有力支援者であることに鑑みて、提案を「軽視できない」と考えたが、しかし最終的に実現しなかった。JFKL, Ball papers, Box 2, Telcon, Bundy, Ball, November 4 1961 9:00 a. m ; Telcon, the President, Ball, November 13 1961 9:35 a. m ; *Fortune*, November 16 1982, "Maurice Tempelsman's African Connections", pp. 130–134, 137, 139, 141 ; Gibbs, *The Political Economy of Third World Intervention*, pp. 109–112.

（6） JFKL, Cleveland papers, Box 69, Memo, "Talking Paper on the Congo", February 2 1963.

（7） RG84, RFSPDS, CGR, 1934–1963, Box 15（Old 8）, January 63–June 63, Internal Reseach Report, Memo, "Power and Politics in the Congo", February 10 1961.

（8） JFKL, NSF, Countries, Box 28, Memo, "A Congo Chronology January 1959–December21, 1961", undated, p. 18.

（9） JFKL, POF, Countries, Box 114, Tel 1631, Brussels to S of S, March 13 1961 4:09 p. m.

（10） NARA, RG84, RFSPDS, CGR, 1934–1963, Box 15（Old 8）, Memocon, Rusk, McNamara, "Belgian Political Matters", February 21 1961.

（11） NARA, RG59, CDF, 1960–63, Box 1965, Memo to The Secretary, "Belgian Government's Internal Problems in Relation to the Congo and the Berlin Crisis", October 3 1961.

（12） HIA, Ernest W. Lefever papers, Box 4, Report of Luncheon discussion on December 10, 1964 between Herman Noppen ; Spaak, *The Continuing Battle*, pp. 361–362.

（13） DDEL, AWF, NSC Series, Box 12, Memo, "Discussion at the 452th Meeting of the National Security Council, Thursday, July 21, 1960", July 21 1960 ; NARA, RG84, RFSPDS, CGR, 1934–1963, Box 15（Old 8）, January 63–June 63, Internal Reseach Report, Memo, "Power and Politics in the Congo", February 10 1961.

（14） カサブブの盟友のブラザヴィル・コンゴのユールー大統領は、チョンベと共同関係にあると目された。なぜなら彼は、バ・コンゴ族の分離政府樹立とコンゴ中央政府の弱体化の点で、チョンベと利害が一致したからである。NARA, RG59, GRDS, CDF, 1960–1963, Box 1970, Tel 1636, Brussels to S of S, March 7 1962 5:58 p. m.

（15） NARA, RG59, GRDS, CDF, 1960–1963, Box 1978, Memocon, "Participants : Professor A. A. J. Van Bilsen, Robert A. Mckinnon, Second Secretary", September 22 1960.

（16） 二月決議についてカタンガは、傭兵の排除の可能性から国連への警戒心を強め、カサブブも似た反応を示した。理由は、決議が国軍の武装解除を伴った信託統治領化をもたらすと理解されたからである。これを受けて、二月二七日、カサブブ、チョンベ、南カサイのカロンジとの間で軍事協定が締結された。JFKL, POF, Countries, Box 114, Tel 2447,

New York to S of S, March 13 1961 9: 16 p. m ; NSF, Countries, Box 28, Memo, "A Congo Chronology January 1959-December21, 1961", undated, p. 19.

(17) この会議は会場が旧フランス領マダガスカルであることに鑑みて、フランス政府の関与が疑われる。英国史料によると当時フランスは、ブラザヴィル、レオポルドヴィルの双方にまたがるバ・コンゴ主体の分離政府の形成に関心を抱き、モブツにも武器を提供した。TNA, FO 371/1146646, JB 1015/365, Tel 824, Leopoldville to FO, October 9 1960 ; FO 371/155091, JB 2254/46, New York to FO, July 3 1961. またベルギー大使は、ド・ゴールの指示のもとでフランス大使が、カタンガの完全独立に向けた工作を続けている疑惑を米国に伝えていた。NARA, RG59, GRDS, CDF, 1960-1963, Box 1956, Memocon, Rothschild, Cleveland, September 21 1960. さらにケネディの「新政策」や国連の二月決議の危険性を宣伝するニュースが、ラジオ・ブラザヴィルとラジオ・カタンガで放送されたが、この情報源は共にフランス通信社（AFP）のものであった。NARA, RG59, GRDS, CDF, 1960-1963, Box 1977, Airgram 234, "Joint Weeka No. 6", February 9 1961.

(18) 後継会議として、四月下旬、コキラトヴィル会議が開催された。しかしこの時、傭兵の国外退去を拒否したチョンベが、コンゴ政府に逮捕される事件が起こった。このため、同会議の成果は、単一の外交代表権、統合軍、統一通貨の形成の宣言以外に、見るべきものがなかった。JFKL, NSF, Countries, Box 28, Memo, "A Congo Chronology January 1959-December 21, 1961", undated, p. 22 ; Lefever, *Crisis in the Congo*, p. 66.

(19) NARA, RG84, RFSPDS, CGR, 1934-1963, Box 9 (Old 2), Tel 2775, New York to S of S, April 7 1961 3:40 p. m.

(20) NARA, RG59, GRDS, CDF, 1960-1963, Box 1963, Tel 84, Leopoldville to S of S, July 12 1961 3:52 p. m.

(21) NARA, RG84, RFSPDS, CGR, 1934-1963, Box 15 (Old 8), Tel 2138, Leopoldville to S of S, April 5 1961 ; Memo, "U. S. Effort to Attain Peaceful Reconciliation", January 9 1963.

(22) *FRUS*, 1961-1963, vol. XX, Tel 630, Brussels to S of S, September 30 1961, pp. 246-248 ; JFKL, NSF, Countries, Box 28, Memocon, McGhee, Adoula, February 5 1962.

(23) Doyle, *True Men and Traitors*, p. 142 ; Olivier Boehme, "The Involvement of the Belgian Central Bank in the Katanga Secession, 1960-1963", *African Economic History*, no.33, 2005, pp. 1-29.

(24) O'Brien, *Memoir*, p. 214.

(25) NARA, RG59, CDF, 1960-63, Box 1965, Tel 624, S of S to Leopoldville, October 13 1961 4:57 p. m.

（26） NARA, RG59, GRDS, CDF, 1960–1963, Box 1957, Tel 1096, New York to S of S, October 22 1960 3:56 p. m.

（27） 決議履行を焦るハマーショルドは、二五〇人いるベルギー人行政官の撤退を求めるベルギー政府宛メッセージに「即時」という言葉を数十回も使い、エイスケンス首相を動揺させた。JFKL, NSF, Countries, Box 27, Memo, “Analytical Chronology of the Congo Crisis, Supplement : January 20 to March 6 1961”, March 11 1961, p. 9.

（28） NARA, RG59, GRDS, CDF, 1960–1963, Box 1956, Tel 1021, New York to S of S, October 15 1960 10:52 p. m.

（29） JFKL, NSF, Countries, Box 32A, Tel 1167, S of S to New York, November 1 1962 2:09 a. m.

（30） *FRUS*, 1961–1963, vol. XX, New York to S of S, April 22 1961, pp. 125–127. なお、インド部隊は、「その業務を通常の軍事的戦闘業務と認識していた。彼らは国連平和維持活動の基本的考えや特別の手続きを適切に理解していなかった」と、ノルウェー人の国連軍の情報将校ビョーン・エギーが評したように、戦闘指向の部隊であった。Col. John Terence O'Neill, private papers, Egge to O'Neil, April 22 1998, cited in Michael and Magennis, *Ireland, the United Nations and the Congo*, p. 52.

（31） Robert B. Rakove, *Kennedy, Johnson, and the Nonaligned World*（New York : Cambridge University Press, 2013）, p. 100.

（32） *UNP*, 1946–1967 : Africa, GA res. 1599（XV）, April 15 1961, pp. 33–34.

（33） *FRUS*, 1961–1963, vol. XX, Tel 2968, New York to S of S, April 22 1961, pp. 125–127. 米国の説得で彼が用いたのは、「ギゼンガ派から多大な圧力」を受けている「最も目的的で、精力的で有能なアフリカ人指導者」アドーラの政権を「最大の勝者」にするために、「国連がカタンガ情勢を一掃する」という論理であった。*FRUS*, 1961–1963, vol. XX, Tel 658, Leopoldville to S of S, September 15 1961, pp. 214–216.

（34） NARA, RG59, GRDS, CDF, 1960–1963, Box 1964, Tel 199, Brussels to S of S, August 3 1961 9:37 a. m ; *FRUS*, 1961–1963, vol. XX, Tel 341, S of S to Leopoldville to S of S, September 1 1961, pp. 201–202.

（35） ハマーショルドと長時間会談したベルギー大使によると、ハマーショルドは、ソ連の「トロイカ提案」に対抗するために、今一度アジア・アフリカ諸国の支持を集める必要があり、それゆえ九月一九日の国連総会前に、「カタンガをコンゴに編入させる」必要性を強く感じていたという。NARA, RG59, CDF, 1960–63, Box 1965, Memocon, Scheyven, Williams, September 20 1961.

（36） Hoskyns, *The Congo since Independence*, p. 401.

(37) NARA, RG59, GRDS, CDF, 1960-1963, Box 1963, Memocon Rusk, Caccia, Alphand, July 13 1961. 六月、ハマーショルドは英国代表との対話で、議会が再開され情勢が落ち着いたならば、経費削減を期待して、国連軍の規模を縮小したいとの考えと語った。具体的には現在の二万人を九月には一万人に、そして一二月末には五〇〇〇人にしたいとした。TNA, FO 371/155090, JB 2254/40, Memo, June 1 1961.

(38) Stoessinger and Associates, *Financing the United Nations System*, p. 121.

(39) JFKL, NSF, Countries, Box 28, Memo, "A Congo Chronology January 1959-December21, 1961", undated, p. 21.

(40) *FRUS*, 1961-1963, vol. XX, footnote 4 on Tel 464, New York to S of S, August 17 1961, p. 193.

(41) NLS L179/162, A1605, Linner to Hammarskjold, July 3 1961, cited in *Kennedy and Magennis, Ireland, the United Nations and the Congo*, p. 64.

(42) HIA, Ernest W. Lefever papers, Box 4, Conversation with Andriew Cordier, E. W. L., 3:30-5:30 p. m, September 27, 1964.

(43) Mahoney, *JFK*, p. 96.

(44) O'Donoghue, *The Irish Army in the Congo*, p. 38.

(45) National Library of Sweden, MSL179:162, Outgoin Code Cable from Hammarskjöld to Bunche, September 15 1961, cited in Stahn and Melber, *Peace Diplomacy, Global Justice and International Agency*, p. 214 ; Urquhart, *Hammarskjold*, p. 575.

(46) Linnér and Åström, *UN Secretary-General Hammarskjöld*, p. 28.

(47) O'Brien, *To Katanga and Back*, pp. 208-13.

(48) TNA FO 371/154881, Dunnett to FO, July 10 1961, cited in Kennedy and Magennis, *Ireland, the United Nations and the Congo*, p. 63.

(49) *FRUS*, 1961-1963, vol. XX, Tel 341, S of S to Leopoldville to S of S, September 1 1961, pp. 201-202 ; Tel 658, Leopoldville to S of S, September 15 1961, pp. 214-216.

(50) *FRUS*, 1964-1968, vol. XXIII, CIA Tel 2501, Leopoldville to CIA, November 28 1961, pp. 132-141.

(51) Hoskyns, *The Congo since Independence*, p. 403.

(52) オブライアンは、ハマーショルドからのアイルランド政府への要請で、六月、カタンガ代表に就任した。正確な理由は不明だが、オブライアンが回顧するように、おそらくハマーショルドは、アイルランド出身で他のヨーロッパ諸国の外交官よりも「反植民地主義的」であると目された彼ならば、チョンベに圧力をかけやすいと考えたからだと思われる。またヒアリは、アジア・アフリカ諸国の中核国チュニジアのモンギ・スリムと近い立場の人物であった。それゆえハマーショルドは、アジア・アフリカ諸国をコントロールするチャンネルとして、彼の起用を好んだ。そして両者がこの任にあたったのは、ダヤルの離任に伴うリネーの昇格でカタンガ代表と文民支援活動部門に空席ができたからであった。Kennedy and Magennis, *Ireland, the United Nations and the Congo*, p. 62 ; O'Brien, *Memoir*, pp. 210, 217–218.

（53） *FRUS*, 1961–1963, vol. XX, Tel 639, New York to S of S, September 6 1961, pp. 202–204 ; O'Brien, *To Katanga and Back*, p. 221. なお「ランパンチ」の展開については、Michael and Magennis, *Ireland, the United Nations and the Congo*, pp. 85–96 の叙述が最も詳しい。

（54） TNA, FO 371/155091, JB 2254/58, Tel 1330, New York to FO, August 29 1961 2 : 15 a. m.

（55） *FRUS*, 1961–1963, vol. XX, Tosec 35, D of S to Paris, December 12 1961, pp. 306–307.

（56） Michael and Magennis, *Ireland*, the United Nations and the Congo, p. 88.

（57） O'Brien, *Memoir*, p. 219–220.

（58） NARA, RG59, CDF, 1960–63, Box 1978, Airgram 67, "OAS Personal and Katanga", August 10 1962 ; O'Brien, *To Katanga and Back*, pp. 197–198, 216–218, 221 ; Gérald-Libois, *Katanga Secession*, pp. 165–166 ; Kalb, *The Congo Cables*, p. 193.

（59） NARA, RG84, FSPDS, CGR, 1934–1963, Box 15（Old 9）, Tel 133, Sept. 4th, Elisabethville to D of S, September 5 1961 9 : 07 ; Mahoney, *JFK*, p. 99.

（60） JFKL, Hilsman Papers, Box 1, Memo, "Chronology of Post-Independence Conflict Between Tshombe's Provinvial Government and the Baluba of North-Central Katanga", January 10 1962, p. 11.

（61） Kennedy and Magennis, *Ireland, the United Nations and the Congo*, p. 98.

（62） NARA, RG84, FSPDS, CGR, 1934–1963, Box 15（Old 9）, Tel 142, Sept. 6, 4PM, Elisabethville to D of S, September 7 1961 10 : 30.

（63） Rikhye, "Hammarskjöld and PeaceKeeping", Robert S. Jordan, ed., *Dag Hammarskjold Revisited*, p. 107 ; Urquhart, *Hammarskjod*, p. 564 ; Rikhye, *Military Adviser to the Secretary-General*, p. 269.

(64) Kennedy and Magennis, *Ireland, the United Nations and the Congo*, pp. 99–106 ; Stahn and Melber, *Peace Diplomacy, Global Justice and International Agency*, pp. 274–275.

(65) James, *Britain and the Congo Crisis*, pp. 102–103.

(66) NARA, RG84, RFSPDS, USUNCSF, 1946–1963, Congo, Box 78, Memocon, Steyaert, Vance, September 14 1961 ; Memocon, von Brentano, Grewe, September 14 1961 ; JFKL, NSF, Countries, Box 30, Tel 1200, Brussels to S of S, January 4 1962 5:45 a. m.

(67) TNA FO 371/154959, JB 1062/154, Tel 1363, New York to FO, September 9 1961 ; Memo, “Expanded instructions”, September 14 1961 cited in Kennedy and Magennis, *Ireland, the United Nations and the Congo*, p. 104.

(68) NARA, RG59, CDF, 1960–63, Box 1965, Tel 837, Leopoldville to S of S, September 26 1961 4:25 p. m.

(69) *Kennedy and Magennis, Ireland, the United Nations and the Congo*, pp. 115, 148.

(70) 九月一五日段階における国連軍のカタンガ駐留部隊兵員数は、総勢六四一五人であったのに対して、カタンガ憲兵隊のそれは、七月の段階ですでに約一万三〇〇〇人であった。また装備面では、国連軍の武装車両は、軽武装の一四台、航空機はまったくなかった。一方カタンガは、九機の輸送機と、三機のジェット機を持った。くわえて、国連側のインド部隊が有したのは旧式のライフルであったが、カタンガ側は、マシンガン、地雷、武装車両、ベルギー式のＮＡＴＯライフル銃を有した。NARA, RG84, RFSPDS, CGR, 1934–1963, Box 14 (Old 7), 1960 UN military Troops and Support, Memo, “Military Situation in Katanga”, September 15 1961 ; Lefever, *Crisis in the Congo*, p. 81.

(71) 激しい抵抗の背景には、ベルギー人に広がる、「他の西側諸国〔スウェーデンと米国：筆者〕のために『国連はカタンガを乗っ取ろうとしている』」との疑念の存在があった。DDEL, WHO, Office of the Staff Secretary, International Series, Box 5, Tel 349, New York to S of S, August 8 1960 1:31 a. m ; NARA, RG59, GRDS, CDF, 1960–1963, Box 1964, Tel 355, Elisabethville to S of S, September 14 1961 3:42 p. m.

(72) この時逮捕されたジーン・バプティス・キブエも翌日に釈放された。Lefever, *Crisis in the Congo*, p. 81 ; Urquhart, *Hammarskjod*, p. 568.

(73) *Kennedy and Magennis, Ireland, the United Nations and the Congo*, p. 115.

(74) 民間人犠牲者数は一〇〇名以上とされ、バ・ルバ族の約一万三〇〇〇人以上が、チョンベからの報復を恐れて逃げ惑い、エリザベスヴィルのすぐそばに難民キャンプを作った。TNA, FO 371/154887, JB 1018/180, Tel 1471, New York to

FO, September 22 1961 12:35 a. m ; Reybrouck, *Congo*, pp. 315–316.
(75) この時国連軍部隊は、深刻な食糧不足が発生する難民キャンプで、彼らをキャンプ内に留めおくために、威嚇発砲をせざるをえない事態に陥った。JFKL, Hilsman Papers, Box 1, Memo, "Chronology of Post-Independence Conflict Between Tshombe's Provinvial Government and the Baluba of North-Central Katanga", January 10 1962, p. 11.
(76) Kennedy and Magennis, *Ireland, the United Nations and the Congo*, pp. 138–139 ; Urquhart, *Hammarskjod*, pp567–578.
(77) *FRUS*, 1961–1963, vol. XX, Tel 975, Leopoldville to S of S, October 13 1961, pp. 251–253.
(78) Kennedy and Magennis, *Ireland, the United Nations and the Congo*, p. 102.
(79) NARA, RG84, RFSPDS, CGR, 1934–1963, Box 14 (Old 7), 1960 UN military Troops and Support, Memo, "Military Situation in Katanga", September 15 1961.
(80) JFKL, NSF, Countries, Box 33, Tel 1320, Leopolville to S of S, December 6 1962, 5:48 p. m.
(81) Kennedy and Magennis, *Ireland, the United Nations and the Congo*, p. 141.
(82) *New York Times*, September 17 1961 ; Kennedy and Magennis, Ireland, the United Nations and the Congo, p. 151.
(83) *New York Times*, September 16 1961.
(84) *FRUS*, 1961–1963, vol. XX, Tel 420, Brussels to S of S, September 12 1961, pp. 208–209 ; Tel 647, S of S to Brussels, September 15 1961, pp. 218–219.
(85) Spaak, *The Continuing Battle*, p. 378.
(86) *FRUS*, 1961–1963, vol. XX, footnote 3 on Memocon, Rusk, Home, September 14 1961, p. 218.
(87) NARA, RG84, RFSPDS, USUNCSF, 1946–1963, Congo, Box 78, Memocon, Rusk, Home, Qids-Nakhai, September 23 1961.
(88) TNA, FO 371/154945, JB 1051/76, Tel 2408, Washington to FO, September 14 1961.
(89) Nkrumah, *Challenge of the Congo*, p. 168.
(90) Weissman, *American Foreign Policy in the Congo*, p. 159.
(91) NARA, RG84, RFSPDS, CGR, 1934–1963, Box 17 (Old 10), Tel 31, New York to S of S, "Congo ; Status of Struelense, Katanga agent", August 3 1961 22:31.
(92) Congressional Record, 87th Cong., 1st Sess, vol. 107, Thomas J. Dodd Speech, "United Nations Policy in the Congo and

the Danger of a Communist Takeover", September 8 1961, pp. 18758–18764 ; JFKL, Cleveland papers, Box 68, Memo, "Senator Dodd's Accusations.", September 15 1961.

（93） Howe, *Along the Afric Shore*, p. 135.

（94） *FRUS*, 1961–1963, vol. XX, Tel647, S of S Brussels, September 15 1961, pp. 218–219. この疑念は、ユニオン・ミニエールのライバルである、ハマーショルドの母国スウェーデンの企業リベリアン・アメリカン・スウィーディッシュ・ミネラル（LAMCO）と国連事務局、そしてケネディ政権との人的繋がりから生じた。LAMCOに代表されるスウェーデンと米国の利権のために、国連が反カタンガ作戦を行っているというのであった。ただし、事実無根という訳もなかった。たとえば、LAMCOの系列会社グレンゲスベルグ・オクセレスンドの支配人は、ハマーショルドの兄弟ヴー・ハマーショルドであった。また文民支援活動最高責任者リネーは、LAMCOの常務取締役で、さらに国連がコンゴ問題の顧問とした二人のスウェーデン人の一人は、LAMCOの重役代理であり、もう一人もLAMCO関係会社の重役であった。しかもLAMCOの人的繋がりは、ケネディ政権の政策決定者にも及んだ。CIA長官ダレスはLAMCOの法律顧問会社サリバン・アンド・クロムウェルの共同出資者であった。またボールも、同じくLAMCOの法律顧問会社クリアリー・ゴットリーブ・スティーン・アンド・ハミルトンの共同出資者であった。さらに同法律事務所の設立者でもあるフォウラー・ハミルトンとメルヴィン・スティーンの二人も、それぞれLAMCOと直接繋がった。ハミルトンはケネディ政権において、対外援助計画を作成した人物だが、彼も六〇年当時の同法律事務所の重役であり、さらにスティーンは、LAMCO本社およびLAMCOの在米国系列会社インターナショナル・アフリカン・アメリカン・コーポレーション・インターナショナル・アフリカン・アメリカン・コーポレーション社の双方に兼任重役を送っていたカナダのリベリアン・アイアン・オア・カンパニーの理事であった。Gibbs, *The Political Economy of Third World Intervention*, pp. 104–114 ; JFKL, Ball papers, Box 3, Telcon, Hamilton, Ball, September 12 1962 5:50 p. m.

（95） James, *Britain and the Congo Crisis*, pp. 133–140.

（96） Mahoney, *JFK*, p. 105.

（97） Urquhart, *Hammarskjold*, p. 575. ただし米国にまったく情報が入らなかったわけではない。たとえば九月一一日にリネーは、レオポルドヴィルの米国領事官に対して、チョンベに圧力をかけるための武力行使を行うかどうかの決定を下すことを伝えていた。*FRUS*, 1961–1963, vol. XX, Tel 593, Leopoldville to S of S, September 11 1961, p. 207.

（98） *FRUS*, 1961–1963, vol. XX, footnote 1 on Memo from Cleveland to Rusk, September 16 1961, p. 223.

(99) ベルギー政府は「米国はコンゴ問題をめぐりベルギーの立場を充分に支持していない」と考えており、また「一般のベルギー人は、コンゴの国連を米国の作戦と考えている」ことを伝えた。NARA, RG84, RFSPDS, USUNCSF, 1946-1963, Congo, Box 78, Memocon, Steyaert, Vance, September 14 1961 ; Memocon, Scheyven, Rusk, September 15 1961.

(100) *FRUS*, 1961-1963, vol. XX, Tel 663, S of S to Belgium, September 16 1961, pp. 223-224.

(101) *FRUS*, 1961-1963, vol. XX, Tel 647, S of S to Belgium, September 15 1961, p. 218.

(102) TNA, FO 371/154887, JB 1018/185, Tel 2180, FO to Leopoldville, September 15 1961 12:18 a. m.

(103) 国連軍が軍事的敗北を回避するには制空権を握る必要があった。そこでハマーショルドは、九月一五日、二、三機の戦闘機の提供をエチオピア政府に求めた。エチオピアは戦闘機の提供に同意したが、英国は戦闘機の飛行経路を遠回りさせ、到着を遅らせた。また米国も追加の航空輸送機提供を求めるハマーショルドの要請を拒否した。Urquhart, *Hammarskjold*, pp. 575-577; *FRUS*, 1961-1963, vol. XX, Tel 661, S of S to New York, September 16 1961, pp. 221-222 ; TNA, FO 371/154945, JB 1051/76, Tel 2408, Washington to FO, September 14 1960.

(104) NARA, RG59, CDF, 1960-63, Box 1970, Memocon, Bunche, Cleveland, February 26 1962.

(105) Dayal, *A Life of Our Times*, p. 470.

(106) CUL, Cordier papers, Box 47, Letter from Cordier to Schwalm, November 30 1961.

(107) Kennedy and Magennis, *Ireland, the United Nations and the Congo*, pp. 100-101.

(108) Report from the Officer in charge of ONUC forces to Hammarskjold, S/4940, September 14 1961.

(109) Urquhart, *Ralph Bunche*, p. 342.

(110) O'Brien, *To Katanga and Back*, p. 264.

(111) O'Brien, *To Katanga and Back*, p. 284. 唯一の生存者で米国人のハロルド・ジュリアンも三日後に死亡した。

(112) 再検証作業の端緒となったのは、二〇一一年公刊のウィリアムズの『誰がハマーショルドを殺したか?』である。これを受けて一二年には法律家を中心とした彼の死因究明を求める「ハマーショルド委員会」が作られ、一三年に同委員会は彼の他殺説を検証するよう国連に要請した。二年後、国連は彼の謀殺である可能性が非常に高いとの結論に達した。UN, A/70/132-Report of the Independent Panel of Experts established pursuant to General Assembly resolution 69/246, July 6 2015.

(113) NARA, RG59, CDF, 1960-63, Box 1965, Tel 367, Elisabethville to S of S, September 21 1961 9:51 p. m ; JFKL, Hilsman Papers, Box 1, Memo, "Chronology of Post- Independence Conflict Between Tshombe's Provinvial Government and the Baluba of North-Central Katanga", January 10 1962, p. 12.

(114) *FRUS*, 1961-1963, vol. XX, Tel 975, Leopoldville to S of S, October 13 1961, pp. 251-253 ; JFKL, Hilman Papers, Box 1, Research Memorandum, "Chronology of Significant Events in the Congo, January 1959-December 21 1961", December 28 1961, p. 27.

(115) オブライアンは、一二月一日付でアイルランド外務省の職も辞した。その際アイルランド政府は彼を徹底的に守ろうとしなかった。理由は、彼の処遇やカタンガ問題をめぐる英国、フランス、ベルギーとの摩擦が、アイルランドの欧州共通市場加入交渉に与える影響を懸念したからであった。NARA, RG59, CDF, 1960-63, Box 1965, Tel 920, Leopoldville to S of S, October 7 1961 2:34 a. m ; Kennedy and Magennis, *Ireland, the United Nations and the Congo*, pp. 183-188.

(116) David Henry Anthony III, *Max Yergan : Race Man, Internationalist, Cold War* (New York ; New York University Press, 2006), p. 261

(117) *New York Times*, December 24 1961, January 12 1962 ; Gibbs, *The Political Economy of Third World Intervention*, pp. 122-123.

(118) NARA, RG84, RFSPDS, CGR, 1934-1963, Box 9 (Old 2), Circr 556, Sept. 23, 5 PM., September 26 1961 9:44.

(119) Tel 829, Accra to S of S, January 25 1961, cited in Mahoney, *JFK*, p. 105.

(120) Charter of United Nations, Article 97, Russell, *The United Nations and United States Security Policy*, p. 470.

(121) U Thant, *View from the UN*, p. 6.

(122) JFKL, NSF, Countries, Box 27, Memo, "Situation in the Congo and Present U. S. Actions", September 25 1961.

(123) Mahoney, *JFK*, p. 105.

(124) たとえばマッカーサー大使は、「〔アイルランド系オーストラリア人の：筆者〕イヴァン・スミスは、〔国連インド代表の：筆者〕クリシュナ・メノンから助言を得た〔インド人の：筆者〕ラジャ准将を完全にコントロールできない」と報告した。JFKL, NSF, Countries, Box 30, Tel 1200, Brussels to S of S, January 4 1962 5:45 a. m, 1:46 p. m.

(125) Williams, *Who Killed Hammarskjöld ?*, p. 239.

(126) Mahoney, *JFK*, p. 106.

(127) グリオンの回顧するところでは、ラスクはほとんどコンゴ問題に介入せず、ボールが全面に出ることが多かったという。JFKL, Gullion Papers, Box. 3, Interview with Ambassador Edmund A. Gullion by William D. Brewer, May 3 and June 2 1998, p. 12.

(128) 一九〇九年生まれのボールは、欧州石炭鉄鋼共同体の「シューマン・プラン」の起草に関わった数少ない米国人の一人であった。また彼は、欧州共通市場計画で協働したジャン・モネをロールモデルとした。James A. Bill, *George Ball : Behind the Scenes in U. S. Foreign Policy*（New Haven, Conn : Yale University Press, 1997）pp. 101-175 ; Weissman, *American Foreign Policy in the Congo*, p. 132.

(129) JFKL, NSF, Countries, Box 27A, Memo, "US Policy toward the Congo-Katanga Problem", September 23 1961.

(130) JFKL, NSF, Countries, Box 27A, Memo, "US Policy toward the Congo-Katanga Problem", September 23 1961.

(131) NARA, RG84, RFSPDS, USUNCSF, 1946-1963, Congo, Box 78, Memocon, Rusk, Home, Qids-Nakhai, September 23 1961.

(132) 九月中旬、統合参謀本部が軍事的観点での検討を加え、「〔国連の：筆者〕輸送機を破壊しようとする敵対勢力を攻撃可能な充分な性能」を持つ航空機を国連軍に提供することを求め、国家安全保障会議はこの提案を承認した。*FRUS*, 1961-1963, vol. XX, National Security Action Memorandum No. 97, "Use of Fighter Aircraft in the Congo", September 19 1961, pp. 231-232 ; JFKL, NSF, Countries, Box 27A, Memo, "US Policy toward the Congo-Katanga Problem", September 23 1961.

(133) 九月末、ブリュッセルのマッカーサー大使は、コンゴ情勢がベルギーの合法的な権益を脅かすほど悪化した場合、ベルギー人の反国連、反米感情を強めるだけでなく、現政権を揺るがす可能性を警告した。*FRUS*, 1961-1963, vol. XX, Tel 630, Brussels to S of S, September 30 1961, pp. 246-248.

(134) Richard D. Mahoney, *The Kennedy Policy in the Congo, 1961-1963*, Ph. D. Dissertation Paper, The Johns Hopkins University, 1980, p. 177.

(135) Urquhart, *Ralph Bunche*, p. 346 ; JFKL, POF, Countries, Box 114, Memo for the President from WWR, "The Congo", October 10 1961.

(136) 六一年一二月末で未払い分の内訳は以下の通りになると予想された。五七年から六一年分、ソ連（一二八〇万ドル）、ソ連陣営（三五〇万ドル）、ラテン・アメリカ（二一〇万ドル）、中華民国、（四〇〇万ドル）、アラブ（五〇万ドル）、その他（四五〇万ドル）。六〇年から六一年、ソ連（二〇一〇万ドル）、ソ連陣営（五五〇万ドル）、フランス（九四〇万ドル）、ベルギー（一九〇万ドル）、ラテン・アメリカ（三九〇万ドル）、アラブ（四〇万ドル）、その他（一四七〇万ドル）。JFKL, NSF, Countries, Box 27A, Memo for the President, "Financing United Nations Peace and Security Operations", November 11 1961.

(137) Luck, *Mixed Messages*, p. 229.

(138) Meg Greenfield, "The Lost Session at the U. N.", *Reporter*, May 6 1965, p. 15.

(139) 二国間援助の検討に関して、一〇月一〇日、国務省高官との会談において、ボンボコ外務大臣は、国連の枠外の「非公式の財政支援」を求めた。NARA, RG59, CDF, 1960-63, Box 1965, Memocon, Bomboko, Fredericks, October 10 1961; Tel 624, S of S to Leopoldville, October 13 1961 4:57 p. m; *FRUS*, 1961-1963, vol. XX, Editorial Note on Telephone converstion, Kennedy, Cleveland, November 22 1961, pp. 278-279.

(140) JFKL, NSF, Countries, Box 27A, Memo for the President, "Financing United Nations Peace and Security Operations", November 11 1961.

(141) JFKL, NSF, Countries, Box 27A, Memo for the President, "Financing United Nations Peace and Security Operations", November 11 1961.

(142) 一方、公債の利払いは国連の通常予算から行われることになっており、今後二五年に渡って通常予算で過去の平和維持活動経費を負担し続けねばならないことを意味した。Stoessinger and Associates, *Financing the United Nations System*, p. 124, 127.

(143) JFKL, NSF, Brubeck papers, Box 382A, Memo, "Meeting with the President, December 14, 1962 10:00 A. m., on the Congo", December 14 1962.

(144) *PPPUS*, 1962, Remarks Upon Signing the United Nations Loan Bill, October 2 1962, p. 731.

(145) 決議の前文は、「既存の状況において、特例的な財政的措置が求められており、そしてそのような措置は、国連の支出に対する将来の資金供与の前例と見做されるべきではない」と記したが、正確に言うと、国連が借款を受けることは、歴史上これが初めてではなかった。なぜなら国連は、ニューヨークの本部ビル建設の為に、三〇年返済の六五〇〇万ドルの無利子資金供与を米国から受けたからである。Stoessinger and Associates, *Financing the United Nations System*, p. 125.

（146）当時英国でもカタンガ・ロビーの動きが活発となっており、在ワシントン英国大使ゴアは、国連軍が二度目の武力行使に至るならば、英国議会が国連への資金提供を拒否する可能性があることを米国に伝えた。NARA, RG59, CDF, 1960–63, Box 1965, Tel 771, S of S to Leopoldville, November 7 1961 9:50 p. m ; U Thant, *View from the UN*, pp. 87–88.

（147）*AFP*, 1961, Resolution 1640（XV）adopted by the U.N. General Assembly, November 3 1961, p. 82

（148）ウ・タントは一九〇九年ラングーン（現・ヤンゴン）に生まれた。ラングーン大学卒業後、高校教員を務めた後、四七年からビルマ政府の広報担当者となった。四八年にビルマ政府広報大臣就任、五七年からビルマ政府国連代表部に勤務した後、六一年国連事務総長代理に選出された。JFKL, POF, Box 109, Memo, "Biographic Sketch of U Thant", undated ; Belk Papers, Box 4, Memo, "Bio-Data U Thant, Secretary General of the United Nations", undated.

（149）HIA, Ernest W. Lefever papers, Box 4, Note on Conversation with Jonathan Dean, U.S. Consul General to Elizabethville, August 30 1963.

（150）JFKL, POF, Subjects, Box 109, Memo for the President, "200,000,000 Bond Issue", January 18 1962.

（151）U Thant, *View from the UN*, p. 86 ; Urquhart, *Ralph Bunche*, p. 349.

（152）JFKL, Ball papers, Box 2, Telcon, the President, Ball, October 31 1961 1:05 p. m.

（153）Hoskyns, *The Congo : a chronology of events*, January 1960–December 1961, Part I, p. 18.

（154）これは資本の動きで顕著であった。六一年一〇月一七日、カタンガ国立銀行は、ベルギー国立銀行の帳簿上に存在した預金残高二億六三〇〇万ベルギー・フランの一部を、フランス・フランとポルトガルのエスクードへと交換した。また一二月一九日、カタンガ中央銀行は、保有するすべてのベルギー・フランを海外に送金するとの声明を発した。Boehme, "The Involvement of the Belgian Central Bank in the Katanga Secession", pp. 21–22.

（155）NARA, RG59, CDF, 1960–63, Box 1965, Tel 624, S of S to Leopoldville, October 13 1961 4:57 p. m ; JFKL, Hilman Papers, Box 1, Research Memorandum, "Chronology of Significant Events in the Congo, January 1959–December 21 1961", December 28 1961, p. 27.

（156）NARA, RG59, CDF, 1960–63, Box 1965, Tel 1196, Leopoldville to S of S, November 14 1961 9:51.

（157）*FRUS*, 1961–1963, vol. XX, footnote 1 on Tel 1527, New York to S of S, November 7 1961, p. 267.

（158）HIA, Ernest W. Lefever papers, Box 4, Department of State for the Press, November 10, 1961.

（159）*FRUS*, 1964–1968, vol. XXIII, CIA Memo, "Development in the Congo", August 25 1961, pp. 124–125.

(160) 米国は当初この支援に慎重であった。国務省は、コンゴ側からの空軍力増強の支援要請について、「『教官』という装いもと」でのパイロットの提供を検討したが、国連決議違反の可能性から、この要請をいったんは断った。その際懸念されたのは、米国の一国的支援に他国が追随する可能性であった。しかし再統合を促進するとの理由から、最終的に提供を決断した。*FRUS*, 1961–1963, vol. XX, Tel 1178, S of S to New York, November 9 1961, pp. 267–268 ; JFKL, Ball papers, Box 2, Telcon, Vance, Ball, November 12 1961 12:15 p. m ; NSF, Countries, Box 27A, Memo, "Special Report No. 53", December 12 1961.

(161) Hoskyns, *The Congo : a chronology of events, January 1960–December 1961, Part I*, p. 19.

(162) 国軍兵士が軍服を着たイタリア人兵士をチョンベの白人傭兵と間違えたのではないかという疑惑がある。U Thant, *View from the UN*, p. 135.

(163) NARA, RG59, CDF, 1960–63, Box 1965, Memorandum for the President, "Next Steps on the Congo", November 11 1961.

(164) *UNP*, 1946–1967 : Africa, SC res. S/5002, November 24 1961, pp. 37–38.

(165) NARA, RG59, CDF, 1960–63, Box 1965, Tel 1211, S of S to New York, November 11 1961 1:46 p. m.

(166) NARA, RG59, CDF, 1960–63, Box 1965, Memorandum for the President, "Next Steps on the Congo", November 11 1961.

(167) JFKL, NSF, Countries, Box 27A, Memocon, Kennedy, Spaak, "The Congo", November 20 1961.

(168) NARA, RG84, RFSPDS, USUNCSF, 1946–1963, Congo, Box 78, Memocon, Gore, Rusk, "British Urge Meeting between Adoula and Thombe", November 7 1961.

(169) *FRUS*, 1961–1963, vol. XX, Tel 674, Elisabethville to S of S, November 30 1961 ; footnote 5 on Tel 119, D of S to Luanda, December 1 1961, pp. 283–284.

(170) 一カ月前に国務省は、ダッドの非難を打ち消すための演説を、ヒューバート・H・ハンフリー（民主党・ミネソタ州選出）に行って貰い、またアフリカ局は、ストルゥーレンスの在留資格を問題として、彼を国外追放しようとしていた。しかしダッドのカタンガ派遣は、これらの措置を台なしにしかねないものであった。Weissman, *American Foreign Policy in the Congo*, pp. 159–160.

(171) ベルギー政府が行った措置は、以下の通り。(1)一一月一七日、国連安保理において、分離に「断固反対する」との公式声明を発表、(2)カタンガ憲兵隊従事のベルギー人のパスポートの没収、(3)外国籍の軍事政治顧問をカタンガから排除しようとした国連軍の活動を妨害した在エリザベスヴィルの領事官の召還、(4)五〇〇人のベルギー人技術者引揚げなど。

JFKL, Hilman Papers, Box 1, Research Memorandum, “Chronology of Significant Events in the Congo, January 1959–December 21 1961”, December 28 1961, p. 29 ; *FRUS*, 1961–1963, vol. XX, Tel 790, Brussels to S of S, October 31 1961, pp. 258–259.

（172）ダッドが果たした役割は、実態としてはケネディの路線にチョンベを引き付けるというよりは、チョンベの利益をケネディに伝えるものとなった。たとえばダッドは、ジャドヴィルとコルウェジの中心街においてチョンベは、彼が「人民の圧倒的支持」を得ており、黒人、白人を問わず「驚喜した群衆」の出迎えを受けているという印象を、ケネディに伝え続けた。JFKL, POF, Countries, Box 114, Tel unnumbered “Department Pass President Kennedy from Codel Dodd”, Luanda to S of S, December 2 1961 3:19 p. m.

（173）休戦協定を結んだものの、チョンベは、遵守の意志を欠いた。彼は、一〇月中旬から、傭兵雇い入れを加速し、フーガ・マジステール攻撃機四機、ドーニエル輸送機三機、キャンベラ機四機、また軽飛行機一二機以上を購入し、多額の現金とともに、三万丁のライフルを兵隊に配給した。JFKL, NSF, Countries, Box 27A, Memo, “Current Situation in the Congo”, December 6 1961 ; Memo, “UN Military Situation in Katanga and Department of Defence Views”, undated ; POF, Countries, Box 114, Tel unnumbered “Department Pass President Kennedy from Codel Dodd”, Luanda to S of S, December 2 1961 3:19 p. m.

（174）コンゴ和解委員会とは、一九六〇年一一月五日、コンゴ諮問委員会と国連事務総長の協議を経て作られた、コンゴ情勢の分析とコンゴ政府への支援のあり方を検討するための、国連の内部組織である。その構成は、主に国連軍への部隊提供国のうちの一五カ国の代表から成ったが、ルムンバの逮捕の報を受けて、アラブ連合、ギニア、インドネシア、マリが代表も引き上げたため、その数は一一国へ減った。U Thant, *View from the UN*, p. 128.

（175）JFKL, NSF, Country, Box 33, Tel 300, Addia Ababa, November 26 1962 8:40 p. m.

（176）James, *Britain and the Congo Crisis*, pp. 140–141.

（177）*FRUS*, 1961–1963, vol. XX, Memo from Rusk to Kennedy, “Course for the United States in View of Fighting in Katanga”, December 9 1961, pp. 299–302.

（178）JFKL, Ball papers, Box 2, Telcon, Cleveland, Ball, December 8 1961, 9 a. m ; NSF, Countries, Box 27A, Memo, “UN Military Situation in Katanga and Department of Defence Views”, undated.

（179）JFKL, POF, Countries, Box 114, Tel unnumbered, “Department Pass President Kennedy from Codel Dodd”, Luanda to

S of S, December 2 1961 3:19 p. m.

(180) Kennedy and Magennis, *Ireland, the United Nations and the Congo*, p. 189.

(181) JFKL, NSF, Countries, Box 28A, Memo, "Analysis of December 1961 UN Military Operations around Elisabethville", December 17 1962.

(182) TNA, FO 371/154891, No. 2358, Dean to FO, December 5 1961, cited in Kennedy and Magennis, *Ireland, the United Nations and the Congo*, p. 192.

(183) 現地国連軍の将校は、カタンガ憲兵隊が、国連軍のキャンプを個別撃破するために、各キャンプを相互に切り離そうとしているとニューヨークに報告し、これをうけてウ・タントは、攻撃命令を出した。彼は、マンモスと呼ばれたユニオン・ミニエールの施設の一つで、空港に向かう交差点近くにあった巨大なコンクリートタンクも、国連軍の攻撃目標にした。ここはユニオン・ミニエールが爆弾を作り、また装甲を強化した車両を傭兵に提供していると考えられた場所であった。JFKL, NSF, Countries, Box 27A, Memo, "Current Situation in the Congo", December 6 1961 ; Box 28A, Memo, "Analysis of December 1961 UN Military Operations around Elisabethville", December 17 1962.

(184) Department of State Bulletin, January 1 1962, cited in Weissman, *American Foreign Policy in the Congo*, p. 165.

(185) JFKL, NSF, Countries, Box 28A, Memo, "US control over resumption of hostilities in the Katanga", December 17 1962.

(186) 一二月六日、アフリカニストのグリオンが、ウィリアムズ、スティーブンソンと共に、ウ・タントやバンチと会談した際、グリオンはカタンガの通信センターおよび発電所の占拠を主張し、一時的にせよ国連にカタンガを統治する準備があるのかどうか、訊ねた。しかしバンチは、国連の武力行使はカタンガからの攻撃を受けた場合に限定したいとの考えを伝えた。NARA, RG59, GRDS, CDF, 1960-1963, Box 1967, Tel 1995, New York to S of S, December 7 1961 8:59 a. m.

(187) JFKL, NSF, Countries, Box 27A, Memo fcr the President, "Course for the United States in View of Fighting in Katanga", December 6 1961.

(188) *FRUS*, 1961-1963, vol. XX, Tel 739, Elisavethville to S of S, December 6 1961, p. 292.

(189) JFKL, Hilman Papers, Box 1, Research Memorandum, "Chronology of Significant Events in the Congo, January 1959-December 21 1961", December 28 1961, p. 31 ; Mahoney, *JFK*, p. 116.

(190) U Thant, *View from the UN*, p. 138.

(191) NAI, ELLEO 384, Ivan Smith to Linner, December 13 1961, cited in Kennedy and Magennis, *Ireland, the United Nations*

*and the Congo*, p. 200 ; Urquhart, *Ralph Bunche*, p. 350.

(192) JFKL, Hilsman Papers, Box 1, Memo, “Chronology of Post-Independence Conflict Between Tshombe's Provinvial Government and the Baluba of North-Central Katanga”, January 10 1962, p. 13.

(193) Dorn, “The UN's First “Air Force”: Peacekeepers in Combat, Congo 1960-64”, p. 1407.

(194) Kennedy and Magennis, *Ireland, the United Nations and the Congo*, pp. 17, 206.

(195) NARA, RG59, GRDS, CDF, 1960-1963, Box 1967, Tel 1995, New York to S of S, December 7 1961 9:01 a. m.

(196) ジャーナリスト達は、エリザベスヴィル最大のホテルの休憩室にカタンガ側が準備した特別情報府から、国連の残虐さと大領破壊の情報を提供され、米国やヨーロッパの新聞の記事にした。たとえば、反国連のセンセーションを呼び起こした、国連軍エチオピア兵による「赤十字」の人員殺害事件の真相が、エチオピア兵が「赤十字」の人員に偽装した傭兵を殺害した事件なのか、あるいは本当に兵士による残虐行為なのかどうか、あるいは単なる誤爆なのかどうか、当時不明であったが、カタンガ側にとって、格好の反国連プロパガンダの材料となった。他方、「赤十字」事件の真相は、やはり無規律なエチオピア兵が引き起こした事件であった。そもそも、途上国派遣部隊には、恩赦を与えられた元囚人の兵士が配属されることがあり、アークハートの説明によると、エチオピア隊の兵員は、悪質で、訓練もされておらず、誇大妄想的で危険な存在であったという。Urquhart, *A Life in Peace and War*, pp. 186, 188.

(197) Hoskyns, *The Congo since Independence*, p. 455.

(198) JFKL, Ball papers, Box 2, Telcon, Belgian Amb., Ball, December 13 1961 9:50 a. m.

(199) Mahoney, *JFK*, p. 116.

(200) JFKL, NSF, Countries, Box 27A, Memo, “President's Tlephone Conversations with the Secretary, December 13 1961”, December 13 1961.

(201) NARA, RG 59, CDF, Box 1967, Secto 9 from Paris, December 12 1961 6:30 A. m.

(202) NARA, RG59, GRDS, CDF, 1960-1963, Box 1977, Memo for Kaysen, “The Congo White Paper”, January 24 1963.

(203) *FRUS*, 1961-1963, vol. XX, Tosec 16, D of S to Rusk, December 11 1961, pp. 304-305 ; Mahoney, *JFK*, p. 117.

(204) Mahoney, *JFK*, pp. 118-119.

(205) *New York Times*, December 14 1961, January 12 1962.

(206) JFKL, Ball papers, Box 2, Telcon, Bundy, Ball, December 14 1961 9:30 a. m.

(207) Weissman, *American Foreign Policy in the Congo*, p. 171.
(208) JFKL, Ball papers, Box 2, Telcon, Gov. Stevenson, Ball, December 13 1961 5:50 p. m.
(209) JFKL, Schlesinger papers, Box WH-4, Memo from Schlesinger to Ball, "Congo", December 23 1961.
(210) JFKL, Ball papers, Box 2, Telcon, Secretary, Ball, December 11 1961 2:30 p. m; Telcon, Wallner, Ball, December 11 1961 2:40 p. m; NSF, Countries, Box 27A, Memocon, Kennedy, Rusk, Ball, "Congo", December 13 1961.
(211) JFKL, Ball papers, Box 2, Telcon, Gov. Stevenson, Ball, December 13 1961 5:50 p. m.
(212) 国務省は、チョンベとアドーラの和解交渉開始が、休戦条件となるべきだとした。*FRUS*, 1961–1963, vol. XX, Tosec 35, D of S to Rusk, December 12 1961; foot note 4 on Ball's press briefing, December 13 1961, pp. 306–307.
(213) JFKL, NSF, Countries, Box 28A, Memo, "US control over resumption of hostirity in the Katanga", December 17 1962.
(214) アフリカニストが懸念したのは、チョンベが、次の戦闘準備のために、休戦交渉を利用する可能性であった。それゆえスティーブンソンは、「チョンベに最も効果的な圧力を加える方法は、交渉開始の合意こそが唯一の休戦の条件であることだと、彼に知らしめることだ」と反対した。またグリオンや軍部からは、国連軍が武力行使を停止する場合には、国連の枠外で強制力を担保する必要があると考えていた。グリオンは、ＣＩＡとの協力を前提として、当時「サイゴンで機能していた米国情報評価委員会の設立」を強く進め、またこの案には軍部から強い支持が伝えられた。JFKL, Ball papers, Box 2, Telcon, Gov. Stevenson, Ball, December 13 1961 5:30 p. m; NSF, Countries, Box 28, Tel 1045, S of S to Leopoldville, December 15 1961; Memo for Bundy, "Information on the Congo", December 12 1961.
(215) JFKL, NSF, Countries, Box 27A, Memo, "President's Tlephone Conversations with the Secretary, December 13 1961", December 13 1961.
(216) *FRUS*, 1961–1963, vol. XX, Tel 1028, D of S to Leopoldville, December 14 1961, pp. 315–317.
(217) Mahoney, *JFK*, p. 120.
(218) JFKL, Ball papers, Box 2, Telcon, Bundy, Ball, December 14 1961 3:00 p. m.
(219) Urquhart, *Ralph Bunche*, pp. 350–351.
(220) *FRUS*, 1961–1963, vol. XX, Tel 1560, Leopolville to S of S, December 18 1961, pp. 325–327.
(221) NARA, RG84, RFSPDS, CGR, 1934–1963, Box 16 (Old 9), Tel 31, July 14, 1300, Brussels to S of S, July 15 1961 14:24.
(222) *FRUS*, 1961–1963, vol. XX, footnote 3 on Tel 2070, New York to S of S, December 11 1961, pp. 304–305; JFKL, NSF,

Countries, Box 28, Letter from Kirk to Bundy, December 15 1961.

(223) たとえばヴォルタ・ダム開発援助は、米国と英国の政策へのガーナの支持取り付けを期待して検討された可能性がある。*FRUS*, 1961–1963, vol. XX, Memocon, Kennedy, Macmillan, December 13 1961, pp 310–311; Tel 1489, Leopoldville to S of S, December 14 1961, pp. 313–315.

(224) *FRUS*, 1961–1963, vol. XX, Leopoldville to S of S, December 14 1961, pp. 313–315.

(225) マクギーのニクソン元副大統領の説得は失敗した。Mahoney, *JFK*, pp. 119–120.

(226) NARA, RG84, RFSPDS, CGR, 1934–1963, Box 14 (Old 7), Tel 384, Leopoldville to S of S, December 17 1961; RG 59, GRDS, CDF, 1960–1963, Box 1967, Tel 1556, Leopoldville to S of S, December 17 1961 11:00 p. m.

(227) *FRUS*, 1961–1963, vol. XX, Tel 616, Leopoldville to Paris, December 13 1961, pp. 307–308.

(228) Mahoney, *JFK*, p. 122; NARA, RG59, GRDS, CDF, 1960–1963, Box 1967, Tel 171515Z, Kennedy to Ball, December 17 1961; JFKL, NSF, Countries, Box 28, Memocon, Kennedy, Adoula, February 5 1962.

(229) Spaak, *The Continuing Battle*, p. 370.

(230) *FRUS*, 1961–1963, vol. XX, Tel 1594, Leopoldville to S of S, December 19 1961, pp. 329–330; Urquhart, *Ralph Bunche*, pp. 351–352.

(231) U Thant, *View from the UN*, p. 138.

(232) キトナが選定された背景には、チョンベがレオポルドヴィルでの会談を望まなかったことがある。アドーラは会談をレオポルドヴィルで行うことを希望したが、チョンベは身の安全が確保できないとして、レオポルドヴィル以外の場所を望んだ。JFKL, POF, Countries, Box 114, Tel unnumbered "Department Pass President Kennedy from Codel Dodd", Luanda to S of S, December 2 1961 3:19 p. m.

(233) NARA, RG59, GRDS, CDF, 1960–1963, Box 1967, Tel 1644, Leopoldville to S of S, December 24 1961 5:42 p. m.

(234) Mahoney, *JFK*, pp. 122–123; Urquhart, *Ralph Bunche*, p. 352.

(235) JFKL, POF, Countries, Box 114, Memo, "Next Steps on the Congo", May 14 1962, p. 8.

(236) Mahoney, *JFK*, p. 123.

(237) *FRUS*, 1961–1963, vol. XX, Editorial Note on Kitona Declaration, December 21 1961, p. 334.

## 第8章　カタンガ再統合

(1) NARA, RG84, RFSPDS, CGR, 1934-1963, Box 16 (Old 9), Tel 1083 December 21 4 p. m., D of S to Leopoldville, December 23 1961 1212.

(2) *FRUS*, 1961-1963, vol. XX, Tel 1615, Leopoldville to S of S, December 21 1961, pp. 335-336.

(3) JFKL, NSF, Countries, Box 28A, Memo, "US control over resumption of hostilities in the Katanga", December 17 1962.

(4) *FRUS*, 1961-1963, vol. XX, SNIE 65-61, "Main Elements in the Congo Situation", January 10 1960, pp. 2-11 ; JFKL, NSF, Countries, Box 28A, Research Memo RAF-51, "Congo : Prospects for National Reunification", August 31 1962.

(5) 六二年三月当時、コンゴの主要政治家がスイスの銀行口座に保有した資金額は、以下の通りであった。チョンベ、一一九三万スイス・フラン、四三〇〇万ベルギー・フラン。カロンジ、七四二万スイス・フラン。ムレレ、六二万五〇〇〇スイス・フラン。ギゼンガ、一六〇万ドル、三八万スイス・フラン。JFKL, POF, Subjects, Box 114, Airgram 354, Brussels to S of S, "Swiss Bank Holding of Some well-known Congolese Figures", Mach 18 1962.

(6) NARA, RG59, GRDS, CDF, 1960-1963, Box 1969, Tel 2403, New York to S of S, January 13 1962 6:41 a. m.

(7) JFKL, NSF, Countries, Box 28, Research Memo RAF-29, "Policy Alternatives in the Congo", March 29 1962 ; Brubeck papers, Box 382, Memo, "Effects of US-Congo Policy on US-European Policy", November 27 1962.

(8) NARA, RG59, GRDS, CDF, 1960-1963, Box 1971, Tel 2436, Leopoldville to S of S, March 28 1962 5:47 a. m. ; Tel 1691 Brussels to S of S, March 14 1962 7:28 a. m. ; JFKL, NSF, Countries, Box 28, Tel 4204, London to S of S, May 16 1962 2:26 a. m ; Box 33, Tel 847, D of S to Brussels, December 6 1962

(9) 一九六二年のユニオン・ミニエールの総売上額は、前年比で二割減の約二億ドルであった。またカタンガからはその他の輸出で二〇〇〇万ドルを稼いだ。JFKL, NSF, Countries, Box 33, Tel 800, S of S to Leopoldville, December 1 1962 5:18 p. m.

(10) ソシエテ・ジェネラルの子会社社長で元海軍大将のカークや在ブリュッセル米国大使マッカーサーは、ソシエテ・ジェネラルとユニオン・ミニエールの経営陣に接触し、チョンベに支払われている採掘権料、税金、株式配当等を、第三者預託にするよう説得した。また在ロンドン米国大使ブルースも、ユニオン・ミニエールの大株主の英国企業タンガニーカ・コンセッションズに接触した。さらにニューヨークのスティーブンソン大使も、ユニオン・ミニエールの株式を保有する投資銀行ラザード・フレールやアメリカン・メタル・クライマックスなどに接触した。JFKL, NSF, Countries,

Box 29A, Tel 1595, S of S to Brussels, December 27 1961 ; Box 30, Tel 1200, Brussels to S of S, January 4 1962 5:45 a. m. ; Tel 1206, Brussels to S of S, January 4 1962 6:30 a. m. ; Weissman, *American Foreign Policy in the Congo*, pp. 33, 178.

（11）六二年一月同社は、設備投資に振り向けることを理由に、予定の株式配当金の支払いを延期し、五月には一九八〇万ドルの配当金支払いの無期限延期を公表した。そしてその後一年間でカタンガは、予算の約二五%を失った。JFKL, NSF, Countries, Box 30A, Airgram A-254, Brussels to S of S, January 4 1962 ; Box 31, Tel 229, S of S to Brussels, August 7 1962 8:27 p. m. ; Gérald-Libois, *Katanga Secession*, p. 206.

（12）NARA, RG59, GRDS, CDF, 1960-1963, Box 1958, Desp 546, “Conversation with Ambassador Robert Rothschild on Various Congo Matters, in Particular the Present Position of Union Minière”, December 16 1960 ; JFKL, NSF, Countries, Box 30, Tel 1206, Brussels to S of S, January 5 1962 6:30 a. m.

（13）ガーディナ経由で国連の極秘電報を入手した国務省は、ユニオン・ミニエール人員の二五%が、カタンガの再統合への強固な反対論者だとの情報を得ていた。NARA, RG59, GRDS, CDF, 1960-1963, Box 1970, Tel 2266, Leopoldville to S of S, March 7 1962 9:40 p. m.

（14）JFKL, NSF, Countries, Box 30A, Tel 121, Brussels to S of S, July 20 1962 4:28 a. m. ; NARA, RG59, GRDS, CDF, 1960-1963, Box 1971, Tel 1691 Brussels to S of S, March 14 1962 12:04 a. m.

（15）NARA, RG59, GRDS, CDF, 1960-1963, Box 1970, Tel 1666, Brussels to S of S, March 9 1962, 6:45 p. m.

（16）マッカーサーの報告では、ノキンは、六一年一二月に就任したばかりで路線修正の力がないとされた。他方エドガー・ファン・デル・ストラーテンら「守旧派」重役は、分離継続を望んだ。JFKL, NSF, Countries, Box 31, Tel 58, Brussels to S of S, July 12 1962 1:34 a. m.

（17）NARA, RG84, RFSPDS, USUNCSF, 1946-1963, Congo, Box 78, Memo, “Union Miniere du Haut Katanga”, February 10 1961. 同社の概略については、第1章の註13を参照。

（18）JFKL, NSF, Countries, Box 30, Tel 3657, New York to S of S, May 5 1962 2:36 a. m.

（19）タンガニーカ・コンセッションズの社長チャールズ・ウォーターハウスは、チョンベを「政治的に最も有能な現地人」と評した。JFKL, NSF, Countries, Box 31, Tel 16, London to S of S, July 2 1962 5:21 p. m. ; Kent, John, “Lumumba and the Congo Crisis : Cold War and the Neo-Colonialism of Belgian Decolonization”, Miguel Bandeira Jerónimo and António Costa Pinto eds., *The Ends of European Colonial Empires : Cases and Comparisons* (London : Palgrave Macmillan, 2015), pp. 218–242.

(20) *FRUS*, 1961–1963 vol. XX, footnote 2 on Memo by General Taylor's assistant Colonel Lawrence Legere, December 26 1961, p. 339.

(21) JFKL, NSF, Countries, Box 28, Letter from Macmillan to Kennedy, May 25 1962 ; Mahoney, *JFK*, pp. 129–130.

(22) JFKL, NSF, Brubeck papers, Box 382, Memo, "Her Majesty's Government's Policy in the Congo", January 16 1962.

(23) TNA, FO 371/146635, JB 1015/130, Letter from Scott, June 22 1960 ; FO 371/161482, JB 103145/7, Letter from du Bouray, January 15 1962.

(24) NARA, RG59, GRDS, CDF, 1960–1963, Box 1831, Memocon, "Prime Minister Macmillan's Visit to Washington, April 27–29", April 28 1962.

(25) JFKL, NSF, Countries, Box 30A, Tel 3257, "Tel London's 4218 and 4228", S f S to Brussels, May 19 1962 5:26 p. m.

(26) JFKL, NSF, Brubeck papers, Box 382, Memo, "Our Congo Policy After the London Talks", May 21 1961.

(27) JFKL, Ball papers, Box 3, Telcon, McGhee, Ball, May 27 1962 10:30 a. m.

(28) JFKL, NSF, Countries, Box 30A, Tel 4223, London to S of S, May 16 1962 6:58 p. m ; Tel 4225, London to S of S, May 17 1962 1:08 a. m.

(29) Leif Hellström, *The Instant Air Force, The Creation of the CIA Air Unit in the Congo*, 1962 (Saarbrücken : VDM, 2008), pp. 28–32.

(30) JFKL, POF, Subjects, Box 114, Memo, "Briefing Material for the Visit of Prime Minister Adoula", February 3 1962.

(31) コンゴ人政治家クレオファス・カミタツと会談した米国国連代表部職員は、イサック・カロンジを除く議会上院の議員が、チョンベによって買収されていることを、国務省報告した。JFKL, NSF, Countries, Box 31, Tel 22, New York to S of S, July 3 1962 11:06 p. m ; Box 32A, CIA Information Report, TDCS-3/525, 61, October 18 1962 ; NARA, RG59, GRDS, CDF, 1960–1963, Box 1973, Tel 3134, Leopoldville to S of S, June 25 1962 3:51 a. m.

(32) 一二月の段階でチョンベの航空戦力は、以下の通りと推測された。ヴァンパイア・ジェット一～二機、フーガ・マジステール攻撃機一～六機、AT－六訓練機一〇～一二機（七機は確定）、ヘリコプター一～二機、輸送機一八～二七機。JFKL, NSF, Countries, Box 32A, Tel 613, Elisabethville to S of S, October 14 1962 7:39 a. m ; Box 28A, Memo, "Military Implementation of the US plan", December 17 1962 ; *The New York Times*, October 10 1962.

(33) NARA, RG59, GRDS, CDF, 1960–1963, Box 1977, Airgram A–57, "Joint Weeka No. 6", August 14 1962.
(34) JFKL, NSF, Brubeck papers, Box 382, Memo, "The Military Situation in the Congo", October 17 1962.
(35) JFKL, NSF, Countries, Box 30A, CIA Information Report 15363, June 21 1962.
(36) NARA, RG59, GRDS, CDF, 1960–1963, Box 1970, Tel 1363, S of S to Leopoldville, February 1 1962 5:20 p. m.
(37) インフレ率は、六一年で前年比四〇%、六二年で六〇%と急激な伸びであった。JFKL, POF, Countries, Box 114, Memo, "Next Steps on the Congo", May 14 1962, p. 16 ; Cleveland papers, Box 69, Memo, "Economic Problem and the Congo Nation Building", undated ; NSF, Brubeck papers, Box 383, Memo, "Proposal for U. S. Policy in the Congo", February 20 1963, p. 50.
(38) JFKL, NSF, Countries, Box 28A, Research Memo RAF–51, "Congo : Prospects for National Reunification", August 31 1962 ; Kent, *America, the UN and Decolonization*, pp. 94–95.
(39) NARA, RG59, GRDS, CDF, 1960–1963, Box 1977, Airgram 10, "Joint Weeka No. 2", July 17 1962.
(40) NARA, RG59, GRDS, CDF, 1960–1963, Box 1970, Tel 2528, D of S to New York, March 30 1962 6:17 p. m.
(41) 財政的苦況に鑑みてアドーラは、国軍は現在の規模から二〇〇〇人削減すべきと考えていた。JFKL, NSF, Countries, Box 28, Memocon, Kennedy, Adoula, February 5 1962.
(42) NARA, RG59, GRDS, CDF, 1960–1963, Box 1971, Airgram A–274, Memo, "Short Visit to Kindu", March 22 1962.
(43) JFKL, NSF, Countries, Box 31, Tel 56, New York to S of S, July 7 1962 12:32 a. m.
(44) TNA, PREM 11/3630, JB 1072/86, Record of a Conversation between the Foreign Secretary and the Belgian Foreign Minister in New York on Wednesday, September 26 1962.
(45) JFKL, NSF, Countries, Box 31, Tel 246, New York to S of S, July 25 1962 8:51 p. m.
(46) LBJL, SDAH, 1968, vol. I, Chapter IX, The United Nations, Box 4, Institutional and Financial Problems, undated, p. 4.
(47) その深刻さゆえに、ウ・タントは、国連軍の規模縮小をケネディに伝えねばならないほどであった。NARA, RG59, GRDS, CDF, 1960–1963, Box 1831, Memo, "Summary of Discussion Between the President and Prime Minister Macmillan on April 28, 1962 at the White House", April 28 1962.
(48) U Thant, *View from the UN*, p. 86.
(49) TNA, FO 371/161482, JB 103145/8, Memo from Chancery, January 13 1962 ; *The New York Times*, January 12 1962.

(50) NARA, RG59, GRDS, CDF, 1960–1963, Box 1970, Tel 2302, S of S to Brussels, March 3 1962 5:02 p. m.

(51) チョンベは、コスタリカ大使を買収し、カタンガの国家承認を取り付けようとした。他方国連軍は、チョンベがこの目的に二五〇万の拠出を認めたことを記す、六一年一一月一〇日付文書を入手した。これを受けて国務省は、訪米を望むチョンベの査証発給を遅らせ、またストルゥーレンスを資金受け渡し役とする嫌疑から、彼を逮捕、国外追放しようとした。その際、ＦＢＩは、ロバート・ケネディ司法長官の許可を得て、ストルゥーレンスとチョンベの電話盗聴で情報を集めた。しかし、捜査は違法性も疑われたため、ホワイトハウスは、国連公債問題にめどが立つまで、公表を見送った。Mahoney, *JFK*, pp. 137–138 ; NARA, RG59, GRDS, CDF, 1960–1963, Box 1970, Tel 1606, Brullsels to S of S, March 5 1962 11:15 a. m ; Box 1978, Tel 2546, Leopoldville to S of S, April 10 1962 10:40 a. m ; Airpouch 401 "Papers Relating to Costa Rican Recognition of Katanga", Leopoldville to S of S, April 12 1962 ; RG84, RFSPDS, CGR, 1934–1963, Box 15 (Old 8), Memo, "Contacts Between the State Department and Michel Struelens", January 31 1963.

(52) JFKL, NSF, Countries, Box 31, Tel 117, New York to S of S, June 14 1962 2:43 p. m.

(53) 集会には、ゴールドウォーター上院議員、ジャーナリストのヤーガンといった「カタンガ自由戦士支援のための米国委員会」の主立ったメンバーが参加し、約八万ドルを集めた。Gérald-Libois, *Katanga Secession*, p. 181.

(54) NARA, RG84, RFSPDS, CGR, 1934–1963, Box 26, Circular 1567, March 15 1962 2:13 p. m ; Weissman, *American Foreign Policy in the Congo*, p. 177 ; Stoessinger and Associates, *Financing the United Nations System*, pp. 126–130 ; *The New York Times*, June 29 1962.

(55) JFKL, NSF, Countries, Box 30A, Tel 4119, New York to S of S, June 27 1962 12:39 a. m.

(56) 公債売却資金は、額にして六二年七月から六三年六月の活動をカバーするだけのものであった。しかも国連公債売却は、いわゆる未達であった。最終的に国連事務局が手にした額は、一億七〇〇〇万ドルで、最大枠の二億ドルには届かなかった（ただしウ・タントは、一億一億七五〇〇万ドル程度の売上げを予想しており、その通りとなった）。そして一億七〇〇〇万ドル分のうち、八五〇〇万ドル分を一国で購入したのが、米国であった。ただし、既に指摘したように、米国の一億ドルの予算枠のうち議会は、七五〇〇万ドル分については、条件付きでの承認であったため、これは国連事務局にとって別の懸念材料となった。LBJL, SDAH, 1968, vol. I, Chapter IX, The United Nations, Box 4, Institutional and Financial Problems, undated, p. 2 ; JFKL, NSF, Countries, Box 30A, Tel 4110, New York to S of S, June 25 1962 10:31 p. m ; Box 31, Tel 246, New York to S of S, July 25 1962 8:52 p. m ; Finger, *American Ambassadors at the UN*, p. 133.

(57) NARA, RG59, GRDS, CDF, 1960–1963, Box 1970, Tel 3030, New York to S of S, March 10 1962, 6:14 a. m.

(58) NARA, RG59, GRDS, CDF, 1960–1963, Box 1970, Tel 2087, S of S to New York, February 13 1962 6:47 p. m.

(59) JFKL, NSF, Box 30A, Tel 3780, New York to S of S, May 19 1962 2:08 p. m.

(60) NARA, RG59, GRDS, CDF, 1960–1963, Box 1977, Airgram A-24, "Joint Weeka No. 3", July 24 1962; Box 1975, Tel 365, Elisabethville to S of S, August 31 1962 1:03 p. m.

(61) Urquhart, *Ralph Bunche*, p. 355; U Thant, *View from the UN*, pp. 140–141.

(62) JFKL, NSF, Countries, Box 28, Research Memo RAF-29, "Policy Alternatives in the Congo", March 29 1962.

(63) JFKL, NSF, Brubeck papers, Box 383, Memo, "Proposal for U. S. Policy in the Congo", February 20 1963, pp. 32-36.

(64) イスラエルは独立前からコンゴ情勢に強い関心を抱いており、六〇年五月、アドーラとイレオをイスラエルに招待し、コネクションを築いていた。ただし米国は、イスラエルの関与で「アラブ・イスラエル冷戦」の影響がコンゴに及び、ソ連とアラブ連合のギゼンガ派支援が再開することを懸念した。Zach Levey, "Israel's Involvement in the Congo, 1958–68: Civilian and Military Dimensions", *Civil Wars*, 6, no. 4, 2003, pp. 14-36; NARA, RG59, GRDS, CDF, 1960–1963, Box 1978, Memo to The Under Setcretary, "Memorandum to the President requesting his approval of small military aid shipment to the Congo", August 18 1962; Memo for the President, "Military aid to the Congo", September 7 1962; Memo from Strong, "Proposal for Israeli Retraining of the Congolese Forces", September 11 1962; Tel 465, Leopoldville to S of S, Augusut 26 1962 7:56 a. m; Tel 374, Brussels to S of S, August 31 1962 7:55 p. m; JFKL, NSF, Countries, Box 28A, Memo, "Congo Developments (U)", December 7 1962.

(65) とくにスパークは、ユニオン・ミニエールの協力取り付けのためにこの制裁案作成を求めていた。JFKL, NSF, Countries, Box 31, Tel 122, Brussels to S of S, July 20 1962 5:01 a. m; Tel 553, "Deptel 502 to London", S of S to London, July 26 1962.

(66) 「ウ・タント・プラン」が国連主導ではなく、米英ベルギーによって作られたことは、新聞でも報じられたが、スパークは、ソ連がこの事実を知ったうえで沈黙を保ったことに驚いていた。JFKL, NSF, Countries, Box 31A, Tel 351, Brussels to S of S, August 29 1962 4:03 p. m.

(67) JFKL, NSF, Countries, Box 28A, Memo, "Course of Action", August 2 1962; Box 33, Tel 1105, Leopoldville to S of S, November 12 1962 1:42 a. m. 主な内容は、(1)コンゴ議会の新憲法承認、(2)ユニオン・ミニエールから得た収入のカタ

ンガからレオポルドヴィルへの委譲、(3)カタンガ憲兵隊を組み込み、再編成された国軍の再訓練の実施、(4)チョンベ率いる政党コナカ党の中央政府の参加。*UNP, 1946–1967 : Africa*, pp. 435–439.

(68) NARA, RG84, RFSPDS, USUNCSF, 1946–1963, Congo, Box 79, Memo, "U Thant report on Congo", August 21 1962.

(69) 主な内容は、(1)ベルギーがその七五%を輸入停止にすることを含む、国際的な銅の輸出入禁止、(2)ベルギー政府の要請を受けて米国政府が七五%のコバルトの輸入停止であった。しかし英国、フランスの不参加で、国務省はこの計画の実効性に疑念を抱き続けていた。JFKL, NSF, Countries, Box 31, Tel 768, London to S of S, August 7 1962 8:23 p. m ; Box 33A, Circular 1108, December 15 1962 10:53 a. m.

(70) JFKL, NSF, Countries, Box 31, Sanitized CIA Tel 36242, "Latest Proposals of Katanga President Thsombe to Prime Minister Adoula Designed to Exploit the British-American Differences on Katanga Action", July 27 1962.

(71) *FRUS*, 1961–1963, vol. XX, Memo Ball to Kennedy, "Proposed Action on the Congo", August 3 1962, pp. 527–532 ; *UNP, 1946–1967* : Africa, S/5053/Add. 13, November 29 1962, Annex I, p. 439.

(72) NARA, RG59, GRDS, CDF, 1960–1963, Box 1975, Memocon, McGhee, Badre, "Progress of U Thant Plan", September 28 1962 ; JFKL, NSF, Brubeck papers, Box 382A, Memo, "New Policy on the Congo", December 13 1962.

(73) NARA, RG59, GRDS, CDF, 1960–1963, Box 1977, Airgram 75, "Joint Weeka No. 8", August 30 1962.

(74) JFKL, NSF, Countries, Box 31, Intelligence Note by Hilsman, "Implication of North Katanga Fighting", August 17 1962 ; Tel 456, Leopoldville to S of S, August 25 1962 3:57 a. m.

(75) NARA, RG84, RFSPDS, CGR, 1934–1963, Box 15 (Old 8), Memo, "U. S. Effort to Attain Peaceful Reconciliation", January 9 1963.

(76) Weissman, *American Foreign Policy in the Congo*, p. 133.

(77) NARA, RG59, GRDS, CDF, 1960–1963, Box 1975, Tel 743, Leopoldville to S of S, September 27 1962 5:37 a. m ; Memo, "Reply to Senator Dodd's Letter of September 18, 1962", September 25 1962.

(78) NARA, RG59, GRDS, CDF, 1960–1963, Box 1977, Airgram 125, "Joint Weeka No. 13", October 2 1962.

(79) JFKL, NSF, Countries, Box 28A, Memo, "Mission to the Congo September 25–October 19, 1962, Accompanied by Mr. Wayne Fredericks", October 22 1962.

(80) JFKL, Ball papers, Box 3, Telcon, Ball, Kaysen, September 30 1962 6:20 p. m ; NSF, Countries, Box 28A, Tel 414 S of S

to Elisabethville, November 5 1962 5:22 p. m.

（81） *FRUS*, 1961-1963, vol. XX, Tel 633, Leopoldville to S of S, September 13 1962, pp. 574-577.

（82） Namikas, *Battleground Africa*, p. 166; *The New York Times*, October 11 1962.

（83） *FRUS*, 1961-1963, vol. XX, Memo, "Talking Points for President in Luncheon meeting with Lord Home", undated, pp. 594-595; Memocon, Rusk, Ball, November 5 1962, pp. 647-651.

（84） 対してカタンガ駐留の国連軍部隊は、約九六〇〇人であった。JFKL, NSF, Brubeck papers, Box 382, Memo, "The Military Situation in the Congo", October 17 1962.

（85） *The New York Times*, October 21 1962.

（86） まったくの無関係とは言えない点として、中印国境警備で実績をあげた国連事務総長付軍事顧問リクーエの存在がある。彼は、五八年四月から六〇年二月まで国連緊急軍のスタッフを務めた後、同年二月から六月にかけて、中印国境警備を担った第一一三・インド旅団の組織化に尽力した。そしてこの功績を評価されて、准将から少将へ昇任した。HIA, Ernest W. Lefever papers, Box 4, Interview with Major General Indar Jit Rikhye, EWL and Austin W. Bach, N. Y. C., April 27, 1965, 11:00-1:00; Lefever and Joshua, *United Nations peacekeeping in the Congo*, p. 69.

（87） 当初ネルーは、議会の批判を受けて六三年一月の撤退を希望した。しかし同時期にマラヤ部隊（六〇〇人）、チュニジア部隊（一〇四七人）の引揚げがあり、国連軍全体で一七三六五人規模が一〇〇一〇人規模まで縮小される見通しがあったため、ウ・タントは、撤退期限の延長を要請した。JFKL, POF, Countries, Box 114, Memo, "Next Steps on the Congo", May 14 1962, p. 4; NSF, Countries, Box 33, Tel 1839 New York to S of S, November 16 1962 11:21 p. m; Rikhye, *Military Adviser to the Secretary-General*, p. 312.

（88） NARA, RG59, GRDS, CDF, 1960-1963, Box 1970, Memocon, Linner, Fredericks, March 12 1962.

（89） 原因の一つに考えられるのは、国連軍の設立期にハマーショルドが、「偽装された帝国主義」という非難を避けようとして、意図的に急進派アジア・アフリカ諸国を派遣隊に加える措置を執ったことがある。NARA, RG 59, GRDS, CDF, 1960-1963, Box 1954, Tel 121, New York to S of S, July 18 1960 5:03 a. m.

（90） 当時、派遣部隊の給与は一律ではなかった。このため、国連事務局は国連緊急軍の慣行に倣って、部隊派遣国の経済事情に応じた報酬を支払っていた。たとえば給与も、インド部隊が一人あたりの月額が一〇ドルだったのに対して、ブラジル部隊は七八〇ドルになるというばらつきが生じた。James, *Britain and the Congo Crisis*, p. 23.

(91) 第7章の註196も参照。Urquhart, *A Life in Peace and War*, pp. 186, 188.
(92) また国連側は、インド提供のキャンベラ機の引揚げも懸念した。JFKL, NSF, Countries, Box 32A, Memo, "India might withdraw troops from Congo", October 30 1962 3:30 p. m ; Tel 1571, New York to S of S, October 31 1962 7:58 p. m ; Box 33A, Tel 919, Elisabethville to S of S, December 14 1962 2:03 p. m.
(93) *FRUS*, 1961-1963, vol. XX, Memo by Kaysen, November 7 1962, pp. 651-653.
(94) JFKL, NSF, Countries, Box 28A, CIA Draft Memo, "Certain Consequence of the Withdrawal of UN Forces from the Congo", December 11 1962.
(95) JFKL, NSF, Brubeck papers, Box 382, Memo for the Secretary of State by Kaysen, November 1 1962.
(96) JFKL, NSF, Countries, Box 28A, Memo, "Congo", September 21 1962 ; Box 32A, Tel 1017, Leopoldville to S of S, October 27 1962 3:32 p. m ; Memocon, Kennedy, McGhee, October 31 1962 ; Brubeck papers, Box 382A, Memo, "Status of PL-480 Agreement with the Congo", December 17 1962.
(97) NARA, RG59, GRDS, CDF, 1960-1963, Box 1977, Airgram 225, "Joint Weeka No. 20", November 1962 ; Airgram 249, "Joint Weeka No. 23 for week of December 7-13", December 14 1962.
(98) *FRUS*, 1961-1963, vol. XX, Tel 1954, New York to S of S, November 26 1962, pp. 685-686 ; JFKL, NSF, Countries, Box 33, Tel 1105, Leopoldville to S of S, November 12 1962 1:42 a. m.
(99) JFKL, NSF, Brubeck papers, Box 382, Memo, "The Military Situation in the Congo", October 17 1962.
(100) JFKL, NSF, Brubeck, Box 382, Memo, "Meeting with the President on the Congo, Wednesday, November 7, 1962, at 4:00 P. M., Cabinet Room", November 8 1962 ; James, *Britain and the Congo Crisis*, p. 185.
(101) ただしまったくの未準備だったわけではない。ケネディの承認を得て国務省は、経済制裁の実施を含む「非常時作戦」の検討を開始したばかりであった。そしてこれが後に公表された「マクギー・プラン」の基礎となった。JFKL, Ball papers, Box 3, Telcon, Ball, Bundy, December 14 1962 11:05 a. m ; NSF, Countries Box 28A, Memo, "Congo Review", November 7 1962 ; Memo, "Report of Conversation with Secretary General U Thant on the Congo", December 16 1962.
(102) JFKL, NSF, Countries, Box 33, Tel 1178, Leopoldville to S of S, November 23 1962 2:13 p. m.
(103) NARA, RG59, GRDS, CDF, 1960-1963, Box 1977, Airgram 238, "Joint Weeka No. 21", November 30 1962.
(104) JFKL, NSF, Countries, Box 33, Tel 1321, Leopoldville to S of S, December 6 1962 5:59 p. m.

(105) JFKL, NSF, Brubeck, Box 382, Memo, "Meeting with the President on the Congo, Wednesday, November 7, 1962, at 4:00 P. M., Cabinet Room", November 8 1962.

(106) JFKL, NSF, Countries, Box 28A, Memo, "New Policy on the Congo", December 13 1962.

(107) JFKL, NSF, Countries, Box 28A, Memocon, Kennedy, McGhee, October 31 1962.

(108) Devlin, *Chief of Station, Congo*, p. 203.

(109) Hellström, *The Instant Air Force*, p. 36.

(110) JFKL, NSF, Countries, Box 32A, Circular 693, October 19 1962 ; Tel 680, S of S to Leopoldville, November 2 1962 ; NARA, RG84, RFSPDS, USUNCSF, 1946–1963, Congo, Box 79, Memo, "Attempt of Katanga Government to Collect Taxes from Mobil", May 21 1962. 当時のモービル石油副社長は、ハーター前国務長官の実子クリスチャン・ハーター・ジュニアであった。Weissman, *American Foreign Policy in the Congo*, p. 48.

(111) JFKL, NSF, Countries, Box 33, Tel 1204, Leopoldville to S of S, November 26 1962 5:30 p. m ; CIA Information Report TDCS-3/529,704, "Congo Premier Cyrille Adoula's Comments on the Current Parliamentary Crisis", November 28 1962.

(112) JFKL, NSF, Countries, Box 33, Tel 1245, Leopoldville to S of S, November 28 1962, 9:05 p. m.

(113) JFKL, NSF, Countries, Box 33, Tel 1901, New York to S of S, November 21 1962 1:58 a. m.

(114) JFKL, NSF, Countries, Box 33, Tel 1945, New York to S of S, November 25 1962 3:37 p. m ; Tel 1952, Leopoldville to S of S, November 26 1962 9:17 p. m.

(115) JFKL, NSF, Countries, Box 31, Sanitized CIA Tel 36242, "Latest Proposals of Katanga President Thsombe to Prime Minister Adoula Designed to Exploit the British-American Differences on Katanga Action", July 27 1962 ; NARA, RG59, GRDS, CDF, 1960–1963, Box 1975, Memocon, McGhee, Badre, "Progress of U Thant Plan", September 28 1962.

(116) JFKL, NSF, Brubeck, Box 382A, Memocon, Kennedy, Spaak, November 27 1962 4:00 p. m.

(117) *AFP*, 1962, Joint Statement, Kennedy, Spaak, November 27 1962, p. 909 ; *The New York Times*, November 28 1962. ちなみにこの会談の後ケネディは、共同市場の農業政策に理解を示す手紙をスパークに送った。JFKL, POF, Countries, Box 111A, Tel 892, Brussels to S of S, December 21 1961 4:34 p. m.

(118) JFKL, NSF, Countries Box 33, Tel 1243, Leopoldville to S of S, November 28 1962 4:39 p. m.

(119) NARA, RG84, RFSPDS, CGR, 1934–1963, Box 15 (Old 8), Memo, "U. S. Effort to Attain Peaceful Reconciliation",

January 9 1963.

(120) JFKL, NSF, Countries, Box 33, Tel 842, Elisabethville to S of S, December 3 1962 5:41 p. m.

(121) JFKL, NSF, Countries, Box 33A, Tel 858, Brussels to S of S, December 14 1962 6:50 p. m.

(122) JFKL, NSF, Countries, Box 33A, Tel 840, Brussels to S of S, December 12 1962 1:51 p. m.

(123) Mahoney, *JFK*, p. 151 ; JFKL, NSF, Countries, Box 28A, CIA Report, "Recent Development in the Congo", December 20 1962.

(124) 同局が選ばれた背景には、これまで意見が一致することがなかった、アフリカニストとヨーロピアニストの対立を回避する狙いがあった。JFKL, Ball papers, Box 3, Telcon, Ball, Kaysen, December 8 1962 11:45 a. m ; Hilsman, *To Move A Nation*, p. 266.

(125) HIA, Ernest W. Lefever papers, Box 4, Preliminary Conversation with Roger Hilsman, EWL-Washington, April 5 1964.

(126) JFKL, NSF, Countries, Box 28A, Memo, "New Policy on the Congo", December 13 1962.

(127) 援助の具体的内容は以下の通りである。六台の武装車両、三〇台のトラック、他の軍事装備、またマニラから六機のフィリピン航空機を輸送する。ウ・タントが望むならば、国連の空軍力を増強する。くわえて国防総省は、大統領の承認のもと、一月以降、「グリーン・プラン」に四〇〇万ドル拠出し、装備を一月末までに到着させる。統合参謀本部は、ただちに上級将校を派遣し、在コンゴ米軍部隊を守るために必要な調査を行い、またキプシ、ジャドヴィル、コルウェジを含む地域での国連軍の移動の自由を保証する国連軍の能力を調査する。JFKL, NSF, Countries, Box 33A, Tel 899, S of S to Leopoldville, December 17 1962 8:34 p. m ; Brubeck papers, Box 382A, Memo, "New Policy on the Congo", December 13 1962 ; Memo, "Meeting with the President, December 14, 1962 10:00 A. m., on the Congo", December 14 1962 ; Ball papers, Box 3, Telcon, Ball, Kennedy, December 15 1962 6:20 p. m.

(128) JFKL, Ball papers, Box 3, Telcon, Ball, Gilpatric, December 15 1962 2:55 p. m ; Telcon, Ball, Kennedy, December 15 1962 6:20 p. m.

(129) NARA, RG59, GRDS, CDF, 1960-1963, Box 1831, Memo from Cleveland, "Congo", December 15 1962.

(130) JFKL, NSF, Countries, Box 28A, Memo, "New Policy on the Congo", December 13 1962 ; Memo for the President, "Recommended Course of Action on the Congo", December 13 1962.

(131) ファイアストーンは、この時ウ・タントは米国からの軍事支援を喜んだと記すが、事実とは異なる。Firestone, *The*

*United Nations under U Thant*, pp. 7–8.

(132) JFKL, NSF, Brubeck papers, Box 382A, Top secret Memo, "For Stevenson", undated.

(133) JFKL, NSF, Countries, Box 28A, Memo, "Report of Conversation with Secretary General U Thant on the Congo", December 16 1962.

(134) JFKL, Ball papers, Box 3, Telcon, Ball, Kennedy, December 15 1962 6:20 p. m.

(135) JFKL, NSF, Countries, Box 33A, Tel 2426, New York to S of S, December 19 1962 10:25 p. m.

(136) JFKL, NSF, Countries, Box 28A, Memo, "Report of Conversation with Secretary General U Thant on the Congo", December 16 1962.

(137) この時のトルーマンの秘密任務の一つは、モブツと会談し、弱体化したアドーラ政権に対するクーデターの可能性を探ることであったようである。NARA, RG84, RFSPDS, CGR, 1934–1963, Box 15（Old 8）, Memo, "Truman Mission", January 7 1962（内容的には 1963 の間違い）; JFKL, Cleveland papers, Box 69, Memo, "Truman Mission",undated ; HIA, Ernest W. Lefever papers, Box 4, Interview with LT. General Louis W. Truman, Fort Mcpherson, Atlanta, Georgia, September 7, 1965, 2:30–4:00 p. m.

(138) *FRUS*, 1961–1963, vol. XX, Tel 1733, D of S to New York, December 21 1962, pp. 777–778.

(139) JFKL, NSF, Countries, Box 28A, Memo, "Report of Conversation with Secretary General U Thant on the Congo", December 16 1962 ; Frank R. Villafaña, *Cold War in the Congo : The Confrontation of Cuban Military Forces, 1960–1967* (New Brunswick : Transaction Pub, 2009), p. 60.

(140) JFKL, NSF, Countries, Box 33A, Tel 1452, December 18, 8 p. m., Leopoldville to S of S, December 18 1962 3:40 p. m.

(141) JFKL, NSF, Brubeck papers, Box 383, Report, "Congo Reintegration Settlement : A Review of Events Since Kennedy–Spaak Meeting", undated.

(142) JFKL, NSF, Brubeck papers, Box 383, Report, "Congo Reintegration Settlement : A Review of Events Since Kennedy–Spaak Meeting", undated ; Cleveland papers, Box 69, Memo, "Military Action in Katanga, December 24–January 21", March 13 1963.

(143) JFKL, NSF, Countries, Box 28A, Memo for the President, "Congo Issues", December 17 1962.

(144) HIA, Ernest W. Lefever papers, Box 4, Interview with General Christian Kaldager, EWL, Oslo, June 5, 9:00–10:40.

(145) JFKL, NSF, Countries, Box 33A, Tel 1462, Leopoldville to S of S, December 19 1962 12:10 p. m.
(146) JFKL, Cleveland papers, Box 69, Memo, "Talking Paper on the Congo", February 2 1963.
(147) JFKL, NSF, Countries, Box 31A, CIA Memo, "Katanga Military Forces Strength and Tactical Plans in Case of Renewed Hostilities", August 11 1962.
(148) JFKL, NSF, Brubeck papers, Box 383, Report, "Congo Reintegration Settlement: A Review of Events Since Kennedy-Spaak Meeting", undated.
(149) JFKL, Ball papers, Box 3, Telcon, Ball, Kaysen, September 30 1962 10:15 a. m.
(150) コルウェジには、カタンガから輸出される銅とコバルトの七五%の生産拠点があった。NARA, RG59, GRDS, CDF, 1960-1963, Box 1977, Memo for Kaysen, "The Congo White Paper", January 24 1963.
(151) JFKL, Ball papers, Box 3, Telcon, Ball, Rusk, December 30 1962 4:30 p. m ; Martin, *Adlai Stevenson and the World*, p. 751.
(152) *FRUS*, 1961-1963, vol. XX, Tel 1770, S of S to New York, December 29 1962, pp. 793-795 ; *The New York Times*, January 2 1963.
(153) JFKL, NSF, Countries, Box 33A, Tel 956 S of S to Brussels, December 29 1962 9:12 p. m.
(154) U Thant, *View from the UN*, pp. 142-143.
(155) JFKL, Cleveland papers, Box 69, Memo, "The Situation in the Congo", January 8 1963.
(156) U Thant, *View from the UN*, p. 143.
(157) JFKL, Ball papers, Box 3, Telcon, Williams, Ball, January 3 1963 10:30 a. m.
(158) TNA, FO 371/167245, JB 1051/21, Memo, "Congo", January 9 1963.
(159) JFKL, Cleveland papers, Box 69, Telephone Call to U Thant, January 9 1963 7:16 p. m.
(160) JFKL, Ball papers, Box 3, Telcon, Ball, Cleveland, December 31 1962 12:22 p. m.
(161) ケネディは、仮にインド部隊に死傷者がでるならば、インド世論がこれに我慢しないだろうと考えた。JFKL, NSF, Countries, 28A, Memo, "Meeting with the President on The Congo, Wednesday, October 31, 1962, 4:00 P. M.", November 1 1962.
(162) JFKL, Cleveland papers, Box 69, Memo, "Telephone Call to U Thant", January 9 1963 7:16 p. m ; *FRUS*, 1961-1963, vol.

XX, Tel 1756, Leopoldville to S of S, January 9 1963, pp. 822-825.

(163) Cable from Bunche to U Thant, January 4 1963, cited in Urquhart, *Ralph Bunche*, p. 358.

(164) Dorn and Bell, "Intelligence and Peacekeeping", pp. 18-25.

(165) JFKL, NSF, Brubeck papers, Box 382, Memo, "The Present Status of the Struelens Case", November 19 1962; Countries, Box 33A, Tel 1532, S of S to New York, December 6 1962 1:05 p. m.

(166) U Thant, *View from the UN*, p. 145.

(167) JFKL, Ball papers, Box 3, Telcon, Ball, Rusk, January 2 1963 3 p. m.

(168) TNA, FO 371/167245, JB 1051/22, Memo, "Congo", January 10 1963; Urquhart, *Ralph Bunche*, p. 359; Spaak, *The Continuing Battle*, p. 376.

(169) JFKL, NSF, Countries, Box 34, Tel 1023 Brussels to S of S, January 14 1962 9:30 p. m.

(170) NARA, RG59, GRDS, CDF, 1960-1963, Box 1977, Airgram 305, "Joint Weeka No. 29", January 25 1963.

(171) Personal note, January 21 1963, cited in Urquhart, *Ralph Bunche*, p. 360.

## 第9章　コンゴ動乱終結の余波

(1) JFKL, POF, Countries, Box 114, Memo, "Governor Williams' Meeging with the President Talking Points", January 29 1963.

(2) HIA, Ernest W. Lefever papers, Box 4, Interview with Ambassador Edmund Gullion, January 26 1964 90 minutes.

(3) U. S. Department Press Release, Address, January 17 1963, cited in Weissman, *American Foreign Policy in the Congo*, p. 191.

(4) 犠牲者数の内訳は、兵員二四五名、文民スタッフ五名。http://www.un.org/Depts/DPKO/Missions/onucF.html

(5) 六三年六月時のコンゴ国連軍経費未払い国は、以下の通りであった。アフガニスタン、アルバニア、ベルギー、ボリビア、白ロシア・ソ連、チリ、中華民国、コスタリカ、キューバ、チェコスロバキア、ドミニカ、エル・サルバドール、フランス、グアテマラ、ハイチ、ハンガリー、イラク、ヨルダン、メキシコ、モロッコ、ニカラグア、ニジェール、パナマ、ペルー、ポーランド、ポルトガル、ルーマニア、サウジ・アラビア、南ア、スペイン、シリア、トーゴ、ウクライナ・ソ連、ソ連、アラブ連合、アッパー・ボルタ、ウルグアイ、ベネズエラ、イエメン、ユーゴスラビア。Stoessin-

ger and Associates, *Financing the United Nations System*, pp. 310–311, 316 ; U Thant, *View from the UN*, p. 148.

（6） NARA, RG59, GRDS, 1960–1963, CDF, from 332/4–362 to 332.70G/8–160, Box 532, Tel 1553, "Congo and UNEF financing", D of S to New York, December 7 1962.

（7） 国連憲章第一九条「この機構に対する分担金の支払が延滞している国際連合加盟国は、その延滞金の額がその時までの満二年間にその国から支払われるべきであった分担金の額に等しいか又はこれをこえるときは、総会で投票権を有しない。ただし、総会は、支払の不履行がこのような加盟国にとってやむをえない事情によると認めるときは、その加盟国に投票を許すことができる。」Charter of United Nations, Article 19, Russell, *The United Nations and United States Security Policy*, p. 454.

（8） ナミカスの研究は、第一九条適用問題をめぐる米ソ関係の分析において秀逸である。本章も資料面などでナミカスの論文に多くを負っている。Lise Namikas, "A Silver–Lining : President Johnson and the U. N. Peace Keeping Budget Crisis of 1964–1965", *Diplomacy and Statecraft*, 15, no.3, 2004, pp. 513–612.

（9） *FRUS*, 1964–1968, vol. XXXIII, Memorandum for the Record, "Article 19", November 18 1964, Document 311.

（10） 当時の観察者は、アジア・アフリカ諸国の中には、メキシコのように、ソ連と同調して財政問題で国連事務局に攻撃的な国があったことを指摘する。Stoessinger, *Financing the United Nations System*, p. 117.

（11） 国連憲章第四三条「一．国際の平和及び安全の維持に貢献するため、すべての国際連合加盟国は、安全保障理事会の要請にもとづき且つ一又は二以上の特別協定に従って、国際の平和及び安全の維持に必要な兵力、援助及び便益を安全保障理事会に利用させることを約束する。この便益には、通過の権利が含まれる。二．前記の協定は、兵力の数及び種類、その出動準備程度及び一般的配置並びに提供されるべき便益及び援助の性質を規定する。三．前記の協定は、安全保障理事会の発議によって、なるべくすみやかに交渉する。この協定は、安全保障理事会と加盟国との間又は安全保障理事会と加盟国群との間に締結され、かつ、署名国によって各自の憲法上の手続に従って批准されなければならない。」Charter of United Nations, Article 43, Russell, *The United Nations and United States Security Policy*, p. 459.

（12） Jonathan Soffer, "All for One or All for All : The UN Military Staff Committee and the Contradictions within American Internationalism", *Diplomatic History*, 21 no. 1, 1997, pp. 45–69.

（13） Stoessinger and Associates, *Financing the United Nations System*, p. 107.

（14） 田所昌幸『国連財政』二五～二六頁。

(15) 国連憲章第一七条「一．総会は、この機構の予算を審議し、且つ、承認する。二．この機構の経費は、総会によって割り当てられるところに従って、加盟国が負担する。」Charter of United Nations, Article 17, Russell, *The United Nations and United States Security Policy*, p. 454.

(16) ただし国連創設時、この規定が厳しい罰則とみなされていなかった点には注意が必要である。なぜなら第一九条が定めたのは、経費支払い遅延によって加盟国が失うのは、投票権だけであって、総会における議席を失うわけではなく、しかも支払いの強制までは想定していなかったからである。Russell, *The United Nations and United States Security Policy*, p. 199.

(17) 戦後しばらくして米国議会は、三分の一を超える特別割り当てについて、国連総会ではなく、米国自身（たとえば議会）の承認を求めたため、五二年までにこの割合は三分の一に減少した。しかしアイゼンハワー政権は、国連の活動が米国の国益に適う場合には、特例として議会の承認のもとで、通常約四〇％の分担金を負担する慣行を継続した。Russel, *The United Nations and United States Security Policy*, pp. 339-341 ; Russell, "United Nations Financing and 'The Law of the Charter'", p. 75 ; Luck, *Mixed Messages*, pp. 226-227.

(18) この時期すでに米国は、朝鮮戦争時のような望ましい決議を必ずしも得られなくなっていた。たとえば五八年のレバノンのケースでは、米国は承認をとりつけることに失敗した。Russell, *The United Nations and United States Security Policy*, pp. 339-341, 440.

(19) 国連緊急軍の年間支出二〇〇〇万ドルのうちの半分は、米国が一国で負担した。NARA, RG84, RFSPDS, CGR, 1934-1963, Box 9 (Old 2), Tel 1000, D of S to New York, November 28 1960 7:41 p. m ; Finger, *American Ambassadors at the UN*, pp. 132-133.

(20) フランスは国連緊急軍の経費は払った。LBJL, NSF, Country, Box 289, CIA Report, "Peace Keeping Operations and the UN's Financial Problems", May 28 1964 ; *FRUS*, 1964-1968, vol. XXXIII, Memorandum from Bundy to Johnson, August 4 1964, Document 301.

(21) Firestone, *The United Nations under U Thant*, p. 64 ; Briscoe, *Britain and UN Peacekeeping*, p. 146.

(22) Greenfield, "The Lost Session at the U.N.", p. 15.

(23) 田所昌幸『国連財政』二七～二八頁。

(24) Norman Padelford, "A Financial Crisis and the Future of the United Nations", *World Politics*, 15, July 1963, pp. 531-568.

(25) JFKL, NSF, Countries, Box 27A, Memo for the President, “Financing United Nations Peace and Security Operations”, November 11 1961 ; POF, Box 109, Memo for the President, “$200,000,000 Bond Issue”, January 18 1962.

(26) Leo Gross “Expenses of the United Nations for Peacekeeping Operations : The Advisory Opinion of the International Court of Justice”, *International Organization*, 17, no. 1, 1963, pp. 1-35.

(27) JFKL, Cleveland Papers, Box 110, Memc from Klutznick, “UN Bonds”, February 14 1962 ; Finger, *American Ambassadors at the UN*, pp. 132-133.

(28) JFKL, NSF, Countries, Box 27A, Memo for the President, “Financing United Nations Peace and Security Operations”, November 11 1961.

(29) *PPPUS*, 1962, Annual Message to the Congress on the State of the Union, January 11 1962, pp. 10-12 ; Special Message to the Congress Transmitting a Bill for the Purchase of United Nations Bonds, January 30 1962, pp. 81-82.

(30) *FRUS*, 1961-1963, vol. XX, Editorial Note on Tel 1657, D of S to Leopoldville, March 26 ; Tel 5149, D of S to London, March 26 1961, p. 418

(31) *The New York Times*, March 9 1962, April 3 1962 ; *PPPUS*, 1962, The President's News Conference of March 21 1962, pp. 255-256.

(32) Stoessinger and Associates, *Financing the United Nations System*, pp. 126-129.

(33) *AFP*, 1962, Message from Kennedy to the Congress, Januay 30 1962, pp. 90-92.

(34) アイゼンハワーは第一九条適用論者であった。Eisenhower, *Waging Peace*, p 576.

(35) 投票結果は以下の通りであった。上院外交委員会で賛成七、反対八（対抗法案に対して）、上院本会議で賛成七〇、反対二二、下院本会議で、賛成二五六、一三四。Stoessinger and Associates, *Financing the United Nations System*, pp. 129-130.

(36) *The New York Times*, April 4 1962.

(37) Stoessinger and Associates, *Financing the United Nations System*, p. 125 ; Lefever, *Uncertain Mandate*, p. 203.

(38) *PPPUS*, 1963, Address before the Irish Parliament in Dublin, June 28 1963, p. 538.

(39) Greenfield, “The Lost Session at the U. N.”, p. 16.

(40) JFKL, Cleveland papers, Box 110, Memo, “Financing the United Nations”, April 20 1963 ; LBJL, SDAH, 1968, vol. I,

Chapter IX, The United Nations, Box 4, Institutional and Financial Problems, undated, pp. 6–7.

(41) 安保理常任理事国のフランスも同様の考えであった。LBJL, NSF, Country, Box 289, CIA Report, "Peace Keeping Operations and the UN's Financial Problems", May 28 1964; CIA Report, "The United Nations Financing and Peacekeeping Problems", July 23 1965; *The New York Times*, June 6, 13, 1963.

(42) *FRUS*, 1964–1968, vol. XIV, Editorial Note on Recording of a Tlephone conversation Johnson, McNamara, January 2 1964 3:20 p. m., Document 1.

(43) Namikas, "A Silver–Lining", p. 596.

(44) Department of State Bulletin, vol. L, No. 1280, January 6 1964, Address by President Johnson, "Keeping and Strengthening the Peace", December 13 1963, pp. 2–4.

(45) *AFP*, 1964, Address by the Secretary of State（Rusk）at Columbia University, New York, January 10 1961, pp. 56–66; Rusk, Dean, *The Winds of Freedom : Selections from the Speeches and Statements of Secretary of State Dean Rusk,* January 1961–August 1962（Boston : Beacon Press, 1963）, p. 304. なお歴史家マゾワーは、ラスクは歴代の米国国務長官のなかでも、外交上の国連の有用性を最も意識した人物だと評する。マゾワー『国際協調の先駆者たち』二一七～二一八頁。

(46) *FRUS*, 1964–1968, vol. XXXIII, Memo from Rusk to Johnson, undated, Document 287.

(47) Namikas, "A Silver–Lining", pp. 598–599.

(48) Department of State Bulletin, vol. L, No. 1291, March 23 1964, Statement by Cleveland "The Political Year of the Quiet Sun", February 27 1964, pp. 452–458.

(49) *FRUS*, 1964–1968, vol. XXXIII, Tel 3303, New York to S of S, March 6 1964, 7 p. m., Document 291.

(50) Finger, *American Ambassadors at the UN*, p. 135.

(51) *Pravda*, March 22 1964, cited in Namikas, "A Silver–Lining", p. 599.

(52) *FRUS*, 1964–1968, vol. XXXIII, Tel 100, New York to S of S, July 10 1964, 6 p. m., Document 298; Memorandum from Bundy to Johnson, July 11 1964, 7 p. m., Document 299.

(53) *FRUS*, 1964–1968, vol. XXXIII, Intelligence Note from Hughes to Rusk "The Soviet Letter of September 11, 1964 on UN Finanncing", September 18 1964, Document 303.

(54) *Washington Post*, August 2 1964 ; JFKL, Belk Papers, Box 4, Memo, "Your Meeting with United Nations Secretary-General U Thant on Thursday, August 6 1964", undated.

(55) LBJL, SDAH, 1968, vol. I, Chapter IX, The United Nations, Box 4, Institutional and Financial Problems, undated, p. 20 ; NSF, Country, Box 289, CIA Report, "Peace Keeping Operations and the UN's Financial Problems", May 28 1964 ; Finger, *American Ambassadors at the UN*, pp. 135.

(56) LBJL, NSF, Country, Box 289, CIA Report, "Peace Keeping Operations and the UN's Financial Problems", May 28 1964.

(57) *FRUS*, 1964-1968, vol. XXXIII, Memorandum from Bundy to Johnson, August 4 1964, Document 301

(58) *UNP*, 1946-1979, Europe, pp. 286-92 ; 1946-1967, the Middle East, pp. 645-52 ; 1946-1967, Asia, pp. 134-38.

(59) Firestone, *The United Nations under U Thant*, p. 64.

(60) LBJL, NSF, Country, Box 289, Memorandum, October 22 1964, obtained by FOIA, cited in Namikas, "A Silver-Lining", p. 601.

(61) LBJL, SDAH, 1968, vol. I, Chapter IX, The United Nations, Box 4, Institutional and Financial Problems, undated, pp. 28-30.

(62) *FRUS*, 1964-1968, vol. XIV, Memorandum of Conversation, November 13 1964, Document 71.

(63) Luck, *Mixed Messages*, p. 234.

(64) 米国は当時、全加盟国一一二カ国のうち七五カ国の賛成票を集める必要があった。しかしこの頃の国務省の見通しでは、仮にこの問題を提起しても多数の棄権が発生することが予見され、賛成票を投じるのはわずか四七カ国にとどまるとされた。*FRUS*, 1964-1968, vol. XXXIII, Memocon Rusk, Clevland, October 26 1964, 11:30 a. m., Document 308.

(65) LBJL, SDAH, 1968, vol. I, Chapter IX, The United Nations, Box 4, Institutional and Financial Problems, undated, pp. 20-21.

(66) *FRUS*, 1964-1968, vol. XXXIII, Memorandum from Cooper to Belk, October 21 1964, Document 307.

(67) 米国の延期支持の背景には、一〇月一六日のフルシチョフの失脚および英国総選挙での労働党の勝利といった事情が関係した。*FRUS*, 1964-1968, vol. XXXIII, Memorandum from Belk to Bundy, October 16 1964, Document 305.

(68) *FRUS*, 1964-1968, vol. XXXIII, Memocon, Rusk, Gromyko, November 30 1964, Document 316 ; Memocon Rusk, Gromyko, December 2 1964, Document 319.

（69） *FRUS*, 1964-1968, vol. XXXIII, Memorandum for the Record, November 18 1964, Document 311.

（70） LBJL, SDAH, 1968, vol. I, Chapter IX, The United Nations, Box 4, Institutional and Financial Problems, undated, p. 30.

（71） *FRUS*, 1964-1968, vol. XXXIII, Tel 1632, D of S to New York, December 24 1964, Document 322.

（72） これは、当初の考案者であるアフガニスタン外交官の名前にちなみ、パズワック計画と呼ばれたが、後にガーナ人の国連総会議長ケイソン・サッケイの名前にちなみケイソン・サッケイ計画として知られるようになった。

（73） *The New York Times*, December 20, 22, 1964.

（74） *FRUS*, 1964-1968, vol. XXXIII, Memo from Belk to Bundy, "Situation Report on the UN Financial Crisis", January 5 1965, Document 325.

（75） *The New York Times*, December 17 1964.

（76） *FRUS*, 1964-1968, vol. XXXIII, Telephone Conversation between Johnson to Stevenson, February 6 1965, Document 334; Memo from Chase to Bundy, "Article 19, Harlan Cleveland, and Meeting with President", February 12 1965, Document 337.

（77） この数字は六五年九月のものである。Lefever, *Uncertain Mandate*, pp. 200-201.

（78） *FRUS*, 1964-1968, vol. XXXIII, Tel 2647, New York to S of S, January 13 1965, 8:35 p. m., Document 327.

（79） LBJL, SDAH, 1968, vol. I, Chapter IX, The United Nations, Box 4, Institutional and Financial Problems, undated, p. 29.

（80） Finger, *American Ambassadors at the UN*, p. 136; U Thant, *View from the UN*, pp. 150-151.

（81） *FRUS*, 1964-1968, vol. XXXIII, Memorandum from Belk to Bundy, January 7 1965; footnote 6 on Replying to reporters by Stevenson, January 6 1965, Document 326.

（82） *FRUS*, 1964-1968, vol. XXXIII, Memorandum from Sisco to Rusk, "Session with Ambassador Stevenson on Article 19, 3:00 p. m. January 19$^{th}$", January 18 1965, Document 330.

（83） LBJL, NSF, Country, Box 289, CIA Report, "The United Nations Financing and Peacekeeping Problems", July 23 1965.

（84） *The New York Times*, February 21 1965.

（85） *The New York Times*, February 25 1965.

（86） *The New York Times*, February 21 1965.

（87） *FRUS*, 1964-1968, vol. XXXIII, Memorandum from Chase to Bundy, July 26 1965, Document 360.

(88) Namikas, "A Silver-Lining", p. 603.

(89) たとえば、五月四日、大統領補佐官バンディは、第一九条に関するソ連の対応は、どのようなものであれ、米国を満足させるものにはならないであろうとする覚書をジョンソン大統領に送った。*FRUS*, 1964-1968, vol. XXXIII, Memorandum from Bundy to Johnaon, May 4 1965, Document 351.

(90) LBJL, NSF, Country, Box 289, CIA Report, "The United Nations Financing and Peacekeeping Problems", July 23 1965.

(91) *FRUS*, 1964-1968, vol. XXXIII, Tel 4856, New York to S of S, June 4 1965, 2200Z, Document 354.

(92) *FRUS*, 1964-1968, vol. XXXIII, Tel 5112, New York to S of S, June 22 1965, 1815Z, Document 356.

(93) TNA, CAB-129/112, C(63)29, Memo, 'The Financing of United Nations Peacekeeping Operations', February 26 1963, cited in Briscoe, *Britation and UN PeaceKeeping*, p. 147.

(94) Porter Mckeever, *Adlai Stevenson : His Life and Legacy* (New York : William Morrow, 1989), p. 557 ; Martin, *Adlai Stevenson and the World*, pp. 854-55 ; Finger, *American Ambassadors at the UN*, p. 139.

(95) *The New York Times*, June 21 1965.

(96) *The New York Times*, June 26 1965.

(97) *FRUS*, 1964-1968, vol. XXXIII, Telephone Conversation Johnson, Goldberg, September 18 1965, 1:27 p. m., Document 368.

(98) *FRUS*, 1964-1968, vol. XXXIII, Memo from Goldberg to Johnson, "Legislative Reaction to U. S. Position on Article 19", August 5 1965, Document 363.

(99) *FRUS*, 1964-1968, vol. XXXIII, Circular Tel 248, D of S to All Posts, August 16 1965, Document 365.

(100) HIA, Ernest W. Lefever papers, Box 4, Interview with John T. Brickhead SG/Controler, EWL U. N., Wednesday February 23, 4.30-5.30, 1966.

(101) *FRUS*,1964-1968, vol. XXXIII, Tel 354, New York to S of S, August 12 1965, 2350Z, Document 364 ; LBJL, SDAH, 1968, vol. I, Chapter IX, The United Nations, Box 4, Institutional and Financial Problems, undated, p. 15.

(102) *The New York Times*, April 3, November 9 1966.

(103) *The New York Times*, September 19 1966.

## 終章　米国と国連の協働介入史としてのコンゴ動乱

（1）Lierde eds., *Lumumba Speaks*, pp. 422–423.

（2）国連の軍事顧問達は、現地の安定には最低三年から五年、状況次第では一〇年の国連軍の駐留が必要と予想した。NARA, RG59, GRDS, CDF, 1960–1963, Box 1965, Tel 1737, New York to S of S, November 22 1961 8:53 a.m.

（3）国連事務総長の軍事顧問リクーエが、再統合後に行った試算では、国軍再建には九〇〇〇人規模の国連軍の駐留が必要だと考えられた。しかし財政的理由からウ・タントは、六三年七月一日には部隊の規模を治安維持にも不充分な六〇〇〇人まで縮小せざるをえなかった。JFKL, Cleveland papers, Box 69, Memo, “Status Report on Cleveland Mission”, undated.

（4）なお急速に悪化する治安状況に鑑みて、当初予定では六三年一二月とされた撤退期限は、米国の働きかけで半年延長し、最終的に六四年六月三〇日となった。LBJL, SDAH, 1968, vol. II, Documentary Supplement, Part 3, Box 4, The Congo, undated, pp. 5–14.

（5）この同盟の構築の端緒は、六二年九月、アドーラが米国の仲介でイスラエルに軍事支援の要請したことにあった。そして六三年三月、コンゴ、ベルギー、イタリア、イスラエルとの間で、軍事協力協定が結ばれた。ただしイタリアは実際の支援は行わなかった。NARA, RG59, GRDS, CDF, 1960–1963, Box 1977, Airgram 91, “Joint Weeka No. 10”, September 11 1962 ; JFKL, POF, Countries, Box 114, Memo, “Retraining and Modernization of the Congolese National Army”, October 9 1963 ; Spaak, *The Continuing Battle*, p. 38.

（6）たとえばチョンベは二〇〇万ドルものベルギー国債を購入することで、ベルギー政府の動向に影響を与えようとした。HIA, Ernest W. Lefever papers, Box 4, Report of Luncheon discussion on December 10, 1964 between Herman Noppen.

（7）Finger, *American Ambassadors at the UN*, p. 136 ; U Thant, *View from the UN*, pp. 150–151.

（8）Weissman, *American Foreign Policy in the Congo*, p. 205.

（9）Kelly, *America's* Tyrant, p. 2.

（10）JFKL, Cleveland papers, Box 69, Memo, “Truman Mission”, undated ; HIA, Ernest W. Lefever papers, Box 4, Interview with LT. General Louis W. Truman, Fort Mcpherson, Atlanta, Georgia, September 7, 1965, 2:30–4:00 p. m.

（11）オッド・アルネ・ウェスタッド『グローバル冷戦史――第三世界への介入と現代世界の形成』（名古屋大学出版会、二〇一〇年）第6章。

(12) DDRS, Intelligence Memo, "The Congo's Latest Crisis : The Takeover of Union Miniére Du Haut Katanga", January 23 1967.

(13) 九〇年代のコンゴ人の実質賃金は、植民地時代の約一〇分の一へと低下した。Dayal, *A Life of Our Times*, p. 471 ; フランソワ＝グザヴィエ・ヴェルシャヴ『フランサフリック――アフリカを食いものにするフランス』（緑風出版、二〇〇三年）二三〇頁。

(14) HIA, Ernest W. Lefever papers, Box 4, Note on Conversation with Jonathan Dean, U.S. Consul General to Elizabethville, August 30 1963.

(15) Durch eds., *The Evolution of UN peacekeeping*, p. 316.

(16) おそらくこのことが、米国外交史研究において、米国政府による国連の利用を歴史実証的に論じる著作がきわめて少ない理由であろう。ただし皆無というわけではなく、通史的な概説書としては、Gary B. Ostrower, *The United Nations and the United States* (New York:Twayne Publishers, 1998) および John Allphin Moore and Jerry Pubantz, *To Create a New World ?: American Presidents and the United Nations* (New York : Peter Lang Publishing, 1999) の二冊を挙げうる。

(17) Statement before the Subcommitte on African Affairs of the Senate Foreign Relations Committee, January 18 1962, Rusk, *The Winds of Freedom*, p. 222.

(18) ただし二件だけ例外的事例が確認される。一つはルムンバの逮捕直後のスタンレーヴィルの事例である。当時この町を訪問したカルーチは反米感情の高まりを報告した。また六二年夏にアドーラが政治的苦境に陥った際も、彼の支持母体の一つである労働組会が米国の「新植民地主義」批判を行った。グリオン大使は、これを労働組合が米国を攻撃した初めてのケースと報告した。NARA, RG59, GRDS, CDF, 1960-1963, Box 1977, Airpouch 225, "Joint Weeka No. 6", December 22 1960 ; Airgram A-37, "Joint Weeka No. 4", August 2 1962.

(19) 日本人として国連事務次長を務めた明石康は、自身の経験を踏まえて、米国の国連政策に関する時期区分として、五六年から六三年までの時期を、米国がアジア・アフリカ諸国の国連を積極的に支持した時期と特徴づける。筆者もこの時期区分を妥当なものと考える。明石康『国連ビルの窓から――意見と回想』（サイマル出版会、一九八四年）二一五頁。

(20) 日本においては、日本語での訳し分けもあって、ハマーショルドの概念とのニュアンスの違いが言及される。とはいえ「予防外交」の概念も、国際秩序変化への対応という現実的要請から生まれたという意味で、ハマーショルドの「防止外交」との連続性を認めるのが一般的である。吉川元編『予防外交』（三嶺書房、二〇〇〇年）二八〜二九頁、横田洋三共編『アフリカの国内紛争と予防外交』（国際書院、二〇〇一年）三〇、一四九、三七九頁。

(21) 砂野幸稔『ンクルマ——アフリカ統一の夢』（山川出版社、二〇一五年）六七〜八四頁。

(22) Weissman, "What Really Happened in Congo", pp. 14-24.

# あとがき

本書は、私が修士論文執筆以来携わってきたコンゴ動乱研究のまとめである。名古屋大学大学院法学研究科提出の博士学位請求論文をもとに、加筆、修正を施した。また本書は、米国政府、英国政府、国連事務局職員の私文書、関係者の聞き取り調査史料などを用いた、国連をめぐる国際政治史研究でもある。本書各部分の初出掲載誌は以下の通りである。

第Ⅰ部

「コンゴ動乱のはじまり」（札幌大学『経済と経営』第四六巻一・二号、二〇一六年三月）

「コンゴ危機の史的背景――レオポルド二世とベルギー領コンゴ」（札幌大学『経済と経営』第四二巻一号、二〇一一年一一月）

「一九五〇年代アメリカの対アフリカ支援を巡る外交的ジレンマと多角的政策――コンゴ国連軍の起源に関する一考察」（『金城学院大学論集』第二〇五号、二〇〇四年三月）

第Ⅱ部

「コンゴ国連軍と反ルムンバ秘密工作――クーデターを支えた国連平和維持活動」（名古屋大学『法政論集』一九三号、二〇〇二年九月）

「コンゴ危機を巡る国連政治とパトリス・ルムンバの暗殺（一九六〇年九月～六一年一月）」（札幌大学『経済と経営』第四三巻一号、二〇一二年一一月）

「非介入の名のもとでの介入――ケネディ政権とコンゴ国連軍」（緒方貞子・半澤朝彦編著『グローバル・ガヴァナンスの歴史的変容――国連と国際政治史』ミネルヴァ書房、二〇〇七年四月）

第Ⅲ部

「コンゴ国連軍の武力行使を巡る国際政治とアメリカ政治（一九六一年八月～六一年一二月）」（札幌大学『経済と経営』第四四巻一・二号、二〇一四年三月）

「国連組織防衛の論理とカタンガ分離終結、一九六二～六三年」（益田実・青野利彦・池田亮・齋藤嘉臣編著『冷戦史を問いなおす――「冷戦」と「非冷戦」の境界』ミネルヴァ書房、二〇一五年一二月）

「ケネディ、ジョンソン政権と一九六〇年代の国連財政危機」（札幌大学『経済と経営』第四一巻二号、二〇一一年三月）

私が名古屋大学大学院に進学したのが一九九六年であり、この課題を追いかけて今年でちょうど二〇年になる。顧みるに、私が研究に乗り出した時期は、この研究領域の転換期であった。六〇年代に始まったコンゴ動乱を国内紛争と捉える研究動向がひとまず収束し、冷戦終結という時代状況と米欧での史料状況の好転を受けて、冷戦対立、米欧対立の国際的側面に焦点をあてる実証研究が、相次いで出版された。そして九四年の国務省資料集『米国の対外関係』の「コンゴ動乱」巻の公刊で、史料実証的研究が身近なものとなった。

一方でこの事件は、同時代史的には、米国ではウォルター・リップマンやデイヴィッド・ハルバースタム、スタンレー・ホフマン、あるいは日本では高坂正堯などの著名なジャーナリストや国際政治学者の関心を引いたにもかかわらず、その後、日本ではその史料実証的研究がほとんど存在しなかった。また国連平和維持活動の制度化の歴史は、冷戦期の出来事でありながらも、「米ソ協調」が垣間見られる興味深いテーマでもあった。そこで若干へそ曲がりな私は、まだ手つかずに思われたこの新領域に飛びついたのである。周囲からは、なぜこのテーマを選んだのか不思議がられることもしばしばだったが、私は「絶対に面白いはずだ」という直感に素直に従った。それは、途上国という「周縁」に現れる国際政治構造の解明への関心だったように思う。幸いなことに、大学院の指導教官である佐々木雄太先生が我が儘を受け入れてくださったのが、心の支えになった。そして先生のご指導のおかげで、修士論文をなんとか書き上げることができた。「真っ赤」に添削された修士論文の原稿は、今でも私の宝物である。

その後、一次史料に基づく研究を深めたいと考えた私は、博士後期課程の進学を機に、米国への研究留学を計画した。二〇〇〇年夏、結婚したばかりであったが、単身で海を渡った。学位は日本で取得する予定であったので、留学は、オーバリン大学、ノースキャロライナ州立大学、アリゾナ大学にそれぞれ半年から一年ほど滞在するつまみ食い的なものだった。各大学ではセミナーに参加しつつ、休みを利用して公文書館などをめぐった。奨学金が頼りの留学生活で、生活費を削って研究費を工面し、安宿に泊まりつつ、乗合バスで各地を回った。

この留学での最大の収穫は、世界的第一人者に直接教えを請うことができたことであった。まずノースキャロライナ州立大学では、キャロライン・プルーデン先生から、アイゼンハワー政権の国連政策に関する数々の史料を譲り受けた。また折しもベルギー議会でルムンバ暗殺事件の調査が始まっており、ベルギー人歴史家リュド・ド・ウィット氏からもルムンバ暗殺事件に関するベルギー議会資料をいただいた。さらに客員研究員として滞在したアリゾナ大学では、毎週のようにデイヴィッド・ギブス先生の研究室を訪ね、史料を批判的に分析する手法を教わった。ギブス先生のお宅で、クリスマス・ディナーをいただきながら、聞き取り調査の際の「嘘の見抜き方」の話を伺ったのは、今も忘れ難い。このような専門家との交流によって、自分の研究の位置づけ、他の研究との違いなどを強く意識できたことは、実に大きな収穫だった。

また現実政治の展開も私の研究に大きな影響を与えた。二〇〇一年、アリゾナでの生活を始めたちょうど一週間後に「九・一一」が勃発し、その後、米国政府が「テロとの戦争」に突入していくなか、なぜ米国は憎まれるのかという問題を深く考えさせられた。同じく米国政府が、アフガニスタンやイラクの戦後復興に国連を利用する姿勢をみせたことも、コンゴ国連軍の文民支援活動研究の現代的意義を再認識させる契機になった。さらに米国と「特殊関係」にある日本政府が、国際貢献の旗印のもとに国連を利用し、「パブリック・ディプロマシー」を重視しつつあったことは、コンゴ動乱でのエドムンド・グリオン大使の姿を想起させた。

それらの経験を経て私は、自分なりの問題意識を抱くようになった。具体的には、米国は戦後国際秩序形成において国連をどのように用いたのか、国連平和維持活動とは脱植民地化に伴う一九六〇年代の秩序変動の矛盾の産物ではないのか、あるいは、なぜコンゴ国連軍の歴史は偽りに彩られることになったのか、などの問題意識であった。帰国後、この問題意識のもとに幾つかの論文を発表し、幸運にも大学に職を得ることができた。しかしその後、これらを本とするには、思いのほか時間がかかった。校務や外部からの依頼の仕事に時間を割かざるをえなかったこともあるが、根本的な問題は、全体を貫く視角の確定に苦労したことであった。私は、本書を単なる論文集にしたくなかった。そこで基本に立ち返り、史料を読み返し、米欧の先行研究を読み解くことに専念した。

具体的な作業を始めたちょうどその頃、導きの糸となる二冊の本格的研究書が公刊された。それが序章でも紹介したリセ・ナミカスとジョン・ケントの研究である。実はナミカスの研究については、その博士論文が二〇一三年頃に書籍となることを、彼女から直接伺っており、公刊を心待ちにしていた。そしてナミカスの研究が伝統的な米ソ対立を軸とした冷戦史観であること、またケントの研究がギブス研究の再検証的性質を持つものであることを今一度確認できた私は、既存研究の限界点を踏まえた独自の研究視角を確定することができた。

それが本書の序章で論じた、三つの視角の設定と対米依存の進化と国連組織防衛の論理の交錯である。私は、かねてからこの事件に現れる米ソ冷戦と、米欧対立の様相をどのように位置づけるか苦慮しており、また事件の本質には、この二つの様相を繋ぐ別の問題があると考えてきた。そして最新の研究を読み解くうちに確信したのが、「介入資源の確保」の問題の重要性、国連組織が持つ独自の論理、さらにはそれらの論理が危機に与えた影響の重要性であった。すなわちこの紛争には、実力のない国連が関わったゆえに、米ソ対立と米欧対立を激化させたのではないかと考えたのである。そこで私は、国連の枠外の出来事が、「介入資源の確保」に苦しむ国連を介して現地の紛争処理に投影され、またそのことで国連組織が危機に陥る過程や、コンゴ情勢が複雑化した過程を描こうとした。これは比喩的に言えば、「防止外交」、「介入資源の確保」、米国という「構造的権力」の三つの視角の交錯を横糸とし、対米依存の深化と国連組織防衛の論理の相克を縦糸とする布を織る試みであった。この主張の妥当性については、皆様のご批判を賜りたい。

ただしその後の作業も一筋縄とはいかなかった。序章と終章を書き下ろし、全体構成を再構築し、全面的な書き下ろしのための加筆、修正を行わざるをえなかった。しかも初期の論文は、発表から既に一四年の歳月が流れており、続々と現れる新たな史料や研究成果に基づいて、可能な限り書き改める必要があった。脚注の記述方法を統一し、史料を再チェックする作業過程で、思わぬ間違いや、固有名詞の表現などに、修正の必要性を見出すこともあった。もちろん問題点は、今回、徹底的に洗い直したつもりである。校務の合間を縫って、わずかな時間を見つけては、史料を読み、原稿を修正し、寝ても起きても原稿のことを考えた。作業は根気のいるものだったが、研究者として至福の時でもあった。この作業に約五年の歳月を要した。こうしてできたのが、本書である。

ところで本書の刊行に至るまでには、数多くの方々のご指導、ご援助をいただいた。まず日本の関係者で真っ先に謝意を捧げたいのは、大学院生時代に指導していただいた、佐々木雄太先生、定形衛先生である。今から二〇年前、私は佐々木先生のご指導を賜りたいと願い、名古屋大学大学院に進学したが、先生は国際政治史研究のあり方、現実政治への問題意識の持ち方など、学問上の数々のご教示のみならず、私の世界観の形成に大きな力を与えてくださった。私が本書を仕上げる過程で幾度となく想起したことは、現在進行形の政治問題と過去との交錯であった。「力による秩序」へ退行しかねない現実世界において、国連はその歯止めとしての役割を果たしうるのか、ということである。また博論審査の主査を務めていただいた定形先生からは、「政治史とは矛盾を描く」ことなのだということを教わった。権力を握る者が矛盾を誤魔化す様子が本書の叙述に現れているのだとしたら、それは定形先生のご指導のおかげである。

また奉職する札幌大学の関係者にも感謝申し上げたい。一二年間にわたり、自由な雰囲気のもとで研究を進める環境を与えてくださった札幌大学は、私の第二の「母校」である。とくに経営学部におられた森杲、内田一秀、豊田太郎の各先生には、経済史、経営学の専門家として、研究会等を通じて様々な助言をいただいた。本書に社会経済史的叙述が垣間見られるのは、先生方の影響でもある。また少子化問題など、大学を取り巻く環境が激変するなかで私が研究を進めることができたのは、学問の府としての大学を守ろうと尽力されている山田玲良先生のおかげである。さらに付属図書館の渡部毅、研究支援部門の栄田晴美、佐々木敦子、野中よしの、彦田優子、三浦真一の各氏には資料収集、海外調査の支援などで助けていただいた。札幌での出会いがなければ、本書の誕生はなかった。

さらに研究仲間であり、学生時代からの友人でもある鈴木宏尚、山本健、吉留公太の各氏にも特別にお世話になった。私が研究者としてなんとかやってこられたのは、友人のおかげでもある。三氏は、戦後日本外交、欧州統合、米英関係研究など、その専門分野における気鋭の研究者であるが、学問を酒の肴にした彼らとの何気ない会話は、私の活力源であった。本書の随所にも、友人との雑談が活かされている。とくに山本氏と吉留氏には本書の最終段階の原稿に目を通していただいた。両氏からは、詳細なコメントをいただいたが、その多くが実に的確なものであった。深く感謝する次第である。

その他、研究会、学会等を通じて、様々な先生方にご指導、ご援助いただいた。まず大学院の先輩である太田正登、高山英男、佐藤信一、吉田修、橋口豊、同期である井上裕司、劉星、学部の先輩である窪田好男の各先生には、歩みの遅い私を気にかけていただいた。また冷戦史研究会の益田実、青野利彦、池田亮、小川浩之、齋藤嘉臣、芝崎祐典、清水聡、妹尾哲志、鳥潟優子、細田晴子、三宅康之の各先生との議論は、近接分野の世界的研究動向を知る貴重な機会であった。さらに国連史研究会での五十嵐元道、井上実佳、後藤春美、半澤朝彦、松本佐保、三牧聖子、村上友章の各先生との対話からも、研究上の知的刺激をいただいた。くわえて増田知子、三浦聡の両先生は、拙論の審査の労をお執りくださった。そして、北海道と学問が縁を結んでくれた、池本大輔、上杉忍、大塚秀之、小島基男、片山慶隆、川端正久、小林真之、菅原和行、瀬川高央、高橋進、松尾秀哉、若月秀和、横島公司の各先生との交流もありがたいものであった。最後に、すでに鬼籍に入られてしまったが、安藤次男、福田茂夫、前田慶穂、草間秀三郎、柳沢英二郎の各先生、友人の山中仁美さんと中村昭広君に、研究の成果を直接ご報告できないのは残念でならない。そのほか北海道アメリカ研究会、名古屋アメリカ研究会、名古屋国際関係合同ゼミナールの先生方、広島、茨城、東京、京都、愛知、北海道、留学時代の各方面の友人など、お世話になりながらも、ここにすべてのお名前を記すことができないのを心苦しく思う。ご容赦願いたい。

本書の刊行の実現は、出版環境が必ずしも良くないと聞く折に、これを快諾してくださったミネルヴァ書房のおかげである。担当してくださった編集部の田引勝二氏は、たいへんお忙しいなか、編集と校正の労をとってくださった。記して感謝したい。

最後に、私事に触れることもお許し願いたい。大学入学時には研究者になるとは夢にも思わなかった私が、これまで研究生活を送ることができたのは、両親の物心両面にわたる変わらぬ援助のおかげであった。幸いにして健在である父・義憲と母・玲子に本書を献呈できるのは、このうえない喜びである。また本書の完成までには、妻・真由美をはじめ家族の協力が不可欠であった。家族のいる名古屋と札幌を往復する生活が長かったため、子供たちには寂しい思いをさせ、また妻にもひとかたならぬ苦労をかけている。ここにも感謝の気持ちを表しておきたい。

なお本書の刊行には、平成二七年度札幌大学経済・経営学会出版助成の交付を受けた。

二〇一六年八月

赤とんぼの飛ぶ中島公園を眺めながら　三須拓也

## 国際政治・日本外交叢書

A5判　上製カバー

①アメリカによる民主主義の推進　猪口／コックス／アイケンベリー 編　本体七五〇〇円
②冷戦後の日本外交――安全保障政策の国内政治過程　信田智人 著　本体三五〇〇円
③領土ナショナリズムの誕生――「独島／竹島問題」の政治学　玄　大松 著　本体五八〇〇円
④冷戦変容とイギリス外交　齋藤嘉臣 著　本体五〇〇〇円
⑤戦後日米関係とフィランソロピー　山本　正 編著　本体五〇〇〇円
⑥アイゼンハワー政権と西ドイツ　倉科一希 著　本体五〇〇〇円
⑧戦後イギリス外交と対ヨーロッパ政策　益田　実 著　本体五〇〇〇円
⑨吉田茂と安全保障政策の形成　楠　綾子 著　本体五五〇〇円
⑩アメリカの世界戦略と国際秩序――覇権、核兵器、RMA　梅本哲也 著　本体六五〇〇円
⑪日本再軍備への道――一九四五～一九五四年　柴山　太 著　本体九〇〇〇円
⑫日本の対外行動――開国から冷戦後までの盛衰の分析　小野直樹 著　本体六〇〇〇円
⑬朴正熙の対日・対米外交　劉　仙姫 著　本体六〇〇〇円
⑭大使たちの戦後日米関係　千々和泰明 著　本体六〇〇〇円
⑮ヨーロッパ統合正当化の論理　塚田鉄也 著　本体六〇〇〇円
⑯北朝鮮　瀬戸際外交の歴史――一九六六～二〇一二年　道下徳成 著　本体四八〇〇円
⑰検証　インドの軍事戦略　長尾　賢 著　本体七〇〇〇円
⑱社会科学としての日本外交研究　川﨑　剛 著　本体六〇〇〇円
⑲戦後イギリス外交と英米間の「特別な関係」　橋口　豊 著　本体六五〇〇円

◉ミネルヴァ書房

# 「国際政治・日本外交叢書」刊行の言葉

日本は長らく世界のなかで孤立した存在を、最近にいたるまで当然のこととしていた。たしかに日本は地理的にも外交的にもアジア大陸から一定の距離を保ちつつ、文字、技術、宗教、制度といった高度な文明を吸収してきたといってよい。しかも日本にとって幸いなことに、外国との抗争は、近代に入るまでそれほど頻繁ではなかった。七世紀、一二世紀、一六世紀とそれぞれ大きな軍事紛争に日本は参加したが、平和な状態の方が時間的には圧倒的に長かった。とりわけ江戸時代には、中国を軸とする世界秩序から大きく離脱し、むしろ日本を軸とする世界秩序、日本の小宇宙を作らんばかりの考えを抱く人も出てきた。

日本が欧米の主導する国際政治に軍事的にも外交的にも参加するようになったのは、一九世紀に入ってからのことである。日本を軸とする世界秩序構想はいうまでもなく現実離れしたものだったため、欧米を軸とする世界秩序のなかで日本の生存を図る考えが主流となり、近代主権国家を目指した富国と強兵、啓蒙と起業（アントルプルナールシップ）の努力と工夫の積み重ねが、すなわち日本の近代史であった。ほぼ一世紀前までに日本は欧米の文明国から学習した国際法を平和時にも戦争時にも遵守し、規律のある行動を取るという評判を得ようとした。それが義和団事変、日清戦争、日露戦争の前後である。

だが、当時の東アジアは欧米流の主権国家の世界ではなく、むしろ欧米と日本でとりわけ強まっていた近代化の勢いから取り残され、貧困と混乱と屈辱のなかで民族主義の炎が高まっていった。日本は東洋のなかで文明化の一番手であればこそ、アジアの心を理解できるはずだったが、むしろ欧米との競争に東洋の代表として戦っていると思い込み、アジアの隣人は日本の足枷になるとの認識から、彼らを自らの傘下に置くことによってしか欧米との競争に臨めないとの考えに至ったのである。

しかし、その結果、第二次世界大戦後には欧米とまったく新しい関係を育むことが出来るようになった。しかも一九世紀的な主権国家を軸とする世界秩序から、二〇世紀的な集団的安全保障を軸とする世界秩序を経験し、さらには二一世紀的なグローバル・ガバナンスを軸とする世界秩序が展開するのを眼前にしている。二一世紀初頭の今日、世界のなかの日本、日本の外交、そして世界政治についての思索が、今ほど強く日本人に求められている時はないといってもよいのではなかろうか。

われわれは様々な思索の具体的成果を「国際政治・日本外交叢書」として社会に還元しようとするものである。この叢書では、国際政治・日本外交の真摯な思索と綿密な検証を行う学術研究書を刊行するが、現代的な主題だけでなく、歴史的な主題も取りあげ、また政策的な主題のみならず、思想的な主題も扱う。われわれは所期の目的達成の産婆役としての役割を果たしたい。

二〇〇六年六月一日

編集委員　五百旗頭真・猪口孝・国分良成
白石隆・田中明彦・中西寛・村田晃嗣

《著者紹介》
三須拓也（みす・たくや）
1972年　広島県福山市生まれ。
1996年　立命館大学法学部卒業。
1999年　名古屋大学大学院法学研究科博士課程前期課程修了。
2005年　名古屋大学大学院法学研究科博士課程後期課程単位取得満期退学。札幌大学経営学部専任講師，准教授，教授などを経て，
現　在　東北学院大学法学部教授。博士（法学）。
著　作　『冷戦史を問いなおす――「冷戦」と「非冷戦」の境界』共著，ミネルヴァ書房，2015年。
『紛争解決　アフリカの経験と展望』共著，ミネルヴァ書房，2010年。
『グローバル時代の国際政治史』共著，ミネルヴァ書房，2008年。
『グローバル・ガヴァナンスの歴史的変容――国連と国際政治史』共著，ミネルヴァ書房，2007年。
翻　訳　O・A・ウェスタッド『グローバル冷戦史――第三世界への介入と現代世界の形成』共訳，名古屋大学出版会，2010年。

国際政治・日本外交叢書⑳
コンゴ動乱と国際連合の危機
――米国と国連の協働介入史，1960～1963年――

2017年4月20日　初版第1刷発行　〈検印省略〉

定価はカバーに
表示しています

著　者　三　須　拓　也
発行者　杉　田　啓　三
印刷者　大　道　成　則

発行所　株式会社　ミネルヴァ書房
607-8494　京都市山科区日ノ岡堤谷町1
電話代表　(075)581-5191
振替口座　01020-0-8076


太洋社・新生製本

ISBN978-4-623-08017-5
Printed in Japan

# 人名索引

## あ　行



## か　行

## さ　行



## た　行



## な　行

## は 行



## ま 行

## や 行



## ら・わ 行

# 事項索引

## あ 行



## か 行

## さ　行



## た・な　行



## は　行

## ま　行



## や　行



## ら　行



## わ　行



## 欧　文

# 参考文献

## 未公刊史料


（米国）

Columbia University Rare Book & Manuscript Library (CUL), New York

Andrew Cordier Papers

Dwight D. Eisenhower Presidential Library (DDEL), Abilene, Kansas

Ann Whitman File (AWF),

-Cabinet Series

-DDE Diary Series

-NSC Series

Christian C. Herter Papers

White House Office (WHO)

-National Security Council Staff

-Office of the Staff Secretary

-Office of the Special Assistant for National Security Affairs (OSANSA)

-Special Assistant Series

U. S. Council on Foreign Economic Policy (USCFEP)

Gale Digital Collections, Declassified Documents Reference System (DDRS)

http://gdc.gale.com/products/declassified-documents-reference-system

Hoover Institution Archives (HIA), Stanford, California

Ernest W. Lefever Papers

Robert D. Murphy Papers

John F. Kennedy Presidential Library (JFKL), Boston, Massachusetts

Papers of Presiden Kennedy

-National Security Files (NSF)

-President Office Files (POF)

Arthur Schlesinger Papers

Edmund A. Gullion Papers

George W. Ball Papers

Harlan Cleveland papers

Roger Hilsman Papers
Smuel E. Belk Papers

Library of Congress (LC), Manuscript Division, Washington, DC
Harriman Papers

Lyndon B. Johnson Presidential Library (LBJL), Austin, Texas
National Security File (NSF)
State Department Administrative History (SDAH), 1968
Recordings and Transcripts of Telephone Conversations and Meeting (RTTCM)

National Archives and Records Administration (NARA), College Park, Maryland.
RG59 General Records of the Department of State (GRDS), Central Decimal File (CDF) 1960–1963
Subject Numeric File (SNF) 1963-1965
RG84 Foreign Service Posts of the Department of State (FSPDS), 1934–1950, 1956–1963
U. S. Mission to The United Nations Central Subject Files (USUNCSF), 1946–1963
Records of the Foreign Service Posts of the Department of Statte (RFSPDS), Belgian Congo & Repbulic of Congo U. S. Embassy and Consulate, Leopoldvill Classified General Records (CGR) 1934–1963
RG226 Records of the Office of Strategic Services (ROSS), 1919–2002.

Princeton University Library, Princeton, New Jersey
Adlai E. Stevenson Papers

University of California, Los Angeles, Library (UCLAL), California
Ralph J. Bunche papers

University of Connecticut, Library (UCL), Connectiut

(英国)

The National Archives (TNA), Kew
Foreign Office (FO)
Prime Minister's Office Files

(国際連合)

United Nations Archives (UNA), New York

United Nations Dag Hammarskjöld Library (DHL)
http://www.un.org/depts/dhl/

公刊資料

Chambre des Représentants de Belgique, ENQUÊTE PARLEMENTAIRE, visant à déterminer les circonstances exactes de l'assassinat de Patrice Lumumba et l'implication éventuelle des responsables politiques belges dans celui-ci, 16 novembre 2001, DOC 50, 0312/006/v4. (DOC 50, 0312/006 の要約版・*CRB Rapport*).

Cordier, Andrew W. and Wilder Foote, eds., *Public Papers of the Secretaries-General of the United Nations (PPSGUN),*

*Vol. III : Dag Hammarskjöld, 1956–1957* (New York : Columbia University Press, 1973).

*Vol. IV : Dag Hammarskjöld, 1958–1960* (New York : Columbia University Press, 1974).

*Vol. V : Dag Hammarskjöld, 1960–1961* (New York : Columbia University Press, 1975)

Documents on Canadian External Relations *(DCER),*

*Vol. 27, 1960.*

*Vol. 28, 1961.*

*Vol. 29, 1962–1963.*

http://www.international.gc.ca/history-histoire/documents-documents.aspx?lang=eng

Galambos, Louis, and Daun Van Ee eds., *The Paper of Dwight David Eisenhower : The Presidency : Keeping the Peace (PDDE),* (Baltimore : The Johns Hopkins University Press, 2001)

*Vol. XX*

*Vol. XXI*

Gott, Richard, John Major, and Geoffrey Warner, eds., *Documents on International Affairs, 1960 : Issued under the auspices of the Royal Institute of International Affairs,* (London : Oxford University Press, 1964).

Higgins, Rosalyn, *United Nations Peacekeeping, Documents and Commentary (UNP),*

*1946–1967, the Middle East* (London : Oxford University Press, 1969).

*1946–1967, Asia* (London : Oxford University Press, 1970)

*1946–1967, Africa* (London : Oxford University Press, 1980)

*1946-1979, Europe* (London : Oxford University Press, 1981)
Johnson, Walter ed., *The Paper of Adlai E. Stevenson*, VIII (Boston : Little Brown and Company, 1979).
Jules Gérard-Libois and Benoît Verhaegen, *Congo 1960* (Brussels : CRISP, 1961).
———, *Congo 1964* (Princeton : Princeton University Press, 2016).
———, *Congo 1965* (Princeton : Princeton University Press, 2016).
United Nations.
A/70/132-Report of the Independent Panel of Experts established pursuant to General Assembly resolution 69/246.
———, *Yearbook of the United Nations* (*YUN*), *1960, 1961, 1962, 1963*, (New York : United Nations, Office of Public Information).
U. S. Congressional Record.
U. S. Congress, Senate Select Committee To Study Governmental Operations With Respect to Intelligence Activities, *Alleged Assassination Plots Involving Foreign Leaders : An Interim Report, Senate Report no 94-465*, 94th Congress, 1st Session *(USS Report)*, (Washington : U. S. Government Printing Office, 1975). 米上院特別委員会報告（毎日新聞社外信部訳）『CIA 暗殺計画』（毎日新聞社, 1976 年）。
The Belgian Congo and Ruanda-Urundi Information and Public Relations Office, *Belgian Congo, vol. II*, 1960.
The Hammarskjöld Commission, The Report of the Commission of Inquiry on whether the evidence now available woud justify the United Nations in reopening its inquiry into the death of Secretay-General Dag Hammarskjöld, pursuant to General Assembly resolution 1759 (XVII) of 26 October 1962 (The Hague, September 9 2013)
U. S. Department of State, *American Foreign Policy : Current Documents* (*AFP*), *1958, 1959, 1960, 1961, 1962, 1963, 1964, 1965, 1966*, (Washington : U. S. Government Printing Office).
http://catalog.hathitrust.org/Record/003914530
———, American Foreign Policy, *1950-1955 : Basic Documents.* 2 volumes (Washington : U. S. Government Printing Office).
http://catalog.hathitrust.org/Record/001158193
———, *Foreign Relations of the United States (FRUS)*, (Washington : U. S. Government Printing Office).
———, *1958-1960, vol. II*, United Nations.

———, *1958-1960, vol. XIV*, Africa.
———, *1958-1960, vol. XVI*, East Asia-Pacific Region ; Cambodia ; Laos.
https://history.state.gov/historicaldocuments/frus1958-60v16
———, *1961-1963, vol. V*, Soviet Union.
———, *1961-1963, vol. XX*, Congo Crisis.
———, *1961-1963, vol. XXV*, United Nations.
http://history.state.gov/historicaldocuments/frus1961-63v25
———, *1964-1968, vol. XIV*, Soviet Union.
https://history.state.gov/historicaldocuments/frus1964-68v14
———, *1964-1968, vol. XXIII*, Congo.
———, *1964-1968, vol. XXXIII*, Organization and Management of Foreign Policy ; United Nations.
https://history.state.gov/historicaldocuments/frus1964-68v33
———, *U. S. Department of State bulletin.*
*Confidential Files U. S. State Department Central Files (CFUSSDCF)*, Congo, Microfilm.
U. S. Government, *Public Papers of the Presidents of the United States (PPPUS)*, (Washington : U. S. Government Printing Office).
———, 1961, John F. Kennedy.
———, 1962, John F. Kennedy.
———, 1963, John F. Kennedy.
外務省国際連合局『国際連合総会の事業』(外務省国際連合局)
第一五回（上下），第一六回（上下），第一七回（上下），第一八回（上下）。
Pierre Wigry, *A Ten Year Plan For The Economic and Social Development of the Belgian Congo* (New York : Belgian Government Information Center, 1951).

**回顧録**

Alexander, Henry. T., *African Tightrope : My Two Years As Nkrumah's Chief of Staff* (New York : Praeger, 1966).
Ashton, Nigel, *Kennedy, Macmillan and the Cold War : The irony of interdependence* (New York : Palgrave Macmillan, 2002).
Ball, George W., *The Past Has Anoter Pattern* (New York : Norton, 1982).
Blouin, Andrée, *My country, Africa : Autobiography of the black pasionaria* (New York : Praeger, 1983).
Bowles, Cheser, *Promises to Keep : My Years in Public Life 1941-1969* (New York :

Harper & Row, 1971).
Dayal, Rajeshwar, *Mission for Hammarskjold : The Congo Crisis* (Princeton : Princeton University Press, 1976).
———, *A Life of Our Times* (New Delhi : Orient Longman, 1998).
Devlin, Lawrence, *Chief of Station, Congo : Fighting the Cold War in a Hot Zone* (New York : Public. Affairs, 2007).
Doyle, David W., *True Men and Traitors : From the OSS to the CIA, My Life in the Shadows* (New York : John Wiley & Sons, 2001).
Eisenhower, Dwight D., *Waging Peace : The White House Years, 1956-1961* (New York : Doubleday and Co., 1965).
Gaiduk, Ilya V., *Divided Together : The United States and the Soviet Union in the United Nations 1945-1965* (Washington, DC : Woodrow Wilson Centre Press, 2012).
Hoyt, P. E. Michael, *Captive in the Congo : A Consul's Return to the Heart of Darkness* (Annapolis : Naval Institute Press, 2000).
Johnson, Lyndon, *The Vantage Point : Perspectives of the Presidency, 1963-1969* (London : Rinehart, and Winston, 1971).
Kanza, Thomas, *The Rise and Fall of Patrice Lumumba : Conflict in the Congo* (London : R. Collings, 1978).
———, *Evolution and Revolution in Africa* (Cambridge : Schenkman Publishing, 1974).
Khrushchev, Nikita, *Khrushchev Remenbers : The Last Testament* (London : Andoré Deutsch, 1974).
Macmillan, Harold, *Pointing the Way, 1959-1961* (London : Macmillan, 1972).
Morrow, John H., *First American Ambassador to the Guinea* (New Brunswick : Rutgers University Press, 1968).
Murphy, Robert, *Diplomat Among Warriors* (New York : Doubleday, 1964).
O'Brien, Connor Cruise, *To Katanga and Back : A UN Case History* (New York : Simon and Schuster 1966).
———, *Memoir : My Life and Themes* (Dublin : Poolbeg Press, 1998).
Rikhye, Indar Jit, *Military Adviser to the Secretary-General : U. N. Peacekeeping and the Congo Crisis* (London : Hurst and Co., 1993).
Scott, Ian, *Tumbled House : The Congo at Independence* (London : Oxford University Press, 1969).
Shevchenko, Arkady N., *Breaking with Moscow* (New York : Alfred A. Knopf, 1985).

アルカジー・N・シェフチェンコ（読売新聞外報部訳）『モスクワとの訣別』（読売新聞社，1985年）。

Spaak, Paul-Henri, *The Continuing Battle : Memoirs of A European 1936-1966* (Boston : Little Brown and Company, 1971).

Struelens, Michel, *The United Nations in the Congo : or O. N. U. C., and International Politics* (Brussels : Max Arnold, 1976).

Timberlake, Clare Hayes, *First Year of Independence in the Congo* (Unpublished Master's thesis, George Washington University, 1963).

Urquhart, Brian, *A life in Peace and War* (New York : WW. Norton and Co, 1987). ブライアン・アークハート（中村恭一訳）『炎と砂の中で』（毎日新聞社，1991年）。

U Thant, *View from the UN* (London : Newton Abbot, 1977).

Von Horn, Major General Carl C. *Soldiering for Peace* (New York : David McKay, 1967).

Wadsworth, James, J., *The Glass House* (New York : Frederick A. Praeger, 1966).

### 新聞・雑誌

*Africa special report*

*African World*

*Fortune*

*Harper's*

*Metal Bulletin*

*The New York Times*

### 二次文献

（外国語書籍）

Abi-Saab, Georges, *The United Nations Operation in the Congo 1960-1964* (London : Oxford University Press, 1978).

Acherson, Neal, *The King Incorporated* (London : Granta Books, 1999).

Anstey, Roger, *King Leopold's Legacy* (London : Oxford University Press, 1966).

Anthony III, David Henry, *Max Yergan : Race Man, Internationalist, Cold War* (New York : New York University Press, 2006).

Akenson, Donald Harman, *CONOR : A Biography of Conor Cruise O'Brien : Antology* (Ithaca : Cornell University Press, 1994).

Arkhurst, Frederik S. ed., *U. S. Policy toward Africa* (New York : Praeger, 1975).

Balandier, Georges, *Daily Life in the Kingdom of the Kongo* (New York : George Allen

and Unwin, 1968).
Bat, Jean Pierre, *La fabrique des barbouzes : Histoire des réseaux Foccart en Afrique* (Paris : Nouveau Monde, 2015).
Bill, James A., *George Ball : Behind the Scenes in U. S. Foreign Policy* (New Haven, Conn : Yale University Press, 1997).
Birminghamn, David, and Phyllis M. Martin, eds., *History of Central Africa, vol. 1 and 2* (London : Longman, 1983).
Blum, William, *Killing Hope : U. S. Military and CIA Interventions since World War II* (Monroe : Common Courage Press, 1995).
Boahen, A. Adu, *Africa Under Colonial Domination, 1880-1935, Abridged Edition* (Berkeley : University of California Press, 1990).
Briscoe, Neil, *Britain and UN Peacekeeping, 1948-1967* (New York : Palgrave Macmillan, 2003).
Buell, Raymond Leslie, *The Native Problem in Africa, vol. II* (London : Frank Cass, 1965).
Claude, Inis L., *Swords into Plowshares : The Problems and Progress of International Organization* (New York : Random House, 1988).
Cohen, Warren I., and Nancy Bernkopf Tucker eds., *Lyndon Johnson Confronts the World : American Foreign Policy, 1963-1968* (New York : Cambridge University Press, 1994).
Coleman, Francis L., *The Northern Rhodesia Copperbelt, 1899-1962* (Manchester : Manchester University Press, 1971).
Colvin, Ian, *The Rise and Fall of Moise Tshombe : A Biography* (London : Frewin, 1968).
Cookey, S. J., *Britain and the Congo Question, 1885-1913* (New York : Humanities Press, 1968).
Davidson, Basil, *Africa in History* (New York : Collier Books, 1974).
Cordier, Andrew W., and Wilder Foote eds., *The Quest for Peace : The Dag Hammarskjöld Memorial Lectures* (New York : Columbia University Press, 1965).
Crockatt, Richard, *The Fifty Years War : The United States and the Soviet Union in World Politics 1941-1991* (London : Routledge, 1996).
Cull, Nicholas J., *The Cold War and the United States Information Agency American Propaganda and Public Diplomacy, 1945-1989* (New York : Cambridge University Press, 2009).

Depelchin, Jaques, *From the Congo Free State to Zaire (1885–1974): Towards a Demystification of Economic and Political History* (London : Codesria, 1992).

De Witte, Ludo, *The assassination of Lumumba* (London : Verso, 2001).

Dobbins, James, Seth G. Johes, Keith Crane, Andrew Rathmell, Brett Steele, Richard Teltschik, Anga Timilsina, *The UN's* role *in Nation-Building : from the Congo to Iraq* (Santa Monica : Rand Corporation, 2005).

Doyle, Arthur Conan, *The Crime of the Congo* (London : Hutchinson and Co., 1909).

Doyle, David W., *True Men and Traitors : From the OSS to the CIA* (New York : John Wiley & Sons, 2001).

Dunn, Kevin C., *Imaging the Congo : The International Relations of Identity* (New York : Palgrave Macmillan, 2003).

Durch, William J. eds., *The Evolution of UN peacekeeping : Case Studies and Comparative Analysis* (London, Palgrave Macmillan1993).

Eckes, Alfred E., *The United States and the Global Struggle for Minerals* (Austin : University of Texas Press, 1979).

Emerson, Rupert, *From Empire to Nation : The Rise to Self-Assertion of Asian and African Peoples* (Cambridge : Harvard University Press, 1960).

Epstein, Howard M., *Revolt in the Congo, 1960–1964* (New York : Facts on File, Inc, 1965).

Ewans, Martin, *European Atrocity, African Catastrophe : Leopold II, the Congo Free State and its Aftermath* (Routledge Curzon, 2002).

Farrant, Leda, *Tippu Tip and the East African Slave Trade* (London : Hamish Hamilton, 1975).

Fedorowich, Kent, and Martin Thomas eds., *International Diplomacy and Colonial Retreat* (London : Frank Cass, 2001).

Fetter, Bruce, *The Creation of Elisabethville* (Stanford : Hoover Institution Press, 1976).

Fieldhouse, D. K., *Unilever Overseas : The Anatomy of a Multinational 1895–1965* (Stanford : The Hoover Institution Press, 1978).

Finger, Seymour Maxwell, *American Ambassadors at the UN* (New York : Holmes & Meier, 1988).

Firestone, Bernard J., *The United Nations under U Thant, 1961–1971* (Lanham, Md : The Scarecrow Press, 2001).

Frankel, Herbert, *Capital Investment in Africa : Its course and effects* (New York : Howard Fergig 1969).

Fursenko, Aleksandor and Timothy Naftali, *Khrushchev's Cold War : The Inside Story of an American Adversary* (New York : W. W. Norton & Company, 2006).

Gann, L. H., and Peter Duignan, *The Rulers of Belgian Africa : 1884-1914* (Princeton : Princeton University Press, 1979).

Gerard, Emmanuel, and Bruce Kuklick, *Death in the Congo : Murdering Patrice Lumumba* (Cambridge : Harvard University Press, 2015).

Gérald-Libois, Jules, *Katanga Secession* (Madison : The University of Wisconsin Press, 1966).

Gibbs, David N., *The Political Economy of Third World Intervention : Mines, Money, and U. S. Policy in the Congo Crisis* (Chicago : The University of Chicago Press, 1991).

Gifford, Prosser, and William Roger Louis eds., *The Transfer of Power in Africa : Decolonization, 1940-60* (New Heaven : Yale University Press, 1982).

Giglio, James N., *The Presidency of John F. Kennedy* (Lawrence, The Universiry Press of Kanzas, 1991).

Gold, Dore, *Tower of Babble : How the United Nations has fueled golobal chaos* (New York : Crown Forum, 2004).

Goldschmidt, Walter, eds., *The United States and Africa* (New York : Frederick A. Praeger, 1963).

Gordenker, Leon, *The UN Secretary-General and the Maintenance of Peace* (New York : Colombia University Press, 1967).

Gran, Guy eds., *Zaire : The Political Economy of Underdevelopment* (New York : Praeger, 1979).

Gunther, John, *Inside Africa* (New York : Harper, 1955). ジョン・ガンサー（土屋哲訳）『アフリカの内幕（全二巻)』(みすず書房, 1956, 1957年)。

Harskovits, Melville, *The Human Factor in Changing Africa* (New York : Alfred A. Knopf, 1962).

Heinz, G. and H. Donnay, *Lumumba : The Last Fifty Days* (New York : Grove Press, 1969).

Helmreich, Jonathan E., *Gathering Rare Ores, The Diplomacy of Uranium Acquisition 1943-1954* (Princeton : Princeton University Press, 1986).

———, *United States Relations with Belgium and the Congo, 1940-1960* (Newark : University of Delaware Press, 1998).

Heller, Peter B., *The United Nations under Dag Hammarskjold* (Lanham, Md : Scarecrow Press, 2001).

Hellström, Leif, *The Instant Air Force, The Creation of the CIA Air Unit in the Congo, 1962* (Saarbrücken : VDM, 2008).

Hempstone, Smith, *Rebels, Mercenaries, and Dividends* (New York : Frederick A. Praeger, 1962).

———, *Katanga Report* (London : Faber and Faber, 1962).

Hickey, Dennis and Kenneth C. Wylie, *An Enchanting Darkness : The American Vision of Africa in the Twentieth Century* (East Lansing : Michigan State University Press, 1993).

Higginson, John, *A Working Class in the Making : Belgian Colonial Labor Policy, Private Enterprise, and the African Mineworker, 1907-1951* (Madison : The University of Wisconsin Press, 1989).

Hill, Robert A., and Edmond J. Keller, *Trustee for the Human Community : Ralph J. Bunche, the United Nations, and the Decolonization of Africa* (Athens : Ohio University Press, 2010).

Hilsman, Roger, *To Move A Nation, The Politics of Foreign Policy in the Administration of John F. Kennedy* (New York : Doubleday, 1967). ロジャー・ヒルズマン（浅野輔訳）『ケネディ外交——ニューフロンティアの政治学（上・下）』（サイマル出版会，1968年）。

Hilsman, Roger and Robert C. Good eds., *Foreign Policy in the Sixties : The Issues and the Instruments* (Baltimore, The Johns Hoplins Press, 1965).

Hochchild, Adam, *King Leopold's Ghost* (London : Macmillan, 1998).

Hoskyns, Catherine, *The Congo : a chronology of events, January 1960-December 1961, Part I & II* (London : Oxford University Press, 1962).

———, *The Congo since Independence : January 1960-December 1961* (London : Oxford University Press, 1965). キャサリン・ホスキンス（土屋哲訳）『コンゴ独立史』（みすず書房，1966年）。

House, Arthur H., *The U. N. in the Congo : The Political and Civilian Efforts* (Washington, DC : University Press of America, 1978).

Hovet, Thomas, *Africa in the United Nations* (Evanston : Northwestern University Press, 1963).

Howe, Russel Warren, *Along the Afric Shore : An historic review of two centuries of U. S. -African relations* (New York : Harper & Row, 1975).

Hughes, Matthew, *The Central African Federation, Katanga and the Congo Crisis, 1958-65* (Salford : European Studies Research Institute, 2003).

Ikambana, Peta, *Mobutu's Totalitarian Political System : An Afrocentric Analysis*

(New York : Routledge, 2012).
James, Alan, *Britain and the Congo Crisis, 1960–1963* (London : Macmillan, 1996).
Jackson, Henry F., *From the Congo to Soweto : U. S. Foreign Policy Toward Africa since 1960* (New York : William Morrow and Co., 1982).
Jerónimo, Miguel Bandeira and António Costa Pinto eds., *The Ends of European Colonial Empires : Cases and Comparisons* (London : Palgrave Macmillan, 2015).
Jordan, Robert S. ed., *Dag Hammarskjold Revisited : The UN Secretary-General As a Force in World Politics* (Durham : Carolina Academic Press, 1983).
Kalb, Madeleine, *The Congo Cables : The Cold War in Africa- From Eisenhower to Kennedy* (New York : MacMillan, 1982).
Kaplan, Lawrens S., *NATO and the UN : A Pcuriar Relationship* (Columbia : University of Missouri Press, 2010).
Kennedy, Michael and Art Magennis, *Ireland, the United Nations and the Congo* (Portland : Four Courts Press, 2014).
Kennes, Erik and Miles Larmer, *The Katangese Gendarmes and War in Central Africa : Fighting Their Way Home* (Bloomington : Indiana University Press, 2016).
Kitchen, Helen, eds., *Footnotes to the Congo Story : An "Africa Report" Anthology* (New York : Walker, 1967).
Kelly, Sean, *America's Tyrant : The CIA and Mobutu of Zaire* (Lanham, Md : The American University Press, 1993).
Kent, John, *America, the UN and Decolonization : Cold war conflict in the Congo* (London : Routledge, 2010).
Lash, Joseph P., *Dag Hammarskjold : Custodian of the Brushfire Peace* (New York : Doubleday, 1961).
Lefever, Ernest W., *Crisis in the Congo : A United Nations Force in Action* (Washington, DC : The Brooking Institution, 1965).
———, *Uncertain Mandate : Politics of the U. N. Congo Operation* (Baltimore : The Johns Hopkins Press, 1967).
——— and Wynfred Joshua, *United Nations peacekeeping in the Congo : 1960–1964 : an analysis of political, executive and military control* (Washington, DC : The Brooking Institution, 1966).
Legum, Colin, *Congo Disaster* (Baltimore : Penguin Books, 1961).
Lemarchand, René, *Political Awakening in the Belgian Congo* (Berkeley : University of California Press, 1982).

Lierde, Jean Van, eds., *Lumumba Speaks : The Speeches and Writings of Patrice Lumumba, 1958-1961* (Boston : Little, Brown and Company, 1972).

Luard, Evan, *A History of The United Nations, vol. 2 : The Age of Decolonization, 1955-1965* (New York : Macmillan, 1989).

Louis, Wm. Roger, and Jean Stengers, *E. D. Morel's History of Congo Reform Movement* (Oxford : Clarendon Press, 1968).

Lipsey, Roger, *Hammarskjöld : A Life* (Ann Arbor : The University of Michigan Press, 2013).

Linnér, Sture and Sverker Åström, *UN Secretary-General Hammarskjöld : Reflections and personal experiences* (Uppsala : Dag Hammarskjold Foundation, 2008).

Luck, Edward C., *Mixed Messages : American Politics and International Organization 1919-1999* (Washington, DC : The Brooking Institution, 1999).

Lyman M. Tondel Jr., ed., *The Legal Aspects of the United Nations Action in the Congo : Background Papers and Proceedings of the the Second Hammarskjöld Forum* (Dobbs Ferry : Oceana Publications, 1963).

McMahon, Robert J. ed., *The Cold War in the Third World* (Oxford : Oxford University Press, 2013).

MacQueen, Norrie, *The United Nations, Peace Operations and the Cold War* (Harlow : Pearson Education Ltd, 2011).

Mahoney, Richard, *JFK : Ordeal in Africa* (New York : Oxford University Press, 1983).

———, *Sons & Brothers : The Days of Jack and Bobby Kennedy* (New York : Arcade Publishing, 1999).

Mamdani, Mahmood, *Good Muslim, Bad Muslim : America, the Cold War, and the Roots of Terror* (New York : Doubleday, 2005). マフムード・マムダーニ（越智道雄訳）『アメリカン・ジハード――連鎖するテロのルーツ』（岩波書店，2005年）。

Marchetti, Victor, and John D. Marks, *The CIA and the cult of intelligence* (New York : Alfred A. Knopf, 1974).

Marte, Fred, *Political Cycles in International Relations : The Cold War in Africa, 1945-1990* (Amsterdam : VU University Press, 1994).

Martin, John Bartlow, *Adlai Stevenson and the World : The Life of Adlai E. Stevenson* (New York : Doubleday, 1977).

May, R. Ernest, and Philip D. Zelikow eds., *Dealing with Dectators : Dilemmas of U. S. Diplomacy and Intelligence Analysis, 1945-1990* (Cambridge : The MIT Press,

2006).
Mazov, Sergey, *A Distant Front in the Cold War : The USSR in West Africa and the Congo, 1956-1964* (Stanford : Stanford University Press, 2010).
Mazrui, Ali. A, *Toward a Pax Africana : A Study of Ideology and Ambition* (Chicago : The University of Chicago Press, 1967).
Mckay, Vernon, *Africa in World Politics* (New York : Harper and Row, 1963).
Mckeever, Porter, *Adlai Stevenson : His Life and Legacy* (New York : William Morrow, 1989).
Meisler, Stanley, *United Nations : The First Fifty Years* (New York : Atlantic Monthly Press, 1995).
Merrian, Alan P., *Congo : Background of Conflict* (Evanston : Northwestern University Press, 1961).
Milne, June, *Kwame Nkrumah : A Biography* (London : Panaf Books, 2000).
Miller, Joseph, *The Way of Death : Merchant Capitalism and the Angolan Slave Trade, 1730-1830* (Madison : The University of Wisconsin Press, 1988).
Mills, Susan R., *The Financing of United Nations Peacekeeping Operations : The Need for a Sound Financial Basis,* (New York : International Peace Academy, 1989).
Moore, John Allphin, and Jerry Pubantz, *To Create a New World? : American Presidents and the United Nations* (New York : Peter Lang Publishing, 1999).
Moss, Norman, *The Politics of Uranium* (New York : Universe Books, 1981).
Moyn, Samuel, *The Last Utopia : Human Rights in History* (Cambridge : Harvard University Press, 2010).
Mummendey, Dietrich, *Beyond the Reach of Reason : The Congo Story 1960-1965* (Buchbeschreibung : Sora Mummendey, 1997).
Munro, J. Forbes, *Africa and the International Economy* (London : Longman, 1983).
Mwakikagile, Godfrey, *Nyerere and Africa : End of an Era* (Pretoria : New Africa Press, 2010).
Nassit, Ramses, *UThant in New York, 1961-1971 : A Portrait of the Third UN Secretary-General* (New York : Palgrave Macmillan, 1988).
Namikas, Lise A., *Battleground Africa : Cold War in the Congo, 1960-1965* (Stanford : Stanford University Press, 2013).
Newman, Edward, *The UN Secretary-General from the Cold War to the New Era : A Global Peace and Security Mandate ?* (London : Macmillan Press, 1998).
Nkrumah, Kwame, *Neo-Colonialism : The Last Stage of Imperialism* (London : Thomas Nelson and Sons, 1965). K・エンクルマ（家正治・松井芳郎訳）『新植

民地主義』(理論社，1971 年)。
———, *Challenge of the Congo* (New York : International Publisher, 1967). K・エンクルマ(野間寛次郎訳)『解放運動と武力闘争』(理論社，1971 年)。
Noer, Thomas J., *Black Liberation : The United States and White Rule in Africa, 1948-1968* (Columbia, University of Missouri Press, 1985).
———, *SOAPY : A Biography of G. Mennen Williams* (Ann Arbor : The University of Michigan Press, 2006).
Nwaubani, Ebere, *The United States and Decolonization in West Africa 1950-1960* (New York : University of Rochester Press, 2001).
Nzongora-Ntalajya, Georges eds., *The Crisis in Zaire : Myths and Realities* (Trenton : Africa World Press, 1986).
———, *The Congo : from Leopold to Kabila* (New York : Zed Books, 2002).
———, *Patrice Lumumba* (Athens, Ohio : Ohio University Press, 2014)
O'balance, Edgar, *The Congo-Zaire Experience : 1960-98* (London : Macmillan, 2000).
Odom, Major Thomas P., *Dragon Operations : Hostage Rscue in the Congo, 1964-1965* (Fort Levenworth : Combat Studies Institute, 1988)
O'Donoghue, David, *The Irish Army in the Congo, 1960-1964 : The Far Battalions* (Dublin : Irish Academic Press, 2006).
Orwa, Katete D., *The Congo Betrayal : the UN-US and Lumumba* (Nairobi : Kenya Literature Bureau, 1985).
Ostrower, Gary B., *The United Nations and the United States, 1945-1995* (New York : Twayne Publishers, 1998).
Othen, Christopher, *Katanga 1960-63 : Mercenaries, Spies and the African Nation That Waged War on the World* (London : The History Press Ltd, 2105).
Parsons, Anthony, *From Cold War to Hot Peace : UN Interventions 1947-1995* (London, Penguin Books 1995).
Plummer, Brenda Gayle, *In Search of Power : African Americans in the Era of Decolonization, 1956-1974* (New York : Cambridge University Press, 2013).
Pruden, Caroline, *Conditional Partners : Eisenhower, the United Nations, and the Search for a Permanent Peace* (Baton Rouge : Louisiana State University Press, 1998).
Ranelagh, John, *The Agency : The Rise and Decline of the CIA* (New York : Simon and Schuster, 1986).
Rakove, Robert B., *Kennedy, Johnson, and the Nonaligned World* (New York :

Cambridge University Press, 2013).
Ratner, Steven R., *The New UN Peacekeepign : Building Peace in Lands of Conflict after the Cold War* (New York : St. Martin's Press, 1995).
Reybrouck, David Van, *Congo : The Epic History of a People* (New York : Harper Collins Publishers, 2013).
Roberts, Adam and Benedict Kingsbury eds., *United Nations, Divided World : The UN's Roles in International Relations* (Oxford : Clarendon Press, 1993).
Rusk, Dean, *The Winds of Freedom : Selections from the Speeches and Statements of Secretary of State Dean Rusk, January 1961-August 1962* (Boston : Beacon Press, 1963).
Russell, Ruth B., *The United Nations and United States Security Policy* (Washington, DC ; the Brookings Institution, 1968).
Ryan, David, and Victor Pungong eds., *The Unites States and Decolonization : Power and Freedom* (London : Macmillan, 2000).
Sayaka, Funada-Classen, *The origins of war in Mozambique : A history of unity and division* (Tokyo : Ochanomizu Shobo Co Ltd, 2012).
Schaffer, Howard B., *Chester Bowles : New Dealer in the Cold War* (Cambridge : Harvard University Press, 1993).
Schatzberg, Michael G., *Mobutu or Chaos ? : The United States and Zaire, 1960-1990* (Lanham, Md : University Press of America, 1991).
Schlesinger, Arthur M., *A Thousand Days : John F. Kennedy in the White House* (Boston : Houghton Miffin Company, 1965).
Schmidt, Elizabeth, *Foreign Intervention in Africa : From the Cold War to the War on Terror* (New York : Cambridge University Press, 2013).
———, Cold War and Decolonization in Guinea, 1946-1958 (Athens : Ohio University Press).
Schmitz, David F., *The United States and Right-Wing Dictatorships* (New York : Cambridge University Press, 2006).
Schraeder, Peter J., *United States Foreign Policy toward Africa : Incrementarlism, Crisis and Change* (Cambridge : Cambridge University Press, 1994).
Shaw, Timothy M., and Olajide Aliko edts., *The Political Economy of African Foreign Policy : Comparative Analysis* (Aldershot : Gower Publishing Company, 1984)
Slade, Ruth, *The Belgian Congo* (London : Oxford University Press, 1961).
Spooner, Kevin A., *Canada, the Congo Crisis, and UN Peacekeeping, 1960-1964* (Vancouver : UBC Press, 2009).

Stanard, Matthew G., *Selling the Congo : A History of European Pro-Empire Propaganda and the Making of Belgian Imperialism* (Lincoln : University of Nebraska Press, 2011).

Stahn, Carsten and Henning Melber eds., *Peace Diplomacy, Global Justice and International Agency : Rethinking Human Security and Ethics in the Spirit of Dag Hammarskjoeld* (Cambridge : Cambridge University Press, 2014).

Statler, Kathryn C., and Andrew L. Johns eds., *The Eisenhower Administration, the Third World, And the Globalization of the Cold War* (New York : Rowman & Littlefield Pub Inc, 2006).

Stockwell, John, *In Search of Enemies : A CIA Story* (New York : W. W. Norton and Company, Inc., 1978).

Stoessinger, John G., and Associates, *Financing the United Nations System* (Washington, DC ; Brookings Institution, 1964).

Talbot, David, *The Devil's Chessboard : Allen Dulles, the CIA, and the Rise of America's Secret Government* (London : Harper Press, 2015).

The United Nations, *The Blue Helmets : A Review of United Nations Peace-Keeping* (New York : The United Nations Department of Public Information, 1996).

Tullberg, Andreas, '*We are in the Congo now' : Sweden and the Trinity of Peacekeeping during the Congo Crisis 1960–1964* (Lund : Lund University, 2012).

Tully, Andrew, *CIA : The Inside Story* (New York : William Morrow and Co., 1962).

Twain, Mark, *King Leopold's Soliloquy : A Defense of His Congo Rule* (Boston : The P. R. Warren Co., 1905). マーク・トウェイン（佐藤喬訳）『レオポルド王の独白——彼のコンゴ統治についての自己弁護』（理論社，1968 年）。

Urquhart, Brian, *Hammarskjold* (New York : Alfred A. Knopf, 1972).

———, *Ralph Bunche : An American Life* (New York : W.W. Norton, 1993).

Vanthemsche, Guy, *Belgium and the Congo, 1885–1980* (Cambridge : Cambridge University Press, 2012).

Villafaña, Frank R., *Cold War in the Congo : The Confrontation of Cuban Military Forces, 1960–1967* (New Brunswick : Transaction Pub, 2009).

Vreeland, James Raymond and Axel Dreher, *The Political Economy of the United Nations Security Council : Money and Influence* (Cambridge : Cambridge University Press, 2014).

Walton, Calder, *Empire of Secrets : British Intelligence, the Cold War, and the Twilight of Empire* (London : Harper Press, 2013).

Weiss, Herbert F., *Political Protest in the Congo : The Parti Solidaire Afriain During the Independence Struggle* (Princeton : Princeton University Press, 1967).
Weissman, Stephen R., *American Foreign Policy in the Congo, 1960–1964* (Ithaca : Cornell University Press, 1974).
Westad, Odd Arne, *The Global Cold War : Third World Interventions and the Making of Our Times* (New York : Cambridge University Press, 2005). オッド・アルネ・ウェスタッド（佐々木雄太監訳）『グローバル冷戦史――第三世界への介入と現代世界の形成』（名古屋大学出版会，2010 年）。
Whelan Michael, *The Battle of Jadoville : Irish Soldiers in Combat in the Congo 1961* (Dublin : South Dublin Libraries, 2006).
Willame, Jean-Claude, *Patrimonialism and Political Change in the Congo* (Stanford : Stanford University Press, 1972), p.11.
Williams, Suzan, *Who Killed Hammarskjöld ? : The UN, the Cold War and White Supremacy in Africa* (London : Hurst and Co., 2011).
———, *Spies in the Congo : America's Atomic Mission in World War II* (New York : Public Affairs, 2106).
Wrong, Michela, *In the footsteps of Mr. Kurtz : Living on the Brink of Disaster in Mobutu's Congo* (New York : Harper Collins, 2001).
Young, Crawford, *Politics in the Congo* (Princeton : Princeton University Press, 1965).
Young, Crawford, and Thomas Turner., *The Rise and Decline of the Zairian State* (Madison : The University of Wisconsin Press, 1985).
Zacher, Mark W., *Dag Hammarskjold's United Nations* (New York : Columbia University Press, 1970).
Zeilig, Leo, *Patrice Lumunba : Africa's Lost Leader* (London : Haus Publishing, 2008).

（英語論文）
Boehme, Olivier, "The Involvement of the Belgian Central Bank in the Katanga Secession, 1960–1963", *African Economic History*, no. 33, 2005.
Covington-Ward, Yolanda, "Joseph Kasa-Vubu, ABAKO, and Perfomances of Kongo Nationalism in the Independence of Congo", *Journal of Black Studies*, 43, no. 1, 2012.
Clark, John F., "Collective Interventions after the Cold War : Reflections on the UN Mission to the Congo, 1960–1964", *Journal of Political Science*, no. 22, 1994.
Claude Jr., Inis L., "The Political Framework of the United Nations'-Financial Problems", *International Organization*, no. 17, 1963.

Cleveland Harlan, "Crisis Diplomacy", *Foreign Affairs*, July 1963.

Collins, Carole, "Fatally Flawed Mediation, Cordier and the Congo Crisis of 1960", *Africa Today*, 39, no. 3, 1992.

———, "The Cold War comes to Africa : Cordier and the 1960 Congo Crisis", *Journal of International Affairs*, no. 47, 1993.

Derksen, Richard, "Forminière in the Kasai, 1906-1939", *African Economic History*, no. 12, 1983.

Dorn, Walter, "The UN's First "Air Force" : Peacekeepers in Combat, Congo 1960-64", *The Journal of Military History*, 77, 2013.

Dorn, A. Walter and David J. H. Bell, "Intelligence and Peacekeeping : The UN Operation in the Congo, 1960-64", *International Peacekeeping*, 2, no. 1, Spring 1995.

Dropkin, Noah, "Israel's Diplomatic Offensive in Africa : The Case of Zaire", *Transafrica Forum*, 9, no. 1, 1992.

Gibbs, David N., "Dag Hammarskjöld, the United Nations, and the Congo Crisis of 1960-1961 : a Reinterpretation", *The Journal of Modern African Studies*, 31, no. 1, 1993.

———, "Let Us Forget Unpleasant Memories : The U. S. State Department's Analysis of the Congo Crisis", *Journal of Modern African Studies*, 33, no. 1, 1995.

Goodrich, Leland, "Hammarskjold, the UN and the Office of the Secretary-General", *International Organization*, 28, no. 3, 1974.

———, "Secrecy and International Relations", *Journal of Peace Research*, 32, no. 2, 1995.

———, "Misrepresenting the Congo Crisis", *African Affairs*, 95, no. 380, 1996.

Greenfield, Meg, "The Lost Session at the U. N.", *Reporter, May* 6 1965.

Gross, Leo, "Expenses of the United Nations for Peacekeeping Operations : The Advisory Opinion of the International Court of Justice", *International Organization*, 17, no. 1, 1963.

Hakim, Najib J., and Richard P. Stevens, "Zaire and Israel : An American Connection", *Journal of Palestine Studies*, 12, no. 3, Spring, 1983.

Harms, Robert, "The World ABIR Made : The Maringa-Lopori Basin, 1885-1903", *African Economic History*, no. 12, 1983.

H-Diplo-ISSF Forum, on "What Really Happened : Solving the Cold War's Cold Cases" *Foreign Affairs* (July/August 2014) 93. no. 4, *H-Diplo-ISSF Forum*, no. 7, April 9 2015.

———, on "Battleground Africa : Cold War in the Congo 1960-1965", *H-Diplo-ISSF Forum*, XV, no. 35, May 19 2014.

Helthcote, Nina, "American Policy towards the UN Operation in the Congo", *Australian Outlook*, 18, no. 1, April 1964.

Helmreich, Jonathan E., "U. S. foreign policy and the Belgian Congo in the 1950s", *The Historian*, 58, 1996.

Hobbs, Nicole, "The UN and the Congo Crisis of 1960", *Harvey M. Applebaum* '59 Award, no. 6, Yale University, 2014.

Hoffman, Stanley, "In Search of a Thread : The UN in the Congo Labyrinth" *International Organization*, 26, no. 2, Spring 1962.

Iandolo, Alessandro, "The Soviet Union and the Congo Crisis, 1960-1961", *Journal of Cold War Studies*, no. 16-2, 2014.

———, "Beyond the shoe : Rethinking Khrushchev at the Fifteenth Session of the United Nations General Assembly", *Diplomatic History*, 41, no. 1, 2016.

Ignatieff, Michael, "The Faith of Hero", *New York Review of Books*, November 7 2013.

Jewsiewicki, Bogumil, "The Great Depression and the Making of the Colonial Economic System in the Belgian Congo", *African Economic History*, no. 4, 1977.

———, "Political Consciousness Among African Peasants in the Belgian Congo", *Review of African Political Economy*, no. 19, 1980.

Johnson, Edward, "The British and the 1960 Soviet Attack on the Office of the United Nations Secretary-General", *Diplomacy and Statecraft*, 14, no. 1, 2003.

Johnson, Robert Craig, "Heart of Darkness : the Tragedy of the Congo, 1960-67", *A Journal of Aviation History*, 2, no. 3, 1997.

Kent, John, United States Reactions to Empire, Colonialism, and Cold War in Black Africa, 1949-57, *The Journal of Imperial and Commonwealth History*, 33. No. 2, May 2005.

Levey, Zach, "Israel's Involvement in the Congo, 1958-68 : Civilian and Military Dimensions", *Civil Wars*, 6, no. 4, 2003.

Lumumba-Kasongo, Tukumbi, "Katanga Secession : Creation of the West or Manifestation of Congolese Internal Power Struggle ?", *Journal of African Studies*, 15, no. 3-4, Fall/Winter 1988.

Mazov, Sergei, "Soviet Aid to the Gizenga Government in the Former Belgian Congo (1960-61) as Reflected in Russian Archives", *Cold War History*, 7, no. 3, August 2007.

Metz, Steven, "American Attitudes Toward Decolonization in Africa", *Political*

*Science Quarterly*, 99, no. 3, Fall 1987.
Mohan, Jitendra, "Ghana, the Congo, and the United Nations", *The Journal of Modern African Studies*, 7, no. 3, 1969.
Minter, Willam, "The Limits of Liberal Africa Policy : Lessons from the Congo Crisis", *Transafrica Forum*, 2, no. 3, 1984.
Namikas, Lise, "A Silver-Lining : President Johnson and the U. N. Peace Keeping Budget Crisis of 1964-1965", *Diplomacy and Statecraft*, 15, no. 3, 2004.
Nicolas, H. G., "The United Nations in Crisis", *International Affairs*, 41, no. 3 July 1965.
Nwaubani, Ebere, "Eisenhower, Nkrumah and the Congo Crisis", *Journal of Contemporary History*, 36, no. 4, 2001.
Oded, Arye, "Africa in Israeli Foreign Policy-Expectations and Disenchantment : Historical and Diplomatic Aspects", *Israel Studies*, 15, no. 3, Fall 2010.
Padelford, Norman, "A Financial Crisis and the Future of the United Nations", *World Politics* 15, July 1963.
Radmann, Wolf, "The Nationalization of Zaire's Copper : from Union Miniére to GECAMINES", *Africa Today*, 25, no. 4, 1978.
Russell, Ruth B., "United Nations Financing and 'The Law of the Charter'", *The Columbia Journal of transnational Law*, 5, no. 1, 1966.
Scarnecchia, Timothy, "The Congo crisis, the United Nations, and Zimbabwean nationalism, 1960-1963", *African Journal on Conflict Resolution*, no. 65, 2011.
Soffer, Jonathan, "All for One or All for All : The UN Military Staff Committee and the Contradictions within American Internationalism", *Diplomatic History*, 21 no. 1, 1997.
Stapleton, Tim, "Bad Boys" : Infiltration and Sedition in the African Military Units of the Central African Federation (Malawi, Zambia and Zimbabwe) 1953-63, *The Journal of Military History*, 73, October 2009.
Urqhart, Brian, "The Tragedy of Lumumba", *New York Review of Books*, October 4 2001.
Weissman, Stephen R., "An Extraordinary Rendition", *Intelligence and National Security*, 25, no. 2, 2010.
———, "CIA Covert Action in Zaire and Angola : Patterns and Consequences", *Political Science Quarterly*, 94, no. 2, Summer 1979.
———, "What Really Happened in Congo : The CIA, the Murder of Lumumba, and the Rise of Mobutu", *Foreign Affairs, July*-August 2014.
Wigny, Pierre, "Belgium and the Congo", *International Affairs*, 37, no. 3, July 1961.

（未公刊英語論文）
Balsara, Nilufer, *Paying for Peace : Canada, The United Nations and the Financing of the Congo Peacekeeping Mission 1960-1964*, Ph. D. Dissertation Paper, University of Tronto, 1999.
Bechtolsheimer, Götz, *Breakfast with Mobutu : Congo, the United States and the Cold War, 1964-1981*, Ph. D. Dissertation Paper, The London School of Economics, 2012.
Cogan, Charles, *Avoiding the Breakup : The U. S. -U. N. Intervention in the Congo, 1960-1965*, Case Program CR14-99-1549. 0., John F. Kennedy School of Government, Harverd University, 1999.
Mahoney, Richard D., *The Kennedy Policy in the Congo, 1961-1963*, Ph. D. Dissertation Paper, The Johns Hopkins University, 1980.
Namikas, Lise A., *Battleground Africa, The Cold war and the Congo Crisis, 1960-1965*, Ph. D. Dissertation paper, The University of Southern California, 2002.
Struelens, Michel, *ONUC and International Politics*, Ph. D. Dissertation Paper, The American University, 1980.
Williams, Michael Wayne, *America and the First Congo Crisis, 1960-1963*, Ph. D Dissertation Paper, University of Clifonia, Irvine, 1992.

（日本語書籍）

浅川公紀・花井等『アメリカの外交政策』（勁草書房，1991年）。

アダム・ウラム（鈴木博信訳）『膨張と共存――ソヴエト外交史（3）』（サイマル出版会，1974年）。

アーサー・ガブション（安藤次男ほか訳）『アフリカ――東西の戦場』（新評論，1986年）。

青野利彦『「危機の年」の冷戦と同盟――ベルリン，キューバ，デタント 1961〜63年』（有斐閣，2012年）。

明石康『国連ビルの窓から――意見と回想』（サイマル出版会，1984年）。

――『国際連合――その光と影』（岩波書店，1985年）。

――『国際連合――軌跡と展望』（岩波書店，2006年）。

池田美佐子『ナセル――アラブ民族主義の隆盛と終焉』（山川出版社，2016年）。

池田亮『植民地独立の起源――フランスのチュニジア・モロッコ政策』（法政大学出版局，2013年）。

伊高浩昭『チェ・ゲバラ――旅，キューバ革命，ボリビア』（中央公論社，2015年）。

井上信一『モブツ・セセ・セコ物語——世界を翻弄したアフリカの比類なき独裁者』（新風舎，2007年）。

入江啓四郎『国連事務総長』（日本国際問題研究所，1966年）。

ウ・タント・国際連合広報局編（井上昭正訳）『世界平和のために』（国際市場開発，1972年）。

ウィルフレッド・バーチェット（吉川勇一訳）『立ち上がる南部アフリカ1・2』（サイマル出版会，1978年）。

梅津和郎著『アフリカ現代史』（泰流社，1977年）。

エルナーネ・タヴァーレス・デ・サ（曽村保信訳）『国連の内幕——芝居の中の芝居』（経済往来社，1967年）。

岡倉古志郎他編『新植民地主義』（岩波書店，1966年）。

———監修（アジア・アフリカ研究所訳編）『現代アフリカの政治と経済』（国際日本協会，1962年）。

岡倉登志編『アフリカ史を学ぶ人のために』（世界思想社，1996年）。

緒方貞子・半澤朝彦編著『グローバル・ガヴァナンスの歴史的変容——国連と国際政治史』（ミネルヴァ書房，2007年）。

小川秀樹『ベルギー——ヨーロッパが見える国』（新潮社，1994年）。

———『ベルギーを知るための52章』（明石書店，2009年）。

小田英郎『アフリカ現代史 Ⅲ』（山川出版社，1991年）。

———『アフリカ現代政治』（東京大学出版会，1989年）。

加藤俊作『国際連合成立史——国連はどのようにしてつくられたか』（有信堂，2000年）。

勝俣誠『新・現代アフリカ入門——人々が変える大陸』（岩波書店，2013年）。

川端正久『アフリカの政治を読む』（法律文化社，1990年）。

———『アフリカ人の覚醒——タンガニーカ民族主義の形成』（法律文化社，2002年）。

河辺一郎『国連政策』（日本経済評論社，2004年）。

吉川元編『予防外交』（三嶺書房，2000年）。

木畑洋一『二〇世紀の歴史』（岩波書店，2014年）。

紀平英作『パクス・アメリカーナへの道——胎動する戦後世界秩序』（山川出版社，1996年）。

香西茂『国連の平和維持活動』（有斐閣，1992年）。

高坂正堯『国際政治——恐怖と希望』（中央公論社，1966年）。

コフィ・アナン『介入のとき——コフィ・アナン回顧録（上・下）』（岩波書店，2016年）。

佐藤哲夫『国際組織法』(有斐閣, 2005年)。

佐々木雄太『イギリス帝国とスエズ戦争——植民地主義・ナショナリズム・冷戦』(名古屋大学出版会, 1997年)。

定形衛『非同盟外交とユーゴスラヴィアの終焉』(風行社, 1994年)。

宍戸寛編『アフリカのナショナリズムの発展』(アジア経済研究所, 1962年)。

シドニー・D・ベイリー(庄司克宏訳)『国際連合』(国際書院, 1990年)。

ジェームズ・S・アレン(世界経済研究所訳)『原爆帝国主義——国家・独占・爆弾』(大月書店, 1953年)。

ジューン・ビンガム(鹿嶋平和研究所訳)『ウ・タント伝——平和を求めて』(鹿島研究所出版会, 1968年)。

ジョン=ポール・サルトル(海老坂武ほか訳)『植民地の問題』(人文書院, 1999年)。

ジョセフ・コンラッド(黒原敏行訳)『闇の奥』(光文社, 2009年)。

スーザン・ストレンジ(西川潤ほか訳)『国際政治経済学入門——国家と市場』(東洋経済新報社, 1994年)。

スティーブン・キンザー(渡辺惣樹訳)『ダレス兄弟——国務長官とCIA長官の秘密の戦争』(草思社, 2015年)。

ステン・アスク他編(光橋翠訳)『世界平和への冒険旅行——ダグ・ハマーショルドと国連の未来』(新評論, 2013年)。

砂野幸稔『ンクルマ——アフリカ統一の夢』(山川出版社, 2015年)。

セオドア・ソレンセン(川上民雄訳)『ホワイトハウスの政策決定の過程』(自由社, 1964年)。

ソビエト社会主義共和国連邦大使館広報課『平和と自由のために力を合わせよう——フルシチョフ首相第15回国連総会演説集』(ソビエト社会主義共和国連邦大使館広報課, 1960年)。

ダグ・ハマーショルド(鵜飼信成訳)『道しるべ』(みすず書房, 1999年)。

田所昌幸『国連財政——予算から見た国連の実像』(有斐閣, 1996年)。

ダン・ブリオティ(徳川家広訳)『戦争で儲ける人たち——ブッシュ政権を支えるカーライル・グループ』(幻冬舎, 2004年)。

チャルマーズ・ジョンソン(鈴木主税訳)『アメリカ帝国への報復』(集英社, 2000年)。

デイヴィッド ハルバースタム(浅野輔訳)『ベスト&ブライテスト(上・中・下)』(二玄社, 2009年)。

ティム・ワイナー(藤田博司ほか訳)『CIA秘録——その誕生から今日まで(上・下)』(文藝春秋, 2008年)。

武内進一編『アフリカ土地政策史』(アジア経済研究所, 2015年)。

戸田真紀子『貧困，紛争，ジェンダー――アフリカにとっての比較政治学』（晃洋書房，2015年）。

納家政嗣『国際紛争と予防外交』（有斐閣，2003年）。

西崎文子『アメリカ冷戦政策と国連 1945-1950』（東京大学出版会，1992年）。

ネビル・マックスウェル（前田寿夫訳）『中印国境紛争――その背景と今後』（時事通信社，1972年）。

パトリス・ルムンバ（榊利夫訳編）『息子よ 未来は美しい』（理論社，1961年）。

パコ・イグナシオ・タイボほか（神崎牧子ほか訳）『ゲバラ コンゴ戦記 1965』（現代企画室，1999年）。

福田菊『国連と PKO』（東信堂，1992年）。

フィリス・ベニス『国連を支配するアメリカ――超大国がつくる世界秩序』（文理閣，2005年）。

藤永茂『『闇の奥』の奥――コンラッド／植民地主義／アフリカの重荷』（三交社，2006年）。

フランソワ＝グザヴィエ・ヴェルシャヴ（大野英士ほか訳）『フランサフリック――アフリカを食いものにするフランス』（緑風出版，2003年）。

ポール・ケネディ（古賀林幸訳）『人類の議会――国際連合をめぐる大国の攻防（上・下）』（日本経済新聞社，2007年）。

マーク・トウェイン（佐藤喬訳）『レオポルド王の独白』（理論社，1968年）。

マーク・マゾワー（池田年穂訳）『国連と帝国――世界秩序をめぐる攻防の20世紀』（慶應義塾大学出版会，2015年）。

―――（依田卓巳訳）『国際協調の先駆者たち――理想と現実の二〇〇年』（NTT出版，2015年）。

マイケル・L・ドックリル，マイケル・F・ホプキンズ（伊藤裕子訳）『冷戦 1945-1991』（岩波書店，2009年）。

益田実・池田亮・青野利彦・齋藤嘉臣編著『冷戦史を問いなおす――「冷戦」と「非冷戦」の境界』（ミネルヴァ書房，2015年）。

宮本正興ほか編『新書アフリカ史』（講談社，1997年）。

松尾秀哉『ベルギー分裂危機――その政治的起源』（明石書店，2010年）。

―――『物語ベルギーの歴史――ヨーロッパの十字路』（中央公論社，2014年）。

最上敏樹『国連とアメリカ』（岩波書店，2005年）。

―――『国際機構論講義』（岩波書店，2016年）。

モハメド・ヘイカル（朝日新聞社外報部訳）『ナセル――その波乱の記録』（朝日新聞社，1972年）。

モーリス・ベルトラン（横田洋三・大久保亜樹訳）『国連の可能性と限界』（国際書

院，1995年）。

李鍾元『東アジア冷戦と韓米日関係』（東京大学出版会，1996年）。

リチャード・ホール（米田清貴訳）『栄光と幻想――探検家スタンレー伝』（徳間書店，1977年）。

リチャード・ミラー（波多野裕造訳）『平和への意志――ハマーショルド総長の生涯』（日本外政学会，1962年）。

レイモンド・F．ベッツ（今林直樹・加茂省三訳）『フランスと脱植民地化』（晃洋書房，2004年）。

ロックフェラー委員会報告『CIA――アメリカ中央情報局の内幕』（毎日新聞社，1975年）。

渡辺和行『ド・ゴール――偉大さへの意志』（山川出版社，2013年）。

横田洋三編『国連による平和と安全の維持――解説と資料』（国際書院，2000年）。

―――共編『アフリカの国内紛争と予防外交』（国際書院，2001年）。

米川正子『世界最悪の紛争「コンゴ」――平和以外に何でもある国』（創成社，2010年）。

―――『あやつられる難民――政府，国連，NGOのはざまで』（筑摩書房，2017年）。

ヨハン・カウフマン（山下邦明訳）『国連外交の戦略と戦術』（有斐閣，1983年）。


（日本語論文）

明石康「国連政策――国連の変質とアメリカ」本間長世・井出義光・有賀貞編『現代アメリカ論』（東京大学出版会，1971年）。

石坂昭雄「ベルギー金融資本の成立と発展――ソシエテ・ジェネラルとブリュッセル銀行（一）」北海道大学『經濟學研究』第19巻2号（1969年）。

―――「ベルギー金融資本の成立と発展――ソシエテ・ジェネラルとブリュッセル銀行（二）」北海道大学『經濟學研究』第20巻1号（1970年）。

小田英郎「アメリカ合衆国のアフリカ政策――ケネディ政権にいたるその形成と展開」慶応義塾大学地域研究グループ編『アメリカの対外政策』（鹿島研究所出版会，1971年）。

金子絵美「コンゴ紛争とパックス・アフリカーナーの模索」『国際政治』第88号（1988年）。

庄司真理子「予防外交と国連の改革」『敬愛大学国際研究』第7号（2001年）。

河辺一郎「国連文書の統制と審議の透明性――国際関係の政治学研究における資料批判の試論として」愛知大学国際問題研究所『OCCASIONAL PAPER』（2008年）。

高橋敏「コンゴ紛争と国連」京都大学『法学論叢』第87巻1号（1970年）。

滝口健「国連平和維持軍と強制活動――コンゴ国連活動の研究」上智大学『国際学論集』第39号（1997年）。

玉村健志「アメリカのコンゴ政策とハマーショルド――アメリカと国連事務総長との関係に関する一考察」『アメリカ史研究』第36号（2013年）。

鶴田綾「ルワンダにおける民族対立の国際的構造：1959年-62年」『一橋法学』第7号（2008年）。

東京銀行調査部「コンゴ動乱とベルギーの資産」『東京銀行月報』第17巻2号（1965年）。

野田葉「ハマーショルド国連事務総長の危機外交(一)――「静かな外交」から「防止外交」へ」大阪市立大学『法學雜誌』第53巻1号（2006年）。

―――「ハマーショルド国連事務総長の危機外交(二)――「静かな外交」から「防止外交」大阪市立大学『法學雜誌』第53巻2号，(2006年)。

―――「ハマーショルド国連事務総長の危機外交(三)――「静かな外交」から「防止外交」へ」大阪市立大学『法學雜誌』第53巻3号（2007年）。

半澤朝彦「国際連合とイギリス帝国の終焉――1960年の南アフリカ連邦・シャープヴィル事件の衝撃」『現代史研究』第45号（1999年）。

―――「国連とイギリス帝国の消滅 1960-1963」『国際政治』第126号（2001年）。

村上亨二「コンゴ動乱における中国の反政府組織支援」愛知大学『国研紀要』第147号（2016年）。

柳沢英二郎「コンゴおよびアンゴラ問題」『国際政治』第18号（1962年）。

渡辺公三「パトリス・ルムンバ――ひとりの「開化民」の生成と消失」真島一郎編『二〇世紀〈アフリカ〉の個体形成――南北アフリカ・カリブ・アフリカからの問い』（平凡社，2011年）。